中国大中型企业年鉴

1997

国 家 统 计 局　　编

中国统计出版社

（京）新登字 **041** 号

图书在版编目（*CIP*）数据

中国大中型企业年鉴 1997/国家统计局编．—北京：中国统计出版社，1997.12
ISBN 7—5037—2027—1

Ⅰ．中…
Ⅱ．国…
Ⅲ．企业，大中型—中国—统计资料—年鉴—1997
Ⅳ．F279.2—66

中国版本图书馆 CIP 数据核字（97）第 28763 号

中 国 统 计 出 版 社 出 版
（北京复外三里河月坛南街 75 号 100826）
深圳当纳利旭日印刷有限公司印制
*
850 × 1168 毫米 大 16 开 20 印张
1998 年 1 月第一版 1998 年 1 月第一次印刷
*
国内定价：160.00 元

《中国大中型企业年鉴》编委会及编辑出版人员名单

编者说明

一、《中国大中型企业年鉴》是在原《中国行业一百强》的基础上改版而成的一部大型资料书。它全面、系统地运用统计指标反映国民经济各行业骨干企业经营规模和经济效益情况，是国家统计局定期发布微观统计信息的载体，每年出版一册。

二、本书内容由各行业企业统计资料和综合统计资料两大部分组成，收录了工业、建筑业、铁路运输业、国营林场、对外经济贸易业、集市贸易业、旅游业等45个行业按1996年主要经济指标统计前百家企业的资料，并附有按1996年销售收入、利税总额、资产总计分别统计中国前1000家大中型工业企业名单、按1996年销售收入统计中国最大500家外商投资企业名单，以及1996～1997年度中国工业行业状元榜名单。

三、本书收集的资料是由国家统计局和国务院有关单位统计部门提供的，所涉及的数字未包括台湾省和香港、澳门地区。

四、本书工业企业资料部分是按国家有关部门制定的行业划分标准分行业排列的。分行业统计资料所涉及的企业集团统计数据范围仅限于核心企业部分。

五、由于本书的编辑出版受统计资料收集所限，有些行业指标较少，有些行业尚缺统计资料，今后将随着经济发展和统计工作的完善逐步扩充新内容。

六、由于个别地区、单位上报统计资料时，出现漏报、数字口径不一、行业代码错填、企业名称不准或变更等原因，本书资料难免有不够准确之处，敬请读者指正。

七、本书日常编辑业务组织联系单位为国家统计局中国行业企业信息发布中心。

目　　录

企业统计资料

全国大中型工业企业

行　业	企业单位数（个）	亏损企业	工业总产值 当年价格	工业总产值 1990年不变价格	工业增加值（生产法）
总计	23927	8154	34273.77	26318.94	10301.21
国有经济	15763	5885	22510.03	15713.89	7381.52
中央企业	2097	710	10081.22	6083.86	3325.62
地方企业	3736	1488	6675.56	5143.40	1493.30
集体经济	4271	1137	3794.05	3623.50	808.20
股份制经济	1137	175	2625.95	2271.12	630.20
外商投资经济	1372	514	3298.38	2947.13	585.70
中外合资经营企业	1141	414	2590.24	2429.29	550.49
中外合作经营企业	94	37	263.67	128.06	59.52
外资企业	137	63	444.47	389.78	-24.32
港、澳、台投资经济	1149	372	1942.55	1705.10	430.76
与大陆合资经营企业	938	288	1646.87	1433.53	368.70
与大陆合作经营企业	124	57	126.29	116.55	27.54
港、澳、台独资企业	87	27	169.39	155.01	34.52
其他经济	235	71	102.81	58.20	464.83
轻工业	11400	4213	12294.32	10713.77	3490.25
以农产品为原料	7973	3000	7985.29	6184.07	2427.39
以非农产品为原料	3427	1213	4309.03	4529.70	1062.86
重工业	12527	3941	21979.45	15605.17	6810.96
采掘工业	822	248	2904.09	1236.87	1696.12
原料工业	3534	1025	9777.48	5602.62	2768.00
加工工业	8171	2668	9297.88	8765.68	2346.83
大型企业	7057	2085	24726.74	18249.53	7825.72
中型企业	16870	6069	9547.03	8069.41	2475.49
煤炭采选业	300	81	938.41	424.45	409.43
煤炭开采业	292	80	914.47	414.79	400.79
煤炭洗选业	8	1	23.95	9.65	8.64
石油和天然气开采业	24	6	1618.92	568.27	853.33
天然原油开采业	23	6	1571.08	548.58	832.77
天然气开采业	1	0	47.84	19.69	20.56
黑色金属矿采选业	34	13	39.41	21.84	15.35
铁矿采选业	22	8	33.75	17.76	14.11
其他黑色金属矿采选业	12	5	5.65	4.08	1.25
有色金属矿采选业	201	64	136.23	88.27	45.22
重有色金属矿采选业	71	29	62.48	41.49	17.24
贵金属矿采选业	89	9	56.77	32.36	22.82
稀有稀土金属矿采选业	41	26	16.98	14.41	5.16

主要经济指标（1-1）

计量单位：万元

工业销售产值（当年价格）	全部职工（从业人员）年平均人数（人）	资本金合计	国家资本金	外商资本金	流动资产合计	存货
33398.03	3816.14	13954.80	10315.57	1495.66	24496.82	8563.47
22045.71	3072.88	9759.74	9020.31	151.33	16969.48	5941.38
9937.06	99.50	4889.35	4614.69	120.01	6650.36	2191.93
6568.17	75.76	2868.79	2027.00	361.54	5380.99	1830.81
3615.88	34.20	888.54	103.14	57.48	1951.99	769.57
2546.75	21.01	1078.75	518.46	134.79	2285.99	730.41
3204.11	9.21	1437.13	408.72	786.02	1926.62	653.63
2500.09	7.86	1246.67	390.58	625.67	1680.61	560.30
263.13	0.54	70.19	18.13	40.08	80.41	26.03
440.89	0.82	120.27	0.00	120.27	165.61	67.30
1878.08	7.91	732.58	227.24	367.20	1259.83	432.29
1596.92	6.49	622.10	214.69	281.01	1085.70	366.31
117.55	0.74	45.39	12.09	24.13	85.90	33.73
163.61	0.69	65.08	0.46	62.06	88.24	32.24
107.50	670.93	58.06	37.70	-1.16	102.91	36.19
11894.05	1255.28	3909.80	2163.40	775.97	8361.31	3064.33
7739.80	881.20	2304.63	1339.54	439.82	5067.45	1974.04
4154.25	374.08	1605.17	823.86	336.15	3293.86	1090.29
21503.98	2560.86	10045.00	8152.17	719.69	16135.51	5499.14
2870.24	645.46	1584.08	1559.20	2.34	1820.27	478.75
9651.14	745.16	5128.67	4406.73	226.95	6436.36	1931.39
8982.60	1170.24	3332.26	2186.23	490.40	7878.88	3089.00
24228.76	2405.35	10528.54	8204.09	1084.46	17734.07	6058.27
9169.27	1410.79	3426.26	2111.48	411.20	6762.75	2505.20
915.86	368.40	597.54	584.23	0.58	731.07	167.97
892.09	360.50	584.80	573.93	0.58	712.10	164.60
23.77	7.90	12.73	10.30	0.00	18.97	3.36
1616.61	117.70	704.62	703.94	0.00	773.82	208.70
1568.97	106.90	667.98	667.30	0.00	734.10	195.90
47.64	10.80	36.64	36.64	0.00	39.71	12.80
38.94	12.50	79.07	78.94	0.00	54.80	11.09
33.54	10.60	77.20	77.19	0.00	47.85	9.02
5.40	1.90	1.87	1.75	0.00	6.95	2.06
133.12	34.70	67.11	59.99	0.25	84.94	34.35
60.84	16.00	29.17	28.21	0.00	37.94	19.64
56.06	10.00	25.12	20.08	0.25	26.87	7.90
16.22	8.70	12.82	11.70	0.00	20.13	6.82

行　业	产成品	流动资产年平均余额	固定资产合计	固定资产原价合计	生产经营用
总计	2943.44	23258.36	30770.28	37391.59	29767.59
国有经济	1956.31	16256.80	24109.85	29879.70	23324.95
中央企业	504.55	6329.88	11437.78	15350.73	12036.26
地方企业	595.85	5175.60	6193.82	7150.23	5787.60
集体经济	344.10	1848.47	1599.43	1862.94	1540.37
股份制经济	269.29	2106.47	1900.26	2071.12	1748.33
外商投资经济	207.47	1777.85	1685.44	1880.04	1687.54
中外合资经营企业	185.12	1562.73	1450.60	1588.38	1428.84
中外合作经营企业	8.83	71.56	77.24	90.18	81.85
外资企业	13.52	143.56	157.60	201.48	176.85
港、澳、台投资经济	151.71	1160.46	1372.26	1566.84	1367.08
与大陆合资经营企业	129.78	992.11	1194.10	1351.77	1195.49
与大陆合作经营企业	13.24	85.35	73.30	91.64	82.64
港、澳、台独资企业	8.69	83.00	104.86	123.43	88.95
其他经济	14.56	108.31	103.04	130.95	99.32
轻工业	1264.90	7944.60	7665.89	8682.52	6978.57
以农产品为原料	795.60	4806.21	4859.73	5461.62	4310.33
以非农产品为原料	469.30	3138.39	2806.16	3220.90	2668.24
重工业	1678.54	15313.76	23104.39	28709.07	22789.02
采掘工业	141.93	1754.69	3771.87	5549.38	4036.68
原料工业	489.81	6132.49	12683.48	15249.08	12716.35
加工工业	1046.80	7426.58	6649.04	7910.60	6035.99
大型企业	1871.12	16820.82	23581.03	28935.68	23206.88
中型企业	1072.32	6437.54	7189.25	8455.91	6560.71
煤炭采选业	60.06	712.59	1515.35	1992.10	1351.34
煤炭开采业	58.37	695.83	1487.72	1955.14	1324.74
煤炭洗选业	1.69	16.75	27.63	36.95	26.60
石油和天然气开采业	39.45	734.39	1784.19	2931.42	2280.73
天然原油开采业	37.38	698.61	1706.16	2797.04	2280.73
天然气开采业	2.07	35.78	78.02	134.38	0.00
黑色金属矿采选业	4.21	52.79	63.36	79.92	54.56
铁矿采选业	3.21	47.03	57.13	70.68	48.75
其他黑色金属矿采选业	1.00	5.76	6.23	9.24	5.81
有色金属矿采选业	11.01	82.08	174.54	225.12	157.76
重有色金属矿采选业	7.06	36.09	78.47	105.73	74.03
贵金属矿采选业	2.05	26.10	59.90	70.42	53.47
稀有稀土金属矿采选业	1.91	19.90	36.18	48.97	30.26

主要经济指标（1-2）

计量单位：万元

累计折旧	本年折旧	固定资产净值年平均余额	资产总计	流动负债合计	负债合计	所有者权益合计
11575.15	1915.22	23887.72	60188.90	24909.78	37938.58	22259.25
9704.95	1458.59	18694.80	44237.25	17924.49	28186.22	16060.08
5531.51	857.26	9114.94	19495.22	6131.23	11067.42	8436.66
2108.87	340.06	4681.05	12616.89	5380.54	7910.79	4706.27
473.14	108.39	1270.47	3939.14	2078.33	2708.42	1230.73
620.49	114.69	1366.59	4651.26	1853.79	2584.55	2066.60
417.85	132.97	1288.97	4223.57	1721.41	2358.06	1865.51
349.85	110.52	1089.29	3617.99	1505.97	2059.93	1558.06
18.86	5.23	66.47	243.10	64.39	102.65	140.45
49.14	17.22	133.20	362.48	151.05	195.48	167.00
325.54	95.29	1193.60	2896.32	1219.00	1933.30	963.02
278.45	80.36	1033.09	2504.04	1030.94	1683.64	820.40
21.97	7.21	64.95	182.88	102.86	135.22	47.67
25.12	7.73	95.57	209.39	85.21	114.44	94.95
33.18	5.29	73.29	241.36	112.76	168.03	73.31
2221.62	430.86	6185.68	17741.40	9022.97	12000.82	5742.22
1374.74	260.78	3820.16	10945.70	5800.97	7674.42	3272.91
846.88	170.08	2365.52	6795.70	3222.00	4326.40	2469.31
9353.53	1484.36	17702.04	42447.50	15886.81	25937.76	16517.03
2180.75	299.70	3105.93	6048.85	1681.26	3569.81	2478.54
4817.79	814.76	9583.17	20469.05	6596.30	11846.08	8622.62
2354.99	369.90	5012.94	15929.60	7609.26	10521.88	5415.87
9313.50	1534.31	18222.32	45043.56	17157.55	27270.34	17782.14
2261.65	380.91	5665.40	15145.34	7752.23	10668.24	4477.11
596.43	81.03	1304.25	2366.45	735.28	1471.18	895.27
584.68	79.10	1281.19	2315.12	715.38	1438.35	876.77
11.75	1.93	23.06	51.33	19.90	32.83	18.50
1396.29	196.86	1409.43	2771.40	576.82	1565.97	1205.42
1319.31	189.36	1354.12	2652.06	551.21	1508.39	1143.68
76.98	7.49	55.32	119.33	25.60	57.59	61.75
28.53	3.43	47.91	190.76	56.65	74.49	116.28
24.70	3.14	42.68	177.40	48.26	63.53	113.87
3.82	0.28	5.24	13.37	8.38	10.96	2.41
72.80	8.76	134.59	277.05	95.17	177.13	99.91
36.55	3.62	60.20	123.35	43.52	88.60	34.75
20.34	3.81	46.44	94.17	29.01	54.19	39.99
15.90	1.33	27.94	59.52	22.64	34.34	25.18

行业	产品销售收入	产品销售成本	产品销售费用	产品销售税金及附加	产品销售利润
总计	33632.32	26772.73	851.80	919.50	4867.11
国有经济	22806.29	18074.66	425.25	801.89	3413.73
中央企业	10484.71	7963.12	130.01	616.49	1734.31
地方企业	6735.50	5443.03	179.13	103.99	906.16
集体经济	3300.85	2754.20	92.24	27.58	420.36
股份制经济	2535.53	1999.90	81.23	34.76	398.21
外商投资经济	3069.35	2404.27	170.97	41.71	382.25
中外合资经营企业	2489.72	1954.77	142.97	33.38	293.70
中外合作经营企业	191.35	122.14	13.12	7.18	45.39
外资企业	388.28	327.35	14.88	1.15	43.17
港、澳、台投资经济	1812.22	1445.48	82.68	14.14	237.95
与大陆合资经营企业	1539.21	1215.03	70.59	12.73	212.20
与大陆合作经营企业	110.77	95.90	4.03	1.13	8.49
港、澳、台独资企业	162.24	134.55	8.06	0.28	17.25
其他经济	108.08	94.22	-0.57	-0.58	14.61
轻工业	11619.43	9066.13	441.03	592.16	1425.86
以农产品为原料	7567.05	5813.99	245.24	552.40	911.11
以非农产品为原料	4052.38	3252.14	195.79	39.76	514.75
重工业	22012.89	17706.60	410.77	327.34	3441.25
采掘工业	2758.24	1962.69	38.02	77.74	670.18
原料工业	10522.26	8768.94	140.53	174.99	1385.36
加工工业	8732.39	6974.97	232.21	74.61	1385.71
大型企业	24651.49	19431.28	589.12	744.91	3732.91
中型企业	8980.83	7341.45	262.68	174.59	1134.20
煤炭采选业	924.37	642.15	25.54	11.26	245.14
煤炭开采业	897.58	622.48	24.71	10.94	239.17
煤炭洗选业	26.79	19.67	0.83	0.32	5.97
石油和天然气开采业	1498.42	1089.10	4.95	57.04	338.84
天然原油开采业	1450.26	1047.20	4.81	55.66	334.12
天然气开采业	48.15	41.91	0.14	1.38	4.72
黑色金属矿采选业	37.30	27.96	0.49	1.72	7.13
铁矿采选业	32.18	23.72	0.42	1.70	6.34
其他黑色金属矿采选业	5.12	4.24	0.07	0.02	0.79
有色金属矿采选业	123.86	88.64	2.60	0.79	31.81
重有色金属矿采选业	60.90	47.23	1.62	0.37	11.66
贵金属矿采选业	47.01	28.89	0.79	0.28	17.04
稀有稀土金属矿采选业	15.95	12.52	0.19	0.13	3.11

主要经济指标（1-3）

计量单位：万元

管理费用	利息支出	营业利润	利润总额	亏损企业亏损总额	利税总额	本年应交增值税
2818.24	1555.13	801.15	1087.95	740.20	3724.32	1716.88
2122.31	1132.22	324.59	493.56	555.22	2573.50	1278.05
853.87	409.85	504.89	547.68	138.25	1864.61	700.44
650.71	295.42	120.64	215.43	165.53	650.93	331.51
201.69	140.67	87.86	100.37	48.61	244.46	116.51
191.56	107.88	133.91	169.37	18.95	322.61	118.47
196.23	79.61	181.23	221.39	80.04	397.25	134.15
168.18	72.82	116.21	152.02	70.78	301.36	115.96
8.57	2.49	34.71	37.89	2.99	54.65	9.58
19.49	4.30	30.32	31.48	6.27	41.25	8.61
90.55	88.48	78.60	106.22	29.60	188.05	67.69
78.01	80.18	72.89	95.69	22.51	167.33	58.91
5.73	5.96	-1.67	1.39	4.08	6.59	4.06
6.81	2.34	7.38	9.13	3.01	14.13	4.72
15.90	6.27	-5.04	-2.96	7.78	-1.55	2.01
853.29	524.29	170.21	303.15	338.39	1425.24	530.68
527.30	353.30	93.50	171.93	235.15	1099.42	376.22
325.99	170.99	76.71	131.22	103.24	325.82	154.46
1964.95	1030.84	630.94	784.80	401.81	2299.08	1186.20
368.80	109.80	202.66	184.76	32.88	477.30	214.30
657.35	460.84	314.41	375.26	158.42	1184.74	634.50
938.80	460.20	113.87	224.78	210.51	637.04	337.40
2003.59	1069.74	883.29	1073.94	396.69	3146.25	1327.41
814.65	485.39	-82.14	14.01	343.51	578.07	389.47
224.83	22.91	29.61	22.92	13.14	107.73	73.56
219.68	22.30	28.77	22.64	13.09	105.01	71.43
5.15	0.62	0.85	0.28	0.05	2.73	2.12
76.07	66.64	173.14	158.65	7.40	345.04	129.35
73.30	64.00	173.22	158.11	7.40	340.28	126.50
2.77	2.64	-0.08	0.53	0.00	4.76	2.85
7.22	1.45	-1.44	-0.71	1.55	3.40	2.39
6.25	1.04	-0.89	-0.35	1.12	3.53	2.18
0.96	0.41	-0.56	-0.36	0.42	-0.13	0.21
25.03	9.55	-1.39	4.86	6.11	9.67	4.02
10.48	5.83	-4.25	-2.44	4.09	0.59	2.66
8.80	2.54	6.55	8.29	0.30	9.13	0.56
5.75	1.18	-3.69	-0.98	1.72	-0.05	0.80

行　　业	企业单位数（个）	亏损企业	工业总产值		工业增加值（生产法）
			当年价格	1990年不变价格	
非金属矿采选业	214	64	94.85	79.08	35.22
土砂石开采业	36	10	9.34	8.21	3.34
化学矿采选业	32	10	16.69	12.42	4.78
采盐业	71	18	44.52	38.42	19.34
其他非金属矿采选业	75	26	24.29	20.03	7.76
其他矿采选业	2	0	0.18	0.14	0.05
木材及竹材采运业	110	37	124.76	97.69	64.68
木材采运业	110	37	124.76	97.69	64.68
食品加工业	1243	556	1163.42	748.34	167.06
粮食及饲料加工业	380	138	378.46	193.10	47.75
植物油加工业	205	80	224.20	126.08	36.77
制糖业	320	194	266.11	189.23	35.82
屠宰及肉类蛋类加工业	221	113	212.70	170.90	31.41
水产品加工业	79	19	60.35	50.47	10.61
盐加工业	4	1	1.46	1.09	0.29
其他食品加工业	34	11	20.13	17.47	4.41
食品制造业	575	242	471.37	372.83	94.61
糕点、糖果制造业	145	57	137.98	103.28	32.93
乳制品制造业	64	24	41.64	27.74	9.40
罐头食品制造业	102	57	54.85	38.43	6.66
发酵制品业	77	32	94.25	92.28	17.59
调味品制造业	58	15	38.26	31.63	8.88
其他食品制造业	129	57	104.38	79.47	19.15
饮料制造业	838	241	927.98	615.64	255.70
酒精及饮料酒制造业	692	181	734.22	445.52	214.37
软饮料制造业	112	45	173.47	152.96	35.83
制茶业	25	12	12.78	10.47	3.05
其他饮料制造业	9	3	7.52	6.69	2.45
烟草加工业	142	29	1084.73	788.71	613.45
烟叶复烤业	9	2	6.74	4.62	1.02
卷烟制造业	129	27	1071.75	776.32	609.65
其他烟草加工业	4	0	6.24	7.78	2.77
纺织业	2822	1300	2475.02	2143.39	439.19
纤维原料初步加工业	117	15	55.69	38.59	10.72
棉纺织业	1192	558	1450.91	1116.92	230.51
毛纺织业	373	158	338.55	317.44	74.32
麻纺织业	100	62	44.88	37.75	7.08

主要经济指标（2-1）

计量单位：万元

工业销售产值（当年价格）	全部职工（从业人员）年平均人数（人）	资本金合计	国家资本金	外商资本金	流动资产合计	存货
91.20	34.30	80.33	70.62	1.39	103.23	27.70
8.93	2.80	8.75	6.79	0.40	9.69	2.37
16.19	7.60	24.13	23.60	0.00	14.27	4.27
42.78	15.80	32.99	28.57	0.08	55.96	14.25
23.29	8.20	14.46	11.66	0.91	23.31	6.82
0.13	0.10	0.14	0.13	0.00	0.23	0.13
120.88	90.90	89.08	85.95	0.20	128.34	43.07
120.88	90.90	89.08	85.95	0.20	128.34	43.07
1128.31	80.70	283.42	198.22	50.06	722.89	291.27
366.01	15.30	79.08	55.77	17.01	200.91	84.67
220.27	7.10	30.59	19.11	7.55	164.93	62.13
255.57	31.60	91.72	72.85	10.67	191.38	79.31
209.68	19.20	54.51	37.96	8.31	106.98	36.83
56.32	5.20	19.71	9.82	4.06	46.13	22.74
1.40	0.30	0.95	0.83	0.00	1.09	0.23
19.06	1.90	6.86	1.89	2.45	11.49	5.35
449.37	41.30	158.67	70.64	61.33	279.22	84.96
132.61	10.00	57.01	17.07	30.41	86.57	20.93
39.87	3.00	17.04	8.00	8.07	20.46	7.15
50.79	8.80	15.80	12.04	1.23	46.33	18.85
90.79	8.30	27.48	13.77	8.08	49.30	15.05
35.58	3.40	11.73	6.59	3.79	18.19	7.33
99.72	7.90	29.59	13.17	9.74	58.38	15.65
909.92	69.20	357.14	182.34	117.01	615.73	247.08
719.16	63.00	278.69	157.34	84.33	504.61	210.84
170.74	4.30	69.19	21.93	29.78	88.21	27.11
12.63	1.30	4.60	2.47	0.01	12.33	6.14
7.38	0.50	4.67	0.60	2.89	10.58	2.99
1078.83	24.20	193.08	185.14	0.75	672.43	221.08
5.45	0.50	1.59	1.59	0.00	8.20	3.22
1067.17	23.50	189.62	181.67	0.75	660.15	214.96
6.21	0.20	1.87	1.87	0.00	4.08	2.90
2394.42	453.60	674.21	393.39	68.35	1545.51	669.41
54.24	7.30	13.16	5.13	1.21	54.93	23.32
1414.00	270.90	354.68	237.69	31.54	820.08	339.74
322.37	49.70	102.97	48.73	14.23	276.83	130.55
42.23	16.90	20.71	16.06	1.32	45.97	24.97

行　业	产成品	流动资产年平均余额	固定资产合计	固定资产原价合计	生产经营用
非金属矿采选业	16.63	99.59	141.99	178.95	134.35
土砂石开采业	1.04	9.43	16.41	21.52	16.84
化学矿采选业	2.01	13.69	29.57	35.48	24.95
采盐业	9.78	53.62	69.17	86.32	67.63
其他非金属矿采选业	3.79	22.86	26.84	35.63	24.94
其他矿采选业	0.11	0.19	0.23	0.30	0.28
木材及竹材采运业	20.40	126.63	161.99	225.26	122.87
木材采运业	20.40	126.63	161.99	225.26	122.87
食品加工业	131.96	687.00	608.79	738.14	575.14
粮食及饲料加工业	20.96	192.18	140.91	168.92	132.98
植物油加工业	28.88	152.31	65.32	76.93	61.69
制糖业	51.21	185.71	248.34	306.89	237.97
屠宰及肉类蛋类加工业	16.93	102.32	109.57	131.41	97.20
水产品加工业	11.31	42.51	32.04	39.07	32.69
盐加工业	0.08	1.00	2.23	2.92	2.07
其他食品加工业	2.60	10.96	10.40	11.99	10.54
食品制造业	37.94	262.36	291.25	333.04	275.95
糕点、糖果制造业	7.31	78.53	88.26	99.94	87.61
乳制品制造业	4.10	19.03	27.50	31.25	22.99
罐头食品制造业	9.61	45.91	37.56	47.50	38.42
发酵制品业	6.93	44.41	56.67	62.99	51.95
调味品制造业	3.26	17.59	19.70	23.39	18.43
其他食品制造业	6.74	56.90	61.55	67.97	56.55
饮料制造业	74.09	569.36	601.02	643.24	523.66
酒精及饮料酒制造业	61.00	456.52	511.05	539.07	445.15
软饮料制造业	9.21	93.29	75.49	89.86	72.26
制茶业	2.64	12.73	6.69	8.10	4.21
其他饮料制造业	1.24	6.82	7.80	6.21	2.04
烟草加工业	13.64	625.53	512.03	469.49	386.03
烟叶复烤业	2.58	6.79	4.92	4.45	2.75
卷烟制造业	11.01	614.90	504.18	461.12	379.93
其他烟草加工业	0.05	3.83	2.93	3.92	3.35
纺织业	336.31	1503.19	1644.87	1990.73	1541.68
纤维原料初步加工业	13.74	49.99	32.72	37.52	29.15
棉纺织业	169.57	805.07	914.44	1121.78	851.16
毛纺织业	63.87	264.77	212.40	261.38	205.71
麻纺织业	14.66	44.58	53.31	64.79	46.70

主要经济指标（2-2）

计量单位：万元

累计折旧	本年折旧	固定资产净值年平均余额	资产总计	流动负债合计	负债合计	所有者权益合计
52.24	6.75	118.55	260.74	112.42	159.18	101.56
6.36	0.89	12.50	28.97	10.57	15.27	13.70
10.25	1.27	23.07	45.61	18.62	30.19	15.42
23.87	2.93	60.57	132.76	60.26	82.53	50.23
11.76	1.66	22.42	53.41	22.97	31.19	22.22
0.07	0.01	0.23	0.49	0.23	0.30	0.19
56.23	6.03	150.87	313.55	164.85	200.83	112.73
56.23	6.03	150.87	313.55	164.85	200.83	112.73
179.01	32.21	508.29	1420.62	907.55	1089.93	330.70
37.05	7.17	121.86	368.90	221.89	270.52	98.39
14.36	2.82	57.04	240.56	193.26	211.41	29.15
84.73	15.77	200.36	468.18	291.23	374.30	93.89
30.36	3.74	89.68	230.43	141.50	164.87	65.56
9.49	2.08	28.16	84.31	45.27	51.38	32.93
0.75	0.13	2.10	3.37	1.16	1.97	1.40
2.26	0.50	9.10	24.87	13.25	15.49	9.38
72.34	15.42	239.43	657.58	328.77	431.86	225.72
19.33	4.99	72.76	201.52	90.44	117.97	83.55
5.84	1.50	23.64	52.42	25.36	34.03	18.40
14.82	1.79	30.34	95.10	70.64	86.24	8.86
13.38	3.13	46.77	135.67	59.68	83.17	52.50
5.73	0.82	15.85	41.36	17.91	22.45	18.91
13.24	3.20	50.06	131.51	64.75	88.01	43.50
138.00	33.13	462.46	1356.35	652.57	846.20	510.15
115.80	26.17	387.38	1117.14	541.22	712.24	404.91
18.98	6.40	65.31	199.07	88.14	108.19	90.89
2.14	0.25	5.51	19.98	13.09	14.08	5.90
1.09	0.32	4.26	20.16	10.12	11.70	8.46
96.18	32.21	395.71	1309.56	665.89	773.18	536.38
0.99	0.16	3.30	14.59	10.18	11.88	2.71
94.17	31.85	389.58	1287.82	651.59	756.89	530.93
1.02	0.20	2.84	7.15	4.12	4.42	2.73
549.55	87.49	1332.93	3530.04	2027.23	2794.93	735.11
8.13	1.59	27.30	93.91	67.79	79.30	14.61
328.76	45.78	737.97	1911.71	1094.79	1514.59	397.12
72.41	14.06	174.58	542.33	311.56	418.25	124.09
16.33	2.04	45.07	111.33	66.73	100.46	10.87

行　业	产品销售收入	产品销售成本	产品销售费用	产品销售税金及附加	产品销售利润
非金属矿采选业	85.93	55.90	6.65	3.20	19.88
土砂石开采业	7.83	5.74	0.27	0.15	1.68
化学矿采选业	14.44	10.53	0.71	0.12	3.07
采盐业	40.79	23.91	3.70	2.62	10.56
其他非金属矿采选业	22.87	15.73	1.96	0.31	4.57
其他矿采选业	0.15	0.11	0.00	0.00	0.04
木材及竹材采运业	124.33	78.05	1.73	6.45	38.04
木材采运业	124.33	78.05	1.73	6.45	38.04
食品加工业	1157.37	1044.81	30.11	3.33	75.58
粮食及饲料加工业	380.52	345.43	9.04	0.20	24.98
植物油加工业	219.85	205.02	5.49	0.23	9.11
制糖业	253.21	224.12	5.16	2.02	19.54
屠宰及肉类蛋类加工业	219.75	200.39	6.63	0.40	12.33
水产品加工业	65.19	54.63	2.47	0.38	7.41
盐加工业	1.48	0.89	0.25	0.05	0.28
其他食品加工业	17.39	14.33	1.07	0.06	1.93
食品制造业	467.85	376.77	32.00	2.08	55.26
糕点、糖果制造业	139.31	108.70	11.96	0.46	17.18
乳制品制造业	39.16	31.64	3.36	0.15	4.01
罐头食品制造业	57.01	50.47	2.48	0.18	3.70
发酵制品业	88.19	74.52	3.32	0.31	9.98
调味品制造业	38.12	30.25	2.21	0.18	5.47
其他食品制造业	106.07	81.18	8.68	0.81	14.93
饮料制造业	868.64	587.09	70.44	77.26	123.08
酒精及饮料酒制造业	684.11	453.12	48.13	76.92	100.23
软饮料制造业	163.70	118.33	19.50	0.28	20.52
制茶业	13.77	11.50	0.63	0.06	1.58
其他饮料制造业	7.07	4.13	2.18	0.00	0.75
烟草加工业	1072.46	463.65	5.80	445.21	157.70
烟叶复烤业	10.78	8.12	1.32	0.04	1.30
卷烟制造业	1055.48	452.07	4.44	443.21	155.67
其他烟草加工业	6.19	3.47	0.04	1.95	0.73
纺织业	2265.85	1991.67	27.81	8.98	217.74
纤维原料初步加工业	49.66	43.52	0.88	0.13	5.07
棉纺织业	1343.07	1200.75	12.77	4.98	108.61
毛纺织业	303.73	250.56	5.01	1.36	46.14
麻纺织业	40.67	34.95	1.06	0.26	4.38

主要经济指标（2-3）

计量单位：万元

管理费用	利息支出	营业利润	利润总额	亏损企业亏损总额	利税总额	本年应交增值税
16.48	6.11	-1.86	-1.50	4.68	7.72	6.01
1.67	0.50	-0.28	-0.01	0.44	0.63	0.50
3.09	1.06	-0.75	-0.47	0.72	0.26	0.61
8.53	3.36	-1.16	-1.61	2.81	4.97	3.96
3.19	1.19	0.34	0.60	0.72	1.85	0.95
0.03	0.01	0.00	0.00	0.00	0.01	0.01
26.98	5.76	6.49	1.11	2.56	9.99	2.42
26.98	5.76	6.49	1.11	2.56	9.99	2.42
58.54	59.22	-38.32	-24.58	53.02	5.71	26.97
15.73	14.91	-5.60	-0.50	9.50	2.47	2.77
6.56	9.09	-6.21	-4.73	7.08	-3.18	1.31
20.83	24.61	-23.69	-21.65	27.90	-2.16	17.46
10.45	7.58	-4.86	-0.81	7.28	3.39	3.80
3.71	2.16	1.83	2.73	0.79	4.43	1.33
0.16	0.20	-0.05	-0.06	0.08	0.04	0.05
1.10	0.67	0.25	0.43	0.39	0.72	0.24
31.96	18.86	10.27	15.33	16.86	38.89	21.48
8.95	4.12	7.20	9.50	4.19	17.43	7.48
3.76	1.73	-1.39	-1.14	2.74	0.86	1.85
4.25	4.13	-3.74	-3.75	4.53	-1.41	2.16
5.03	3.94	1.53	2.01	2.17	5.92	3.61
3.75	0.92	1.37	1.69	0.49	3.47	1.60
6.22	4.01	5.31	7.02	2.74	12.61	4.79
65.98	32.64	34.79	46.94	19.07	179.79	55.60
53.79	27.64	25.11	34.88	14.55	158.33	46.53
10.36	3.98	10.09	11.96	3.48	20.43	8.19
0.98	0.85	-0.11	-0.21	0.55	0.26	0.41
0.85	0.18	-0.30	0.31	0.49	0.77	0.46
46.98	19.16	102.29	113.70	3.19	660.85	101.94
0.78	0.49	0.10	0.03	0.23	0.67	0.60
45.88	18.31	102.12	113.59	2.96	657.75	100.95
0.32	0.37	0.08	0.08	0.00	2.43	0.40
170.62	143.19	-79.35	-60.29	109.08	32.20	83.51
2.96	2.24	0.00	-0.01	0.78	1.85	1.73
97.21	78.02	-56.64	-47.00	62.65	9.36	51.38
25.49	23.07	0.08	2.76	13.35	14.86	10.74
4.44	4.23	-3.68	-3.69	4.08	-1.47	1.96

行业	企业单位数（个）	亏损企业	工业总产值 当年价格	工业总产值 1990年不变价格	工业增加值（生产法）
丝绢纺织业	643	337	353.22	439.51	67.10
针织品业	344	152	194.23	156.28	42.22
其他纺织业	53	18	37.52	36.90	7.25
服装及其他纤维制品制造业	395	98	402.92	342.35	94.09
服装制造业	355	88	372.30	313.99	86.95
制帽业	3	0	0.96	0.95	0.28
制鞋业	26	7	20.34	19.11	4.50
其他纤维制品制造业	11	3	9.31	8.29	2.36
皮革、毛皮、羽绒及其制品业	289	103	253.74	204.70	54.32
制革业	106	52	74.41	55.08	14.50
皮革制品制造业	137	31	145.80	119.27	31.76
毛皮鞣制及制品业	14	6	5.22	4.22	1.22
羽毛（绒）及制品业	32	14	28.31	26.13	6.86
木材加工及竹、藤、棕、草制品业	134	57	93.47	80.12	17.66
锯材、木片加工业	31	21	9.57	6.86	1.66
人造板制造业	82	29	73.74	63.62	13.87
木制品业	18	6	9.10	8.20	1.89
竹、藤、棕、草制品业	3	1	1.06	1.43	0.24
家具制造业	71	25	35.54	31.65	8.72
木制家具制造业	45	13	18.70	16.76	5.36
竹、藤家具制造业	1	0	1.23	0.74	0.41
金属家具制造业	19	10	10.91	9.90	1.80
塑料家具制造业	1	1	0.31	0.27	0.09
其他家具制造业	5	1	4.39	3.97	1.07
造纸及纸制品业	663	182	543.71	409.11	117.89
纸浆制造业	8	5	2.87	2.19	0.50
造纸业	550	147	477.00	354.64	103.23
纸制品业	105	30	63.84	52.28	14.15
印刷业、记录媒介的复制	382	81	163.69	142.60	48.23
印刷业	373	80	155.65	130.26	44.86
记录媒介的复制	9	1	8.04	12.33	3.37
文教体育用品制造业	112	23	105.62	97.49	25.12
文化用品制造业	44	13	32.52	30.52	9.24
体育用品制造业	18	1	14.00	12.83	3.42
乐器及其他文娱用品制造业	10	2	17.77	13.89	3.16
玩具制造业	38	7	40.27	39.16	9.50
游艺器材制造业	1	0	0.68	0.68	-0.16
其他类未包括的文教体育用品制造业	1	0	0.38	0.41	-0.04

主要经济指标（3-1）

计量单位：万元

工业销售产值（当年价格）	全部职工（从业人员）年平均人数（人）	资本金合计	国家资本金	外商资本金	流动资产合计	存货
341.48	75.20	108.80	51.09	8.05	177.35	83.10
184.78	30.00	61.46	29.15	10.22	145.60	60.18
35.32	3.60	12.43	5.55	1.79	24.75	7.55
383.10	40.10	100.12	26.15	23.18	204.08	82.04
354.48	36.30	88.98	22.02	21.32	187.26	74.53
0.90	0.20	0.56	0.07	0.35	0.53	0.22
19.09	3.00	7.79	3.89	0.52	11.73	5.47
8.62	0.70	2.80	0.17	1.00	4.55	1.83
240.08	26.40	59.14	17.48	11.99	157.27	77.06
70.02	6.10	18.89	6.83	3.51	48.08	24.75
139.43	16.30	31.44	6.76	8.19	82.11	38.01
5.05	1.00	2.07	1.29	0.15	5.55	2.86
25.58	3.00	6.74	2.59	0.14	21.53	11.43
89.82	13.10	41.04	25.45	8.80	72.52	26.48
9.05	4.10	8.78	7.09	1.64	15.84	5.51
70.78	7.60	27.03	17.06	5.55	47.01	16.83
8.86	1.10	4.67	1.24	1.51	6.99	3.56
1.13	0.30	0.56	0.06	0.09	2.68	0.58
33.70	6.10	13.30	2.38	2.25	31.11	12.55
17.91	5.10	9.20	1.57	1.50	20.81	9.51
1.23	0.00	0.14	0.00	0.05	0.38	0.23
10.11	0.90	3.06	0.70	0.41	7.99	2.36
0.25	0.10	0.04	0.04	0.00	0.16	0.08
4.20	0.10	0.86	0.07	0.30	1.77	0.36
516.49	68.90	216.96	112.05	58.42	354.81	120.33
2.65	0.70	2.97	0.66	0.00	2.67	1.31
451.04	63.40	188.13	103.19	48.22	315.99	108.51
62.80	4.80	25.86	8.20	10.20	36.14	10.51
160.38	23.10	88.25	60.89	7.24	114.53	38.04
153.02	22.80	82.82	57.02	6.56	108.57	36.76
7.36	0.30	5.43	3.87	0.68	5.96	1.28
105.08	12.00	29.87	8.61	8.02	71.92	23.68
31.49	4.70	12.85	4.54	2.58	33.42	8.11
13.39	1.50	3.65	0.60	1.03	8.39	3.42
18.44	1.30	4.30	1.80	1.06	10.32	4.71
40.64	4.40	8.47	1.43	3.08	19.06	7.22
0.68	0.10	0.36	0.00	0.27	0.46	0.12
0.45	0.10	0.24	0.24	0.00	0.27	0.10

行　　业	产成品	流动资产年平均余额	固定资产合计	固定资产原价合计	生产经营用
丝绢纺织业	41.62	175.53	277.14	316.58	259.67
针织品业	29.03	139.62	124.99	156.99	123.49
其他纺织业	3.82	23.64	29.88	31.69	25.81
服装及其他纤维制品制造业	35.69	195.61	137.27	160.66	118.54
服装制造业	32.07	180.02	125.92	147.48	108.35
制帽业	0.06	0.53	0.59	0.78	0.63
制鞋业	2.71	11.01	7.38	8.21	6.26
其他纤维制品制造业	0.85	4.05	3.39	4.20	3.30
皮革、毛皮、羽绒及其制品业	34.19	156.21	86.15	104.92	84.59
制革业	11.44	48.04	32.42	39.79	32.20
皮革制品制造业	16.41	81.99	40.13	49.27	39.89
毛皮鞣制及制品业	0.90	5.01	3.36	4.75	3.45
羽毛（绒）及制品业	5.44	21.17	10.24	11.11	9.05
木材加工及竹、藤、棕、草制品业	13.00	68.18	85.74	98.10	70.86
锯材、木片加工业	3.12	16.02	16.37	20.52	14.11
人造板制造业	7.50	42.66	62.89	69.63	51.32
木制品业	2.12	6.88	5.92	7.13	4.95
竹、藤、棕、草制品业	0.26	2.63	0.57	0.83	0.48
家具制造业	4.34	27.71	20.27	24.69	20.99
木制家具制造业	3.22	18.50	14.92	18.21	15.61
竹、藤家具制造业	0.00	0.32	0.22	0.25	0.25
金属家具制造业	0.96	7.18	3.86	4.82	3.80
塑料家具制造业	0.04	0.13	0.08	0.10	0.10
其他家具制造业	0.11	1.58	1.18	1.32	1.23
造纸及纸制品业	54.90	324.85	529.31	488.40	374.23
纸浆制造业	0.85	2.28	11.25	10.55	9.67
造纸业	50.53	288.46	484.51	437.12	330.33
纸制品业	3.52	34.11	33.54	40.73	34.23
印刷业、记录媒介的复制	12.66	103.60	156.29	194.03	154.20
印刷业	12.04	98.37	149.22	184.99	146.42
记录媒介的复制	0.62	5.23	7.06	9.04	7.78
文教体育用品制造业	7.97	68.83	42.30	45.09	37.28
文化用品制造业	2.96	31.66	15.82	15.27	12.26
体育用品制造业	1.47	6.73	5.75	5.79	5.16
乐器及其他文娱用品制造业	1.20	10.20	9.26	9.52	8.64
玩具制造业	2.33	19.53	10.81	13.56	10.46
游艺器材制造业	-0.01	0.42	0.17	0.20	0.00
其他类未包括的文教体育用品制造业	0.02	0.29	0.49	0.76	0.76

主要经济指标（3-2）

计量单位：万元

累计折旧	本年折旧	固定资产净值年平均余额	资产总计	流动负债合计	负债合计	所有者权益合计
73.38	15.30	222.33	505.02	272.37	394.19	110.83
43.40	6.73	105.82	301.97	181.21	239.68	62.29
7.15	2.00	19.86	63.77	32.78	48.47	15.30
41.59	8.92	113.02	373.11	191.68	229.32	143.78
38.32	8.31	103.39	342.96	176.26	210.57	132.39
0.19	0.04	0.57	1.22	0.47	0.56	0.66
2.11	0.35	6.03	20.44	11.25	13.60	6.84
0.96	0.22	3.04	8.49	3.71	4.60	3.89
27.57	5.19	73.58	274.91	161.53	195.05	79.86
10.79	1.80	28.16	87.48	54.26	69.87	17.61
12.48	2.75	34.11	142.61	77.26	91.87	50.75
1.67	0.15	3.07	10.13	6.99	8.39	1.74
2.64	0.49	8.24	34.69	23.02	24.92	9.76
22.86	3.93	66.93	171.73	85.20	125.12	46.61
4.72	0.53	13.72	35.92	21.94	25.57	10.35
16.47	3.07	47.91	117.72	54.24	89.10	28.62
1.35	0.30	4.77	14.69	6.63	7.71	6.97
0.32	0.03	0.53	3.41	2.39	2.74	0.67
5.87	1.32	16.88	54.91	29.69	38.47	16.44
4.28	0.99	12.53	38.32	19.99	27.39	10.94
0.03	0.01	0.17	0.61	0.35	0.41	0.20
1.29	0.21	3.24	12.70	7.76	9.02	3.68
0.02	0.01	0.07	0.26	0.25	0.25	0.01
0.25	0.11	0.86	3.03	1.34	1.42	1.61
119.78	20.78	337.91	946.58	403.01	662.72	283.87
0.91	0.38	2.99	14.74	3.86	12.61	2.14
108.16	17.97	307.11	853.04	363.60	604.35	248.69
10.71	2.44	27.81	78.80	35.54	45.76	33.04
57.23	11.06	125.04	297.62	104.93	167.29	130.33
54.26	10.50	119.34	282.89	99.80	159.51	123.38
2.97	0.56	5.69	14.73	5.14	7.78	6.95
11.29	2.63	32.13	132.86	64.57	79.24	53.63
3.70	0.77	10.97	59.29	27.44	33.58	25.71
1.18	0.33	4.15	17.41	8.65	10.54	6.87
2.61	0.63	6.37	21.70	9.50	13.37	8.33
3.51	0.84	9.89	33.04	18.58	21.33	11.72
0.03	0.01	0.26	0.66	0.27	0.27	0.39
0.27	0.04	0.49	0.76	0.14	0.15	0.61

行　业	产品销售收　入	产品销售成　本	产品销售费　用	产品销售税金及附加	产品销售利　润
丝绢纺织业	316.34	282.01	3.48	1.62	27.01
针织品业	179.89	152.71	3.76	0.54	22.26
其他纺织业	32.50	27.17	0.86	0.08	4.28
服装及其他纤维制品制造业	346.00	290.73	11.47	1.06	41.52
服装制造业	318.21	267.10	10.75	0.91	38.22
制帽业	0.92	0.79	0.03	0.00	0.09
制鞋业	18.41	15.67	0.47	0.06	2.20
其他纤维制品制造业	8.47	7.17	0.21	0.08	1.01
皮革、毛皮、羽绒及其制品业	217.35	182.56	9.63	0.92	23.92
制革业	64.50	52.50	5.02	0.53	6.45
皮革制品制造业	128.43	109.76	3.53	0.27	14.60
毛皮鞣制及制品业	4.84	3.98	0.12	0.01	0.72
羽毛（绒）及制品业	19.58	16.31	0.96	0.11	2.15
木材加工及竹、藤、棕、草制品业	88.17	75.24	1.78	0.28	10.87
锯材、木片加工业	9.94	9.11	0.19	0.04	0.60
人造板制造业	68.27	58.06	1.21	0.21	8.80
木制品业	8.99	7.30	0.35	0.04	1.30
竹、藤、棕、草制品业	0.97	0.76	0.04	0.00	0.17
家具制造业	32.03	24.71	1.46	0.14	5.08
木制家具制造业	17.41	13.35	0.96	0.08	3.02
竹、藤家具制造业	1.24	1.17	0.02	0.00	0.05
金属家具制造业	9.25	7.13	0.18	0.06	1.24
塑料家具制造业	0.05	0.02	0.00	0.00	0.02
其他家具制造业	4.08	3.04	0.30	0.00	0.74
造纸及纸制品业	497.12	392.85	10.40	2.65	90.06
纸浆制造业	2.19	2.43	0.05	0.01	-0.30
造纸业	433.13	342.74	6.74	2.46	80.62
纸制品业	61.79	47.69	3.61	0.18	9.74
印刷业、记录媒介的复制	153.17	114.65	3.27	0.99	33.26
印刷业	148.01	111.14	3.10	0.96	31.84
记录媒介的复制	5.17	3.51	0.17	0.04	1.42
文教体育用品制造业	106.87	87.41	3.29	0.54	14.10
文化用品制造业	35.56	27.63	0.94	0.31	5.31
体育用品制造业	13.68	11.16	0.60	0.02	1.83
乐器及其他文娱用品制造业	18.57	14.69	0.65	0.06	3.17
玩具制造业	37.90	32.95	1.05	0.15	3.65
游艺器材制造业	0.68	0.57	0.03	0.00	0.08
其他类未包括的文教体育用品制造业	0.48	0.40	0.01	0.00	0.06

主要经济指标（3-3）

计量单位：万元

管理费用	利息支出	营业利润	利润总额	亏损企业亏损总额	利税总额	本年应交增值税
22.33	21.87	-16.16	-12.53	20.68	0.64	11.54
16.11	11.25	-2.76	-0.39	6.78	5.28	5.13
2.08	2.52	-0.19	0.57	0.76	1.68	1.03
22.73	10.59	10.47	13.50	3.79	23.56	9.01
20.72	9.76	9.88	12.75	3.54	21.71	8.05
0.09	0.02	-0.01	0.02	0.00	0.01	-0.01
1.21	0.62	0.44	0.51	0.14	1.34	0.78
0.71	0.19	0.15	0.22	0.11	0.50	0.20
12.67	9.72	2.81	4.91	4.53	12.16	6.32
2.99	3.99	-0.01	0.82	2.37	3.78	2.42
7.50	4.23	3.44	4.54	1.05	7.95	3.14
0.63	0.47	-0.36	-0.30	0.52	-0.07	0.22
1.54	1.03	-0.26	-0.15	0.58	0.50	0.54
7.77	4.85	-1.24	1.05	3.19	6.84	5.50
1.74	0.83	-1.47	-1.25	1.35	-0.81	0.41
4.98	3.54	0.20	2.31	1.57	7.12	4.60
0.96	0.37	0.02	-0.01	0.26	0.52	0.49
0.08	0.10	0.01	0.00	0.00	0.02	0.01
2.82	1.49	0.86	1.20	0.89	2.53	1.19
1.63	1.01	0.44	0.72	0.51	1.48	0.68
0.03	0.02	0.02	0.02	0.00	0.02	0.00
0.84	0.47	-0.08	-0.02	0.34	0.32	0.28
0.03	0.01	-0.02	-0.02	0.02	-0.01	0.01
0.28	-0.01	0.49	0.49	0.03	0.71	0.22
46.95	28.43	16.03	17.53	10.06	49.46	29.28
0.27	0.16	-0.71	-0.66	0.72	-0.51	0.14
41.82	26.21	13.29	14.14	8.70	43.03	26.44
4.86	2.06	3.45	4.05	0.64	6.93	2.71
22.34	7.44	6.93	9.06	3.41	19.34	9.29
21.56	7.14	6.44	8.25	3.40	18.06	8.85
0.78	0.30	0.49	0.81	0.01	1.28	0.44
9.14	3.11	4.43	6.52	0.84	10.53	3.47
4.38	1.01	1.90	3.36	0.49	5.32	1.65
0.97	0.52	0.43	0.55	0.01	1.02	0.45
1.68	0.84	1.07	1.23	0.09	2.09	0.81
2.02	0.71	0.98	1.30	0.25	2.02	0.56
0.01	0.01	0.05	0.06	0.00	0.06	0.00
0.07	0.01	0.01	0.02	0.00	0.02	0.00

行业	企业单位数（个）	亏损企业	工业总产值 当年价格	工业总产值 1990年不变价格	工业增加值（生产法）
石油加工及炼焦业	114	29	1951.75	842.75	390.38
人造原油生产业	1	0	8.28	4.66	2.18
原油加工业	61	10	1879.21	803.31	377.02
石油制品业	18	2	22.16	11.58	4.97
炼焦业	34	17	42.10	23.20	6.20
化学原料及化学制品制造业	1856	420	2594.80	2079.98	538.38
基本化学原料制造业	376	91	462.64	392.84	96.43
化学肥料制造业	523	67	658.37	440.52	156.67
化学农药制造业	108	16	152.43	145.97	29.57
有机化学产品制造业	310	96	566.56	449.95	107.01
合成材料制造业	91	26	248.73	198.60	46.71
专用化学产品制造业	252	70	197.76	195.73	38.23
日用化学产品制造业	196	54	308.31	256.38	63.75
医药制造业	669	191	681.57	771.30	166.72
化学药品原药制造业	210	82	285.90	343.30	57.32
化学药品制剂制造业	245	57	226.78	269.66	54.23
中药材及中成药加工业	175	43	137.18	125.89	45.61
动物药品制造业	16	5	9.92	10.81	1.85
生物制品业	23	4	21.80	21.65	7.71
化学纤维制造业	267	96	619.47	611.72	129.50
纤维素纤维制造业	49	23	96.81	82.27	17.89
合成纤维制造业	200	66	517.41	524.39	110.58
渔具及渔具材料制造业	18	7	5.25	5.06	1.04
橡胶制品业	298	86	458.16	462.91	91.70
轮胎制造业	69	22	272.14	290.27	54.14
力车胎制造业	32	10	38.93	38.86	7.28
橡胶板、管、带制造业	64	14	46.95	46.93	10.71
橡胶零件制品业	20	7	10.05	8.62	3.76
再生橡胶制造业	5	2	1.41	1.55	0.25
橡胶靴鞋制造业	87	25	78.34	67.72	12.75
日用橡胶制品业	11	4	4.94	3.85	1.07
橡胶制品翻修业	1	0	0.14	0.11	0.05
其他橡胶制品业	9	2	5.25	5.02	1.71
塑料制品业	637	234	371.64	362.38	71.64
塑料薄膜制造业	168	47	118.19	108.51	20.91
塑料板、管、棒材制造业	101	41	56.58	56.02	12.55
塑料丝、绳及编织品制造业	101	55	43.61	41.82	8.24
泡沫塑料及人造革、合成革制造业	103	31	80.69	84.71	12.30

主要经济指标（4-1）

计量单位：万元

工业销售产值（当年价格）	全部职工（从业人员）年平均人数（人）	资本金合计	国家资本金	外商资本金	流动资产合计	存货
1927.08	56.00	513.48	485.45	14.78	636.47	234.06
8.57	1.20	6.77	6.77	0.00	6.00	0.80
1856.71	46.60	487.13	464.40	14.67	577.35	220.73
21.26	2.60	6.62	3.50	0.11	9.55	2.67
40.53	5.60	12.94	10.78	0.00	43.58	9.86
2498.30	255.50	933.52	680.38	102.85	1543.80	476.61
447.89	59.90	172.58	134.80	9.99	307.10	84.19
631.24	79.50	199.18	181.74	2.72	326.23	96.15
143.63	11.60	34.17	23.66	1.27	75.92	31.06
550.85	41.60	243.59	170.86	22.02	358.35	114.90
238.99	17.20	101.16	74.68	13.30	142.30	44.97
191.95	29.60	83.98	59.75	11.79	143.61	47.55
293.75	16.20	98.86	34.90	41.75	190.29	57.79
645.82	61.80	234.52	143.70	43.94	596.80	187.18
270.64	29.80	94.04	64.50	11.32	235.60	76.06
215.34	17.20	71.22	37.96	17.74	185.41	53.25
130.66	12.30	55.48	32.16	12.38	154.93	48.83
9.43	0.90	4.55	2.00	1.39	5.75	2.43
19.74	1.60	9.23	7.07	1.11	15.12	6.61
607.80	43.30	294.98	162.08	57.35	395.79	119.59
93.40	10.90	31.31	23.39	3.42	60.00	22.67
509.37	31.50	261.22	137.90	53.00	333.04	95.80
5.03	0.90	2.45	0.79	0.93	2.75	1.13
437.30	44.30	117.16	72.21	26.80	299.23	114.25
259.67	16.50	66.51	43.43	19.45	173.76	64.50
36.97	4.70	8.71	2.75	2.29	25.60	9.13
45.55	6.30	13.71	9.36	1.43	32.11	10.87
9.51	1.60	5.10	1.40	1.88	6.87	2.32
1.34	0.20	0.35	0.30	0.00	0.98	0.25
74.64	13.30	18.14	11.82	1.17	50.42	23.41
4.64	0.70	1.12	0.92	0.02	4.37	1.49
0.12	0.10	0.07	0.00	0.00	0.13	0.05
4.86	0.90	3.46	2.24	0.56	5.01	2.22
354.23	32.80	142.73	50.50	29.88	244.25	93.24
112.76	9.10	36.71	15.38	6.13	74.52	26.65
52.76	6.10	23.05	8.78	5.51	45.04	18.70
41.09	6.00	18.66	5.90	1.69	28.70	11.55
76.74	4.90	31.63	12.43	7.29	47.53	19.81

行　　业	产成品	流动资产年平均余额	固定资产合计	固定资产原价合计	生产经营用
石油加工及炼焦业	75.68	629.76	1221.46	1667.14	1364.17
人造原油生产业	0.24	5.39	13.72	16.89	10.21
原油加工业	68.11	577.28	1154.67	1595.30	1308.29
石油制品业	0.91	9.43	11.54	12.83	10.41
炼焦业	6.43	37.67	41.53	42.13	35.26
化学原料及化学制品制造业	188.77	1434.47	2245.03	2569.84	2099.98
基本化学原料制造业	34.59	278.65	495.20	535.06	420.01
化学肥料制造业	29.98	288.57	578.06	733.27	604.16
化学农药制造业	15.87	67.96	75.89	86.85	68.78
有机化学产品制造业	44.83	351.65	576.47	604.19	513.86
合成材料制造业	17.14	136.37	212.86	260.36	223.29
专用化学产品制造业	19.19	137.61	182.94	216.46	164.34
日用化学产品制造业	27.18	173.65	123.60	133.63	105.54
医药制造业	91.35	540.28	427.95	440.70	358.66
化学药品原药制造业	35.85	199.82	219.90	220.13	179.84
化学药品制剂制造业	26.03	172.28	110.93	118.19	96.77
中药材及中成药加工业	26.22	148.11	74.77	74.73	60.02
动物药品制造业	1.13	5.76	5.46	6.93	5.97
生物制品业	2.12	14.30	16.90	20.72	16.06
化学纤维制造业	40.96	385.97	653.30	781.21	694.04
纤维素纤维制造业	7.55	59.51	84.17	107.34	91.14
合成纤维制造业	32.97	323.55	565.49	669.48	599.68
渔具及渔具材料制造业	0.44	2.91	3.64	4.39	3.22
橡胶制品业	56.37	272.77	268.04	263.06	209.02
轮胎制造业	31.63	154.06	163.91	146.23	120.13
力车胎制造业	5.13	24.10	24.65	25.11	20.84
橡胶板、管、带制造业	5.45	31.60	33.61	38.20	28.11
橡胶零件制品业	1.13	6.76	9.64	9.00	6.04
再生橡胶制造业	0.13	1.01	0.99	0.99	0.70
橡胶靴鞋制造业	11.08	46.43	28.59	35.73	27.47
日用橡胶制品业	0.69	4.20	2.72	3.22	2.09
橡胶制品翻修业	0.04	0.11	0.12	0.19	0.17
其他橡胶制品业	1.09	4.51	3.81	4.40	3.48
塑料制品业	43.04	232.70	245.41	307.46	253.67
塑料薄膜制造业	13.36	70.10	70.47	89.56	76.42
塑料板、管、棒材制造业	7.26	42.59	43.00	50.51	41.09
塑料丝、绳及编织品制造业	5.72	26.95	33.95	42.88	36.70
泡沫塑料及人造革、合成革制造业	8.58	45.49	43.51	56.10	47.46

主要经济指标（4-2）

计量单位：万元

累计折旧	本年折旧	固定资产净值年平均余额	资产总计	流动负债合计	负债合计	所有者权益合计
599.89	116.52	907.61	2015.63	552.71	1133.79	881.85
3.94	0.76	12.80	20.03	5.07	8.69	11.33
579.69	112.90	857.58	1886.35	485.94	1043.62	842.73
3.12	0.63	7.93	22.73	10.22	12.45	10.29
13.15	2.23	29.29	86.52	51.48	69.02	17.50
802.59	141.65	1598.17	4130.75	1613.14	2683.49	1447.24
160.48	25.82	331.71	847.81	341.86	582.31	265.50
247.84	47.71	451.41	967.81	367.08	643.77	324.04
24.67	4.44	57.22	163.59	79.02	106.88	56.71
182.68	33.31	349.31	1029.47	367.06	652.43	377.01
94.32	16.17	158.11	398.04	132.74	247.78	150.27
60.36	7.95	155.52	363.60	151.85	244.87	118.73
32.24	6.25	94.89	360.44	173.53	205.45	154.99
118.89	22.24	293.74	1127.43	548.45	733.56	394.05
62.35	11.03	143.45	498.29	245.43	356.32	141.96
29.47	5.73	80.36	328.47	168.43	208.39	120.07
19.17	3.82	51.16	253.40	118.73	145.42	108.16
2.05	0.49	4.77	12.64	5.15	7.22	5.42
5.86	1.17	13.99	34.64	10.72	16.21	18.43
222.93	44.37	538.45	1188.50	391.93	711.15	477.35
33.75	3.97	68.05	162.87	68.32	109.55	53.31
188.18	40.25	466.99	1018.55	319.45	596.47	422.08
1.00	0.14	3.40	7.09	4.16	5.13	1.96
66.31	14.33	174.73	620.24	312.02	431.36	188.88
33.94	8.56	98.38	367.13	173.13	254.44	112.69
6.28	1.58	17.70	54.15	29.29	37.19	16.96
11.16	1.75	23.90	74.55	36.60	50.70	23.85
2.48	0.35	5.86	18.64	6.71	11.77	6.87
0.43	0.04	1.26	2.12	1.30	1.78	0.34
10.09	1.78	22.82	86.20	54.78	62.53	23.67
0.99	0.08	2.15	7.85	5.29	6.26	1.59
0.07	0.00	0.12	0.25	0.14	0.16	0.09
0.87	0.18	2.55	9.36	4.77	6.53	2.83
89.18	15.39	200.63	559.91	266.31	391.92	167.99
28.99	4.77	57.67	170.91	77.24	120.07	50.84
14.24	2.12	34.34	99.65	47.80	70.79	28.86
11.96	1.88	28.56	71.03	37.26	54.67	16.36
18.64	3.64	34.92	105.86	48.91	73.12	32.75

行业	产品销售收入	产品销售成本	产品销售费用	产品销售税金及附加	产品销售利润
石油加工及炼焦业	2013.99	1659.02	15.09	117.60	221.93
人造原油生产业	8.53	7.80	0.08	0.08	0.56
原油加工业	1944.59	1601.16	13.09	116.98	213.06
石油制品业	20.84	16.49	0.59	0.29	3.43
炼焦业	40.03	33.56	1.32	0.25	4.89
化学原料及化学制品制造业	2432.25	1921.28	75.05	29.49	395.10
基本化学原料制造业	434.35	349.54	7.60	3.21	73.84
化学肥料制造业	597.62	477.35	6.41	1.52	110.61
化学农药制造业	138.99	113.51	2.85	0.27	22.35
有机化学产品制造业	527.48	429.84	8.45	7.06	81.16
合成材料制造业	243.16	202.82	2.08	2.98	34.68
专用化学产品制造业	190.20	153.17	4.93	0.95	30.87
日用化学产品制造业	300.46	195.06	42.73	13.50	41.59
医药制造业	647.29	459.08	57.39	2.92	127.25
化学药品原药制造业	266.30	217.74	8.17	0.98	39.40
化学药品制剂制造业	207.65	136.37	26.40	0.98	43.25
中药材及中成药加工业	144.64	86.85	20.05	0.85	36.89
动物药品制造业	9.53	7.53	0.46	0.02	1.53
生物制品业	19.17	10.59	2.31	0.09	6.18
化学纤维制造业	596.75	501.72	5.66	4.97	82.16
纤维素纤维制造业	90.59	77.14	0.77	0.46	12.22
合成纤维制造业	501.79	420.66	4.78	4.49	69.62
渔具及渔具材料制造业	4.37	3.92	0.11	0.02	0.31
橡胶制品业	419.07	342.28	9.27	18.18	48.02
轮胎制造业	245.41	199.74	4.79	17.09	23.19
力车胎制造业	36.20	30.46	1.32	0.46	3.96
橡胶板、管、带制造业	43.46	34.10	1.28	0.28	7.19
橡胶零件制品业	7.32	5.45	0.24	0.03	1.60
再生橡胶制造业	1.24	1.08	0.01	0.01	0.14
橡胶靴鞋制造业	75.62	63.65	1.43	0.29	10.14
日用橡胶制品业	4.73	3.77	0.07	0.01	0.88
橡胶制品翻修业	0.15	0.13	0.00	0.00	0.02
其他橡胶制品业	4.93	3.92	0.12	0.01	0.88
塑料制品业	337.99	281.57	8.59	1.29	45.17
塑料薄膜制造业	108.90	91.98	1.98	0.28	14.45
塑料板、管、棒材制造业	48.46	39.09	1.38	0.29	7.67
塑料丝、绳及编织品制造业	38.60	32.93	1.14	0.16	4.35
泡沫塑料及人造革、合成革制造业	75.55	64.17	2.13	0.29	8.19

主要经济指标（4-3）

计量单位：万元

管理费用	利息支出	营业利润	利润总额	亏损企业亏损总额	利税总额	本年应交增值税
127.52	47.98	40.12	49.20	7.07	264.77	97.97
0.58	0.16	0.16	0.07	0.00	0.76	0.60
121.33	44.23	40.81	49.46	4.80	260.40	93.96
1.60	0.48	1.41	1.40	0.04	2.39	0.71
4.01	3.11	-2.26	-1.73	2.23	1.22	2.69
247.65	111.31	59.04	84.80	33.67	221.47	107.18
47.37	22.00	7.23	10.14	6.94	36.87	23.52
59.53	35.52	22.30	30.00	3.52	47.77	16.26
12.30	5.53	4.97	5.71	0.75	8.22	2.23
53.64	20.51	7.22	11.66	6.41	43.62	24.91
23.03	10.11	2.76	4.66	4.25	17.98	10.34
22.70	10.09	-0.60	0.85	5.48	10.70	8.90
29.08	7.54	15.16	21.79	6.32	56.30	21.02
64.86	32.91	33.49	41.62	13.14	79.56	35.03
23.30	14.36	3.27	4.12	8.21	16.23	11.14
21.58	9.80	13.50	18.71	2.72	32.39	12.70
16.08	7.29	14.17	15.81	1.97	26.33	9.68
1.05	0.49	0.12	0.24	0.13	0.54	0.29
2.85	0.97	2.44	2.75	0.10	4.06	1.23
41.25	28.70	15.36	20.92	13.95	53.39	27.51
6.18	5.40	0.64	1.43	3.93	6.65	4.76
34.76	23.13	14.96	19.52	9.88	46.66	22.65
0.31	0.17	-0.24	-0.03	0.15	0.08	0.09
28.91	19.53	2.85	6.05	6.62	41.64	17.41
12.60	10.40	1.49	3.43	3.52	31.62	11.10
2.54	1.88	-0.17	0.04	1.07	1.48	0.98
4.85	2.82	0.42	0.76	0.65	3.11	2.07
1.03	0.37	0.23	0.37	0.15	0.87	0.47
0.10	0.06	0.00	0.00	0.05	0.06	0.05
6.52	3.28	1.05	1.63	0.90	4.27	2.34
0.68	0.32	-0.04	-0.05	0.06	0.12	0.16
0.02	0.01	-0.01	0.00	0.00	0.01	0.01
0.57	0.40	-0.12	-0.13	0.21	0.10	0.22
27.15	18.07	1.84	5.99	7.77	18.08	10.80
7.95	5.89	1.33	2.87	1.34	5.69	2.54
5.14	2.70	0.26	0.83	1.37	3.06	1.94
2.81	2.31	-0.68	-0.18	1.53	1.13	1.14
4.86	3.43	-0.11	0.98	1.39	3.73	2.46

行　业	企业单位数（个）	亏损企业	工业总产值		工业增加值（生产法）
			当年价格	1990年不变价格	
塑料包装箱及容器制造业	54	19	21.45	20.38	5.00
塑料鞋制造业	13	5	4.76	4.76	1.10
日用塑料杂品制造业	18	6	11.39	10.19	3.12
塑料零件制造业	18	4	9.17	9.49	2.82
其他塑料制品业	61	26	25.81	26.49	5.61
非金属矿物制品业	1808	700	1175.78	934.80	285.37
水泥制造业	712	235	543.68	365.30	129.66
水泥制品和石棉水泥制品业	134	46	67.77	42.25	20.41
砖瓦、石灰和轻质建筑材料制造业	148	73	45.08	34.18	10.87
玻璃及玻璃制品业	265	90	221.05	194.63	51.54
陶瓷制品业	319	181	149.05	160.60	38.23
耐火材料制品业	93	38	55.45	52.46	10.47
石墨及碳素制品业	39	12	28.55	21.31	6.29
矿物纤维及其制品业	50	11	42.98	39.94	11.67
其他类未包括的非金属矿物制品业	48	14	22.15	24.12	6.23
黑色金属冶炼及压延加工业	433	186	2919.19	1745.66	647.06
炼铁业	75	31	201.43	110.53	37.88
炼钢业	84	34	1373.62	773.01	323.31
钢压延加工业	224	97	1258.24	798.83	269.74
铁合金冶炼业	50	24	85.90	63.30	16.13
有色金属冶炼及压延加工业	344	129	883.16	671.45	143.00
重有色金属冶炼业	78	30	346.29	242.66	57.85
轻有色金属冶炼业	59	20	257.27	182.03	41.60
贵金属冶炼业	13	3	16.34	10.14	3.92
稀有稀土金属冶炼业	28	10	26.50	35.48	4.35
有色金属合金业	6	3	12.52	8.59	3.41
有色金属压延加工业	160	63	224.25	192.55	31.86
金属制品业	685	258	486.78	448.03	95.93
金属结构制造业	44	13	30.11	25.07	8.63
铸铁管制造业	12	6	6.19	4.19	1.11
工具制造业	139	53	50.58	47.48	14.79
集装箱和金属包装物品制造业	93	39	125.51	126.38	19.54
金属丝绳及其制品业	67	23	59.36	41.70	10.75
建筑用金属制品业	64	24	33.04	31.05	7.77
金属表面处理及热处理业	12	2	20.32	17.37	3.22
日用金属制品业	201	75	119.88	120.66	19.81
其他金属制品业	53	23	41.79	34.13	10.32

主要经济指标（5-1）

计量单位：万元

工业销售产值（当年价格）	全部职工（从业人员）年平均人数（人）	资本金合计	国家资本金	外商资本金	流动资产合计	存货
21.43	1.90	10.20	3.19	1.58	12.56	4.97
4.54	0.90	2.28	1.27	0.31	3.40	1.88
11.28	0.70	4.64	0.17	2.50	6.91	1.80
8.66	0.80	3.80	0.73	1.59	6.04	1.98
24.97	2.30	11.79	2.67	3.29	19.56	5.90
1136.71	206.30	631.74	368.79	102.12	954.04	293.10
538.13	82.00	279.01	173.90	32.19	368.24	103.10
65.35	11.60	36.97	21.98	5.85	53.46	18.01
43.67	9.60	29.37	18.47	5.46	38.10	13.14
210.09	34.20	118.82	65.22	30.02	184.69	54.06
137.79	39.70	93.78	45.46	23.57	150.67	54.98
51.40	12.50	26.69	16.24	0.92	53.35	19.33
28.04	5.50	15.07	10.78	0.47	32.38	12.32
40.44	6.60	20.12	8.85	3.24	44.58	8.58
21.79	4.70	11.91	7.89	0.41	28.58	9.57
2898.19	269.70	1540.28	1376.67	36.09	2365.05	917.87
195.54	27.80	57.17	53.15	1.72	169.80	57.54
1374.31	134.00	640.66	550.20	23.13	1159.88	438.92
1245.88	97.00	815.05	751.31	10.28	947.35	392.15
82.47	10.90	27.40	22.00	0.97	88.02	29.27
858.74	80.50	333.45	250.36	21.72	581.42	263.37
335.95	33.90	136.36	106.07	1.49	215.64	112.91
251.89	20.80	106.12	90.30	2.61	179.90	69.13
15.81	1.50	2.95	2.00	0.09	6.26	3.16
25.60	3.30	7.75	5.32	1.27	20.97	9.90
11.91	1.60	3.83	3.71	0.02	7.98	5.16
217.58	19.40	76.44	42.97	16.24	150.67	63.10
469.62	59.80	179.79	68.38	40.86	401.32	162.71
28.62	3.00	13.44	5.56	1.82	26.76	10.90
5.87	1.00	2.10	1.30	0.17	8.76	3.28
47.98	13.30	23.54	11.58	4.02	60.94	26.17
121.21	5.40	38.46	8.45	16.52	80.94	35.95
58.48	7.80	15.36	9.63	1.33	52.48	17.54
31.61	5.60	12.52	3.60	0.97	24.63	9.24
19.93	0.70	2.89	0.38	1.04	6.73	4.52
115.06	17.60	53.55	16.64	13.77	104.91	42.45
40.86	5.60	17.93	11.23	1.21	35.16	12.65

行业	产成品	流动资产年平均余额	固定资产合计	固定资产原价合计	生产经营用
塑料包装箱及容器制造业	2.79	13.65	16.23	23.49	17.31
塑料鞋制造业	1.03	3.34	2.99	3.21	2.49
日用塑料杂品制造业	0.77	6.51	9.01	10.50	9.06
塑料零件制造业	0.69	5.69	5.47	6.71	5.71
其他塑料制品业	2.83	18.37	20.78	24.49	17.44
非金属矿物制品业	134.57	901.62	1408.09	1589.89	1251.02
水泥制造业	32.52	345.60	689.72	755.11	599.21
水泥制品和石棉水泥制品业	11.20	50.54	53.08	67.68	46.18
砖瓦、石灰和轻质建筑材料制造业	6.51	34.26	70.43	80.88	50.92
玻璃及玻璃制品业	27.87	178.56	248.60	283.51	232.86
陶瓷制品业	34.08	141.61	195.79	221.55	187.70
耐火材料制品业	9.65	50.49	57.07	71.46	52.00
石墨及碳素制品业	4.19	31.03	33.17	41.96	32.68
矿物纤维及其制品业	4.03	41.47	37.42	40.33	30.32
其他类未包括的非金属矿物制品业	4.51	28.05	22.81	27.42	19.16
黑色金属冶炼及压延加工业	198.29	2333.77	3717.29	4112.22	3375.96
炼铁业	20.20	176.08	191.60	217.21	184.82
炼钢业	86.02	1139.83	1650.39	1883.94	1456.52
钢压延加工业	80.43	932.39	1811.71	1930.97	1681.22
铁合金冶炼业	11.64	85.47	63.59	80.10	53.39
有色金属冶炼及压延加工业	71.20	550.61	796.23	946.67	722.98
重有色金属冶炼业	24.84	200.87	262.44	330.43	241.07
轻有色金属冶炼业	20.74	169.32	321.33	374.34	299.67
贵金属冶炼业	0.27	6.09	10.02	12.42	10.51
稀有稀土金属冶炼业	4.97	20.27	20.67	24.79	19.48
有色金属合金业	1.95	8.41	7.85	10.37	7.66
有色金属压延加工业	18.43	145.65	173.92	194.31	144.59
金属制品业	74.10	388.87	299.97	356.25	283.57
金属结构制造业	3.95	24.98	17.07	21.19	14.66
铸铁管制造业	1.91	7.67	5.53	5.73	5.21
工具制造业	12.99	59.36	47.53	61.77	48.34
集装箱和金属包装物品制造业	15.01	79.21	56.68	66.79	56.75
金属丝绳及其制品业	8.40	50.34	45.41	51.82	40.92
建筑用金属制品业	4.95	24.25	18.06	22.30	17.51
金属表面处理及热处理业	1.69	6.75	8.25	9.74	8.38
日用金属制品业	19.14	100.72	75.54	87.21	67.56
其他金属制品业	6.04	35.59	25.90	29.69	24.24

主要经济指标（5-2）

计量单位：万元

累计折旧	本年折旧	固定资产净值年平均余额	资产总计	流动负债合计	负债合计	所有者权益合计
5.27	0.91	14.03	32.58	15.48	21.30	11.28
0.83	0.10	2.18	7.14	4.36	5.77	1.37
2.25	0.65	7.69	16.85	8.32	11.43	5.42
1.46	0.32	4.09	12.51	5.59	6.88	5.64
5.53	1.00	17.15	43.37	21.36	27.89	15.48
408.84	75.40	1093.65	2637.82	1049.91	1693.84	944.36
199.05	36.79	509.84	1176.61	425.88	735.64	440.97
16.41	3.06	49.27	116.15	59.01	68.42	48.12
15.70	2.47	59.81	123.15	46.99	75.30	47.85
69.77	14.49	192.63	498.39	190.10	313.01	185.38
55.00	10.96	162.47	384.40	176.63	278.70	105.71
20.74	2.65	46.38	117.02	60.18	84.84	32.18
13.19	1.80	28.76	68.77	30.65	46.44	22.33
9.26	1.84	28.15	95.45	33.66	52.65	42.80
9.73	1.34	16.34	57.88	26.80	38.85	19.03
1507.21	215.69	2398.65	6406.04	2570.97	3578.88	2827.17
60.95	9.96	120.71	380.34	211.60	257.70	122.64
689.60	96.05	1070.13	2944.91	1221.92	1668.42	1276.49
733.59	107.04	1156.34	2922.19	1036.00	1534.76	1387.43
23.07	2.65	51.47	158.62	101.46	118.00	40.62
254.87	38.56	631.01	1485.46	630.51	1021.72	463.70
99.98	11.97	199.72	500.68	230.87	326.99	173.69
88.57	16.83	269.13	544.38	178.53	361.92	182.47
2.91	0.65	8.98	17.40	9.03	13.62	3.79
7.48	1.30	15.94	45.68	26.67	33.70	11.99
3.93	0.67	5.66	17.24	7.76	10.65	6.59
52.00	7.15	131.57	360.08	177.66	274.86	85.18
96.79	17.31	238.56	767.00	419.48	542.34	224.66
5.13	0.88	12.91	47.59	23.86	26.41	21.18
2.04	0.27	3.49	15.01	9.03	13.16	1.85
21.44	2.76	38.49	116.14	58.86	83.78	32.35
14.23	3.73	49.37	151.65	89.75	109.22	42.43
12.70	2.05	34.65	104.40	57.39	79.32	25.08
6.02	0.89	15.16	45.58	25.95	31.63	13.95
3.37	0.81	6.86	16.19	8.76	11.56	4.63
22.49	4.39	59.19	201.82	114.85	146.08	55.74
9.38	1.51	18.43	68.61	31.01	41.17	27.44

行　业	产品销售收入	产品销售成本	产品销售费用	产品销售税金及附加	产品销售利润
塑料包装箱及容器制造业	20.28	16.38	0.65	0.07	3.16
塑料鞋制造业	4.08	3.37	0.10	0.01	0.60
日用塑料杂品制造业	10.04	7.97	0.24	0.03	1.79
塑料零件制造业	8.37	6.46	0.34	0.03	1.55
其他塑料制品业	23.70	19.21	0.63	0.13	3.42
非金属矿物制品业	1068.15	832.32	56.73	8.94	165.98
水泥制造业	509.91	392.81	35.49	4.23	75.73
水泥制品和石棉水泥制品业	58.79	48.51	1.43	0.44	8.42
砖瓦、石灰和轻质建筑材料制造业	38.89	30.67	1.39	0.68	6.01
玻璃及玻璃制品业	196.70	155.44	6.76	1.35	31.69
陶瓷制品业	127.72	97.66	6.45	1.42	21.49
耐火材料制品业	47.48	35.96	2.50	0.36	8.66
石墨及碳素制品业	27.09	21.57	0.54	0.18	4.57
矿物纤维及其制品业	39.71	32.92	1.04	0.18	5.55
其他类未包括的非金属矿物制品业	21.86	16.78	1.12	0.09	3.87
黑色金属冶炼及压延加工业	2908.07	2512.71	26.43	17.88	351.01
炼铁业	183.52	167.64	1.98	0.90	13.00
炼钢业	1392.84	1185.54	12.12	8.18	187.01
钢压延加工业	1252.48	1090.65	10.58	8.44	142.79
铁合金冶炼业	79.22	68.89	1.75	0.37	8.22
有色金属冶炼及压延加工业	815.43	702.59	8.69	3.30	99.86
重有色金属冶炼业	328.80	280.75	2.76	1.33	43.66
轻有色金属冶炼业	237.17	205.11	2.51	0.97	28.58
贵金属冶炼业	15.61	12.58	0.08	0.05	2.90
稀有稀土金属冶炼业	24.26	19.09	0.44	0.17	4.56
有色金属合金业	11.63	9.17	0.18	0.08	2.20
有色金属压延加工业	197.96	175.88	2.72	0.70	17.96
金属制品业	464.16	388.40	16.34	1.53	55.53
金属结构制造业	27.81	22.40	0.98	0.15	4.24
铸铁管制造业	5.26	4.54	0.08	0.01	0.62
工具制造业	44.88	33.61	1.84	0.24	8.99
集装箱和金属包装物品制造业	114.89	101.79	4.03	0.12	7.75
金属丝绳及其制品业	59.91	50.85	1.06	0.17	7.84
建筑用金属制品业	29.23	23.75	1.31	0.20	3.89
金属表面处理及热处理业	19.22	17.55	0.17	0.03	1.36
日用金属制品业	120.45	100.31	5.88	0.37	13.17
其他金属制品业	42.52	33.59	0.98	0.26	7.66

主要经济指标（5-3）

计量单位：万元

管理费用	利息支出	营业利润	利润总额	亏损企业亏损总额	利税总额	本年应交增值税
1.67	1.13	0.48	0.52	0.79	1.38	0.79
0.42	0.23	-0.05	-0.01	0.14	0.10	0.10
0.81	0.43	0.54	0.55	0.12	1.13	0.55
0.84	0.36	0.45	0.51	0.26	0.92	0.38
2.64	1.60	-0.38	-0.09	0.84	0.95	0.91
123.67	71.22	-18.12	-7.13	54.81	64.83	63.01
53.16	32.83	-6.73	-1.30	23.15	36.14	33.21
8.62	2.15	-0.91	-0.42	2.30	2.74	2.71
5.28	2.22	-1.21	-0.21	2.73	2.33	1.87
24.35	12.80	-2.09	0.30	10.02	12.50	10.86
14.56	12.41	-5.29	-5.31	10.32	3.75	7.64
7.17	3.64	-1.78	-1.30	3.62	1.62	2.56
3.73	2.47	-0.51	-0.33	0.89	1.25	1.40
4.13	1.02	0.57	1.05	1.32	2.79	1.55
2.67	1.68	-0.17	0.40	0.47	1.70	1.21
199.01	139.73	39.30	56.89	38.66	230.15	155.38
13.00	8.63	-6.78	-2.56	4.67	7.25	8.91
105.01	71.87	19.70	25.44	14.05	114.12	80.50
75.27	53.21	29.52	36.39	16.90	107.14	62.32
5.73	6.03	-3.14	-2.38	3.03	1.64	3.65
64.55	50.72	-10.68	-3.01	22.16	34.38	34.09
26.88	16.66	0.63	4.31	2.22	20.47	14.83
18.00	16.88	-4.49	-3.49	9.06	8.62	11.14
1.55	0.66	0.59	0.96	0.11	1.16	0.15
2.55	1.95	0.30	0.79	0.35	2.27	1.32
1.34	0.63	0.16	0.16	0.17	1.02	0.78
14.22	13.94	-7.87	-5.75	10.25	0.83	5.87
41.64	24.41	-5.00	-0.84	17.46	16.58	15.89
2.91	1.01	0.56	0.99	0.99	1.92	0.78
0.47	0.35	-0.13	-0.18	0.19	-0.02	0.15
7.43	3.55	-1.40	-0.61	2.09	1.95	2.32
6.17	5.77	-3.19	-2.48	5.45	0.11	2.48
5.20	3.33	-0.46	-0.17	1.30	2.15	2.16
2.65	1.66	-0.13	0.22	0.88	1.50	1.07
0.66	0.68	0.05	0.46	0.17	1.23	0.75
11.80	6.88	-2.39	-1.16	4.35	3.64	4.44
4.36	1.16	2.09	2.10	2.04	4.09	1.74

行　业	企业单位数（个）	亏损企业	工业总产值		工业增加值（生产法）
			当年价格	1990年不变价格	
普通机械制造业	1636	518	1353.18	1234.61	290.50
锅炉及原动机制造业	349	110	454.80	394.35	93.86
金属加工机械制造业	267	95	133.55	124.41	37.16
通用设备制造业	424	111	434.41	415.70	83.62
轴承、阀门制造业	234	70	160.62	147.65	35.47
其他通用零部件制造业	223	67	102.39	103.20	25.43
铸锻件制造业	88	43	51.84	35.69	11.01
普通机械修理业	3	1	0.33	0.30	0.16
其他普通机械制造业	48	21	15.24	13.32	3.78
专用设备制造业	1298	458	1027.41	909.88	213.89
冶金、矿山、机电工业专用设备制造业	182	86	155.17	137.17	36.03
石化及其他工业专用设备制造业	260	81	150.82	140.52	35.55
轻纺工业专用设备制造业	331	109	171.10	165.24	41.66
农、林、牧、渔、水利业机械制造业	259	85	364.21	297.90	59.58
医疗器械制造业	67	26	40.46	39.46	6.50
其他专用设备制造业	177	64	137.66	122.54	32.24
专用机械设备修理业	22	7	7.98	7.04	2.32
交通运输设备制造业	1160	425	2687.43	2481.41	538.59
铁路运输设备制造业	47	19	163.75	105.32	30.61
汽车制造业	654	244	1590.00	1504.88	309.21
摩托车制造业	76	19	277.20	288.68	52.35
自行车制造业	91	45	98.13	83.56	13.60
船舶制造业	93	32	209.63	175.77	39.18
航空航天器制造业	101	36	236.47	234.85	59.91
交通运输设备修理业	98	30	112.25	88.36	33.72
电气机械及器材制造业	1208	371	1745.84	1817.71	333.16
电机制造业	207	65	192.14	177.50	43.70
输配电及控制设备制造业	265	66	249.15	242.79	58.03
电工器材制造业	347	88	434.93	428.85	76.18
日用电器制造业	251	91	786.57	883.02	137.23
照明器具制造业	112	42	73.50	77.03	16.31
电气机械修理业	1	0	2.06	1.63	0.40
其他电气机械制造业	25	19	7.49	6.90	1.30
电子及通信设备制造业	846	300	1830.90	2272.22	329.50
通信设备制造业	133	41	509.95	572.39	49.44
雷达制造业	27	12	29.29	36.69	8.86
广播电视设备制造业	13	6	3.32	3.89	0.75
电子计算机制造业	56	14	215.40	297.01	48.49

主要经济指标（6-1）

计量单位：万元

工业销售产值（当年价格）	全部职工（从业人员）年平均人数（人）	资本金合计	国家资本金	外商资本金	流动资产合计	存货
1306.01	232.60	565.04	350.38	86.33	1476.72	609.51
437.99	60.90	168.40	103.58	29.39	459.23	177.13
128.42	43.40	79.42	65.28	3.40	201.61	99.40
424.46	58.50	175.86	84.69	41.42	463.24	186.82
152.89	33.70	61.25	41.08	4.57	184.69	78.27
98.41	21.30	42.72	27.97	4.52	97.79	42.49
49.12	9.70	23.87	15.70	2.54	46.19	17.60
0.33	0.10	0.33	0.33	0.00	0.76	0.33
14.39	5.10	13.18	11.75	0.49	23.20	7.48
994.58	181.10	383.74	280.09	20.20	967.06	427.19
148.27	45.50	79.22	70.21	0.72	219.88	96.61
144.14	30.50	82.86	63.00	4.17	174.20	81.73
163.39	33.80	79.60	45.65	8.27	176.08	77.13
356.70	38.70	68.92	51.78	0.52	195.00	86.25
39.83	4.20	13.06	5.58	3.13	32.08	11.57
134.31	24.50	54.85	38.66	3.39	161.63	69.93
7.94	3.90	5.24	5.21	0.00	8.18	3.97
2623.65	262.20	852.35	605.56	114.71	2169.18	867.81
160.58	21.80	78.04	77.45	0.00	104.33	49.65
1553.51	112.30	466.54	301.37	76.73	1168.02	448.51
262.74	10.70	52.96	20.37	16.11	167.41	53.91
98.44	13.80	36.15	19.87	5.44	106.92	32.19
208.11	21.10	50.09	45.77	1.79	267.75	121.48
229.67	61.80	98.00	75.94	11.96	268.93	121.78
110.59	20.70	70.58	64.78	2.67	85.82	40.30
1672.45	136.80	530.82	205.27	123.94	1412.52	525.64
188.26	30.80	78.61	38.95	18.34	213.99	90.68
241.91	29.50	90.52	47.19	15.96	233.00	85.90
419.82	30.90	117.63	61.28	17.52	278.27	99.92
742.74	28.30	209.87	44.89	64.36	607.66	223.72
70.33	14.50	30.54	10.06	7.76	69.16	20.48
2.06	0.20	0.11	0.06	0.00	0.66	0.24
7.33	2.60	3.54	2.83	0.00	9.78	4.68
1775.42	102.30	454.63	203.39	149.41	1427.91	493.72
503.29	18.20	100.89	47.66	38.42	377.93	124.58
27.88	7.60	11.40	10.18	0.04	44.61	23.35
2.89	1.70	2.62	2.62	0.00	11.34	3.83
203.60	6.90	42.46	12.03	21.26	123.97	38.83

行　业	产成品	流动资产年平均余额	固定资产合计	固定资产原价合计	生产经营用
普通机械制造业	222.66	1413.59	1066.74	1297.95	974.07
锅炉及原动机制造业	58.56	432.97	321.92	374.58	290.22
金属加工机械制造业	36.60	197.65	181.70	228.25	176.71
通用设备制造业	63.40	448.58	263.08	328.70	238.31
轴承、阀门制造业	35.08	172.40	113.35	149.10	109.34
其他通用零部件制造业	18.44	94.73	95.83	114.49	89.02
铸锻件制造业	7.64	44.91	59.86	66.67	51.24
普通机械修理业	0.05	0.50	0.91	1.06	0.56
其他普通机械制造业	2.90	21.85	30.10	35.08	18.69
专用设备制造业	151.68	947.94	755.27	945.10	670.12
冶金、矿山、机电工业专用设备制造业	32.21	240.72	176.25	249.13	169.21
石化及其他工业专用设备制造业	29.58	167.97	143.94	185.87	131.10
轻纺工业专用设备制造业	26.85	168.45	146.22	166.03	120.19
农、林、牧、渔、水利业机械制造业	30.57	177.75	145.68	179.35	132.11
医疗器械制造业	4.13	30.00	20.68	24.19	18.80
其他专用设备制造业	26.67	155.08	112.99	127.82	92.04
专用机械设备修理业	1.68	7.96	9.50	12.71	6.67
交通运输设备制造业	205.22	2034.42	1659.50	1827.14	1349.70
铁路运输设备制造业	9.64	99.37	101.88	137.94	87.78
汽车制造业	128.61	1111.70	958.08	966.02	736.02
摩托车制造业	19.62	146.39	75.96	72.10	57.62
自行车制造业	10.25	105.59	59.35	72.49	55.36
船舶制造业	4.88	243.11	124.87	154.52	124.55
航空航天器制造业	27.50	246.04	216.64	268.91	195.15
交通运输设备修理业	4.71	82.22	122.72	155.16	93.21
电气机械及器材制造业	214.21	1315.46	816.63	947.46	750.77
电机制造业	36.08	205.03	136.74	172.28	129.16
输配电及控制设备制造业	33.31	224.86	142.07	172.03	129.98
电工器材制造业	44.45	267.26	204.79	242.90	193.61
日用电器制造业	89.82	543.89	268.78	292.86	246.51
照明器具制造业	8.71	64.13	57.28	57.91	45.13
电气机械修理业	0.00	0.55	0.19	0.28	0.28
其他电气机械制造业	1.84	9.74	6.78	9.20	6.10
电子及通信设备制造业	176.87	1296.61	741.57	919.63	788.73
通信设备制造业	29.27	333.25	129.08	160.26	130.83
雷达制造业	6.95	44.76	25.01	33.37	25.70
广播电视设备制造业	1.49	10.66	6.16	8.04	6.11
电子计算机制造业	11.30	103.93	63.64	78.74	64.72

主要经济指标（6-2）

计量单位：万元

累计折旧	本年折旧	固定资产净值年平均余额	资产总计	流动负债合计	负债合计	所有者权益合计
395.30	57.28	809.27	2738.92	1389.81	1809.75	929.16
110.84	17.14	234.17	843.52	424.97	544.27	299.25
77.49	8.34	134.42	409.45	200.09	279.49	129.96
99.67	16.37	210.47	791.83	420.85	514.91	276.92
48.66	7.33	91.48	316.06	170.59	217.54	98.52
33.34	4.64	66.52	206.03	94.10	142.30	63.72
15.61	2.55	46.54	113.88	53.70	76.88	37.00
0.25	0.04	0.59	1.78	0.89	0.93	0.85
9.44	0.87	25.09	56.37	24.62	33.43	22.93
314.36	35.89	581.40	1848.10	967.41	1231.90	623.20
94.96	8.40	139.01	415.91	237.58	293.35	122.56
58.40	7.53	119.10	344.86	166.09	211.46	133.40
52.96	6.95	106.55	352.70	165.62	227.11	125.59
57.79	6.01	112.98	358.86	211.53	253.67	105.18
6.71	1.42	16.23	59.24	28.74	38.94	20.30
39.34	5.22	78.94	298.25	150.95	198.45	106.80
4.20	0.38	8.59	18.28	6.90	8.92	9.37
507.92	78.32	1131.38	4243.83	2062.52	2783.06	1460.69
40.85	4.94	91.64	213.67	95.09	103.13	110.53
253.02	46.20	598.11	2427.25	1117.06	1621.61	805.56
12.98	3.89	50.73	274.98	145.56	170.35	104.63
22.69	2.88	53.98	184.25	108.58	127.56	56.70
49.75	6.07	97.72	406.09	262.97	315.45	90.64
86.45	10.21	138.86	522.33	254.76	341.50	180.84
42.18	4.13	100.35	215.26	78.50	103.45	111.80
257.19	50.48	654.78	2485.45	1345.82	1653.05	832.39
55.49	8.55	123.77	385.88	199.81	247.57	138.31
51.03	8.12	105.36	410.40	211.01	264.67	145.73
63.77	12.12	171.58	529.87	282.58	364.22	165.65
69.10	18.48	208.90	1001.14	574.59	673.93	327.21
14.14	2.91	39.69	139.83	66.59	89.23	50.60
0.09	0.03	0.17	0.85	0.72	0.72	0.13
3.58	0.27	5.31	17.49	10.53	12.73	4.77
280.92	62.63	576.30	2455.34	1242.41	1678.71	776.63
48.36	14.52	97.02	564.24	271.63	333.29	230.94
11.58	0.95	18.86	80.34	50.03	65.46	14.88
2.49	0.38	5.44	19.89	13.84	17.17	2.72
22.07	4.32	52.80	212.03	114.24	145.04	66.99

行　业	产品销售收　入	产品销售成　本	产品销售费　用	产品销售税金及附加	产品销售利　润
普通机械制造业	1307.95	1002.06	42.10	5.93	247.97
锅炉及原动机制造业	439.27	341.35	10.96	1.68	81.53
金属加工机械制造业	123.25	93.78	3.65	0.71	24.89
通用设备制造业	447.16	338.59	18.65	1.87	83.22
轴承、阀门制造业	146.30	110.34	4.82	0.86	29.82
其他通用零部件制造业	93.16	70.18	2.55	0.52	19.80
铸锻件制造业	44.56	36.91	0.97	0.18	6.27
普通机械修理业	0.32	0.18	0.00	0.00	0.13
其他普通机械制造业	13.94	10.73	0.49	0.11	2.32
专用设备制造业	966.11	769.81	28.88	3.91	158.91
冶金、矿山、机电工业专用设备制造业	147.83	117.50	2.72	0.82	26.59
石化及其他工业专用设备制造业	143.35	107.89	3.96	0.83	29.55
轻纺工业专用设备制造业	155.02	117.79	4.95	0.81	30.05
农、林、牧、渔、水利业机械制造业	339.27	284.78	10.35	0.64	43.26
医疗器械制造业	38.67	30.36	2.64	0.14	5.54
其他专用设备制造业	133.84	105.15	4.01	0.67	22.40
专用机械设备修理业	8.14	6.35	0.25	0.02	1.53
交通运输设备制造业	2566.89	2111.48	55.35	38.70	337.90
铁路运输设备制造业	158.65	132.83	0.66	0.60	24.56
汽车制造业	1537.92	1264.87	32.30	15.67	206.61
摩托车制造业	251.32	208.17	9.47	15.55	16.03
自行车制造业	100.79	87.59	3.36	0.38	6.57
船舶制造业	182.89	162.37	0.63	0.79	19.10
航空航天器制造业	236.44	178.68	7.58	5.26	44.92
交通运输设备修理业	98.87	76.96	1.35	0.45	20.10
电气机械及器材制造业	1625.73	1283.55	86.57	7.00	235.10
电机制造业	184.10	142.31	4.47	0.88	35.38
输配电及控制设备制造业	244.81	183.68	10.30	1.38	48.96
电工器材制造业	398.62	331.43	13.43	1.69	50.48
日用电器制造业	716.97	560.05	55.58	2.65	89.33
照明器具制造业	72.14	58.68	2.58	0.34	9.54
电气机械修理业	2.06	1.91	0.01	0.03	0.11
其他电气机械制造业	7.03	5.50	0.21	0.03	1.29
电子及通信设备制造业	1680.00	1362.72	56.23	8.19	223.78
通信设备制造业	448.10	343.51	20.91	1.91	80.65
雷达制造业	26.28	20.45	1.26	0.11	4.47
广播电视设备制造业	2.91	2.28	0.12	0.02	0.49
电子计算机制造业	207.59	181.28	5.12	0.27	19.64

主要经济指标（6-3）

计量单位：万元

管理费用	利息支出	营业利润	利润总额	亏损企业亏损总额	利税总额	本年应交增值税
178.30	77.63	9.57	27.81	37.35	100.93	67.19
56.49	23.57	6.24	10.10	9.74	29.73	17.96
22.82	11.14	-7.05	-3.52	7.04	4.48	7.29
54.77	19.88	14.75	22.38	8.16	50.65	26.40
20.59	11.36	0.40	2.23	3.72	11.28	8.19
14.02	7.32	-0.51	0.36	2.88	5.87	4.99
6.38	3.24	-2.58	-2.47	3.84	-0.56	1.73
0.11	0.01	0.01	0.02	0.03	0.02	0.00
3.13	1.10	-1.69	-1.29	1.93	-0.55	0.63
125.32	56.19	-8.92	2.48	31.40	41.79	35.40
25.69	14.11	-11.30	-8.10	9.71	0.57	7.86
22.37	10.34	-0.48	1.43	5.44	8.94	6.68
25.07	9.66	-0.81	2.37	5.54	10.62	7.43
27.85	12.27	4.70	5.42	4.98	12.01	5.95
4.13	1.85	0.18	0.84	1.22	2.46	1.48
18.78	7.74	-1.14	0.50	4.18	7.02	5.86
1.43	0.23	-0.08	0.02	0.33	0.17	0.14
234.13	108.36	36.76	69.77	47.15	197.79	89.32
20.04	4.45	0.49	0.23	2.21	7.04	6.22
126.32	64.25	45.14	59.21	27.72	134.02	59.14
11.86	6.64	1.32	10.98	1.51	33.04	6.52
9.25	4.95	-4.38	-2.71	4.38	0.60	2.93
19.13	8.10	-6.56	-1.12	3.86	3.88	4.21
31.01	16.34	-0.46	1.39	5.51	12.59	5.93
16.52	3.62	1.21	1.78	1.96	6.62	4.39
141.04	75.81	38.85	51.91	33.22	121.95	63.04
26.66	11.45	-0.48	0.95	3.85	9.63	7.81
32.42	12.71	6.28	8.90	3.66	22.48	12.20
27.37	19.82	5.16	9.31	7.10	26.08	15.08
44.65	28.13	28.30	32.52	14.75	59.18	24.01
8.42	3.01	0.33	0.82	3.20	4.75	3.59
0.10	0.01	0.00	0.00	0.00	0.07	0.04
1.43	0.68	-0.74	-0.59	0.66	-0.24	0.31
113.02	62.15	81.85	104.34	31.68	162.91	50.38
32.38	13.13	48.34	51.81	2.98	72.27	18.55
4.46	3.26	-3.12	-3.43	3.70	-2.86	0.46
1.04	0.24	-0.46	-0.30	0.33	-0.16	0.12
10.78	4.70	5.93	8.66	0.88	11.29	2.36

行　业	企业单位数（个）	亏损企业	工业总产值		工业增加值（生产法）
			当年价格	1990年不变价格	
电子器件制造业	144	54	283.89	345.13	83.31
电子元件制造业	292	93	196.18	270.20	44.73
日用电子器具制造业	155	74	575.55	722.51	89.74
电子设备及通信设备修理业	1	0	4.64	5.81	1.78
其他电子设备制造业	25	6	12.68	18.58	2.40
仪器仪表及文化、办公用机械制造业	374	153	208.93	221.22	48.76
通用仪器仪表制造业	146	52	92.09	93.25	23.38
专用仪器仪表制造业	55	25	23.99	27.37	5.78
电子测量仪器制造业	26	12	8.27	6.85	0.60
计量器具制造业	39	5	12.41	13.72	3.49
文化、办公用机械制造业	31	13	49.12	54.09	9.30
钟表制造业	69	42	21.44	24.47	5.63
其他仪器仪表制造业	8	4	1.59	1.47	0.59
其他制造业	215	59	140.25	132.87	38.64
工艺美术品制造业	169	46	111.67	109.09	28.18
日用杂品制造业	17	7	11.28	8.80	6.88
其他生产、生活用品制造业	29	6	17.30	14.97	3.58
电力、蒸汽、热水的生产和供应业	906	136	2061.06	848.05	726.42
电力生产业	442	98	1453.15	570.77	475.81
电力供应业	408	16	572.87	260.24	242.09
蒸汽、热水生产和供应业	56	22	35.04	17.04	8.52
煤气生产和供应业	69	39	57.99	34.68	-16.54
煤气生产业	17	13	22.21	13.30	0.69
煤气供应业	52	26	35.79	21.37	-17.23
自来水的生产和供应业	194	63	144.53	56.37	59.88
自来水生产业	144	44	96.98	43.11	32.38
自来水供应业	50	19	47.54	13.26	27.50

主要经济指标（7-1）

计量单位：万元

工业销售产值（当年价格）	全部职工（从业人员）年平均人数（人）	资本金合计	国家资本金	外商资本金	流动资产合计	存货
267.82	19.30	109.27	53.44	27.48	218.43	77.26
189.01	25.90	77.52	28.50	23.35	175.81	57.33
564.52	21.30	101.05	45.85	34.22	456.42	162.74
4.31	0.10	1.05	0.00	0.52	6.99	1.96
12.11	1.50	8.38	3.10	4.11	12.41	3.84
203.08	45.50	111.72	64.54	21.98	242.70	93.03
88.95	20.30	46.05	29.40	5.79	107.45	38.44
23.53	6.30	22.10	14.09	5.94	33.70	13.99
8.03	2.40	4.23	2.99	0.33	12.99	3.97
12.35	3.10	5.11	2.81	0.57	14.58	5.74
47.04	3.10	15.29	4.26	7.94	33.10	12.50
21.65	9.80	17.39	9.73	1.26	39.02	17.61
1.54	0.60	1.55	1.25	0.15	1.87	0.77
136.80	16.10	38.08	10.91	4.89	81.74	35.64
108.26	13.50	28.42	8.35	1.69	64.10	29.71
11.56	0.80	4.40	1.52	1.64	6.68	2.26
16.97	1.80	5.25	1.04	1.56	10.96	3.67
2051.41	106.80	1815.56	1600.08	79.83	1526.92	139.35
1446.31	53.20	1156.75	962.04	78.39	709.00	107.35
569.88	47.90	607.89	591.85	0.00	768.10	26.37
35.22	5.70	50.93	46.19	1.44	49.82	5.63
59.87	10.50	96.95	93.72	0.13	93.84	13.00
23.74	4.40	40.22	40.08	0.00	23.80	5.92
36.13	6.10	56.73	53.64	0.13	70.04	7.08
141.89	19.20	239.99	231.01	0.54	107.25	6.51
95.45	14.20	183.14	174.29	0.54	80.74	5.32
46.44	5.00	56.86	56.73	0.00	26.51	1.19

行业	产成品	流动资产年平均余额	固定资产合计	固定资产原价合计	生产经营用
电子器件制造业	28.54	203.87	238.41	298.43	273.12
电子元件制造业	22.24	160.32	129.20	162.57	135.06
日用电子器具制造业	74.95	421.93	133.41	165.21	142.03
电子设备及通信设备修理业	0.90	6.97	6.99	0.93	0.84
其他电子设备制造业	1.22	10.92	9.66	12.08	10.32
仪器仪表及文化、办公用机械制造业	35.43	232.30	172.54	226.82	164.59
通用仪器仪表制造业	13.38	101.91	79.22	100.42	72.07
专用仪器仪表制造业	4.62	32.76	27.40	34.29	23.63
电子测量仪器制造业	1.68	12.39	10.08	9.63	6.38
计量器具制造业	2.80	13.76	10.72	12.78	9.94
文化、办公用机械制造业	4.20	29.74	17.44	24.63	21.20
钟表制造业	8.41	39.45	25.46	42.04	29.12
其他仪器仪表制造业	0.33	2.29	2.22	3.04	2.26
其他制造业	16.00	79.80	57.30	70.43	56.71
工艺美术品制造业	13.61	62.83	42.88	53.37	42.85
日用杂品制造业	0.88	6.66	3.93	4.58	3.83
其他生产、生活用品制造业	1.51	10.30	10.50	12.48	10.03
电力、蒸汽、热水的生产和供应业	5.69	1359.05	4685.19	6025.54	5229.06
电力生产业	4.61	630.46	3043.67	3979.18	3478.01
电力供应业	0.55	684.39	1558.01	1941.59	1658.24
蒸汽、热水生产和供应业	0.53	44.21	83.52	104.77	92.81
煤气生产和供应业	2.95	89.23	184.59	215.10	170.85
煤气生产业	1.75	21.97	55.11	65.92	55.83
煤气供应业	1.20	67.26	129.49	149.18	115.02
自来水的生产和供应业	0.25	181.65	471.35	544.14	437.41
自来水生产业	0.20	155.87	370.45	419.34	324.84
自来水供应业	0.05	25.77	100.91	124.80	112.58

主要经济指标（7-2）

计量单位：万元

累计折旧	本年折旧	固定资产净值年平均余额	资产总计	流动负债合计	负债合计	所有者权益合计
91.72	18.93	180.22	527.53	186.31	363.48	164.05
49.80	9.69	105.03	351.55	164.03	249.11	102.44
51.62	13.11	107.72	660.68	426.70	485.33	175.35
0.28	0.10	0.58	14.17	5.02	5.39	8.78
3.01	0.64	8.64	24.91	10.61	14.44	10.48
72.71	8.86	141.26	459.20	242.21	319.80	139.39
28.92	3.48	64.48	208.01	100.01	135.19	72.83
9.87	1.23	23.11	68.07	33.36	47.14	20.94
3.58	0.33	7.25	25.19	13.29	17.56	7.63
3.87	0.56	8.18	27.22	13.45	18.00	9.23
8.41	1.70	15.14	55.74	34.57	39.79	15.95
16.86	1.44	21.52	70.70	45.66	59.56	11.14
1.18	0.12	1.57	4.26	1.87	2.58	1.68
19.08	3.85	47.70	155.35	81.24	108.02	47.33
15.25	2.84	35.40	118.99	63.36	84.12	34.87
1.07	0.28	3.21	12.11	6.81	7.85	4.26
2.76	0.73	9.10	24.25	11.07	16.05	8.20
1740.12	318.46	4057.12	6648.78	1419.38	3621.76	3028.92
1148.43	226.78	2772.30	4095.27	706.89	2468.52	1628.65
565.56	86.79	1210.44	2417.04	669.62	1086.15	1330.90
26.14	4.89	74.38	136.47	42.87	67.09	69.38
45.55	9.28	157.05	286.99	77.06	129.76	157.23
13.35	2.63	48.04	80.70	28.34	35.38	45.32
32.20	6.65	109.01	206.29	48.73	94.38	111.91
123.35	23.87	526.84	598.07	92.41	186.22	411.85
93.59	18.22	440.70	466.56	72.24	151.68	314.88
29.75	5.65	86.15	131.51	20.18	34.54	96.97

行　业	产品销售收　入	产品销售成　本	产品销售费　用	产品销售税金及附加	产品销售利　润
电子器件制造业	245.27	189.62	5.13	4.64	39.50
电子元件制造业	184.54	150.77	4.12	0.58	27.16
日用电子器具制造业	543.00	456.66	18.67	0.64	48.70
电子设备及通信设备修理业	8.36	6.79	0.41	0.00	1.16
其他电子设备制造业	13.94	11.35	0.50	0.02	2.00
仪器仪表及文化、办公用机械制造业	207.04	152.28	11.95	1.20	35.54
通用仪器仪表制造业	90.23	64.14	3.84	0.46	17.15
专用仪器仪表制造业	21.77	16.16	0.82	0.08	4.44
电子测量仪器制造业	12.37	4.80	3.93	0.42	3.22
计量器具制造业	12.24	8.24	0.73	0.06	3.17
文化、办公用机械制造业	47.50	41.05	1.25	0.05	4.08
钟表制造业	21.51	16.94	1.26	0.11	3.16
其他仪器仪表制造业	1.42	0.96	0.12	0.01	0.33
其他制造业	117.45	98.34	3.78	0.79	13.99
工艺美术品制造业	93.38	79.82	1.88	0.70	10.94
日用杂品制造业	6.96	4.51	1.00	0.01	0.93
其他生产、生活用品制造业	17.10	14.00	0.90	0.08	2.13
电力、蒸汽、热水的生产和供应业	2891.20	2340.84	31.80	18.36	450.09
电力生产业	1651.24	1387.22	2.10	9.52	242.38
电力供应业	1192.98	910.91	29.53	8.62	203.87
蒸汽、热水生产和供应业	46.98	42.71	0.17	0.21	3.84
煤气生产和供应业	70.15	78.03	4.62	0.27	-12.77
煤气生产业	21.69	23.66	2.08	0.07	-4.12
煤气供应业	48.47	54.37	2.55	0.20	-8.65
自来水的生产和供应业	139.90	106.85	4.46	1.17	27.18
自来水生产业	94.04	81.80	3.54	0.96	7.54
自来水供应业	45.86	25.06	0.91	0.21	19.64

主要经济指标（7-3）

计量单位：万元

管理费用	利息支出	营业利润	利润总额	亏损企业亏损总额	利税总额	本年应交增值税
22.47	15.03	10.99	17.67	7.46	34.94	12.62
17.28	9.34	3.10	5.77	5.28	12.15	5.80
22.82	15.71	16.15	22.26	10.77	32.85	9.95
0.43	0.13	0.75	1.22	0.00	1.42	0.20
1.36	0.61	0.19	0.67	0.27	1.01	0.32
34.12	14.19	-5.26	0.74	9.46	9.70	7.76
16.84	6.73	-1.08	1.48	3.12	5.85	3.91
4.75	1.99	-1.36	-1.13	1.83	-0.09	0.95
2.22	0.73	0.13	1.06	0.55	1.78	0.31
1.97	1.06	0.25	0.41	0.07	1.24	0.78
3.65	1.41	-0.23	0.80	1.35	1.53	0.68
4.29	2.10	-2.73	-1.61	2.15	-0.49	1.01
0.42	0.16	-0.23	-0.26	0.38	-0.12	0.13
9.17	5.23	0.49	1.62	2.60	7.11	4.71
7.09	4.33	0.10	1.07	2.00	5.34	3.56
0.61	0.27	0.25	0.18	0.36	0.75	0.56
1.47	0.63	0.14	0.36	0.24	1.02	0.58
69.76	128.60	263.44	256.03	39.00	519.96	245.58
38.79	115.85	86.18	122.11	35.73	238.73	107.10
26.83	11.25	178.72	132.20	2.33	276.90	136.08
4.14	1.50	-1.45	1.71	0.94	4.33	2.40
10.09	0.68	-21.25	-4.94	6.25	-2.94	1.73
3.25	0.76	-7.36	-3.63	3.65	-2.81	0.75
6.84	-0.08	-13.89	-1.31	2.59	-0.13	0.98
20.81	2.72	5.92	15.09	5.72	23.90	7.64
16.17	2.03	-8.61	0.11	4.59	7.00	5.93
4.64	0.69	14.53	14.98	1.13	16.90	1.71

行业	企业单位数（个）	亏损企业	工业总产值 当年价格	工业总产值 1990年不变价格	工业增加值（生产法）
总计	15763	5885	22510.03	15713.89	7381.52
中央企业	2023	692	9332.81	5581.17	3122.95
地方企业	2879	1159	4478.22	3104.78	1114.89
轻工业	6764	2858	6154.46	4956.78	1983.43
以农产品为原料	4942	2126	4656.26	3401.66	1579.91
以非农产品为原料	1822	732	1498.20	1555.12	403.52
重工业	8999	3027	16355.57	10757.11	5398.09
采掘工业	771	245	2740.59	1186.24	1662.21
原料工业	2652	782	8108.80	4545.62	2301.45
加工工业	5576	2000	5506.18	5025.25	1434.42
大型企业	4946	1590	17282.16	11617.28	5948.85
中型企业	10817	4295	5227.87	4096.61	1432.67
煤炭采选业	292	81	932.81	420.92	407.93
煤炭开采业	287	80	911.53	412.05	399.85
煤炭洗选业	5	1	21.28	8.86	8.09
石油和天然气开采业	23	6	1481.08	538.14	818.87
天然原油开采业	22	6	1433.24	518.45	798.31
天然气开采业	1	0	47.84	19.69	20.56
黑色金属矿采选业	34	13	39.41	21.84	15.35
铁矿采选业	22	8	33.75	17.76	14.11
其他黑色金属矿采选业	12	5	5.65	4.08	1.25
有色金属矿采选业	178	64	114.04	74.32	37.23
重有色金属矿采选业	69	29	61.49	40.45	16.71
贵金属矿采选业	69	9	36.34	20.08	15.59
稀有稀土金属矿采选业	40	26	16.21	13.80	4.93
非金属矿采选业	176	58	77.38	62.17	29.98
土砂石开采业	27	8	6.13	4.47	2.14
化学矿采选业	32	10	16.69	12.42	4.78
采盐业	58	16	39.54	33.46	18.14
其他非金属矿采选业	59	24	15.02	11.82	4.92
其他矿采选业	2	0	0.18	0.14	0.05
木材及竹材采运业	109	37	122.27	95.77	64.23
木材采运业	109	37	122.27	95.77	64.23
食品加工业	997	480	700.32	418.36	95.96
粮食及饲料加工业	295	108	211.16	90.40	28.42
植物油加工业	150	61	105.03	49.16	16.79
制糖业	292	187	228.08	160.94	27.85

企业主要经济指标（1-1）

计量单位：万元

工业销售产值（当年价格）	全部职工（从业人员）年平均人数（人）	资本金合计	国家资本金	外商资本金	流动资产合计	存货
22045.71	3072.88	9759.74	9020.31	151.33	16969.48	5941.38
9191.35	97.99	4601.44	4478.67	19.90	6218.26	2078.84
4412.23	67.43	2031.70	1759.65	23.24	3814.18	1335.11
5990.15	854.71	1892.31	1651.05	55.30	4576.69	1713.99
4536.70	625.67	1237.28	1076.60	34.88	3259.44	1290.15
1453.45	229.04	655.03	574.45	20.42	1317.25	423.84
16055.56	2218.17	7867.43	7369.26	96.03	12392.79	4227.39
2702.88	642.80	1569.81	1552.09	0.78	1801.09	475.18
8027.24	642.20	4261.75	4000.49	27.56	5362.87	1612.65
5325.45	933.17	2035.86	1816.68	67.69	5228.83	2139.57
16991.67	2055.36	7739.67	7212.28	122.88	12732.27	4402.03
5054.04	1017.52	2020.07	1808.03	28.45	4237.21	1539.35
910.15	367.40	594.11	583.88	0.49	728.14	167.47
889.06	359.80	583.90	573.67	0.49	710.83	164.33
21.09	7.60	10.21	10.21	0.00	17.30	3.13
1474.33	117.60	702.62	701.94	0.00	769.59	208.70
1426.69	106.70	665.98	665.30	0.00	729.87	195.90
47.64	10.80	36.64	36.64	0.00	39.71	12.80
38.94	12.50	79.07	78.94	0.00	54.80	11.09
33.54	10.60	77.20	77.19	0.00	47.85	9.02
5.40	1.90	1.87	1.75	0.00	6.95	2.06
111.56	32.80	59.87	57.97	0.00	77.91	31.95
60.19	15.90	29.02	28.10	0.00	37.75	19.54
35.76	8.20	18.34	18.17	0.00	20.71	5.68
15.61	8.60	12.51	11.70	0.00	19.45	6.73
74.86	31.10	70.14	68.15	0.34	88.59	24.29
6.30	2.30	6.29	6.19	0.00	7.03	1.75
16.19	7.60	24.13	23.60	0.00	14.27	4.27
37.90	14.20	27.95	27.64	0.08	50.00	12.78
14.47	6.90	11.76	10.72	0.25	17.29	5.49
0.13	0.10	0.14	0.13	0.00	0.23	0.13
118.45	90.60	87.01	84.41	0.01	125.05	42.54
118.45	90.60	87.01	84.41	0.01	125.05	42.54
673.09	66.40	176.94	163.45	5.46	475.03	205.09
202.32	12.00	41.89	40.03	0.52	128.79	59.48
100.14	5.40	15.77	14.91	0.05	78.79	40.94
218.08	28.80	71.54	64.63	2.84	167.84	71.33

行　业	产成品	流动资产年平均余额	固定资产合计	固定资产原价合计	生产经营用
总计	1956.31	16256.80	24109.85	29879.70	23324.95
中央企业	474.07	5917.50	10880.77	14735.38	11483.67
地方企业	432.40	3734.55	5137.98	5935.23	4730.71
轻工业	715.96	4428.26	4800.02	5438.44	4212.48
以农产品为原料	517.33	3099.85	3270.55	3683.89	2818.87
以非农产品为原料	198.63	1328.41	1529.47	1754.55	1393.61
重工业	1240.35	11828.54	19309.83	24441.26	19112.47
采掘工业	140.60	1737.49	3748.74	5522.97	4018.71
原料工业	392.49	5129.11	10785.88	13105.07	10859.17
加工工业	707.25	4961.94	4775.21	5813.22	4234.59
大型企业	1297.61	12222.93	19016.16	23872.73	18784.43
中型企业	658.70	4033.87	5093.69	6006.97	4540.52
煤炭采选业	59.67	710.74	1510.76	1986.33	1345.98
煤炭开采业	58.16	694.95	1486.00	1952.89	1322.68
煤炭洗选业	1.51	15.79	24.76	33.43	23.29
石油和天然气开采业	39.45	730.95	1781.75	2929.40	2278.72
天然原油开采业	37.38	695.17	1703.73	2795.02	2278.72
天然气开采业	2.07	35.78	78.02	134.38	0.00
黑色金属矿采选业	4.21	52.79	63.36	79.92	54.56
铁矿采选业	3.21	47.03	57.13	70.68	48.75
其他黑色金属矿采选业	1.00	5.76	6.23	9.24	5.81
有色金属矿采选业	10.69	75.08	160.16	207.20	144.78
重有色金属矿采选业	6.98	35.90	77.26	104.53	73.19
贵金属矿采选业	1.84	20.01	46.82	54.49	41.53
稀有稀土金属矿采选业	1.87	19.16	36.07	48.18	30.06
非金属矿采选业	14.78	85.46	127.74	161.55	119.54
土砂石开采业	0.75	6.86	13.62	18.15	14.05
化学矿采选业	2.01	13.69	29.57	35.48	24.95
采盐业	8.83	47.99	62.71	78.93	60.95
其他非金属矿采选业	3.19	16.92	21.84	28.98	19.59
其他矿采选业	0.11	0.19	0.23	0.30	0.28
木材及竹材采运业	20.03	123.97	158.83	222.36	122.87
木材采运业	20.03	123.97	158.83	222.36	122.87
食品加工业	99.74	455.03	470.60	572.18	438.81
粮食及饲料加工业	14.36	125.12	100.11	113.02	88.87
植物油加工业	20.36	72.87	42.45	49.91	37.35
制糖业	46.15	160.11	221.83	275.92	210.60

企业主要经济指标（1-2）

计量单位：万元

累计折旧	本年折旧	固定资产净值年平均余额	资产总计	流动负债合计	负债合计	所有者权益合计
9704.95	1458.59	18694.80	44237.25	17924.49	28186.22	16060.08
5328.58	812.94	8681.47	18316.49	5825.25	10532.07	7793.28
1802.62	259.96	3894.78	9624.91	4108.93	6246.56	3378.53
1433.78	234.15	3921.06	10296.69	5395.98	7408.82	2889.11
962.21	155.65	2576.91	7151.39	3976.93	5311.92	1840.61
471.57	78.50	1344.15	3145.30	1419.05	2096.90	1048.50
8271.17	1224.44	14773.74	33940.56	12528.51	20777.40	13170.97
2173.92	298.04	3088.96	5934.20	1660.88	3541.78	2392.04
4296.73	689.23	8050.51	17181.52	5524.86	9819.04	7362.65
1800.52	237.17	3634.28	10824.84	5342.77	7416.58	3416.28
8054.09	1217.95	14690.48	34223.44	12785.33	20936.65	13295.83
1650.86	240.64	4004.32	10013.81	5139.16	7249.57	2764.25
595.14	80.72	1300.04	2355.59	730.22	1464.97	890.62
584.14	78.97	1279.58	2311.86	714.00	1436.51	875.34
11.00	1.75	20.46	43.74	16.23	28.46	15.28
1395.51	196.74	1408.26	2700.05	574.19	1563.25	1136.80
1318.53	189.24	1352.95	2580.71	548.59	1505.66	1075.05
76.98	7.49	55.32	119.33	25.60	57.59	61.75
28.53	3.43	47.91	190.76	56.65	74.49	116.28
24.70	3.14	42.68	177.40	48.26	63.53	113.87
3.82	0.28	5.24	13.37	8.38	10.96	2.41
68.10	7.64	123.71	253.22	87.13	163.70	89.52
36.47	3.59	59.08	121.96	42.91	87.49	34.46
15.88	2.74	36.79	72.54	22.07	42.35	30.19
15.75	1.31	27.84	58.72	22.15	33.85	24.87
47.31	5.62	106.54	227.95	94.91	137.80	90.15
5.79	0.71	9.95	22.26	7.33	10.64	11.62
10.25	1.27	23.07	45.61	18.62	30.19	15.42
21.64	2.62	55.35	118.30	51.48	72.84	45.46
9.63	1.02	18.17	41.78	17.48	24.13	17.65
0.07	0.01	0.23	0.49	0.23	0.30	0.19
55.79	5.92	149.23	305.10	162.90	196.83	108.27
55.79	5.92	149.23	305.10	162.90	196.83	108.27
142.88	23.71	395.87	1004.68	658.46	807.99	196.69
23.49	4.22	87.75	245.55	152.72	190.63	54.92
9.68	1.38	37.41	127.44	100.66	112.22	15.22
76.20	14.12	179.47	414.55	267.68	345.51	69.04

行业	产品销售收入	产品销售成本	产品销售费用	产品销售税金及附加	产品销售利润
总计	22806.29	18074.66	425.25	801.89	3413.73
中央企业	9828.87	7474.37	117.22	598.82	1601.33
地方企业	4577.54	3758.43	71.93	82.55	645.25
轻工业	5936.38	4477.10	153.79	524.46	756.67
以农产品为原料	4520.27	3339.90	101.95	513.29	543.13
以非农产品为原料	1416.11	1137.20	51.84	11.17	213.54
重工业	16869.91	13597.56	271.46	277.43	2657.06
采掘工业	2678.98	1927.21	36.38	72.26	633.25
原料工业	8964.85	7498.93	115.64	161.08	1143.34
加工工业	5226.09	4171.42	119.44	44.09	880.47
大型企业	17662.00	13923.81	295.95	657.99	2736.64
中型企业	5144.29	4150.85	129.30	143.90	677.09
煤炭采选业	916.54	636.67	25.00	11.14	243.45
煤炭开采业	894.64	620.49	24.68	10.86	238.34
煤炭洗选业	21.89	16.18	0.33	0.27	5.12
石油和天然气开采业	1437.12	1063.77	4.95	51.89	308.03
天然原油开采业	1388.97	1021.87	4.81	50.51	303.31
天然气开采业	48.15	41.91	0.14	1.38	4.72
黑色金属矿采选业	37.30	27.96	0.49	1.72	7.13
铁矿采选业	32.18	23.72	0.42	1.70	6.34
其他黑色金属矿采选业	5.12	4.24	0.07	0.02	0.79
有色金属矿采选业	106.44	77.85	2.21	0.69	25.66
重有色金属矿采选业	60.30	46.83	1.61	0.36	11.48
贵金属矿采选业	30.58	18.81	0.41	0.20	11.16
稀有稀土金属矿采选业	15.56	12.22	0.19	0.13	3.02
非金属矿采选业	71.73	45.66	5.14	2.76	17.87
土砂石开采业	6.07	4.33	0.19	0.12	1.43
化学矿采选业	14.44	10.53	0.71	0.12	3.07
采盐业	36.42	20.72	3.18	2.34	10.18
其他非金属矿采选业	14.80	10.08	1.06	0.17	3.19
其他矿采选业	0.15	0.11	0.00	0.00	0.04
木材及竹材采运业	121.84	76.20	1.69	6.33	37.56
木材采运业	121.84	76.20	1.69	6.33	37.56
食品加工业	699.58	633.50	18.14	2.70	42.35
粮食及饲料加工业	208.72	191.52	5.45	0.13	11.31
植物油加工业	100.37	92.09	2.33	0.09	5.85
制糖业	216.59	192.63	4.36	1.81	15.42

企业主要经济指标（1-3）

计量单位：万元

管理费用	利息支出	营业利润	利润总额	亏损企业亏损总额	利税总额	本年应交增值税
2122.31	1132.22	324.59	493.56	555.22	2573.50	1278.05
814.06	387.64	434.11	464.39	131.59	1720.99	657.78
495.13	238.05	-30.12	32.19	129.91	347.53	232.78
513.66	326.86	-23.94	51.02	240.23	892.07	315.96
352.96	247.76	-14.91	33.34	182.02	803.45	256.05
160.70	79.11	-9.03	17.68	58.21	88.62	59.91
1608.65	805.36	348.53	442.54	314.99	1681.43	962.09
365.80	108.95	171.08	152.60	32.61	436.76	211.58
574.01	360.74	245.55	284.17	123.96	999.85	554.75
668.84	335.68	-68.10	5.77	158.42	244.83	195.77
1569.13	810.59	464.49	571.10	300.61	2252.92	1023.83
553.18	321.63	-139.90	-77.54	254.61	320.58	254.22
223.94	22.74	28.95	22.27	13.14	106.50	73.09
219.32	22.19	28.38	22.25	13.09	104.44	71.33
4.62	0.55	0.58	0.03	0.05	2.06	1.76
75.40	66.64	144.33	129.70	7.40	307.74	126.15
72.63	64.00	144.41	129.16	7.40	302.98	123.31
2.77	2.64	-0.08	0.53	0.00	4.76	2.85
7.22	1.45	-1.44	-0.71	1.55	3.40	2.39
6.25	1.04	-0.89	-0.35	1.12	3.53	2.18
0.96	0.41	-0.56	-0.36	0.42	-0.13	0.21
23.21	8.80	-5.10	1.32	6.11	5.87	3.86
10.40	5.81	-4.35	-2.54	4.09	0.44	2.62
7.08	1.83	2.99	4.89	0.30	5.54	0.46
5.73	1.16	-3.74	-1.03	1.72	-0.11	0.79
15.19	4.92	-1.48	-0.74	2.94	7.35	5.34
1.43	0.31	-0.19	0.04	0.15	0.55	0.38
3.09	1.06	-0.75	-0.47	0.72	0.26	0.61
7.94	2.62	-0.18	-0.24	1.36	5.69	3.60
2.74	0.93	-0.36	-0.07	0.72	0.85	0.75
0.03	0.01	0.00	0.00	0.00	0.01	0.01
26.73	5.65	6.35	0.96	2.56	9.59	2.29
26.73	5.65	6.35	0.96	2.56	9.59	2.29
43.87	47.37	-45.08	-34.18	46.15	-12.65	18.84
10.04	10.48	-8.89	-4.43	7.33	-2.96	1.34
4.14	6.32	-4.61	-3.35	4.74	-2.71	0.54
18.43	23.27	-24.15	-23.00	26.63	-6.74	14.45

行业	企业单位数（个）	亏损企业	工业总产值		工业增加值（生产法）
			当年价格	1990年不变价格	
屠宰及肉类蛋类加工业	191	106	126.83	93.73	17.85
水产品加工业	50	10	23.83	19.95	4.14
盐加工业	3	1	1.38	1.01	0.25
其他食品加工业	16	7	4.02	3.17	0.66
食品制造业	351	156	207.47	160.71	38.17
糕点、糖果制造业	74	31	31.41	23.49	6.09
乳制品制造业	45	14	23.35	14.81	3.76
罐头食品制造业	79	47	40.71	27.72	4.36
发酵制品业	43	19	50.51	48.20	10.63
调味品制造业	41	10	12.35	8.66	2.81
其他食品制造业	69	35	49.14	37.83	10.52
饮料制造业	600	166	560.36	346.91	158.87
酒精及饮料酒制造业	547	142	526.04	317.33	151.99
软饮料制造业	37	17	25.13	22.86	4.50
制茶业	15	7	8.57	6.21	2.31
其他饮料制造业	1	0	0.62	0.51	0.06
烟草加工业	137	28	1075.10	780.09	609.23
烟叶复烤业	8	2	6.67	4.59	1.01
卷烟制造业	125	26	1062.20	767.73	605.46
其他烟草加工业	4	0	6.24	7.78	2.77
纺织业	1599	906	1364.00	1105.38	216.72
纤维原料初步加工业	19	10	8.03	6.76	1.50
棉纺织业	807	437	969.49	730.96	141.81
毛纺织业	200	102	134.08	128.57	28.22
麻纺织业	74	45	32.35	26.96	4.84
丝绢纺织业	286	195	122.21	138.17	19.15
针织品业	188	104	85.77	62.62	18.98
其他纺织业	25	13	12.07	11.34	2.23
服装及其他纤维制品制造业	86	32	62.85	49.91	14.41
服装制造业	74	28	56.00	44.39	12.88
制帽业	1	0	0.11	0.07	0.05
制鞋业	8	3	4.74	3.69	1.06
其他纤维制品制造业	3	1	2.01	1.75	0.43
皮革、毛皮、羽绒及其制品业	101	60	44.85	33.66	9.67
制革业	50	38	12.35	9.75	0.85
皮革制品制造业	30	9	17.82	11.81	4.31
毛皮鞣制及制品业	8	4	3.45	2.61	0.98
羽毛（绒）及制品业	13	9	11.22	9.49	3.53

企业主要经济指标（2-1）

计量单位：万元

工业销售产值（当年价格）	全部职工（从业人员）年平均人数（人）	资本金合计	国家资本金	外商资本金	流动资产合计	存货
124.54	15.70	35.21	32.66	0.83	76.49	25.33
22.88	3.50	9.96	8.69	1.18	18.70	6.53
1.32	0.20	0.83	0.83	0.00	0.90	0.19
3.81	0.70	1.74	1.69	0.04	3.52	1.29
199.40	26.30	55.37	43.48	3.90	133.11	41.83
30.20	5.00	12.55	8.47	0.57	24.63	7.87
22.75	2.40	5.51	5.03	0.15	12.04	3.63
38.28	7.60	12.45	10.99	0.01	37.86	14.84
49.00	4.60	10.46	7.10	1.88	26.20	7.45
11.66	2.40	4.10	4.01	0.05	7.15	2.29
47.51	4.40	10.31	7.88	1.25	25.24	5.76
550.92	53.30	154.46	127.88	12.92	400.24	172.42
517.86	50.50	136.40	116.25	8.92	372.82	162.86
23.99	1.80	15.19	9.44	3.99	19.59	5.06
8.47	0.90	2.84	2.20	0.01	7.37	4.27
0.61	0.00	0.03	0.00	0.00	0.45	0.23
1069.24	23.70	190.66	182.89	0.75	667.20	219.72
5.37	0.40	1.11	1.11	0.00	7.29	3.08
1057.65	23.10	187.67	179.90	0.75	655.83	213.75
6.21	0.20	1.87	1.87	0.00	4.08	2.90
1329.19	334.80	389.74	329.80	10.19	985.76	423.81
7.78	2.20	2.28	2.23	0.04	10.98	4.35
951.55	217.90	244.52	207.07	6.40	602.27	253.92
126.13	33.80	47.82	37.96	1.27	155.15	69.80
30.49	14.20	13.95	13.19	0.09	36.67	19.60
120.02	44.60	50.45	45.86	1.16	91.51	42.58
81.87	20.10	26.59	19.73	0.97	77.30	30.11
11.35	2.00	4.14	3.75	0.26	11.86	3.44
59.94	11.40	23.92	19.82	0.55	49.35	22.35
53.59	10.00	19.33	15.83	0.54	44.04	19.43
0.13	0.10	0.08	0.07	0.00	0.15	0.10
4.31	1.00	3.87	3.76	0.01	3.45	1.85
1.91	0.30	0.65	0.16	0.00	1.71	0.98
41.46	8.80	16.44	12.10	0.13	50.49	25.41
11.21	3.20	6.29	4.57	0.07	16.47	7.58
16.37	3.30	6.60	4.64	0.02	20.40	9.34
3.55	0.70	1.60	1.18	0.04	4.14	2.17
10.34	1.50	1.95	1.71	0.00	9.49	6.33

行　业	产成品	流动资产年平均余额	固定资产合计	固定资产原价合计	生产经营用
屠宰及肉类蛋类加工业	14.27	74.90	82.15	102.85	77.04
水产品加工业	3.78	17.57	18.44	23.46	19.45
盐加工业	0.07	0.81	2.08	2.69	1.86
其他食品加工业	0.76	3.65	3.53	4.33	3.63
食品制造业	19.43	126.99	142.94	163.99	128.39
糕点、糖果制造业	3.50	22.79	25.35	28.68	21.60
乳制品制造业	1.73	10.72	14.26	17.12	12.40
罐头食品制造业	7.21	37.12	31.84	39.83	31.72
发酵制品业	3.30	23.17	34.30	36.76	30.91
调味品制造业	0.76	6.91	10.28	11.61	8.60
其他食品制造业	2.93	26.28	26.91	30.00	23.16
饮料制造业	55.47	361.19	376.25	391.48	310.55
酒精及饮料酒制造业	51.18	335.25	351.68	363.97	291.42
软饮料制造业	2.15	18.21	19.19	21.20	15.73
制茶业	2.04	7.40	4.86	5.73	2.90
其他饮料制造业	0.11	0.33	0.52	0.59	0.49
烟草加工业	13.30	619.35	497.27	454.36	372.85
烟叶复烤业	2.47	6.12	4.19	3.96	2.38
卷烟制造业	10.78	609.39	490.16	446.49	367.12
其他烟草加工业	0.05	3.83	2.93	3.92	3.35
纺织业	224.45	972.49	1105.03	1342.86	998.53
纤维原料初步加工业	2.14	9.83	9.98	11.06	8.30
棉纺织业	129.63	598.96	706.53	869.36	639.20
毛纺织业	39.26	150.21	124.77	153.68	116.76
麻纺织业	11.77	35.19	41.69	50.99	35.03
丝绢纺织业	23.26	92.07	132.00	152.35	119.58
针织品业	16.60	75.13	73.32	89.75	67.41
其他纺织业	1.80	11.10	16.74	15.66	12.25
服装及其他纤维制品制造业	11.85	46.32	35.21	44.30	26.99
服装制造业	10.33	41.56	31.73	40.00	24.36
制帽业	0.02	0.15	0.14	0.19	0.15
制鞋业	1.01	3.05	2.19	2.71	1.48
其他纤维制品制造业	0.50	1.55	1.15	1.41	1.01
皮革、毛皮、羽绒及其制品业	12.13	49.64	29.73	38.14	27.22
制革业	3.91	16.56	13.93	17.21	12.66
皮革制品制造业	4.94	19.95	9.58	12.64	8.69
毛皮鞣制及制品业	0.57	3.98	2.77	3.82	2.58
羽毛（绒）及制品业	2.70	9.15	3.44	4.46	3.29

企业主要经济指标（2-2）

计量单位：万元

累计折旧	本年折旧	固定资产净值年平均余额	资产总计	流动负债合计	负债合计	所有者权益合计
25.50	2.38	70.11	167.44	109.18	126.34	41.10
6.30	1.35	16.00	39.20	22.40	26.05	13.16
0.66	0.12	1.95	3.02	0.95	1.70	1.31
1.07	0.13	3.17	7.49	4.85	5.54	1.94
40.97	6.16	111.60	313.09	180.11	244.25	68.83
7.16	1.06	18.16	59.96	33.46	47.71	12.24
3.88	0.78	12.40	28.11	13.25	19.41	8.70
12.73	1.42	24.82	79.67	59.50	72.69	6.98
7.87	1.57	26.07	66.88	35.74	53.46	13.42
3.20	0.33	7.87	18.92	7.56	10.09	8.83
6.14	0.99	22.28	59.54	30.58	40.88	18.66
84.93	17.21	279.06	850.12	450.41	588.00	262.12
79.29	15.55	259.06	781.96	421.08	548.65	233.31
4.17	1.48	15.72	54.61	21.65	30.48	24.13
1.41	0.16	3.78	12.56	7.18	7.93	4.63
0.06	0.02	0.50	0.98	0.49	0.93	0.05
94.16	31.32	385.15	1289.30	652.43	758.32	530.98
0.89	0.13	2.89	12.95	9.07	10.76	2.19
92.24	30.99	379.42	1269.21	639.24	743.14	526.06
1.02	0.20	2.84	7.15	4.12	4.42	2.73
387.69	48.84	897.16	2310.23	1371.55	1933.66	376.57
2.55	0.41	7.93	23.05	15.66	20.63	2.41
259.99	30.95	572.69	1441.57	843.87	1176.42	265.14
44.45	6.96	103.48	309.61	194.85	268.86	40.75
12.94	1.53	36.47	86.01	49.68	76.26	9.76
38.93	5.85	107.01	247.18	138.72	213.03	34.16
25.66	2.68	60.04	169.45	109.22	148.44	21.01
3.18	0.47	9.54	33.36	19.56	30.01	3.34
12.54	1.38	30.30	92.78	51.08	62.26	30.52
11.46	1.26	27.25	83.48	45.65	56.10	27.38
0.05	0.00	0.14	0.29	0.14	0.14	0.15
0.67	0.07	1.86	6.00	3.67	4.10	1.90
0.35	0.04	1.05	3.01	1.62	1.93	1.08
11.07	1.14	26.37	87.80	58.78	72.75	15.04
4.80	0.37	12.39	32.90	23.29	30.72	2.18
3.65	0.47	8.56	32.86	18.33	22.84	10.02
1.32	0.10	2.49	8.10	5.78	6.93	1.18
1.29	0.20	2.93	13.94	11.39	12.27	1.66

行　业	产品销售收入	产品销售成本	产品销售费用	产品销售税金及附加	产品销售利润
屠宰及肉类蛋类加工业	138.90	128.33	4.23	0.33	6.01
水产品加工业	29.64	24.78	1.19	0.28	3.18
盐加工业	1.40	0.86	0.25	0.05	0.24
其他食品加工业	3.96	3.28	0.33	0.01	0.34
食品制造业	209.54	176.71	10.12	0.80	21.89
糕点、糖果制造业	31.70	26.50	1.64	0.17	3.37
乳制品制造业	23.57	19.11	1.22	0.11	3.13
罐头食品制造业	44.85	40.13	2.00	0.14	2.58
发酵制品业	47.96	40.15	1.92	0.18	5.70
调味品制造业	12.46	9.52	0.79	0.07	2.08
其他食品制造业	49.00	41.30	2.55	0.13	5.03
饮料制造业	520.51	348.02	34.97	58.58	77.01
酒精及饮料酒制造业	488.07	324.16	31.40	58.45	72.14
软饮料制造业	21.89	15.17	3.06	0.09	3.56
制茶业	9.95	8.15	0.52	0.04	1.24
其他饮料制造业	0.61	0.54	0.00	0.00	0.06
烟草加工业	1060.83	456.78	5.58	441.86	156.51
烟叶复烤业	9.41	6.86	1.29	0.04	1.22
卷烟制造业	1045.22	446.44	4.26	439.87	154.56
其他烟草加工业	6.19	3.47	0.04	1.95	0.73
纺织业	1299.90	1149.48	14.49	4.88	117.20
纤维原料初步加工业	7.39	6.42	0.12	0.02	0.84
棉纺织业	931.03	833.28	7.88	3.32	72.76
毛纺织业	120.41	96.93	2.28	0.56	20.65
麻纺织业	29.84	25.64	0.85	0.15	3.18
丝绢纺织业	119.37	110.16	1.54	0.53	7.10
针织品业	80.64	67.77	1.51	0.27	11.08
其他纺织业	11.22	9.28	0.31	0.03	1.60
服装及其他纤维制品制造业	56.64	48.68	1.43	0.12	6.41
服装制造业	50.45	43.35	1.33	0.09	5.69
制帽业	0.13	0.11	0.01	0.00	0.01
制鞋业	4.07	3.46	0.05	0.02	0.53
其他纤维制品制造业	1.98	1.76	0.04	0.00	0.19
皮革、毛皮、羽绒及其制品业	36.93	31.05	1.08	0.11	4.70
制革业	9.65	8.88	0.14	0.03	0.61
皮革制品制造业	18.26	15.05	0.48	0.04	2.70
毛皮鞣制及制品业	3.35	2.61	0.10	0.01	0.63
羽毛（绒）及制品业	5.67	4.51	0.37	0.03	0.76

企业主要经济指标（2-3）

计量单位：万元

管理费用	利息支出	营业利润	利润总额	亏损企业亏损总额	利税总额	本年应交增值税
8.35	5.81	-7.33	-3.86	6.71	-1.58	1.95
2.38	1.11	0.15	0.61	0.43	1.37	0.48
0.15	0.17	-0.05	-0.06	0.08	0.04	0.05
0.39	0.21	-0.21	-0.10	0.23	-0.06	0.03
15.67	10.72	-1.68	0.30	8.99	9.25	8.15
3.10	1.89	-0.47	0.03	1.46	1.39	1.19
1.84	0.98	0.38	0.59	0.59	1.84	1.15
3.57	3.19	-3.48	-3.55	4.12	-1.73	1.68
2.81	2.54	0.52	0.71	1.22	2.90	2.01
1.87	0.37	0.38	0.52	0.22	1.29	0.70
2.49	1.75	1.00	2.00	1.37	3.55	1.43
39.43	24.20	18.10	25.60	9.72	118.91	34.73
36.97	22.23	17.07	24.07	8.77	115.67	33.14
1.70	1.43	0.91	1.39	0.75	2.79	1.32
0.73	0.50	0.12	0.14	0.20	0.44	0.26
0.02	0.05	0.00	0.00	0.00	0.01	0.01
46.36	18.67	102.55	113.50	3.16	656.65	101.29
0.75	0.46	0.07	0.01	0.23	0.63	0.58
45.29	17.84	102.40	113.42	2.92	653.60	100.31
0.32	0.37	0.08	0.08	0.00	2.43	0.40
121.92	100.19	-92.39	-79.70	91.15	-20.33	54.48
0.74	0.76	-0.61	-0.66	0.69	-0.40	0.24
76.69	61.79	-57.78	-50.64	55.77	-8.97	38.35
16.37	14.23	-8.48	-7.34	10.26	-1.21	5.57
3.78	3.60	-3.84	-3.49	3.54	-1.77	1.58
13.63	11.27	-16.49	-13.90	15.04	-7.62	5.75
9.69	6.99	-4.25	-3.21	5.15	-0.25	2.69
1.02	1.56	-0.94	-0.45	0.70	-0.11	0.31
5.92	2.74	-1.52	-0.72	1.71	0.38	0.98
5.23	2.54	-1.42	-0.75	1.65	0.14	0.81
0.02	0.01	-0.01	0.00	0.00	0.01	0.01
0.43	0.11	0.02	0.06	0.04	0.22	0.14
0.25	0.08	-0.11	-0.03	0.03	0.01	0.03
4.60	3.48	-2.71	-2.06	3.12	-0.84	1.12
1.26	1.44	-1.96	-1.72	1.82	-1.35	0.35
2.18	1.07	-0.18	0.18	0.53	0.65	0.43
0.55	0.36	-0.25	-0.20	0.38	-0.07	0.12
0.61	0.61	-0.32	-0.32	0.39	-0.07	0.22

行业	企业单位数（个）	亏损企业	工业总产值		工业增加值（生产法）
			当年价格	1990年不变价格	
木材加工及竹、藤、棕、草制品业	87	46	39.95	31.40	8.78
锯材、木片加工业	28	19	8.30	5.94	1.49
人造板制造业	49	22	28.99	23.44	6.70
木制品业	9	4	2.50	1.89	0.54
竹、藤、棕、草制品业	1	1	0.16	0.13	0.04
家具制造业	18	8	4.81	4.46	1.48
木制家具制造业	13	5	3.71	3.59	1.21
金属家具制造业	4	3	0.52	0.49	0.04
其他家具制造业	1	0	0.58	0.37	0.23
造纸及纸制品业	425	126	324.30	237.15	70.16
纸浆制造业	8	5	2.87	2.19	0.50
造纸业	388	113	312.86	229.24	68.39
纸制品业	29	8	8.57	5.72	1.27
印刷业、记录媒介的复制	278	62	102.40	85.42	31.56
印刷业	273	62	98.61	79.99	30.32
记录媒介的复制	5	0	3.79	5.43	1.24
文教体育用品制造业	41	14	22.94	20.18	5.61
文化用品制造业	23	8	9.88	8.57	2.47
体育用品制造业	5	1	3.53	3.63	1.27
乐器及其他文娱用品制造业	6	1	8.20	5.30	1.86
玩具制造业	6	4	0.94	2.28	0.05
其他类未包括的文教体育用品制造业	1	0	0.38	0.41	-0.04
石油加工及炼焦业	94	25	1811.37	787.58	361.75
人造原油生产业	1	0	8.28	4.66	2.18
原油加工业	53	9	1751.12	754.93	352.33
石油制品业	11	1	14.89	7.22	2.46
炼焦业	29	15	37.09	20.78	4.78
化学原料及化学制品制造业	1394	329	1852.37	1403.12	378.41
基本化学原料制造业	281	74	332.74	274.94	64.18
化学肥料制造业	500	65	613.52	408.13	149.63
化学农药制造业	76	14	92.93	89.49	16.32
有机化学产品制造业	190	72	434.41	328.90	79.44
合成材料制造业	49	16	149.82	110.79	26.06
专用化学产品制造业	178	49	144.78	119.27	28.88
日用化学产品制造业	120	39	84.16	71.61	13.89
医药制造业	444	141	397.65	467.45	83.88
化学药品原药制造业	152	69	190.02	225.26	31.53

企业主要经济指标（3-1）

计量单位：万元

工业销售产值（当年价格）	全部职工（从业人员）年平均人数（人）	资本金合计	国家资本金	外商资本金	流动资产合计	存货
38.02	9.90	21.13	19.72	0.54	41.09	14.03
7.90	3.90	7.09	7.08	0.00	14.28	4.85
27.74	5.20	12.84	11.48	0.54	23.15	7.19
2.22	0.80	1.14	1.09	0.00	3.50	1.99
0.16	0.10	0.06	0.06	0.00	0.17	0.00
4.80	1.00	1.38	1.28	0.00	3.68	1.24
3.70	0.80	1.14	1.03	0.00	2.84	1.05
0.57	0.20	0.18	0.18	0.00	0.56	0.14
0.53	0.00	0.07	0.07	0.00	0.28	0.05
306.05	50.20	107.11	82.61	1.79	220.31	75.68
2.65	0.70	2.97	0.66	0.00	2.67	1.31
295.01	48.00	100.17	79.67	0.79	211.46	72.47
8.39	1.50	3.97	2.28	1.00	6.18	1.91
101.69	19.10	60.13	54.08	0.92	77.40	26.33
98.03	18.90	58.76	52.71	0.92	75.13	25.38
3.66	0.20	1.37	1.37	0.00	2.26	0.96
23.69	5.30	7.37	4.57	0.27	23.29	8.08
9.92	3.50	3.39	1.84	0.00	10.97	3.33
3.26	0.50	0.87	0.50	0.00	2.51	0.90
8.17	1.00	1.86	1.45	0.00	7.14	3.34
1.88	0.40	1.01	0.54	0.27	2.39	0.40
0.45	0.10	0.24	0.24	0.00	0.27	0.10
1787.50	51.80	463.62	456.63	0.06	570.94	212.50
8.57	1.20	6.77	6.77	0.00	6.00	0.80
1728.94	44.70	441.63	435.87	0.00	520.10	201.69
14.09	0.90	3.55	3.39	0.06	6.71	2.01
35.91	4.90	11.67	10.59	0.00	38.13	8.00
1789.36	213.90	660.50	590.69	7.67	1092.68	347.51
321.30	47.70	121.15	106.13	2.30	219.58	61.23
587.45	76.00	187.14	175.23	1.04	306.98	90.03
87.95	8.30	17.63	15.81	0.51	43.83	17.63
424.39	32.40	188.53	156.62	3.16	265.79	87.10
143.63	13.50	61.09	59.09	0.00	85.27	30.99
141.29	25.40	59.82	56.03	0.21	107.60	38.79
83.35	10.70	25.15	21.78	0.44	63.62	21.74
376.60	44.30	103.96	88.90	6.48	336.63	118.72
181.24	22.10	47.72	37.58	5.89	137.47	48.37

行　业	产成品	流动资产年平均余额	固定资产合计	固定资产原价合计	生产经营用
木材加工及竹、藤、棕、草制品业	7.93	39.79	57.72	64.63	43.58
锯材、木片加工业	2.93	14.58	14.66	18.72	12.34
人造板制造业	3.75	21.42	39.70	41.73	28.98
木制品业	1.25	3.57	3.18	4.02	2.25
竹、藤、棕、草制品业	0.00	0.22	0.18	0.16	0.00
家具制造业	0.58	3.51	4.77	6.03	4.97
木制家具制造业	0.51	2.75	4.09	5.09	4.24
金属家具制造业	0.04	0.52	0.54	0.76	0.58
其他家具制造业	0.04	0.24	0.13	0.17	0.15
造纸及纸制品业	35.32	203.96	329.47	338.35	248.46
纸浆制造业	0.85	2.28	11.25	10.55	9.67
造纸业	33.67	195.73	310.45	318.24	231.20
纸制品业	0.80	5.94	7.76	9.56	7.59
印刷业、记录媒介的复制	9.40	69.51	116.55	143.91	111.48
印刷业	8.90	67.62	113.70	140.73	108.82
记录媒介的复制	0.50	1.89	2.85	3.17	2.66
文教体育用品制造业	2.65	22.40	17.04	17.92	14.22
文化用品制造业	1.48	11.09	6.47	7.00	5.33
体育用品制造业	0.38	1.84	1.34	1.53	1.40
乐器及其他文娱用品制造业	0.61	6.91	6.92	6.48	5.75
玩具制造业	0.15	2.27	1.83	2.15	0.98
其他类未包括的文教体育用品制造业	0.02	0.29	0.49	0.76	0.76
石油加工及炼焦业	68.37	584.08	1098.53	1555.11	1287.63
人造原油生产业	0.24	5.39	13.72	16.89	10.21
原油加工业	62.58	538.46	1039.18	1491.33	1238.54
石油制品业	0.68	6.70	7.11	8.00	6.53
炼焦业	4.87	33.54	38.52	38.89	32.34
化学原料及化学制品制造业	132.39	1027.37	1835.79	2104.18	1704.94
基本化学原料制造业	26.18	199.09	372.24	397.12	296.16
化学肥料制造业	28.17	271.90	550.62	697.09	579.83
化学农药制造业	9.25	40.59	46.45	55.38	41.62
有机化学产品制造业	32.42	267.90	512.33	526.78	448.98
合成材料制造业	11.69	82.82	144.18	185.93	155.35
专用化学产品制造业	14.89	104.62	156.23	183.49	139.39
日用化学产品制造业	9.81	60.45	53.75	58.39	43.61
医药制造业	59.44	317.37	271.15	279.54	220.91
化学药品原药制造业	23.03	124.62	150.16	151.80	118.77

企业主要经济指标（3-2）

计量单位：万元

累计折旧	本年折旧	固定资产净值年平均余额	资产总计	流动负债合计	负债合计	所有者权益合计
16.13	2.18	41.01	105.88	49.52	80.11	25.77
4.57	0.42	12.28	31.31	19.05	22.41	8.90
10.59	1.64	26.60	67.10	27.02	53.13	13.98
0.94	0.12	1.99	7.07	3.40	4.32	2.75
0.03	0.00	0.14	0.40	0.05	0.25	0.15
1.49	0.16	4.58	9.42	4.38	7.98	1.44
1.18	0.12	3.97	7.85	3.48	6.82	1.03
0.27	0.02	0.49	1.16	0.75	1.01	0.15
0.04	0.01	0.13	0.41	0.15	0.15	0.26
85.07	12.12	229.36	584.11	276.69	432.92	151.19
0.91	0.38	2.99	14.74	3.86	12.61	2.14
81.94	11.44	219.34	553.77	265.75	410.07	143.70
2.22	0.30	7.03	15.59	7.08	10.25	5.35
44.10	7.64	91.42	210.01	71.18	119.08	90.93
42.88	7.53	89.76	204.29	68.68	116.47	87.82
1.22	0.11	1.66	5.73	2.50	2.62	3.11
5.01	0.81	12.00	45.79	24.59	32.66	13.14
2.06	0.29	4.51	20.54	11.77	14.87	5.66
0.39	0.06	1.08	4.83	2.74	3.58	1.25
1.78	0.32	4.30	15.20	6.85	10.55	4.64
0.51	0.10	1.63	4.47	3.09	3.50	0.97
0.27	0.04	0.49	0.76	0.14	0.15	0.61
589.28	112.66	864.78	1817.25	504.72	1016.32	800.92
3.94	0.76	12.80	20.03	5.07	8.69	11.33
570.96	109.40	819.73	1704.65	445.64	936.86	767.79
2.41	0.45	5.01	14.78	7.28	9.20	5.58
11.97	2.04	27.24	77.80	46.72	61.57	16.23
676.60	112.88	1298.26	3157.00	1213.29	2118.33	1038.67
122.18	18.11	250.86	623.71	256.62	435.67	188.04
232.01	43.82	432.99	915.97	348.44	613.62	302.36
15.73	2.72	38.06	96.32	51.35	68.31	28.01
162.09	28.99	297.42	841.13	285.32	542.94	298.19
77.78	11.50	103.95	247.29	82.15	162.70	84.59
49.27	5.52	134.52	296.78	118.37	205.75	91.02
17.54	2.22	40.47	135.80	71.04	89.34	46.46
79.95	12.78	183.32	668.04	347.82	482.85	185.36
43.64	7.11	99.58	322.08	160.68	242.06	80.02

行　业	产品销售收　入	产品销售成　本	产品销售费　用	产品销售税金及附加	产品销售利　润
木材加工及竹、藤、棕、草制品业	36.32	30.85	0.66	0.22	4.58
锯材、木片加工业	8.68	7.89	0.17	0.04	0.59
人造板制造业	25.24	21.18	0.41	0.17	3.48
木制品业	2.26	1.67	0.07	0.01	0.51
竹、藤、棕、草制品业	0.13	0.11	0.01	0.00	0.01
家具制造业	4.53	3.71	0.24	0.03	0.56
木制家具制造业	3.53	2.94	0.20	0.02	0.37
金属家具制造业	0.47	0.46	0.01	0.00	0.01
其他家具制造业	0.53	0.32	0.03	0.00	0.18
造纸及纸制品业	293.36	232.98	4.49	1.71	53.99
纸浆制造业	2.19	2.43	0.05	0.01	-0.30
造纸业	282.41	223.16	4.15	1.67	53.24
纸制品业	8.76	7.39	0.28	0.04	1.05
印刷业、记录媒介的复制	99.27	73.97	1.45	0.70	23.07
印刷业	96.04	71.68	1.30	0.66	22.31
记录媒介的复制	3.23	2.28	0.15	0.04	0.76
文教体育用品制造业	24.68	19.19	0.90	0.13	4.47
文化用品制造业	11.39	9.29	0.32	0.05	1.74
体育用品制造业	2.96	2.16	0.21	0.01	0.59
乐器及其他文娱用品制造业	8.76	6.28	0.33	0.06	2.09
玩具制造业	1.09	1.06	0.03	0.02	-0.01
其他类未包括的文教体育用品制造业	0.48	0.40	0.01	0.00	0.06
石油加工及炼焦业	1876.05	1544.15	13.57	110.98	207.34
人造原油生产业	8.53	7.80	0.08	0.08	0.56
原油加工业	1817.58	1494.65	12.06	110.52	200.36
石油制品业	13.88	11.22	0.19	0.16	2.30
炼焦业	36.06	30.48	1.24	0.22	4.11
化学原料及化学制品制造业	1720.17	1385.20	25.59	14.62	292.84
基本化学原料制造业	309.25	248.20	5.37	2.60	52.98
化学肥料制造业	556.05	441.60	5.91	1.40	105.41
化学农药制造业	85.82	71.13	1.52	0.16	13.01
有机化学产品制造业	402.84	330.85	4.41	6.15	61.39
合成材料制造业	149.88	121.51	1.00	2.63	24.74
专用化学产品制造业	138.81	110.26	3.24	0.73	24.54
日用化学产品制造业	77.51	61.66	4.13	0.95	10.76
医药制造业	389.60	292.92	24.38	1.96	70.33
化学药品原药制造业	178.86	148.35	5.44	0.56	24.51

企业主要经济指标（3-3）

计量单位：万元

管理费用	利息支出	营业利润	利润总额	亏损企业亏损总额	利税总额	本年应交增值税
5.46	2.83	-2.89	-1.55	2.72	0.76	2.09
1.62	0.77	-1.30	-1.09	1.18	-0.67	0.38
3.25	1.90	-1.42	-0.29	1.33	1.41	1.53
0.58	0.15	-0.16	-0.17	0.20	0.02	0.18
0.01	0.00	0.00	0.00	0.00	0.00	0.00
0.49	0.35	-0.26	-0.05	0.14	0.13	0.15
0.27	0.30	-0.18	-0.09	0.10	0.04	0.11
0.12	0.06	-0.16	-0.04	0.04	-0.03	0.01
0.10	0.00	0.08	0.08	0.00	0.12	0.04
32.30	19.18	3.23	3.75	7.12	23.26	17.80
0.27	0.16	-0.71	-0.66	0.72	-0.51	0.14
31.12	18.53	4.17	4.53	6.20	23.51	17.32
0.91	0.50	-0.23	-0.12	0.20	0.26	0.35
17.85	4.86	3.19	4.39	2.57	11.64	6.55
17.28	4.74	2.98	4.00	2.57	10.92	6.26
0.57	0.11	0.21	0.39	0.00	0.71	0.29
3.90	1.41	-0.24	0.49	0.63	1.85	1.24
1.94	0.50	-0.54	-0.19	0.36	0.37	0.51
0.39	0.15	0.06	0.12	0.01	0.24	0.11
1.29	0.64	0.56	0.77	0.03	1.41	0.59
0.21	0.12	-0.33	-0.23	0.23	-0.19	0.02
0.07	0.01	0.01	0.02	0.00	0.02	0.00
122.02	46.35	32.47	39.82	6.24	243.32	92.52
0.58	0.16	0.16	0.07	0.00	0.76	0.60
116.74	43.10	33.69	40.59	4.09	240.05	88.95
1.12	0.42	0.82	0.83	0.03	1.53	0.54
3.57	2.67	-2.20	-1.66	2.13	0.98	2.42
190.64	89.16	24.21	39.16	21.57	124.61	70.84
35.81	16.78	2.57	3.84	5.66	23.15	16.72
57.42	33.51	21.02	27.81	3.38	44.18	14.97
8.41	3.76	1.21	1.31	0.70	2.73	1.26
43.15	16.08	1.66	5.58	4.26	31.77	20.04
17.05	6.97	0.92	0.74	1.28	10.64	7.27
18.95	8.27	-1.77	-0.14	3.77	7.73	7.14
9.85	3.80	-1.41	0.02	2.52	4.41	3.44
42.18	23.08	7.18	9.88	9.47	29.28	17.44
16.29	9.98	-0.74	-0.63	6.97	6.51	6.57

行业	企业单位数（个）	亏损企业	工业总产值		工业增加值（生产法）
			当年价格	1990年不变价格	
化学药品制剂制造业	159	42	124.42	163.75	25.61
中药材及中成药加工业	107	27	66.14	59.52	21.14
动物药品制造业	10	2	5.18	6.20	1.04
生物制品业	16	1	11.90	12.73	4.56
化学纤维制造业	136	52	226.73	220.60	39.99
纤维素纤维制造业	31	16	61.87	51.84	10.37
合成纤维制造业	99	33	163.84	167.81	29.52
渔具及渔具材料制造业	6	3	1.01	0.96	0.11
橡胶制品业	173	59	244.14	248.36	48.52
轮胎制造业	42	16	146.02	157.00	28.42
力车胎制造业	16	8	12.15	12.53	2.00
橡胶板、管、带制造业	41	9	30.14	30.80	6.17
橡胶零件制品业	9	4	2.74	2.66	0.72
再生橡胶制造业	3	2	0.46	0.42	0.01
橡胶靴鞋制造业	50	16	46.46	39.58	9.13
日用橡胶制品业	9	3	4.28	3.30	0.84
其他橡胶制品业	3	1	1.90	2.06	1.24
塑料制品业	182	73	98.61	94.18	15.18
塑料薄膜制造业	68	17	42.38	38.36	5.95
塑料板、管、棒材制造业	30	18	17.15	17.10	2.91
塑料丝、绳及编织品制造业	21	15	8.34	9.13	1.58
泡沫塑料及人造革、合成革制造业	18	5	16.00	15.78	1.95
塑料包装箱及容器制造业	12	6	2.08	1.86	0.39
塑料鞋制造业	6	3	1.93	1.55	0.35
日用塑料杂品制造业	4	3	0.26	0.22	0.02
塑料零件制造业	4	1	0.68	0.66	0.16
其他塑料制品业	19	5	9.82	9.51	1.87
非金属矿物制品业	1155	467	664.17	514.40	154.94
水泥制造业	458	160	312.60	205.75	72.97
水泥制品和石棉水泥制品业	91	28	53.77	31.96	16.62
砖瓦、石灰和轻质建筑材料制造业	109	53	29.41	20.97	7.14
玻璃及玻璃制品业	172	64	115.97	106.37	23.19
陶瓷制品业	173	101	67.99	72.48	17.58
耐火材料制品业	62	34	22.86	21.84	3.01
石墨及碳素制品业	30	9	23.56	16.91	4.72
矿物纤维及其制品业	29	8	27.34	25.00	7.70
其他类未包括的非金属矿物制品业	31	10	10.66	13.14	2.00

企业主要经济指标（4-1）

计量单位：万元

工业销售产值（当年价格）	全部职工（从业人员）年平均人数（人）	资本金合计	国家资本金	外商资本金	流动资产合计	存货
117.01	12.40	30.45	27.10	0.39	99.81	31.63
62.94	7.70	17.75	16.21	0.15	84.78	32.18
4.88	0.60	1.69	1.64	0.05	3.13	1.19
10.53	1.40	6.36	6.36	0.00	11.44	5.36
222.35	26.70	97.67	79.79	3.19	150.12	56.27
60.13	8.50	20.70	17.26	0.57	43.59	16.46
161.26	17.80	76.45	62.02	2.61	105.50	39.37
0.96	0.40	0.53	0.51	0.02	1.03	0.44
234.86	28.50	56.46	49.15	3.52	175.76	65.25
140.28	10.70	30.35	25.97	3.07	101.83	35.96
11.70	2.50	3.15	2.30	0.00	10.77	3.41
29.72	4.90	9.37	8.52	0.35	22.80	8.34
2.65	0.90	1.38	1.17	0.00	3.18	1.03
0.42	0.10	0.29	0.27	0.00	0.63	0.15
44.30	8.20	9.42	8.55	0.11	30.59	13.96
3.96	0.60	0.89	0.86	0.00	3.94	1.39
1.82	0.40	1.62	1.51	0.00	2.01	1.03
92.13	13.30	36.65	30.70	1.27	83.26	34.38
39.72	4.00	12.78	10.47	0.20	31.54	12.18
15.12	3.40	6.28	5.65	0.19	20.23	9.73
7.72	1.80	3.32	3.18	0.00	7.55	2.56
15.60	1.80	9.06	7.20	0.81	13.30	6.27
2.03	0.50	1.31	1.13	0.07	1.39	0.59
1.86	0.50	0.47	0.46	0.00	1.56	0.72
0.25	0.10	0.19	0.07	0.00	0.43	0.14
0.66	0.10	0.41	0.41	0.00	0.66	0.27
9.18	1.00	2.83	2.13	0.00	6.60	1.92
649.81	151.70	336.51	276.33	13.20	597.40	180.53
313.27	56.20	159.63	132.72	7.15	232.90	65.60
51.76	10.30	24.31	20.04	0.09	42.32	15.60
28.64	8.30	16.89	13.89	0.40	25.45	7.94
110.20	25.70	50.71	44.55	1.67	111.18	33.00
64.00	29.10	33.58	27.15	2.15	75.26	27.22
21.63	9.50	18.08	14.72	0.19	32.38	11.43
23.20	4.50	12.26	10.07	0.02	27.17	10.44
26.57	5.30	15.17	8.05	1.41	35.15	4.88
10.52	2.90	5.87	5.14	0.10	15.58	4.41

行　　业	产成品	流动资产年平均余额	固定资产合计	固定资产原价合计	生产经营用
化学药品制剂制造业	16.14	95.96	64.57	68.15	53.97
中药材及中成药加工业	17.91	82.87	40.61	39.77	32.69
动物药品制造业	0.64	2.97	3.05	3.99	3.19
生物制品业	1.72	10.95	12.76	15.82	12.29
化学纤维制造业	19.95	147.11	284.46	340.42	286.67
纤维素纤维制造业	5.69	43.00	61.06	78.57	63.86
合成纤维制造业	14.05	102.90	221.85	259.93	221.83
渔具及渔具材料制造业	0.21	1.22	1.55	1.92	0.98
橡胶制品业	32.99	161.92	152.47	151.36	113.40
轮胎制造业	17.29	92.42	91.92	82.49	65.64
力车胎制造业	2.27	10.40	8.65	9.02	6.04
橡胶板、管、带制造业	4.13	22.46	24.62	28.27	19.80
橡胶零件制品业	0.66	3.14	4.89	4.11	2.28
再生橡胶制造业	0.06	0.72	0.70	0.64	0.41
橡胶靴鞋制造业	7.31	27.35	17.32	21.81	15.81
日用橡胶制品业	0.68	3.79	2.46	2.81	1.71
其他橡胶制品业	0.58	1.66	1.92	2.21	1.71
塑料制品业	14.58	79.46	91.94	111.31	86.30
塑料薄膜制造业	6.24	29.34	35.13	41.70	34.05
塑料板、管、棒材制造业	2.65	19.42	17.63	21.56	16.00
塑料丝、绳及编织品制造业	1.37	6.93	9.16	11.50	9.50
泡沫塑料及人造革、合成革制造业	2.54	12.67	13.48	18.05	14.87
塑料包装箱及容器制造业	0.31	1.45	2.81	3.19	2.56
塑料鞋制造业	0.28	1.59	1.86	1.76	1.14
日用塑料杂品制造业	0.09	0.43	1.12	1.05	0.92
塑料零件制造业	0.10	0.74	1.12	1.45	0.93
其他塑料制品业	1.01	6.89	9.63	11.04	6.32
非金属矿物制品业	82.24	567.66	925.26	1030.73	775.37
水泥制造业	21.13	222.04	468.96	511.13	397.71
水泥制品和石棉水泥制品业	9.91	39.92	40.87	52.66	33.67
砖瓦、石灰和轻质建筑材料制造业	4.06	22.16	52.64	59.90	36.94
玻璃及玻璃制品业	17.13	106.82	142.80	155.65	117.14
陶瓷制品业	15.84	70.49	106.90	114.74	93.44
耐火材料制品业	6.20	31.44	43.71	56.02	39.53
石墨及碳素制品业	3.56	25.93	28.86	36.98	28.25
矿物纤维及其制品业	2.08	33.41	25.88	26.76	19.22
其他类未包括的非金属矿物制品业	2.34	15.45	14.64	16.88	9.49

企业主要经济指标（4-2）

计量单位：万元

累计折旧	本年折旧	固定资产净值年平均余额	资产总计	流动负债合计	负债合计	所有者权益合计
18.37	2.87	45.13	179.79	103.87	135.14	44.66
11.56	1.69	25.68	133.69	73.65	90.70	43.17
1.31	0.21	2.46	7.05	2.93	4.10	2.95
5.07	0.89	10.47	25.42	6.68	10.85	14.58
104.38	18.40	218.72	511.79	185.59	374.78	137.01
25.54	2.26	49.39	121.50	52.92	88.12	33.38
78.32	16.09	167.87	387.36	130.91	284.49	102.87
0.51	0.05	1.46	2.94	1.76	2.17	0.77
41.96	7.61	97.66	354.51	186.96	265.61	88.89
21.47	4.61	54.43	207.02	99.59	154.92	52.10
2.64	0.57	6.01	20.16	13.73	16.29	3.87
8.93	1.17	16.61	52.98	27.49	37.99	15.00
1.23	0.09	2.60	8.87	3.49	6.33	2.54
0.31	0.02	0.33	1.35	0.84	1.22	0.13
6.23	1.02	14.41	53.07	34.87	39.89	13.18
0.82	0.06	1.93	7.03	4.73	5.67	1.35
0.35	0.07	1.35	4.02	2.21	3.30	0.72
34.41	4.17	70.79	198.88	92.08	148.81	50.08
12.20	1.85	27.10	78.17	34.30	58.78	19.38
7.63	0.77	12.78	42.06	21.70	33.34	8.72
3.14	0.33	8.03	18.26	9.71	16.30	1.96
7.20	0.75	9.99	30.11	12.28	18.51	11.60
0.71	0.09	2.20	4.94	2.80	4.34	0.61
0.40	0.03	1.18	3.98	2.81	3.74	0.24
0.25	0.01	0.77	1.77	0.76	1.90	-0.13
0.34	0.06	0.70	2.08	0.82	1.19	0.88
2.53	0.27	8.03	17.52	6.90	10.70	6.82
265.31	42.16	702.55	1679.51	677.36	1108.36	571.54
133.53	22.60	340.44	769.67	278.10	500.49	269.17
13.33	2.01	37.81	89.10	46.70	53.56	35.93
11.27	1.46	46.05	89.15	33.58	53.13	36.03
37.81	6.36	108.08	288.68	124.69	192.45	96.24
28.94	4.22	79.58	198.76	88.35	150.13	48.63
17.51	1.87	35.34	80.73	41.22	60.09	20.64
11.65	1.61	25.37	58.40	26.20	41.10	17.31
6.33	1.11	18.91	71.93	22.24	33.89	38.04
4.92	0.90	10.97	33.09	16.27	23.52	9.57

行业	产品销售收入	产品销售成本	产品销售费用	产品销售税金及附加	产品销售利润
化学药品制剂制造业	111.21	80.37	9.48	0.71	20.65
中药材及中成药加工业	83.65	53.61	8.94	0.59	20.50
动物药品制造业	5.06	3.86	0.28	0.01	0.90
生物制品业	10.83	6.73	0.24	0.08	3.78
化学纤维制造业	219.10	191.24	2.11	1.02	23.35
纤维素纤维制造业	57.63	50.09	0.51	0.34	6.68
合成纤维制造业	160.34	140.13	1.55	0.66	16.62
渔具及渔具材料制造业	1.13	1.02	0.04	0.01	0.05
橡胶制品业	223.12	180.55	4.59	10.78	27.12
轮胎制造业	130.73	104.66	2.71	10.16	13.11
力车胎制造业	11.46	9.97	0.23	0.21	1.05
橡胶板、管、带制造业	28.54	22.35	0.81	0.21	5.17
橡胶零件制品业	2.75	2.22	0.05	0.02	0.47
再生橡胶制造业	0.41	0.35	0.01	0.00	0.04
橡胶靴鞋制造业	43.39	36.37	0.68	0.15	6.20
日用橡胶制品业	4.02	3.16	0.06	0.01	0.78
其他橡胶制品业	1.82	1.47	0.05	0.01	0.30
塑料制品业	86.97	71.43	1.94	0.28	13.30
塑料薄膜制造业	37.40	31.19	0.68	0.12	5.41
塑料板、管、棒材制造业	14.27	11.33	0.28	0.03	2.62
塑料丝、绳及编织品制造业	6.80	5.73	0.34	0.02	0.70
泡沫塑料及人造革、合成革制造业	14.93	12.29	0.29	0.04	2.32
塑料包装箱及容器制造业	1.74	1.39	0.06	0.01	0.29
塑料鞋制造业	1.72	1.50	0.03	0.01	0.19
日用塑料杂品制造业	0.24	0.22	0.01	0.00	0.01
塑料零件制造业	0.76	0.54	0.03	0.01	0.18
其他塑料制品业	9.10	7.24	0.23	0.05	1.59
非金属矿物制品业	618.88	480.54	35.31	4.78	97.59
水泥制造业	300.60	224.58	25.55	2.35	47.53
水泥制品和石棉水泥制品业	45.52	37.40	0.95	0.36	6.83
砖瓦、石灰和轻质建筑材料制造业	26.64	21.36	0.68	0.57	3.98
玻璃及玻璃制品业	104.04	85.19	2.83	0.63	15.37
陶瓷制品业	59.85	45.36	2.93	0.43	11.12
耐火材料制品业	22.93	18.15	1.01	0.16	3.61
石墨及碳素制品业	21.93	17.44	0.35	0.13	4.01
矿物纤维及其制品业	26.75	22.71	0.58	0.09	3.34
其他类未包括的非金属矿物制品业	10.63	8.34	0.45	0.05	1.79

企业主要经济指标（4-3）

计量单位：万元

管理费用	利息支出	营业利润	利润总额	亏损企业亏损总额	利税总额	本年应交增值税
13.12	7.28	0.85	2.89	1.40	9.04	5.43
9.72	4.85	6.30	6.75	0.99	11.95	4.61
0.69	0.26	-0.02	0.11	0.07	0.28	0.16
2.35	0.71	0.79	0.75	0.04	1.50	0.67
18.44	13.85	-6.58	-4.65	9.16	5.76	9.39
4.71	4.12	-2.18	-2.04	3.37	1.04	2.73
13.54	9.68	-4.13	-2.56	5.73	4.72	6.62
0.18	0.05	-0.27	-0.05	0.06	0.00	0.04
18.22	11.15	-0.67	0.55	4.39	20.84	9.51
7.75	5.51	0.49	1.08	1.72	17.14	5.90
1.23	0.94	-0.86	-0.94	1.00	-0.32	0.40
3.59	2.02	-0.30	-0.07	0.56	1.62	1.48
0.51	0.17	-0.19	-0.10	0.12	0.08	0.16
0.07	0.04	-0.06	-0.05	0.05	-0.04	0.01
4.27	1.98	0.43	0.85	0.72	2.32	1.33
0.59	0.29	-0.05	-0.05	0.06	0.11	0.16
0.21	0.21	-0.14	-0.15	0.16	-0.07	0.07
10.10	6.56	-2.16	-0.64	2.81	2.01	2.37
3.50	2.63	-0.07	0.58	0.59	1.46	0.77
2.63	1.08	-0.85	-0.61	0.83	-0.22	0.35
0.65	0.68	-0.57	-0.27	0.40	0.00	0.24
1.34	0.99	0.08	0.18	0.25	0.61	0.40
0.33	0.38	-0.39	-0.38	0.40	-0.27	0.09
0.21	0.12	-0.13	-0.11	0.11	-0.07	0.03
0.04	0.02	-0.06	-0.06	0.06	-0.05	0.01
0.15	0.07	-0.03	-0.01	0.03	0.05	0.05
1.25	0.59	-0.14	0.03	0.15	0.49	0.42
85.23	42.36	-23.54	-16.85	35.42	27.07	39.14
37.15	21.38	-9.10	-5.75	15.64	17.76	21.15
7.02	1.56	-0.84	-0.42	1.68	2.09	2.16
3.94	1.46	-1.01	-0.13	1.65	1.76	1.31
15.10	6.78	-5.05	-3.79	6.40	2.96	6.12
8.91	5.53	-3.14	-3.41	4.78	1.08	4.06
5.17	2.46	-3.68	-3.31	3.55	-1.58	1.57
3.30	2.28	-0.72	-0.60	0.79	0.78	1.26
3.10	0.07	0.45	0.82	0.50	1.96	1.05
1.55	0.84	-0.44	-0.27	0.43	0.26	0.47

行　业	企业单位数（个）	亏损企业	工业总产值		工业增加值（生产法）
			当年价格	1990年不变价格	
黑色金属冶炼及压延加工业	309	138	2544.58	1492.19	582.52
炼铁业	66	29	193.71	105.21	36.66
炼钢业	72	29	1230.22	689.49	297.16
钢压延加工业	132	63	1059.82	652.72	236.93
铁合金冶炼业	39	17	60.83	44.76	11.77
有色金属冶炼及压延加工业	225	98	680.57	492.36	110.73
重有色金属冶炼业	54	22	307.28	209.49	51.94
轻有色金属冶炼业	50	17	236.16	167.51	38.05
贵金属冶炼业	9	3	8.91	4.58	2.67
稀有稀土金属冶炼业	21	10	15.83	19.45	2.46
有色金属合金业	5	2	12.43	8.50	3.38
有色金属压延加工业	86	44	99.97	82.82	12.22
金属制品业	303	141	144.78	119.03	32.71
金属结构制造业	21	7	11.61	8.34	2.26
铸铁管制造业	8	5	2.90	1.92	0.47
工具制造业	81	36	27.84	24.75	8.80
集装箱和金属包装物品制造业	22	10	8.18	7.47	1.75
金属丝绳及其制品业	38	17	30.47	20.00	5.49
建筑用金属制品业	24	15	4.40	4.15	0.77
金属表面处理及热处理业	3	0	1.03	1.14	0.11
日用金属制品业	86	41	32.38	29.96	5.02
其他金属制品业	20	10	25.97	21.29	8.04
普通机械制造业	1166	431	792.24	719.70	174.21
锅炉及原动机制造业	256	97	288.95	256.66	58.38
金属加工机械制造业	221	89	94.67	87.73	25.25
通用设备制造业	274	87	205.61	194.94	47.20
轴承、阀门制造业	167	58	97.52	89.01	18.96
其他通用零部件制造业	149	48	64.40	63.16	16.12
铸锻件制造业	53	30	28.08	17.30	5.37
普通机械修理业	3	1	0.33	0.30	0.16
其他普通机械制造业	43	21	12.67	10.60	2.76
专用设备制造业	959	387	713.70	614.74	146.34
冶金、矿山、机电工业专用设备制造业	155	79	139.06	121.23	32.57
石化及其他工业专用设备制造业	177	65	93.44	85.61	20.33
轻纺工业专用设备制造业	235	91	87.25	84.98	22.73
农、林、牧、渔、水利业机械制造业	207	78	289.31	231.38	45.89
医疗器械制造业	36	14	11.99	11.56	3.22

企业主要经济指标（5-1）

计量单位：万元

工业销售产值（当年价格）	全部职工（从业人员）年平均人数（人）	资本金合计	国家资本金	外商资本金	流动资产合计	存货
2536.91	238.80	1374.27	1291.34	7.70	2039.11	795.10
188.48	26.30	54.14	51.98	0.67	162.47	55.51
1231.49	121.70	543.36	485.44	3.39	1009.02	385.20
1058.21	82.50	757.97	736.02	3.24	807.16	334.92
58.74	8.30	18.80	17.90	0.41	60.46	19.47
665.13	71.40	261.99	232.35	3.02	487.19	221.24
299.52	32.10	118.72	105.08	1.16	200.79	105.37
231.47	19.50	95.20	82.56	0.96	168.95	64.85
8.71	1.30	1.80	1.80	0.00	3.39	1.87
15.83	2.80	5.32	4.56	0.39	13.64	5.54
11.83	1.60	3.80	3.71	0.02	7.76	5.07
97.77	14.10	37.15	34.64	0.49	92.66	38.53
140.19	32.10	57.80	50.31	0.73	169.11	62.92
10.91	1.80	5.75	4.74	0.02	15.85	7.27
2.60	0.60	0.75	0.65	0.02	5.14	1.51
26.66	9.10	11.73	9.78	0.35	42.70	18.24
7.91	1.90	3.87	3.17	0.00	7.45	2.65
29.91	5.40	8.42	7.98	0.12	36.50	12.03
4.24	1.90	3.50	2.80	0.05	6.85	2.49
1.02	0.10	0.17	0.12	0.00	0.26	0.10
31.25	8.20	13.14	10.63	0.14	33.36	12.08
25.69	3.20	10.47	10.43	0.03	21.00	6.56
768.73	176.40	333.49	284.60	20.07	952.21	409.09
279.51	45.30	101.10	77.78	11.51	283.27	113.48
90.27	34.00	53.46	51.27	0.25	152.98	80.85
202.82	42.80	85.24	68.21	6.74	266.21	112.53
94.44	25.70	40.61	37.12	1.22	125.13	52.67
62.51	16.60	25.97	24.58	0.28	70.98	30.72
26.91	7.20	14.70	14.03	0.06	31.36	11.54
0.33	0.10	0.33	0.33	0.00	0.76	0.33
11.96	4.80	12.08	11.28	0.01	21.52	6.96
690.97	151.20	278.83	252.47	1.27	735.02	332.28
133.27	42.30	72.46	66.83	0.06	203.30	88.43
88.67	24.00	58.86	56.84	0.05	126.47	59.07
83.29	24.80	44.38	39.21	0.68	107.56	51.45
283.48	34.50	59.70	49.97	0.20	166.89	73.86
11.80	2.50	3.96	3.57	0.09	15.33	5.72

行　　业	产成品	流动资产年平均余额	固定资产合计	固定资产原价合计	生产经营用
黑色金属冶炼及压延加工业	162.69	2002.93	3431.41	3794.09	3097.42
炼铁业	19.63	168.11	179.90	204.77	176.55
炼钢业	79.00	982.03	1488.73	1705.35	1299.11
钢压延加工业	56.94	794.21	1710.93	1820.45	1582.80
铁合金冶炼业	7.13	58.57	51.85	63.51	38.96
有色金属冶炼及压延加工业	54.61	458.96	701.24	840.08	632.50
重有色金属冶炼业	21.27	186.48	249.18	316.69	228.99
轻有色金属冶炼业	19.46	157.88	304.56	353.97	281.15
贵金属冶炼业	0.25	3.41	8.02	9.79	8.18
稀有稀土金属冶炼业	2.57	13.09	16.15	19.20	14.48
有色金属合金业	1.94	8.22	7.71	10.23	7.54
有色金属压延加工业	9.12	89.90	115.61	130.19	92.16
金属制品业	29.58	161.96	131.00	159.26	119.03
金属结构制造业	2.97	14.98	9.18	12.07	7.28
铸铁管制造业	0.89	4.11	2.70	2.19	1.79
工具制造业	9.41	41.63	31.40	42.39	31.93
集装箱和金属包装物品制造业	1.17	5.60	6.88	7.99	5.42
金属丝绳及其制品业	6.15	35.98	30.73	33.92	26.54
建筑用金属制品业	1.39	6.67	6.11	8.01	6.01
金属表面处理及热处理业	0.04	0.27	0.40	0.55	0.50
日用金属制品业	5.26	31.47	28.27	33.54	24.71
其他金属制品业	2.31	21.25	15.33	18.60	14.85
普通机械制造业	149.21	922.89	777.43	966.95	695.84
锅炉及原动机制造业	38.91	273.77	222.44	269.71	201.64
金属加工机械制造业	28.75	151.75	143.59	184.07	137.20
通用设备制造业	36.05	259.90	179.52	228.51	157.29
轴承、阀门制造业	24.85	116.21	82.34	109.76	76.58
其他通用零部件制造业	13.32	69.45	72.49	87.94	66.03
铸锻件制造业	4.69	31.16	47.88	52.77	39.57
普通机械修理业	0.05	0.50	0.91	1.06	0.56
其他普通机械制造业	2.60	20.15	28.25	33.12	16.98
专用设备制造业	116.67	728.09	613.72	784.71	538.84
冶金、矿山、机电工业专用设备制造业	29.49	224.56	167.28	236.27	159.30
石化及其他工业专用设备制造业	21.50	122.66	114.22	148.70	101.90
轻纺工业专用设备制造业	17.85	103.14	101.45	115.69	78.51
农、林、牧、渔、水利业机械制造业	25.20	152.04	128.36	161.53	117.27
医疗器械制造业	2.08	14.25	11.52	12.41	8.84

企业主要经济指标（5-2）

计量单位：万元

累计折旧	本年折旧	固定资产净值年平均余额	资产总计	流动负债合计	负债合计	所有者权益合计
1424.16	198.05	2189.34	5734.76	2276.95	3195.75	2539.01
59.12	9.21	113.40	358.53	199.69	241.95	116.58
640.70	85.42	949.58	2603.10	1105.83	1506.24	1096.86
706.80	101.47	1084.50	2656.40	896.90	1359.63	1296.77
17.54	1.94	41.86	116.73	74.53	87.93	28.80
232.23	32.52	554.92	1280.96	528.89	885.36	395.55
97.07	11.12	189.44	470.43	216.97	307.92	162.51
83.46	15.96	256.93	512.99	164.39	343.46	169.53
2.26	0.48	7.26	12.53	5.72	9.78	2.75
6.09	0.74	12.47	32.38	18.97	24.64	7.73
3.91	0.67	5.53	16.83	7.49	10.35	6.48
39.44	3.55	83.29	235.80	115.36	189.21	46.55
49.59	6.28	100.32	326.98	180.79	246.33	80.65
3.30	0.47	7.04	25.84	15.02	16.50	9.33
0.74	0.11	1.28	8.35	5.37	7.36	0.99
16.48	1.69	25.22	79.12	41.65	60.17	18.95
2.22	0.25	5.42	17.02	9.96	14.40	2.61
8.77	1.23	22.05	71.55	41.28	58.50	13.05
2.42	0.26	5.21	13.58	7.89	9.70	3.88
0.18	0.03	0.41	0.69	0.29	0.46	0.23
8.96	1.23	22.46	69.28	41.77	55.35	13.94
6.53	1.01	11.24	41.56	17.56	23.87	17.68
304.40	37.47	595.20	1845.94	962.96	1286.32	559.62
81.04	11.39	168.61	543.29	279.59	373.45	169.84
65.28	6.11	107.23	313.55	160.98	222.93	90.62
74.47	9.22	140.82	477.00	263.48	329.58	147.42
35.43	4.87	67.53	221.50	125.73	160.68	60.82
27.51	3.24	50.33	150.98	69.71	106.55	44.43
12.45	1.83	36.47	85.07	39.49	60.53	24.54
0.25	0.04	0.59	1.78	0.89	0.93	0.85
7.98	0.78	23.61	52.76	23.08	31.67	21.10
266.47	26.93	474.95	1431.39	775.63	996.41	441.98
89.29	7.77	131.08	384.77	221.24	273.24	111.53
46.87	5.47	94.42	261.12	128.77	166.68	94.44
38.01	4.08	73.07	223.98	110.05	155.80	68.18
53.80	5.10	100.78	310.78	186.73	224.84	85.94
3.73	0.69	8.16	29.55	13.87	21.48	8.07

行　业	产品销售收入	产品销售成本	产品销售费用	产品销售税金及附加	产品销售利润
黑色金属冶炼及压延加工业	2547.45	2189.84	22.29	16.28	319.02
炼铁业	175.18	160.28	1.83	0.87	12.19
炼钢业	1250.63	1058.50	10.57	7.65	173.91
钢压延加工业	1064.85	921.72	8.47	7.55	127.12
铁合金冶炼业	56.78	49.34	1.42	0.21	5.81
有色金属冶炼及压延加工业	634.36	542.02	6.23	2.63	83.48
重有色金属冶炼业	291.81	247.66	2.28	1.23	40.64
轻有色金属冶炼业	218.00	187.86	2.28	0.92	26.94
贵金属冶炼业	8.03	5.98	0.04	0.03	1.98
稀有稀土金属冶炼业	14.69	11.66	0.25	0.07	2.70
有色金属合金业	11.56	9.10	0.18	0.08	2.19
有色金属压延加工业	90.28	79.76	1.20	0.30	9.02
金属制品业	140.77	112.58	4.22	0.70	23.26
金属结构制造业	12.28	9.90	0.49	0.09	1.81
铸铁管制造业	2.53	2.25	0.04	0.01	0.24
工具制造业	25.23	17.81	1.25	0.15	6.02
集装箱和金属包装物品制造业	5.31	4.45	0.26	0.02	0.58
金属丝绳及其制品业	30.82	26.44	0.41	0.10	3.87
建筑用金属制品业	4.06	3.33	0.19	0.01	0.53
金属表面处理及热处理业	0.89	0.78	0.03	0.00	0.08
日用金属制品业	32.03	27.05	0.97	0.13	3.87
其他金属制品业	27.62	20.57	0.60	0.19	6.26
普通机械制造业	762.29	580.40	21.66	4.03	155.28
锅炉及原动机制造业	276.93	215.53	6.93	1.28	52.69
金属加工机械制造业	86.63	64.63	2.23	0.52	19.25
通用设备制造业	206.05	154.03	7.15	1.12	43.75
轴承、阀门制造业	93.19	70.14	3.16	0.54	19.07
其他通用零部件制造业	61.15	44.56	1.52	0.35	14.71
铸锻件制造业	26.30	21.99	0.28	0.12	3.91
普通机械修理业	0.32	0.18	0.00	0.00	0.13
其他普通机械制造业	11.73	9.34	0.39	0.10	1.76
专用设备制造业	680.45	540.31	18.82	2.73	118.18
冶金、矿山、机电工业专用设备制造业	132.34	105.12	2.39	0.76	24.06
石化及其他工业专用设备制造业	92.22	68.68	2.20	0.54	20.80
轻纺工业专用设备制造业	81.23	60.43	2.28	0.44	17.97
农、林、牧、渔、水利业机械制造业	269.65	224.79	8.57	0.47	35.58
医疗器械制造业	12.06	8.48	0.71	0.09	2.78

企业主要经济指标（5-3）

计量单位：万元

管理费用	利息支出	营业利润	利润总额	亏损企业亏损总额	利税总额	本年应交增值税
181.70	121.23	36.86	53.14	33.33	212.06	142.64
12.51	7.99	-6.68	-2.54	4.48	6.91	8.59
98.63	63.03	19.24	23.70	13.23	105.01	73.66
66.22	45.76	26.87	34.19	12.83	99.53	57.78
4.35	4.45	-2.57	-2.21	2.79	0.62	2.62
56.47	42.50	-11.39	-4.38	17.60	28.15	29.90
25.73	15.15	0.36	3.83	1.69	19.17	14.11
16.87	15.89	-3.97	-2.93	7.90	8.53	10.54
1.21	0.55	0.21	0.56	0.11	0.69	0.11
2.01	1.30	-0.37	0.12	0.35	1.10	0.90
1.34	0.63	0.16	0.18	0.16	1.03	0.77
9.30	8.98	-7.77	-6.15	7.39	-2.37	3.47
20.34	8.82	-4.26	-2.39	8.12	4.32	6.01
1.72	0.58	-0.35	-0.32	0.65	0.26	0.49
0.25	0.13	-0.10	-0.17	0.17	-0.09	0.08
5.38	2.36	-1.42	-0.81	1.57	0.80	1.45
1.00	0.53	-1.05	-0.92	1.01	-0.73	0.17
3.33	1.76	-1.02	-0.79	0.94	0.38	1.07
0.95	0.41	-0.69	-0.37	0.46	-0.18	0.17
0.08	0.03	0.01	0.02	0.00	0.04	0.01
4.66	2.71	-2.70	-2.00	2.49	-0.66	1.22
2.96	0.31	3.06	2.96	0.83	4.51	1.35
124.67	57.39	-19.41	-6.95	31.55	35.59	38.51
37.18	16.51	0.21	3.30	8.19	16.08	11.50
19.53	9.29	-8.31	-5.02	6.86	0.65	5.15
34.35	14.74	-3.08	0.51	5.55	12.69	11.06
14.49	8.16	-2.54	-0.89	3.45	5.04	5.39
11.18	5.36	-1.01	-0.43	2.15	3.58	3.66
4.98	2.28	-2.78	-2.76	3.38	-1.34	1.30
0.11	0.01	0.01	0.02	0.03	0.02	0.00
2.84	1.04	-1.90	-1.68	1.93	-1.13	0.45
100.56	46.29	-21.53	-12.57	28.54	14.64	24.48
23.87	13.17	-11.44	-8.28	9.40	-0.29	7.23
17.48	8.36	-3.93	-2.31	4.75	2.51	4.28
17.16	6.44	-4.05	-2.13	4.99	2.55	4.24
24.13	11.04	1.73	2.34	4.60	6.88	4.07
2.43	1.00	-0.40	0.01	0.69	0.83	0.73

行业	企业单位数（个）	亏损企业	工业总产值 当年价格	工业总产值 1990年不变价格	工业增加值（生产法）
其他专用设备制造业	128	53	84.66	72.93	19.28
专用机械设备修理业	21	7	7.98	7.04	2.32
交通运输设备制造业	812	336	1669.50	1481.47	329.45
铁路运输设备制造业	45	19	161.90	103.71	29.95
汽车制造业	418	179	911.45	838.23	162.87
摩托车制造业	31	15	36.75	39.20	8.37
自行车制造业	48	28	43.14	37.72	4.44
船舶制造业	85	31	182.79	153.13	35.03
航空航天器制造业	101	36	236.47	234.85	59.91
交通运输设备修理业	84	28	97.00	74.64	28.86
电气机械及器材制造业	575	199	482.18	470.47	101.47
电机制造业	131	40	102.53	93.64	25.10
输配电及控制设备制造业	143	42	107.99	101.45	24.37
电工器材制造业	162	47	175.94	173.42	30.54
日用电器制造业	58	27	65.16	72.47	14.82
照明器具制造业	64	29	26.11	25.41	5.81
其他电气机械制造业	17	14	4.46	4.08	0.82
电子及通信设备制造业	480	190	597.26	869.72	140.99
通信设备制造业	86	29	139.02	181.58	26.60
雷达制造业	26	12	28.40	35.59	8.76
广播电视设备制造业	13	6	3.32	3.89	0.75
电子计算机制造业	34	8	52.62	126.41	9.70
电子器件制造业	92	38	113.66	143.37	41.86
电子元件制造业	137	49	57.20	90.14	13.06
日用电子器具制造业	78	44	199.77	284.23	39.08
其他电子设备制造业	14	4	3.27	4.50	1.19
仪器仪表及文化、办公用机械制造业	271	121	106.60	115.63	27.02
通用仪器仪表制造业	105	41	50.64	52.53	12.59
专用仪器仪表制造业	44	21	18.30	19.53	4.27
电子测量仪器制造业	23	12	4.63	5.16	0.83
计量器具制造业	24	5	5.12	5.31	1.53
文化、办公用机械制造业	22	10	12.07	14.75	3.50
钟表制造业	48	29	14.98	17.57	4.08
其他仪器仪表制造业	5	3	0.87	0.78	0.22
其他制造业	46	21	20.69	20.25	5.02
工艺美术品制造业	36	17	15.53	16.18	3.29
日用杂品制造业	3	2	0.40	0.41	0.23
其他生产、生活用品制造业	7	2	4.76	3.66	1.51

企业主要经济指标（6-1）

计量单位：万元

工业销售产值（当年价格）	全部职工（从业人员）年平均人数（人）	资本金合计	国家资本金	外商资本金	流动资产合计	存货
83.40	19.20	34.25	30.84	0.19	107.39	49.78
7.08	3.80	5.22	5.21	0.00	8.09	3.97
1629.88	218.10	566.41	508.15	29.27	1523.19	640.32
158.72	21.30	77.64	77.45	0.00	102.99	49.21
887.08	82.10	255.64	226.70	13.67	744.13	291.81
35.10	4.30	12.71	8.06	3.21	34.35	10.97
42.17	8.60	14.74	13.82	0.35	46.94	13.16
181.69	19.90	43.71	43.44	0.06	248.52	116.72
229.67	61.80	98.00	75.94	11.96	268.93	121.78
95.44	20.00	63.96	62.73	0.01	77.32	36.67
468.94	76.10	146.46	126.01	2.88	497.33	197.99
99.93	21.40	35.72	29.08	0.02	143.36	61.47
104.29	18.00	33.45	30.96	0.41	126.22	49.96
172.59	19.20	50.14	45.21	0.33	129.79	49.69
62.49	6.00	14.82	10.45	1.83	65.74	24.50
25.17	9.30	9.37	7.61	0.28	24.63	9.01
4.48	2.20	2.96	2.70	0.00	7.59	3.34
578.13	66.00	157.26	137.78	5.95	636.51	232.37
133.91	13.70	43.03	37.54	1.25	152.95	59.70
27.07	7.50	11.25	10.18	0.04	43.21	22.85
2.89	1.70	2.62	2.62	0.00	11.34	3.83
49.63	4.20	9.87	8.30	0.56	41.82	14.02
108.96	12.40	37.13	33.98	1.53	88.62	35.95
54.05	14.80	24.17	19.47	1.02	65.90	23.51
198.51	10.70	26.45	24.08	1.44	227.74	71.18
3.10	1.00	2.75	1.59	0.11	4.93	1.33
102.80	36.10	64.78	53.19	1.41	154.39	64.84
49.16	15.70	27.31	24.24	0.04	66.10	26.66
17.79	5.50	12.93	11.23	1.12	26.73	11.79
4.16	2.10	2.56	2.43	0.01	7.49	3.21
5.06	1.90	2.11	2.10	0.00	8.13	3.38
11.21	2.50	6.01	3.07	0.13	16.29	6.69
14.64	7.80	12.77	9.06	0.11	28.52	12.59
0.78	0.50	1.09	1.08	0.00	1.13	0.51
19.66	3.40	5.83	4.97	0.11	18.09	8.21
14.70	2.60	5.10	4.25	0.11	13.87	6.51
0.44	0.20	0.13	0.13	0.00	0.71	0.18
4.52	0.50	0.60	0.59	0.00	3.50	1.52

行　业	产成品	流动资产年平均余额	固定资产合计	固定资产原价合计	生产经营用
其他专用设备制造业	18.88	103.58	81.40	97.42	66.36
专用机械设备修理业	1.68	7.86	9.49	12.70	6.66
交通运输设备制造业	146.74	1420.38	1199.04	1401.12	984.25
铁路运输设备制造业	9.56	98.14	101.39	137.09	87.43
汽车制造业	92.38	704.68	601.92	647.28	459.52
摩托车制造业	3.90	32.12	24.23	25.27	18.01
自行车制造业	4.61	44.99	33.33	39.56	28.79
船舶制造业	4.18	221.60	111.14	140.77	111.93
航空航天器制造业	27.50	246.04	216.64	268.91	195.15
交通运输设备修理业	4.61	72.80	110.39	142.24	83.42
电气机械及器材制造业	81.71	484.26	341.86	414.30	300.90
电机制造业	24.09	142.17	87.71	110.85	75.95
输配电及控制设备制造业	19.89	122.57	81.76	103.54	73.55
电工器材制造业	22.89	124.63	101.03	121.93	90.18
日用电器制造业	9.05	63.97	41.55	44.33	36.63
照明器具制造业	4.66	23.42	24.31	26.04	19.53
其他电气机械制造业	1.12	7.51	5.49	7.62	5.06
电子及通信设备制造业	92.48	592.56	365.17	444.89	356.41
通信设备制造业	18.93	139.73	61.30	75.06	55.10
雷达制造业	6.64	43.83	24.69	32.91	25.39
广播电视设备制造业	1.49	10.66	6.16	8.04	6.11
电子计算机制造业	4.43	38.50	25.94	28.40	19.52
电子器件制造业	12.03	83.30	119.50	143.27	125.57
电子元件制造业	10.01	61.38	62.17	79.11	62.71
日用电子器具制造业	38.23	210.46	59.55	71.74	57.21
其他电子设备制造业	0.72	4.70	5.86	6.35	4.80
仪器仪表及文化、办公用机械制造业	25.11	151.83	126.93	168.96	119.84
通用仪器仪表制造业	9.10	64.53	59.50	77.61	53.05
专用仪器仪表制造业	3.77	25.80	23.66	30.13	20.35
电子测量仪器制造业	1.41	7.19	5.79	6.58	5.17
计量器具制造业	1.86	7.49	6.44	7.76	5.65
文化、办公用机械制造业	2.74	15.96	8.98	12.74	10.04
钟表制造业	5.98	29.32	20.85	31.66	23.75
其他仪器仪表制造业	0.26	1.53	1.70	2.47	1.83
其他制造业	3.91	18.22	14.58	17.46	12.31
工艺美术品制造业	3.11	14.16	10.21	12.32	8.64
日用杂品制造业	0.08	0.74	0.45	0.65	0.35
其他生产、生活用品制造业	0.72	3.32	3.92	4.49	3.32

企业主要经济指标（6-2）

计量单位：万元

累计折旧	本年折旧	固定资产净值年平均余额	资产总计	流动负债合计	负债合计	所有者权益合计
30.58	3.44	58.85	203.01	108.15	145.52	64.49
4.20	0.37	8.58	18.18	6.83	8.85	9.33
413.56	53.32	862.91	2972.46	1515.04	1989.10	983.36
40.34	4.86	91.31	211.70	93.98	101.93	109.77
183.93	27.37	400.76	1516.69	759.69	1046.82	469.87
4.61	1.03	17.60	69.15	28.53	38.15	31.00
11.60	1.11	33.37	88.02	60.11	73.40	14.63
46.81	5.46	88.10	371.60	247.27	297.13	74.47
86.45	10.21	138.86	522.33	254.76	341.50	180.84
39.81	3.28	92.92	192.96	70.70	90.17	102.79
127.92	16.89	277.02	916.09	504.87	652.16	263.93
37.49	4.38	80.69	254.53	135.45	166.33	88.20
32.81	4.19	58.29	219.49	121.51	154.54	64.95
36.12	5.30	84.05	250.10	138.59	181.36	68.74
10.81	2.01	31.97	123.70	73.29	98.74	24.96
7.66	0.79	17.61	54.58	27.96	41.50	13.08
3.02	0.21	4.40	13.69	8.07	9.70	4.00
141.02	23.11	269.96	1129.61	604.76	851.68	277.93
25.71	4.55	42.58	244.45	123.48	160.07	84.38
11.42	0.95	18.57	78.59	48.75	64.03	14.57
2.49	0.38	5.44	19.89	13.84	17.17	2.72
8.23	0.86	17.79	76.41	42.64	60.61	15.80
43.57	8.55	83.47	233.83	88.43	181.83	52.01
26.07	3.59	51.45	150.60	72.84	122.98	27.62
22.48	4.06	45.59	312.58	208.92	235.80	76.78
1.05	0.17	5.07	13.27	5.87	9.21	4.06
56.97	5.71	106.18	308.31	166.29	231.86	76.44
23.23	2.46	49.27	137.59	66.54	93.64	43.95
9.20	1.02	19.84	55.28	29.42	42.95	12.33
2.51	0.25	5.59	14.42	8.48	12.49	1.92
2.30	0.24	4.98	15.30	7.86	11.31	3.99
5.08	0.43	7.34	28.74	17.82	22.79	5.95
13.74	1.22	17.87	54.04	34.82	46.64	7.40
0.91	0.08	1.28	2.93	1.35	2.04	0.90
4.21	0.73	11.38	36.51	19.38	29.23	7.28
3.25	0.45	7.52	27.17	14.94	21.59	5.58
0.21	0.01	0.35	1.43	1.30	1.84	-0.41
0.76	0.26	3.51	7.91	3.14	5.80	2.11

行　业	产品销售收　入	产品销售成　本	产品销售费　用	产品销售税金及附加	产品销售利　润
其他专用设备制造业	85.67	67.30	2.41	0.42	15.48
专用机械设备修理业	7.28	5.51	0.25	0.01	1.52
交通运输设备制造业	1611.98	1331.73	29.35	18.61	231.98
铁路运输设备制造业	156.79	131.35	0.65	0.59	24.20
汽车制造业	892.24	744.04	17.11	9.37	121.41
摩托车制造业	38.83	31.35	1.16	2.16	4.17
自行车制造业	44.56	40.11	1.32	0.14	2.99
船舶制造业	156.57	138.48	0.59	0.66	16.83
航空航天器制造业	236.44	178.68	7.58	5.26	44.92
交通运输设备修理业	86.55	67.71	0.93	0.44	17.47
电气机械及器材制造业	463.35	362.35	15.77	2.04	83.03
电机制造业	98.51	72.48	2.63	0.51	22.83
输配电及控制设备制造业	111.36	80.66	4.56	0.59	25.54
电工器材制造业	167.50	141.28	3.91	0.57	21.64
日用电器制造业	57.13	44.47	3.85	0.20	8.60
照明器具制造业	24.51	20.19	0.67	0.14	3.51
其他电气机械制造业	4.34	3.27	0.15	0.02	0.90
电子及通信设备制造业	544.96	432.29	19.59	1.84	90.34
通信设备制造业	145.27	116.08	6.60	0.44	22.15
雷达制造业	25.22	19.57	1.22	0.10	4.34
广播电视设备制造业	2.91	2.28	0.12	0.02	0.49
电子计算机制造业	53.65	46.02	2.57	0.11	4.95
电子器件制造业	84.47	66.06	1.63	0.44	16.30
电子元件制造业	50.99	39.73	1.39	0.24	9.63
日用电子器具制造业	179.53	140.48	5.92	0.48	31.80
其他电子设备制造业	2.92	2.06	0.14	0.02	0.69
仪器仪表及文化、办公用机械制造业	100.49	74.54	3.97	0.50	21.40
通用仪器仪表制造业	49.13	34.92	1.57	0.26	12.30
专用仪器仪表制造业	16.64	12.54	0.63	0.08	3.40
电子测量仪器制造业	4.02	2.82	0.31	0.02	0.88
计量器具制造业	4.67	3.13	0.21	0.03	1.30
文化、办公用机械制造业	11.15	9.13	0.57	0.03	1.42
钟表制造业	14.20	11.54	0.64	0.08	1.94
其他仪器仪表制造业	0.68	0.47	0.05	0.01	0.16
其他制造业	18.61	15.74	0.41	0.16	2.30
工艺美术品制造业	13.81	11.38	0.35	0.15	1.92
日用杂品制造业	0.35	0.33	0.02	0.00	0.01
其他生产、生活用品制造业	4.46	4.03	0.04	0.01	0.38

企业主要经济指标（6-3）

计量单位：万元

管理费用	利息支出	营业利润	利润总额	亏损企业亏损总额	利税总额	本年应交增值税
14.08	6.06	-3.35	-2.21	3.78	2.01	3.81
1.42	0.23	-0.08	0.01	0.33	0.14	0.12
168.60	84.11	-8.89	11.76	35.10	84.27	53.90
19.76	4.37	0.49	0.23	2.21	6.88	6.07
76.59	48.34	2.53	12.03	17.08	55.49	34.09
3.78	1.62	-0.79	1.65	1.47	5.08	1.28
4.53	2.56	-3.76	-2.09	3.12	-0.70	1.25
17.42	7.78	-7.00	-1.64	3.81	0.97	1.94
31.01	16.34	-0.46	1.39	5.51	12.59	5.93
15.52	3.09	0.09	0.20	1.90	3.97	3.34
59.44	32.54	-4.82	-0.43	12.07	22.50	20.89
17.08	8.10	-1.19	-0.15	2.20	5.43	5.08
17.56	8.37	0.92	1.50	2.26	8.32	6.23
14.58	9.58	-1.87	0.30	3.20	6.75	5.88
5.44	4.43	-0.93	-0.47	2.56	1.80	2.06
3.64	1.58	-1.08	-1.08	1.28	0.50	1.44
1.15	0.48	-0.67	-0.53	0.57	-0.30	0.21
54.68	33.48	9.77	18.29	21.63	37.07	16.94
14.60	7.49	2.11	5.46	1.54	10.32	4.43
4.35	3.24	-3.12	-3.43	3.70	-2.92	0.41
1.04	0.24	-0.46	-0.30	0.33	-0.16	0.12
4.26	3.20	-0.37	0.70	0.41	1.92	1.11
10.54	6.45	0.29	0.82	5.14	5.65	4.40
8.28	5.26	-3.24	-1.65	3.10	0.60	2.02
10.98	7.25	14.78	16.81	7.21	21.63	4.34
0.64	0.34	-0.22	-0.11	0.19	0.02	0.11
22.99	11.05	-9.42	-5.79	8.11	-0.88	4.41
11.36	5.01	-2.46	-1.06	2.77	1.30	2.10
3.76	1.86	-1.96	-1.33	1.56	-0.59	0.67
1.38	0.70	-0.63	-0.51	0.55	-0.29	0.21
0.96	0.52	-0.12	-0.03	0.07	0.32	0.32
1.93	0.96	-1.27	-0.74	0.94	-0.38	0.34
3.28	1.85	-2.70	-1.76	1.86	-0.96	0.72
0.31	0.15	-0.29	-0.36	0.36	-0.29	0.06
2.17	1.51	-1.13	-0.70	0.90	0.13	0.67
1.74	1.27	-0.89	-0.53	0.70	0.23	0.61
0.08	0.07	-0.12	-0.13	0.13	-0.13	0.00
0.35	0.17	-0.12	-0.03	0.06	0.04	0.07

行业	企业单位数（个）	亏损企业	工业总产值 当年价格	工业总产值 1990年不变价格	工业增加值（生产法）
电力、蒸汽、热水的生产和供应业	822	112	1676.83	749.18	576.27
电力生产业	366	75	1077.71	475.55	328.75
电力供应业	405	16	571.25	259.58	241.60
蒸汽、热水生产和供应业	51	21	27.88	14.06	5.92
煤气生产和供应业	66	37	57.78	34.46	-16.60
煤气生产业	17	13	22.21	13.30	0.69
煤气供应业	49	24	35.57	21.15	-17.28
自来水的生产和供应业	187	62	139.20	53.94	57.47
自来水生产业	138	44	92.18	40.77	29.98
自来水供应业	49	18	47.02	13.17	27.48

企业主要经济指标（7-1）

计量单位：万元

工业销售产值（当年价格）	全部职工（从业人员）年平均人数（人）	资本金合计	国家资本金	外商资本金	流动资产合计	存货
1670.44	99.20	1489.40	1429.29	2.83	1289.66	106.82
1074.54	46.80	837.67	793.91	2.82	484.13	76.30
567.96	47.50	605.01	591.03	0.00	766.23	26.22
27.93	4.90	46.73	44.34	0.02	39.30	4.30
59.66	10.40	94.51	93.45	0.00	88.95	11.88
23.74	4.40	40.22	40.08	0.00	23.80	5.92
35.92	6.00	54.29	53.37	0.00	65.15	5.96
136.59	18.90	234.11	228.47	0.00	100.66	5.61
90.67	13.90	177.27	171.76	0.00	74.53	4.44
45.91	5.00	56.84	56.71	0.00	26.13	1.17

行　　业	产成品	流动资产年平均余额	固定资产合计	固定资产原价合计	生产经营用
电力、蒸汽、热水的生产和供应业	5.04	1144.22	3766.19	4951.65	4269.68
电力生产业	3.98	427.47	2142.73	2925.42	2531.36
电力供应业	0.55	681.86	1549.41	1932.85	1653.61
蒸汽、热水生产和供应业	0.50	34.89	74.05	93.38	84.72
煤气生产和供应业	2.94	84.92	183.32	213.68	169.65
煤气生产业	1.75	21.97	55.11	65.92	55.83
煤气供应业	1.19	62.96	128.21	147.76	113.81
自来水的生产和供应业	0.11	175.32	448.71	524.98	419.84
自来水生产业	0.07	149.96	350.60	402.78	309.67
自来水供应业	0.05	25.37	98.11	122.20	110.17

企业主要经济指标（7-2）

计量单位：万元

累计折旧	本年折旧	固定资产净值年平均余额	资产总计	流动负债合计	负债合计	所有者权益合计
1474.71	250.66	3212.09	5368.12	1151.76	2807.45	2562.58
887.92	159.71	1939.77	2846.18	449.63	1671.85	1176.23
563.99	86.57	1206.12	2405.97	667.46	1078.99	1326.98
22.79	4.38	66.20	115.97	34.67	56.61	59.36
45.30	9.21	155.84	279.99	74.00	125.73	154.26
13.35	2.63	48.04	80.70	28.34	35.38	45.32
31.94	6.58	107.80	199.29	45.66	90.35	108.94
119.96	22.95	512.71	567.28	85.40	171.74	395.54
90.58	17.41	428.51	439.16	65.47	141.00	298.17
29.37	5.54	84.20	128.11	19.92	30.74	97.37

行　　业	产品销售收　入	产品销售成　本	产品销售费　用	产品销售税金及附加	产品销售利　润
电力、蒸汽、热水的生产和供应业	2527.44	2089.06	31.11	16.53	343.10
电力生产业	1298.12	1142.57	1.46	7.76	138.69
电力供应业	1190.60	909.53	29.52	8.59	202.95
蒸汽、热水生产和供应业	38.71	36.96	0.13	0.17	1.46
煤气生产和供应业	69.00	77.07	4.58	0.25	-12.89
煤气生产业	21.69	23.66	2.08	0.07	-4.12
煤气供应业	47.32	53.41	2.50	0.18	-8.77
自来水的生产和供应业	133.95	102.95	4.36	1.02	25.38
自来水生产业	88.61	78.15	3.45	0.82	5.99
自来水供应业	45.35	24.80	0.91	0.20	19.39

企业主要经济指标（7-3）

计量单位：万元

管理费用	利息支出	营业利润	利润总额	亏损企业亏损总额	利税总额	本年应交增值税
58.32	81.15	215.33	196.26	29.81	425.75	212.97
28.23	69.14	39.80	64.57	26.61	147.41	75.08
26.59	10.97	178.32	131.71	2.33	276.20	135.90
3.49	1.04	-2.79	-0.02	0.87	2.14	1.99
9.98	0.64	-21.21	-4.92	6.14	-2.96	1.71
3.25	0.76	-7.36	-3.63	3.65	-2.81	0.75
6.73	-0.12	-13.86	-1.29	2.49	-0.15	0.97
20.18	2.10	5.33	14.21	5.52	22.66	7.43
15.57	1.83	-9.40	-0.97	4.59	5.60	5.75
4.61	0.27	14.73	15.18	0.93	17.06	1.68

煤炭采选业（一）

销售收入（千元）

序号 企业	销售收入	序号 企业	销售收入
1 兖州矿业（集团）总公司	4974900	42 攀枝花矿务局	549950
2 山西省大同矿务局	4680130	43 平庄矿务局	518790
3 平顶山煤业（集团）有限责任公司	3535270	44 邯郸矿务局	491340
4 淮北矿务局	3070710	45 辽源矿务局	485170
5 开滦矿务局	2951900	46 水城矿务局	473160
6 淮南矿务局	2718150	47 铜川矿务局	465230
7 徐州矿务局	2606600	48 涟邵矿务局	438620
8 新汶矿务局	2480380	49 徐州市天能集团	430000
9 西山矿务局	2315270	50 丰城矿务局	409382
10 阳泉市矿务局	2034400	51 韩城矿务局	409170
11 峰峰矿务局	1899840	52 甘肃省靖远矿务局	393780
12 抚顺矿务局	1825540	53 沈阳矿务局	390610
13 平朔煤炭工业公司	1729898	54 资兴矿务局	374350
14 枣庄矿务局	1638140	55 新光集团公司	372840
15 铁法矿务局	1584060	56 南桐矿务局	370450
16 鹤岗矿务局	1508950	57 宁夏石嘴山矿务局	364390
17 七台河矿务局	1422930	58 扎赉诺尔矿务局	363290
18 阜新矿务局	1387030	59 松藻矿务局	362330
19 潞安矿务局	1311970	60 内蒙古乌达矿务局	356470
20 肥城矿务局	1291920	61 霍林河矿务局	345840
21 晋城矿务局	1262420	62 湖南省白沙矿务局	310990
22 鸡西矿务局	1252020	63 朔州市矿业公司	304965
23 义马矿务局	1149750	64 窑街矿务局	303490
24 河北省邢台矿务局	1126452	65 吉林省白山市通化矿务局	293300
25 大屯煤电公司	1074610	66 新疆哈密矿务局	293030
26 双鸭山矿务局	1072030	67 舒兰矿务局	290740
27 皖北矿务局	973352	68 广旺矿务局	272010
28 汾西矿务局	950370	69 轩岗矿务局	260140
29 焦作矿务局	928080	70 云南省小龙潭煤矿	259326
30 郑州煤炭工业（集团）有限责任公司	916210	71 辉县市吴村煤矿	254040
31 鹤壁矿务局	903950	72 永荣矿务局	244910
32 北京矿务局	784660	73 芙蓉矿务局	231650
33 石炭井矿务局	705580	74 鄂温克族自治旗大雁矿务局	230900
34 淄博矿务局	694260	75 河南神火（集团）有限公司	222842
35 淮南煤电总公司	656213	76 北票矿务局	221010
36 伊克昭盟煤集团公司	626854	77 乌鲁木齐矿务局	207100
37 萍乡矿务局	625026	78 临沂矿务局	202880
38 龙口矿务局	613780	79 合山矿务局	201605
39 盘江矿务局	574410	80 伊敏河华能东电煤电有限责任公司	196880
40 长广煤矿公司	568143	81 河南省新峰矿务局	196543
41 霍州矿务局	567490	82 山东省曲阜市单家村煤矿	194828

83 河南省安阳矿务局	192665	92 平顶山市洗煤厂	160909
84 湖南省株洲洗煤厂	190320	93 山东省三河口生建煤矿	160433
85 达竹矿务局	187000	94 微山县七五生建煤矿	156827
86 南票矿务局	180360	95 六枝矿务局	152420
87 天府矿务局	178440	96 乐平矿务局	151870
88 广东省曲仁矿务局	173456	97 珲春矿务局珲春煤炭工贸企业集团公司	148350
89 唐山汇达企业集团有限公司	171207	98 山东省岱庄生建煤矿	141148
90 阳泉市荫营煤矿	169934	99 井陉矿务局	141070
91 内蒙古自治区海勃湾矿务局	168440	100 蒲白矿务局	140760

煤炭采选业（二）

利税总额（千元）

1 兖州矿业（集团）总公司	803450	33 河南神火（集团）有限公司	95988
2 山西省大同矿务局	724750	34 双鸭山矿务局	81400
3 郑州煤炭工业（集团）有限责任公司	467660	35 石炭井矿务局	76145
4 平朔煤炭工业公司	453472	36 济宁市蔡园生建煤矿	72077
5 平顶山煤业（集团）有限责任公司	436290	37 山东省曲阜市单家村煤矿	71436
6 淮北矿务局	345020	38 邯郸矿务局	71360
7 开滦矿务局	331570	39 云南省小龙潭煤矿	68715
8 淮南矿务局	317590	40 山东省三河口生建煤矿	66519
9 淮南煤电总公司	287628	41 松藻矿务局	64460
10 西山矿务局	242590	42 鹤岗矿务局	59500
11 新汶矿务局	241070	43 微山县七五生建煤矿	59382
12 徐州矿务局	237944	44 淄博矿务局	58560
13 阳泉市矿务局	217960	45 霍州矿务局	58476
14 晋城矿务局	206620	46 盘江矿务局	58200
15 潞安矿务局	203570	47 鸡西矿务局	53830
16 枣庄矿务局	195830	48 攀枝花矿务局	53450
17 峰峰矿务局	189470	49 六枝矿务局	52470
18 汾西矿务局	167990	50 朔州市矿业公司	50161
19 铁法矿务局	151540	51 山东省岱庄生建煤矿	49791
20 河北省邢台矿务局	146087	52 新疆哈密矿务局	49012
21 义马矿务局	143280	53 永荣矿务局	47850
22 伊克昭盟煤集团公司	133064	54 萍乡矿务局	46851
23 抚顺矿务局	130140	55 甘肃省靖远矿务局	45450
24 鹤壁矿务局	126850	56 韩城矿务局	44950
25 大屯煤电公司	126560	57 南桐矿务局	43850
26 焦作矿务局	124150	58 水城矿务局	43400
27 阜新矿务局	117360	59 湖南省白沙矿务局	41010
28 北京矿务局	107220	60 甘肃省华亭县华亭煤矿	40299
29 皖北矿务局	105519	61 乌鲁木齐矿务局	39630
30 七台河矿务局	103740	62 山东省邹城市横河煤矿	38971
31 肥城矿务局	97150	63 达竹矿务局	38660
32 龙口矿务局	96850	64 枣庄市峄城区赵坡煤矿	38003

65 微山欢城煤矿	36306
66 丰城矿务局	35798
67 资兴矿务局	35450
68 鄂温克族自治旗大雁矿务局	32550
69 长广煤矿公司	32204
70 伊敏河华能东电煤电有限责任公司	30875
71 山东省平阴华玫集团	30159
72 霍林河矿务局	29930
73 山东省武所屯生建煤矿	29518
74 宁夏石嘴山矿务局	28560
75 山东省枣庄市泉上煤矿	28145
76 临沂矿务局	27520
77 兖州市杨庄煤矿	26634
78 徐州市天能集团	26130
79 山东省济宁市落陵煤矿	24789
80 鸡西市煤炭公司	23032
81 广旺矿务局	23010
82 内蒙古乌达矿务局	22900
83 阳泉市荫营煤矿	22444
84 登封市新登煤矿	21411
85 平庄矿务局	21040
86 四川绵竹天池企业集团公司	20890
87 新光集团公司	20790
88 郯城县黄山煤矿	20691
89 唐山汇达企业集团有限公司	20616
90 磁县观台煤矿	20120
91 窑街矿务局	19900
92 辉县市吴村煤矿	19601
93 焦作市白庄煤矿	19488
94 合山矿务局	19284
95 山西省晋城市北岩煤矿	18994
96 枣庄市薛城区陶庄镇二一五煤矿	18090
97 章丘市东风煤矿	18077
98 井陉矿务局	17490
99 蔚县煤炭（集团）公司	16834
100 山东省宁阳县保安煤矿	16680

煤炭采选业（三）

资产总计（千元）

1 山西省大同矿务局	12353570
2 兖州矿业（集团）总公司	8229910
3 开滦矿务局	7503770
4 淮北矿务局	6701880
5 鹤岗矿务局	6593080
6 西山矿务局	6397520
7 淮南矿务局	6352510
8 平顶山煤业（集团）有限责任公司	6051160
9 鸡西矿务局	5585440
10 双鸭山矿务局	5266830
11 阳泉市矿务局	5151610
12 铁法矿务局	4690380
13 七台河矿务局	4625840
14 抚顺矿务局	4374790
15 徐州矿务局	4264838
16 平朔煤炭工业公司	4057071
17 峰峰矿务局	3855250
18 潞安矿务局	3667630
19 新汶矿务局	3625430
20 阜新矿务局	3554300
21 枣庄矿务局	3499860
22 淮南煤电总公司	3254887
23 义马矿务局	3223640
24 晋城矿务局	3007600
25 郑州煤炭工业（集团）有限责任公司	2504540
26 焦作矿务局	2405650
27 河北省邢台矿务局	2299357
28 汾西矿务局	2296660
29 铜川矿务局	2165410
30 石炭井矿务局	2136840
31 沈阳矿务局	2109680
32 辽源矿务局	2075930
33 淄博矿务局	1947180
34 皖北矿务局	1922485
35 大屯煤电公司	1900080
36 霍林河矿务局	1897470
37 甘肃省靖远矿务局	1874510
38 北京矿务局	1859260
39 龙口矿务局	1844370
40 霍州矿务局	1834527
41 平庄矿务局	1757890
42 盘江矿务局	1626250
43 鹤壁矿务局	1619290
44 攀枝花矿务局	1569650
45 吉林省白山市通化矿务局	1549500
46 水城矿务局	1516020

47 萍乡矿务局	1489262
48 邯郸矿务局	1406310
49 扎赉诺尔矿务局	1358770
50 肥城矿务局	1358530
51 宁夏石嘴山矿务局	1303960
52 舒兰矿务局	1239060
53 云南省小龙潭煤矿	1228229
54 内蒙古乌达矿务局	1220750
55 涟邵矿务局	1197080
56 松藻矿务局	1160280
57 丰城矿务局	1157104
58 韩城矿务局	1116330
59 内蒙古自治区海勃湾矿务局	1091280
60 鄂温克族自治旗大雁矿务局	1080350
61 珲春矿务局珲春煤炭工贸企业集团公司	1063730
62 新疆哈密矿务局	1058930
63 湖南省白沙矿务局	995310
64 乌鲁木齐矿务局	903010
65 资兴矿务局	858440
66 六枝矿务局	841500
67 长广煤矿公司	840703
68 芙蓉矿务局	809490
69 南桐矿务局	807700
70 北票矿务局	803780
71 窑街矿务局	802070
72 广旺矿务局	782850
73 澄合矿务局	768620
74 井陉矿务局	729100
75 伊克昭盟煤集团公司	722836
76 轩岗矿务局	720510
77 河南神火（集团）有限公司	714933
78 蒲白矿务局	708530
79 南票矿务局	688000
80 天府矿务局	653770
81 永荣矿务局	652580
82 临沂矿务局	583020
83 广东省曲仁矿务局	579664
84 朔州市矿业公司	576888
85 内蒙古自治区包头矿务局	552620
86 伊敏河华能东电煤电有限责任公司	523270
87 达竹矿务局	519770
88 兴隆矿务局	461790
89 鸡西市煤炭公司	457210
90 华蓥山矿务局	450060
91 新光集团公司	430330
92 徐州市天能集团	383290
93 乐平矿务局	383250
94 广东省梅田矿务局	370429
95 阳泉市荫营煤矿	361643
96 合山矿务局	360051
97 山东省三河口生建煤矿	357597
98 河北省邢台煤电总公司	355778
99 山东省曲阜市单家村煤矿	345413
100 林东矿务局	334950

石油和天然气开采业（一）

销售收入（千元）

序号	企业	销售收入
1	大庆石油管理局	43737970
2	胜利石油管理局	21952710
3	辽河石油勘探局	13298430
4	新疆维吾尔自治区石油管理局	13199860
5	华北石油管理局	6320400
6	中国海洋石油南海东部公司	6129454
7	大港油田集团有限责任公司	6001790
8	中原石油勘探局	5500820
9	四川石油管理局	4815330
10	吉林省油田管理局	3678210
11	长庆石油勘探局	3640920
12	新疆塔里木石油勘探开发指挥部	3167380
13	江汉石油管理局	2697390
14	河南石油勘探局	2670620
15	中国海洋石油南海西部公司	2551159
16	玉门石油管理局	2497970
17	吐哈石油勘探指挥部	2307070
18	青海石油管理局	1563379
19	江苏石油勘探局	1138890
20	华北石油管理局二连石油勘探开发公司	935025
21	滇黔桂石油勘探局	852160
22	冀东石油勘探开发公司	601780
23	延长油矿管理局	563309
24	前郭县石油联合开发公司	19510

石油和天然气开采业（二）

利税总额（千元）

序号	企业	利税总额
1	大庆石油管理局	19215340
2	中国海洋石油南海东部公司	3730046
3	胜利石油管理局	3167330
4	辽河石油勘探局	2084180
5	新疆维吾尔自治区石油管理局	1002040
6	中国海洋石油南海西部公司	598408
7	大港油田集团有限责任公司	572830
8	华北石油管理局一	566960
9	新疆塔里木石油勘探开发指挥部	489170
10	长庆石油勘探局	476980
11	四川石油管理局	476310
12	吉林省油田管理局	445290
13	中原石油勘探局	348310
14	河南石油勘探局	299200
15	吐哈石油勘探指挥部	285790
16	延长油矿管理局	139756
17	江汉石油管理局	118330
18	江苏石油勘探局	102460
19	华北石油管理局二连石油勘探开发公司	98630
20	冀东石油勘探开发公司	97520
21	玉门石油管理局	93050
22	滇黔桂石油勘探局	92400
23	前郭县石油联合开发公司	5496
24	青海石油管理局	-1807

石油和天然气开采业（三）

资产总计（千元）

序号	企业	资产总计
1	大庆石油管理局	44209330
2	胜利石油管理局	36653000
3	新疆维吾尔自治区石油管理局	31301510
4	辽河石油勘探局	22146780
5	中原石油勘探局	14336130
6	新疆塔里木石油勘探开发指挥部	14039490
7	华北石油管理局	12877460
8	四川石油管理局	11933280

9 长庆石油勘探局	11427670
10 大港油田集团有限责任公司	11203030
11 吉林省油田管理局	11145180
12 吐哈石油勘探指挥部	9673510
13 中国海洋石油南海西部公司	8720010
14 中国海洋石油南海东部公司	7134966
15 江汉石油管理局	5957180
16 青海石油管理局	5288023
17 河南石油勘探局	4924860
18 华北石油管理局二连石油勘探开发公司	3109812
19 江苏石油勘探局	3097900
20 玉门石油管理局	2562980
21 冀东石油勘探开发公司	1977350
22 滇黔桂石油勘探局	1776310
23 延长油矿管理局	1579032
24 前郭县石油联合开发公司	64933

黑色金属矿采选业（一）

销售收入（千元）

序号	企业	销售收入
1	马鞍山马钢总公司	830026
2	邯邢冶金矿山管理局	683179
3	海南钢铁公司	305378
4	鲁中冶金矿山公司	207903
5	浙江漓铁集团公司	204778
6	湘潭锰矿	155888
7	广东省大宝山矿	149919
8	山东金岭铁矿	131402
9	徐州利国铁矿	112824
10	密云县冶金矿山公司	102221
11	云南建水锰矿	88784
12	新疆维吾尔自治区雅满苏矿	77994
13	山东黑旺铁矿	72344
14	福建省潘洛铁矿	59172
15	广西大新锰矿	55186
16	河北省承德豆子沟铁矿	46082
17	湘东铁矿矿务局	40487
18	镇江韦岗铁矿	38584
19	郴州玛瑙山矿	38277
20	湖南省桃江锰矿	37916
21	广西壮族自治区下田锰矿	36770
22	盐源县平川铁矿	36241
23	唐山市马兰庄铁矿	31641
24	云南文山斗南锰业有限责任公司	30824
25	四川省泸沽铁矿	25570
26	云南省鹤庆县锰矿	22401
27	马鞍山黄梅山铁矿	21367
28	涞源县矿产总公司	18679
29	朝阳铁矿	18464
30	福建省连城锰矿	16533
31	建平县磷铁矿	16512
32	贵州省铜仁汞矿	10922
33	山西省娄烦县铁矿	6252
34	陕西省宁强县锰矿	6145

黑色金属矿采选业（二）

利税总额（千元）

序号	企业	利税总额
1	马鞍山马钢总公司	192020
2	邯邢冶金矿山管理局	57969
3	广东省大宝山矿	23138
4	鲁中冶金矿山公司	21372
5	密云县冶金矿山公司	19067
6	新疆维吾尔自治区雅满苏矿	13977
7	浙江漓铁集团公司	12683
8	盐源县平川铁矿	12601
9	福建省潘洛铁矿	9467
10	山东金岭铁矿	9280
11	云南建水锰矿	7084
12	广西大新锰矿	6026
13	山东黑旺铁矿	5735
14	徐州利国铁矿	5668
15	朝阳铁矿	3215
16	云南省鹤庆县锰矿	3189
17	广西壮族自治区下田锰矿	3167
18	马鞍山黄梅山铁矿	2621
19	云南文山斗南锰业有限责任公司	2240
20	福建省连城锰矿	1757
21	唐山市马兰庄铁矿	1123
22	建平县磷铁矿	205
23	陕西省宁强县锰矿	169
24	河北省承德豆子沟铁矿	-658
25	郴州玛瑙山矿	-746
26	贵州省铜仁汞矿	-1662
27	镇江韦岗铁矿	-2172
28	涞源县矿产总公司	-3312
29	四川省泸沽铁矿	-4607
30	山西省娄烦县铁矿	-5003
31	湖南省桃江锰矿	-5364
32	海南钢铁公司	-11986
33	湘东铁矿矿务局	-12693
34	湘潭锰矿	-29078

黑色金属矿采选业（三）

资产总计（千元）

1 马鞍山马钢总公司	11283351
2 海南钢铁公司	1561955
3 邯邢冶金矿山管理局	966546
4 鲁中冶金矿山公司	860671
5 湘潭锰矿	633287
6 广东省大宝山矿	470297
7 山东金岭铁矿	397295
8 浙江漓铁集团公司	298289
9 密云县冶金矿山公司	283299
10 河北省承德豆子沟铁矿	175895
11 新疆维吾尔自治区雅满苏矿	165168
12 镇江韦岗铁矿	161398
13 山东黑旺铁矿	155492
14 徐州利国铁矿	152414
15 四川省泸沽铁矿	150248
16 福建省潘洛铁矿	133684
17 广西大新锰矿	111857
18 湖南省桃江锰矿	110388
19 盐源县平川铁矿	106689
20 湘东铁矿矿务局	106651
21 云南建水锰矿	100487
22 涞源县矿产总公司	98858
23 广西壮族自治区下田锰矿	93648
24 山西省娄烦县铁矿	92399
25 唐山市马兰庄铁矿	78195
26 郴州玛瑙山矿	76974
27 云南文山斗南锰业有限责任公司	72219
28 建平县磷铁矿	59659
29 云南省鹤庆县锰矿	43642
30 朝阳铁矿	40523
31 马鞍山黄梅山铁矿	39521
32 贵州省铜仁汞矿	34171
33 福建省连城锰矿	29593
34 陕西省宁强县锰矿	24374

有色金属矿采选业（一）

		销售收入（千元）
1	江西省铜业公司德兴市铜矿	1516564
2	金堆城钼业公司	503952
3	永平铜矿	364537
4	蓬莱市黄金集团总公司	295867
5	易门矿务局	281395
6	东川矿务局	250460
7	抚顺红透山铜矿	215373
8	莱州市仓上金矿	197733
9	赤峰有色金属集团总公司	195610
10	湖南黄沙坪铅锌矿	157127
11	山东省玲珑黄金矿业公司	156229
12	山东省新城金矿	151080
13	梅州市金雁铜业公司	145696
14	招远市河西金矿	134800
15	山东省莱州市金城金矿	130982
16	山东省焦家金矿	129220
17	桓仁铜锌矿	127478
18	黑龙江省乌拉嘎金矿	126856
19	云南大姚铜矿	126030
20	山东省三山岛金矿	123803
21	山东省招远市罗金矿业集团公司	123227
22	杨家杖子矿务局	121101
23	大茅山铜矿	120406
24	招远市北截金矿	120000
25	乳山市金矿	114410
26	涞源铜矿	114018
27	招远市金翅岭金矿	113819
28	辽宁省凤城市青城子铅矿	113160
29	陕西太白金矿	109608
30	浙江建铜集团公司	109562
31	三门峡市金渠金矿	108411
32	桃林铅锌矿	101923
33	兰坪白族普米族自治县铅锌矿	89702
34	湖南柿竹园有色金属矿	89416
35	松江铜矿	89121
36	平邑县归来庄金矿	85275
37	赤峰金厂沟梁金矿	84643
38	中国黄金总公司东桐峪金矿	83498
39	河南文峪金矿	81060
40	吉林省夹皮沟黄金矿业公司	76963
41	辽宁五龙金矿	76499
42	河南秦岭金矿	74667
43	河南省南阳市桐柏县银洞坡金矿	74502
44	青岛金星矿业（集团）有限公司	74327
45	云南牟定铜矿	73880
46	安庆市月山铜矿	71489
47	河北金厂峪金矿	71245
48	寿王坟铜矿	68822
49	广西高龙黄金矿业有限责任公司	68522
50	陕西八一铜矿	67254
51	五莲县黄金工业公司	66911
52	河北峪耳崖金矿	66385
53	洛南县陈耳金矿	65605
54	招远市玲南金矿	65480
55	葫芦岛八家子铅锌矿	65323
56	中国核工业总公司711矿	65072
57	会理锌矿	64779
58	江西省铜业公司武山铜矿	64617
59	湖北省鸡笼山金矿	63798
60	中国核工业总公司721矿	63457
61	云南澜沧铅矿	62660
62	平水铜矿	61690
63	小寺沟铜矿	59560
64	江西省铜业公司银山铅锌矿	59160
65	四川铜镍有限责任公司拉拉铜矿	57929
66	个旧市前进矿	57848
67	招远市河东金矿	55949
68	吉林省延边海沟矿业总公司	55080
69	浙江省遂昌县金矿	54210
70	栖霞市黄金集团公司	53068
71	福山铜矿总矿	52854
72	广东高要河台金矿	52554
73	栾川县冶金化工公司	51137
74	江西省德兴市富家坞铜矿	49181
75	河南省灵宝市枪马金矿	48814
76	珲春金铜矿	47560
77	湖南省宝山铅锌银矿	46857
78	烟台市牟平金矿	45476
79	泗顶铅锌矿	45136
80	盘古山钨矿	44845
81	广西壮族自治区北山矿业有限责任公司	44817
82	朝阳新华钼矿	44252

83 安徽省琅琊山矿业总公司	44188
84 个旧市革新矿	43816
85 安徽省铜陵县黄狮涝金矿	43710
86 赤峰红花沟金矿	43273
87 平度市旧店金矿	42434
88 赤峰大井银铜矿	41820
89 中国黄金总公司黑河金矿	41023
90 闲林埠钼铁矿	40934
91 招远市尹格庄金矿	39991
92 兴安盟孟恩套力盖矿冶有限公司	39359
93 葫芦岛市连山区葫芦岛市钼选厂	39124
94 荡坪钨矿	38186
95 大吉山钨矿	37758
96 中国黄金公司安康分公司	37220
97 安徽省黄山钼矿	36369
98 宜春市钽铌矿	36213
99 地方国营河南省嵩县祁雨沟金矿	36144
100 浒坑钨矿	36106

有色金属矿采选业（二）

利税总额（千元）

1 乳山市金矿	116640
2 蓬莱市黄金集团总公司	106371
3 金堆城钼业公司	97389
4 永平铜矿	91959
5 莱州市仓上金矿	41457
6 招远市河西金矿	40820
7 三门峡市金渠金矿	35469
8 山东省新城金矿	33600
9 平邑县归来庄金矿	30763
10 山东省焦家金矿	30573
11 山东省莱州市金城金矿	30184
12 湖南黄沙坪铅锌矿	26871
13 中国黄金总公司东桐峪金矿	25909
14 山东省招远市罗金矿业集团公司	25260
15 河北峪耳崖金矿	23811
16 易门矿务局	21271
17 山东省玲珑黄金矿业公司	20737
18 赤峰金厂沟梁金矿	19793
19 兰坪白族普米族自治县铅锌矿	19759
20 河南省南阳市桐柏县银洞坡金矿	19564
21 梅州市金雁铜业公司	18698
22 青岛金星矿业（集团）有限公司	17908
23 抚顺红透山铜矿	17691
24 洛南县陈耳金矿	16653
25 浙江省遂昌县金矿	15351
26 招远市河东金矿	14957
27 河北金厂峪金矿	14719
28 广西壮族自治区北山矿业有限责任公司	14181
29 招远市玲南金矿	13425
30 招远市北截金矿	13215
31 镇安县镇安金矿	13055
32 乳山市唐家沟金矿	12820
33 烟台市牟平金矿	11225
34 招远市阜山金矿	10382
35 赤峰红花沟金矿	10340
36 招远市尹格庄金矿	10186
37 平水铜矿	9820
38 个旧市革新矿	9696
39 江西省德兴市富家坞铜矿	9480
40 黑龙江省乌拉嘎金矿	8772
41 浙江建铜集团公司	8630
42 陕西省银母寺铅锌矿	8421
43 乳山市硫化铁矿	7870
44 辽宁五龙金矿	7489
45 河南省灵宝市枪马金矿	7242
46 县温杖子金矿	7149
47 栾川县冶金化工公司	6933
48 会理锌矿	6785
49 涞源铜矿	6768
50 葫芦岛市连山区葫芦岛市钼选厂	6490
51 五莲县黄金工业公司	6440
52 山东省三山岛金矿	6343
53 瑞昌市洋鸡山金矿	6315
54 河北省石湖金矿	6163
55 广西高龙黄金矿业有限责任公司	6111
56 云南澜沧铅矿	5962
57 云南大姚铜矿	5960
58 松江铜矿	5646
59 吉林省延边海沟矿业总公司	5640
60 栖霞市黄金集团公司	5206
61 陕西太白金矿	5190
62 湖南柿竹园有色金属矿	5168
63 寿王坟铜矿	5010
64 四川铜镍有限责任公司拉拉铜矿	4986

65 河南省灵宝市灵湖金矿	4912	83 山东省邹平铜矿	3510
66 兴安盟孟恩套力盖矿冶有限公司	4838	84 招远市蚕庄金矿	3509
67 朝阳县金矿	4764	85 闲林埠钼铁矿	3430
68 河南省灵宝市安底金矿	4761	86 河南省洛宁县上宫金矿	3284
69 中国黄金公司安康分公司	4750	87 招远市金翅岭金矿	3200
70 平度市旧店金矿	4553	88 安庆市月山铜矿	3179
71 个旧市新建矿	4419	89 河南省灵宝市樊岔金矿	2861
72 广东高要河台金矿	4417	90 朝阳新华钼矿	2769
73 河南文峪金矿	4390	91 安徽省琅琊山矿业总公司	2747
74 河南省灵宝市大湖金矿	4357	92 宜春市钽铌矿	2683
75 陕西八一铜矿	4317	93 麻阳铜矿	2647
76 个旧市前进矿	4301	94 河南省南阳大河铜矿	2547
77 湖北省鸡笼山金矿	4215	95 个旧市红旗矿	2399
78 广西壮族自治区德保铜矿	3845	96 赤峰大井银铜矿	2236
79 河南省灵宝市藏珠金矿	3811	97 广西壮族自治区大新铅锌矿	2210
80 招远市夏甸金矿	3796	98 桓仁铜锌矿	2199
81 赤峰有色金属集团总公司	3699	99 瑶岗仙钨矿	1876
82 安徽省铜陵县黄狮涝金矿	3684	100 山东省沂南金矿	1757

有色金属矿采选业（三）

资产总计（千元）

1 江西省铜业公司德兴市铜矿	3549720	24 寿王坟铜矿	213821
2 金堆城钼业公司	1589765	25 山东省莱州市金城金矿	206746
3 杨家杖子矿务局	1173915	26 湖南柿竹园有色金属矿	206629
4 易门矿务局	737903	27 朝阳新华钼矿	202739
5 东川矿务局	507410	28 小寺沟铜矿	195652
6 永平铜矿	426743	29 中国核工业总公司 721 矿	190017
7 赤峰有色金属集团总公司	390847	30 山东省焦家金矿	189853
8 河南文峪金矿	383670	31 湖南黄沙坪铅锌矿	182164
9 山东省新城金矿	334152	32 桓仁铜锌矿	180497
10 乳山市金矿	318930	33 湖南省宝山铅锌银矿	175270
11 山东省三山岛金矿	313468	34 闲林埠钼铁矿	174280
12 蓬莱市黄金集团总公司	290189	35 江西省德兴市富家坞铜矿	167513
13 山东省玲珑黄金矿业公司	287914	36 会理锌矿	162789
14 江西省铜业公司武山铜矿	270494	37 浙江省遂昌县金矿	162215
15 陕西太白金矿	268170	38 江西省铜业公司银山铅锌矿	160142
16 河南省南阳市桐柏县银洞坡金矿	255580	39 平邑县归来庄金矿	158385
17 抚顺红透山铜矿	248871	40 河北金厂峪金矿	158370
18 中国核工业总公司 711 矿	248080	41 招远市河西金矿	154017
19 河南秦岭金矿	234945	42 桃林铅锌矿	153827
20 大茅山铜矿	233370	43 招远市尹格庄金矿	149479
21 黑龙江省乌拉嘎金矿	231804	44 青岛金星矿业（集团）有限公司	148754
22 云南大姚铜矿	225120	45 核工业总公司七一二矿	148377
23 莱州市仓上金矿	218366	46 兰坪白族普米族自治县铅锌矿	147882

47 云南牟定铜矿	147320
48 山东省招远市罗金矿业集团公司	144350
49 中国黄金总公司韩家园金矿	143885
50 松江铜矿	143502
51 福山铜矿总矿	142812
52 梅州市金雁铜业公司	141518
53 中国黄金总公司东桐峪金矿	141451
54 浙江建铜集团公司	138385
55 云南澜沧铅矿	135472
56 中国黄金总公司黑河金矿	133390
57 陕西银矿	130000
58 栖霞市黄金集团公司	128408
59 五莲县黄金工业公司	121767
60 安徽省琅琊山矿业总公司	121494
61 赤峰金厂沟梁金矿	121224
62 吉林省夹皮沟黄金矿业公司	119758
63 招远市阜山金矿	117148
64 湖北银矿	114508
65 香夼铅锌矿	114500
66 山东沂南磊金股份有限公司	113934
67 招远市金翅岭金矿	113417
68 平水铜矿	112980
69 中国核工业总公司七四五矿	112709
70 河北峪耳崖金矿	112659
71 葫芦岛八家子铅锌矿	112283
72 柞水县有色金属工业公司	110685
73 南京铅锌银矿	109130
74 河南省洛宁县上宫金矿	109007
75 中国核工业总公司七四一矿	107968
76 吉林省延边海沟矿业总公司	106710
77 陕西八一铜矿	104932
78 四川铜镍有限责任公司拉拉铜矿	104861
79 赤峰大井银铜矿	104092
80 吉林市钼矿	102622
81 辽宁五龙金矿	102350
82 四川白水金矿	101734
83 河北省石湖金矿	101632
84 广东高要河台金矿	100841
85 安庆市月山铜矿	100807
86 栗木有色金属公司	98977
87 盘古山钨矿	98108
88 珲春金铜矿	98000
89 广西高龙黄金矿业有限责任公司	97660
90 辽宁省凤城市青城子铅矿	96100
91 洛阳钼都矿冶有限公司	94765
92 麻阳铜矿	94749
93 会理镍矿	94349
94 招远市北截金矿	93589
95 中国核工业总公司 719 矿	92834
96 西华山钨矿	92511
97 赤峰红花沟金矿	90000
98 安徽省铜陵县黄狮涝金矿	89639
99 山东省邹平铜矿	87199
100 浒坑钨矿	85131

非金属矿采选业（一）

销售收入（千元）

名次	企业名称	销售收入
1	江苏省盐业公司	426736
2	云浮硫铁矿企业集团公司	277983
3	河北省唐山南堡盐场	272776
4	天津长芦海晶集团有限公司	266012
5	贵州开磷（集团）有限责任公司	263487
6	海城市牌楼滑石矿	232130
7	四川久大盐业（集团）公司	227908
8	荆襄磷化学工业公司	212974
9	四川峨眉山盐化集团股份有限公司	209642
10	镇江船山集团有限责任公司	196911
11	浙江东风萤石集团有限公司	191346
12	营口盐业（集团）公司	190320
13	天津长芦汉沽盐场有限责任公司	179828
14	沈阳市北方实业总公司	147954
15	内蒙古阿拉善盟吉兰泰盐场	138938
16	云南磷化学工业（集团）公司	125802
17	湖南省湘澧盐矿	120687
18	湖北省黄麦岭磷化工集团公司	120678
19	山东昌邑盐化（集团）有限公司	112860
20	长芦大清河盐厂	102900
21	安徽省定远盐矿	100809
22	潍坊市宝林化建集团有限公司	83778
23	青岛石墨股份有限公司	80605
24	广西滑石工业公司	77591
25	湖南省湘衡盐矿	77124
26	国家建筑材料工业局茫崖石棉矿	75638
27	南京白云石矿	73944
28	自贡市贡井盐厂	71703
29	湖南磷化工总厂	70903
30	山东北墅生建石墨矿	70598
31	云南一平浪盐矿	70499
32	潍坊寒亭盐业化工集团公司	67441
33	应城市第一制盐厂	64980
34	黑龙江省鸡西市柳毛石墨矿	62570
35	长芦黄骅盐场	62383
36	中国高岭土公司	61781
37	平邑县石膏矿	61131
38	四川省金河磷矿	60308
39	新疆盐湖化工厂	60152
40	自贡市自流井盐厂	59542
41	湖北省应城盐矿	59506
42	大连皮子窝化工厂	58519
43	丹东宽甸硼矿	56761
44	瓦房店金刚石股份有限公司	55476
45	山东寿光市岔河盐场	55130
46	龙胜各族自治县滑石矿	55125
47	昆明盐矿	54435
48	山东天象集团公司	54400
49	新疆兵团农二师三十六团石棉矿	54392
50	四川石棉矿	52240
51	浙江金鹤集团公司	51341
52	广东省四会石膏矿	45948
53	南京云台山硫铁矿	45807
54	自贡市邓关盐厂	45527
55	金州盐场	44437
56	遂宁市蓬莱制盐化工厂	44386
57	莱州市莱州盐场	44337
58	广东省三水市石膏矿	43381
59	中国人民解放军第九零四五工厂	43225
60	四川省清平磷矿	41989
61	湖北省荆州地区放马山磷矿矿务局	41660
62	四川新康石棉矿	40250
63	广东省三水市青岐石膏矿	40012
64	浙江省平阳矾矿	37410
65	寿光市卫东盐场	37360
66	湖南省七宝山硫铁矿	36778
67	江西盐矿	36737
68	湖北省孝感市盐化工总厂	35677
69	新疆若羌县石棉矿	35668
70	湖南雄磺矿	35301
71	湖北应城石膏矿	34411
72	南京石膏矿	33720
73	启东盐海水产集团有限公司	33500
74	山东莱央子盐场	33479
75	巢湖东风石灰石矿	32018
76	浙江省临安膨润土矿	31930
77	海兴县盐业公司	31714
78	苏州金龙建材厂	31570
79	河南省南阳吴城盐碱矿	31429
80	连云港市新浦磷矿	31299
81	青岛建新盐化厂	30993
82	内蒙古阿拉善盟雅布赖盐场	30623

83 海城滑石矿	30460	92 哈尔滨市靠河寨畜牧场	26870
84 枣庄市联营石膏矿	30120	93 福建省东山县硅砂矿	26433
85 德安县萤石公司	30115	94 营口五零一矿	25363
86 山东埕口盐场	29527	95 锦州盐厂	24770
87 内蒙古自治区炭窑口硫铁矿	29049	96 滦南县国营第一盐场	24160
88 青岛东风盐场	28686	97 山东华鲁石膏矿（集团）	23562
89 湖北昌达化学工业公司	28126	98 祁连县石棉工业总公司	23359
90 中国人民解放军九五一零工厂	27719	99 海南省英歌海盐场	21800
91 四川省南充盐厂	27227	100 浙江省余杭市仇山磁土矿	21750

非金属矿采选业（二）

利税总额（千元）

1 河北省唐山南堡盐场	104653	33 山东埕口盐场	9024
2 天津长芦海晶集团有限公司	47388	34 应城市第一制盐厂	8950
3 内蒙古阿拉善盟吉兰泰盐场	47310	35 龙胜各族自治县滑石矿	8540
4 营口盐业（集团）公司	38926	36 青岛东风盐场	8064
5 云浮硫铁矿企业集团公司	30258	37 潍坊市宝林化建集团有限公司	8055
6 江苏省盐业公司	28315	38 寿光市卫东盐场	8020
7 长芦大清河盐厂	26263	39 枣庄市联营石膏矿	7820
8 天津长芦汉沽盐场有限责任公司	26192	40 广西滑石工业公司	7731
9 沈阳市北方实业总公司	23070	41 山东华鲁石膏矿（集团）	7135
10 安徽省定远盐矿	22621	42 山东菜央子盐场	6775
11 广东省三水市青岐石膏矿	21055	43 鸡西非金属矿工业公司	6760
12 山东昌邑盐化（集团）有限公司	20473	44 滦南县国营第一盐场	6563
13 贵州开磷（集团）有限责任公司	19322	45 浙江省平阳矾矿	6500
14 镇江船山集团有限责任公司	17924	46 自贡市邓关盐厂	6371
15 广东省四会石膏矿	17172	47 南京云台山硫铁矿	6040
16 湖南省湘澧盐矿	17028	48 浙江金鹤集团公司	5943
17 海城市牌楼滑石矿	15660	49 中国人民解放军第九零四五工厂	5733
18 新疆兵团农二师三十六团石棉矿	14083	50 大连皮子窝化工厂	5670
19 内蒙古阿拉善盟雅布赖盐场	13630	51 祁连县石棉工业总公司	5587
20 潍坊寒亭盐业化工集团公司	13381	52 湖北省黄麦岭磷化工集团公司	5573
21 云南一平浪盐矿	12712	53 湖南磷化工总厂	5449
22 湖南省湘衡盐矿	12198	54 自贡市贡井盐厂	5430
23 黄骅市盐业总公司	12080	55 金州盐场	5422
24 海兴县盐业公司	11758	56 山东荣成石材集团总公司	5325
25 苏州金龙建材厂	11168	57 青岛南万盐场	5205
26 四川久大盐业（集团）公司	10884	58 遂宁市蓬莱制盐化工厂	5148
27 山东寿光市岔河盐场	10426	59 中国高岭土公司	5099
28 云南磷化学工业（集团）公司	10420	60 瓦房店金刚石股份有限公司	5038
29 福建省东山县硅砂矿	10400	61 四川省南充盐厂	5012
30 昆明盐矿	9712	62 河南省南阳吴城盐碱矿	5000
31 唐山宏达建材股份有限公司	9607	63 新疆盐湖化工厂	4883
32 浙江东风萤石集团有限公司	9326	64 中国标准砂厂	4798

65 平邑县石膏矿	4725	83 滦南县国营第二盐场	3664
66 江苏三圩盐场	4720	84 海城滑石矿	3570
67 双峰县石膏矿	4645	85 青岛石墨股份有限公司	3551
68 江西盐矿	4630	86 德安县萤石公司	3508
69 乳山市机械化施工总公司	4575	87 卢龙县武山石矿	3458
70 丹徒县荣炳盐矿	4436	88 湖南省邵东县石膏矿	3296
71 四川省清平磷矿	4361	89 广饶县盐化工业集团总公司	3004
72 锦州盐厂	4312	90 广东省三水市石膏矿	2987
73 南京白云石矿	4278	91 莱州市滑石矿	2959
74 内邱县硫铁矿	4210	92 枣庄市金枣石膏有限责任公司	2911
75 哲盟矽砂工业公司	4169	93 潍坊市寒亭区央子盐化总公司	2693
76 自贡市自流井盐厂	4133	94 山东省平度滑石矿	2675
77 四川省金河磷矿	4113	95 余杭市獐山轧石厂	2497
78 南京石膏矿	4066	96 湖南省衡南县萤石矿	2483
79 河北省唐山市丰南涧河盐场	3998	97 湖北昌达化学工业公司	2408
80 营口五零一矿	3838	98 太原西山石膏矿	2396
81 莱州市莱州盐场	3827	99 肥城市精制盐厂	2388
82 湖北省孝感市盐化工总厂	3808	100 浙江省江山水泥厂	2384

非金属矿采选业（三）

资产总计（千元）

1 江苏省盐业公司	1628822	24 国家建筑材料工业局茫崖石棉矿	216363
2 天津长芦海晶集团有限公司	1192666	25 大连皮子窝化工厂	211205
3 四川久大盐业（集团）公司	982120	26 四川省金河磷矿	209343
4 贵州开磷（集团）有限责任公司	922690	27 黑龙江省鸡西市柳毛石墨矿	205960
5 云浮硫铁矿企业集团公司	863894	28 新疆盐湖化工厂	203313
6 峨眉山盐化集团股份有限公司	831286	29 金州盐场	194326
7 荆襄磷化学工业公司	736772	30 四川石棉矿	191352
8 河北省唐山南堡盐场	540313	31 山东昌邑盐化（集团）有限公司	183586
9 天津长芦汉沽盐场有限责任公司	495311	32 湖南省湘衡盐矿	182340
10 营口盐业（集团）公司	477351	33 海南省英歌海盐场	179090
11 镇江船山集团有限责任公司	444435	34 鸡西非金属矿工业公司	177880
12 云南磷化学工业（集团）公司	415980	35 山东北墅生建石墨矿	174835
13 南京白云石矿	367209	36 唐山宏达建材股份有限公司	174608
14 内蒙古阿拉善盟吉兰泰盐场	349120	37 山西阳泉铝矾土矿	173736
15 长芦黄骅盐场	295519	38 昆明盐矿	172672
16 海城市牌楼滑石矿	278330	39 海城滑石矿	167890
17 湖南省湘澧盐矿	276411	40 山东寿光市岔河盐场	166267
18 湖北省应城盐矿	253413	41 青岛石墨股份有限公司	165980
19 锦州盐厂	243819	42 湖北应城石膏矿	163792
20 长芦大清河盐厂	241154	43 河北省邢台菱镁矿	163652
21 应城市第一制盐厂	232658	44 湖南磷化工总厂	159466
22 浙江东风莹石集团有限公司	227231	45 湖北省黄麦岭磷化工集团公司	151696
23 四川省清平磷矿	226401	46 自贡市贡井盐厂	150866

47 四川新康石棉矿	149538
48 广东省三水市石膏矿	145607
49 安徽省定远盐矿	144748
50 山东埕口盐场	140611
51 广西滑石工业公司	140313
52 内蒙古自治区炭窑口硫铁矿	140303
53 自贡市邓关盐厂	138775
54 山东天象集团公司	136526
55 丹东宽甸硼矿	135131
56 滦南县国营第一盐场	135097
57 瓦房店金刚石股份有限公司	134162
58 平邑县石膏矿	132751
59 广饶县盐化工业集团总公司	130111
60 云南一平浪盐矿	129322
61 自贡市自流井盐厂	129064
62 莱州市莱州盐场	128125
63 广东省四会石膏矿	123351
64 青岛东风盐场	120284
65 连云港市锦屏磷矿	119716
66 青海省柯柯盐厂	117730
67 哈尔滨市靠河寨畜牧场	113657
68 中国人民解放军第九零四五工厂	113425
69 内蒙古阿拉善盟雅布赖盐场	112813
70 湖南省七宝山硫铁矿	110558
71 山东菜央子盐场	110364
72 大连旅顺盐场	109690
73 浙江省平阳矾矿	103780
74 寿光市卫东盐场	101880
75 南京石膏矿	101472
76 中国高岭土公司	101082
77 广州市嘉华（黄陂）石矿有限公司	100127
78 新疆若羌县石棉矿	99310
79 江西浮南瓷土矿	97360
80 新疆兵团农二师三十六团石棉矿	96773
81 河南省南阳吴城盐碱矿	94527
82 浙江金鹤集团公司	94410
83 海兴县盐业公司	92471
84 山东栖霞滑石矿	92338
85 山东华鲁石膏矿（集团）	92005
86 龙胜各族自治县滑石矿	90774
87 北京市西郊砂石厂	88473
88 山西华达石材有限公司	87142
89 连云港市新浦磷矿	86963
90 山东湖田石灰石矿	86943
91 青海省茶卡盐厂	86852
92 湖北省荆州地区放马山磷矿矿务局	85988
93 遂宁市蓬莱制盐化工厂	85613
94 浙江省江山水泥厂	84248
95 丹东张家沟硫化铁矿	83417
96 黄骅市盐业总公司	83301
97 潍坊寒亭盐业化工集团公司	83251
98 湖北昌达化学工业公司	82886
99 浙江省临安膨润土矿	82051
100 南京云台山硫铁矿	81992

木材及竹材采运业（一）

销售收入（千元）

排名	企业名称	销售收入
1	大兴安岭新林林业局	330317
2	吉林省白河林业局	317830
3	三岔子林业局	310677
4	大兴安岭呼中林业局	304086
5	吉林省敦化林业局	301610
6	吉林省抚松县露水河林业局	265480
7	吉林省抚松县松江河林业局	264906
8	吉林省白山市临江林业局	263860
9	吉林省红石林业局	263525
10	福建省永安林业（集团）股份有限公司	248548
11	大兴安岭塔河林业局	227104
12	根河林业局	221720
13	大兴安岭图强林业局	197580
14	满归林业局	195540
15	宁安市东京城林业局	191228
16	大兴安岭西林吉林业局	190571
17	大兴安岭林业管理局松岭林业局	189928
18	黑龙江省友好林业局	186250
19	黑龙江省东方红林业局	185557
20	莫尔道嘎林业局	180640
21	黑龙江省朗乡林业局	176194
22	吉林省黄泥河林业局	171350
23	吉林省和龙林业局	167080
24	吉林省汪清林业局	166560
25	金河林业局	165990
26	黑龙江省山河屯林业局	157064
27	吉林省大石头林业局	153540
28	黑龙江省穆棱林业局	153051
29	黑龙江省大海林林业局	152960
30	黑龙江省亚布力林业局	151419
31	黑龙江省带岭林业实验局	151099
32	大兴安岭阿木尔林业局	148883
33	黑龙江省兴隆林业局	146286
34	大兴安岭十八站林业局	144758
35	黑龙江省沾河林业局	143191
36	吉林省抚松县泉阳林业局	139379
37	黑龙江省汤旺河林业局	133315
38	甘河林业公司	130580
39	黑龙江省鹤北林业局	128844
40	阿里河林业局	123460
41	吉林省八家子林业局	123010
42	黑龙江省新青林业局	122510
43	库都尔林业局	122300
44	乌尔旗汉林业局	121000
45	黑龙江省柴河林业局	119600
46	黑龙江省方正林业局	119200
47	阿龙山林业局	114370
48	建瓯市林业总公司	113291
49	吉林省白石山林业局	110846
50	图里河林业局	109640
51	黑龙江省苇河林业局	109283
52	白龙江林管局迭部林业局	108679
53	黑龙江省绥棱林业局	95101
54	克一河林业局	95100
55	吉林省天桥岭林业局	94680
56	黑龙江省绥阳林业局	94401
57	湾沟林业局	93725
58	黑龙江省金山屯林业局	90857
59	黑龙江省南岔林业局	88604
60	四川省川南林业局	87324
61	绰尔林业局	86540
62	吉林省珲春林业局	83870
63	黑龙江省海林市林业局	79920
64	阿尔山林业局	79000
65	吉文林业局	77140
66	黑龙江省清河林业局	77124
67	大兴安岭韩家园林业局	74621
68	得耳布尔林业局	72120
69	吉林省汪清县大兴沟林业局	67060
70	顺昌县林业委员会采运企业	66710
71	黑龙江省铁力林业局	66675
72	武夷山市林业总公司	65217
73	黑龙江省美溪林业局	65041
74	吉林省长白森林经营局	64841
75	邵武市林委	64788
76	黑龙江省五营林业局	62062
77	黑龙江省桃山林业局	59636
78	四川省木里林业局	57786
79	黑龙江省乌马河林业局	56553
80	黑龙江省翠峦林业局	54867
81	黑龙江省林口林业局	52797
82	黑龙江省红星林业局	50670

序号	单位	数值
83	黑龙江省乌伊岭林业局	49009
84	黑龙江省上甘岭林业局	48950
85	绰源林业局	47150
86	陕西省太白林业局	46340
87	黑龙江省迎春林业局	45826
88	吉林省上营森林经营局	44670
89	白龙江林管局舟曲林业局	43673
90	黑龙江省双丰林业局	43518
91	黑龙江省通北林业局	43121
92	吉林省安图森林经营局	42090
93	吉林省辉南森林经营局	41859
94	江华县林业采育场	41670
95	伊图里河林业局	40600
96	桦南林业局	39321
97	神农架林区林业管理局	37902
98	陕西省宁西林业局	37747
99	绥宁县木材公司	37163
100	黑龙江省鹤立林业局	36770

木材及竹材采运业（二）

利税总额（千元）

序号	单位	利税总额
1	宁安市东京城林业局	48024
2	黑龙江省鹤北林业局	47261
3	福建省永安林业（集团）股份有限公司	39868
4	大兴安岭图强林业局	37166
5	黑龙江省穆棱林业局	35958
6	吉林省敦化林业局	33560
7	黑龙江省柴河林业局	30954
8	三岔子林业局	29339
9	黑龙江省汤旺河林业局	29150
10	大兴安岭新林林业局	28630
11	大兴安岭呼中林业局	28326
12	吉林省白山市临江林业局	25995
13	吉林省红石林业局	25767
14	莫尔道嘎林业局	25290
15	大兴安岭西林吉林业局	24613
16	黑龙江省东方红林业局	23206
17	黑龙江省亚布力林业局	22596
18	吉林省抚松县露水河林业局	22199
19	满归林业局	22040
20	根河林业局	20650
21	黑龙江省兴隆林业局	20136
22	吉林省抚松县松江河林业局	19658
23	黑龙江省沾河林业局	18661
24	吉林省白河林业局	18400
25	金河林业局	17240
26	黑龙江省美溪林业局	16385
27	建瓯市林业总公司	16159
28	黑龙江省方正林业局	15233
29	黑龙江省新青林业局	14951
30	白龙江林管局迭部林业局	14352
31	黑龙江省大海林林业局	13969
32	黑龙江省山河屯林业局	13683
33	吉林省汪清林业局	12120
34	黑龙江省友好林业局	11817
35	吉林省白石山林业局	11309
36	顺昌县林业委员会采运企业	11110
37	吉林省黄泥河林业局	11000
38	大兴安岭林业管理局松岭林业局	10905
39	黑龙江省清河林业局	10863
40	吉林省长白森林经营局	10758
41	邵武市林委	9728
42	阿里河林业局	9550
43	黑龙江省带岭林业实验局	9349
44	黑龙江省朗乡林业局	9214
45	吉林省八家子林业局	8800
46	库都尔林业局	8770
47	吉林省大石头林业局	7990
48	乌尔旗汉林业局	7970
49	吉林省上营森林经营局	7950
50	黑龙江省苇河林业局	7882
51	四川省川南林业局	7805
52	绰尔林业局	7720
53	四川省木里林业局	7499
54	克一河林业局	7380
55	大兴安岭阿木尔林业局	6653
56	阿龙山林业局	6450
57	黑龙江省翠峦林业局	6348
58	吉林省抚松县泉阳林业局	5965
59	武夷山市林业总公司	5947
60	吉林省珲春林业局	5920
61	黑龙江省乌马河林业局	5825
62	黑龙江省金山屯林业局	5752
63	陕西省宁西林业局	5501
64	吉林省天桥岭林业局	5130

65 吉林省和龙林业局 5070
66 吉林省辉南森林经营局 5046
67 绥宁县木材公司 5020
68 陕西省太白林业局 4942
69 黑龙江省乌伊岭林业局 4291
70 黑龙江省上甘岭林业局 3912
71 吉林省安图森林经营局 3820
72 黑龙江省五营林业局 3462
73 神农架林区林业管理局 3419
74 吉林省汪清县大兴沟林业局 3410
75 图里河林业局 3380
76 湾沟林业局 3303
77 白龙江林管局舟曲林业局 3250
78 吉文林业局 3020
79 雷波林业局 2480
80 黑龙江省绥阳林业局 2452
81 黑龙江省海林市林业局 2439
82 黑龙江省红星林业局 2380
83 云南省中甸林业局 1731
84 黑龙江省绥棱林业局 1701
85 黑龙江省林口林业局 1367
86 黑龙江省迎春林业局 62
87 江华县林业采育场 -60
88 阿尔山林业局 -150
89 黑龙江省双丰林业局 -499
90 黑龙江省南岔林业局 -583
91 甘河林业公司 -700
92 黑龙江省鹤立林业局 -910
93 云南省碧泉林业局 -1250
94 黑龙江省铁力林业局 -1780
95 伊图里河林业局 -2260
96 云南省玉林实业总公司 -2634
97 绰源林业局 -3520
98 融水县木材公司 -3850
99 双鸭山林业局 -4039
100 大兴安岭韩家园林业局 -4344

木材及竹材采运业（三）

资产总计（千元）

1 大兴安岭新林林业局 989044
2 福建省永安林业（集团）股份有限公司 845587
3 大兴安岭塔河林业局 839922
4 大兴安岭西林吉林业局 810050
5 大兴安岭呼中林业局 763082
6 大兴安岭图强林业局 670796
7 吉林省白河林业局 632690
8 根河林业局 629140
9 大兴安岭十八站林业局 622830
10 吉林省抚松县露水河林业局 589820
11 吉林省红石林业局 565506
12 莫尔道嘎林业局 563360
13 吉林省白山市临江林业局 516763
14 满归林业局 504170
15 金河林业局 501320
16 大兴安岭阿木尔林业局 494905
17 黑龙江省沾河林业局 482436
18 乌尔旗汉林业局 463740
19 黑龙江省东方红林业局 460254
20 吉林省敦化林业局 440290
21 三岔子林业局 413868
22 宁安市东京城林业局 394984
23 黑龙江省兴隆林业局 390568
24 吉林省抚松县松江河林业局 381435
25 大兴安岭韩家园林业局 370082
26 阿里河林业局 368360
27 吉林省和龙林业局 366130
28 黑龙江省鹤北林业局 364312
29 黑龙江省新青林业局 362841
30 大兴安岭林业管理局松岭林业局 350978
31 黑龙江省朗乡林业局 344757
32 黑龙江省大海林林业局 339337
33 阿龙山林业局 335660
34 黑龙江省带岭林业实验局 327724
35 图里河林业局 321370
36 库都尔林业局 314740
37 黑龙江省方正林业局 308038
38 黑龙江省铁力林业局 306690
39 甘河林业公司 300130
40 吉林省汪清林业局 298500
41 白龙江林管局迭部林业局 292913
42 黑龙江省穆棱林业局 289597
43 吉林省珲春林业局 279410
44 黑龙江省柴河林业局 279194
45 绰尔林业局 269300
46 吉林省黄泥河林业局 267200

47 阿尔山林业局	264500
48 黑龙江省绥棱林业局	248777
49 黑龙江省苇河林业局	248676
50 四川省木里林业局	247369
51 顺昌县林业委员会采运企业	246980
52 黑龙江省亚布力林业局	244698
53 吉文林业局	242280
54 吉林省大石头林业局	242160
55 黑龙江省山河屯林业局	241246
56 黑龙江省友好林业局	240626
57 绰源林业局	228410
58 黑龙江省汤旺河林业局	225892
59 克一河林业局	224860
60 黑龙江省金山屯林业局	223538
61 建瓯市林业总公司	219648
62 吉林省八家子林业局	216210
63 吉林省白石山林业局	214951
64 吉林省抚松县泉阳林业局	208711
65 湾沟林业局	203414
66 得耳布尔林业局	203390
67 黑龙江省翠峦林业局	200775
68 吉林省天桥岭林业局	199850
69 黑龙江省通北林业局	197390
70 黑龙江省乌马河林业局	190576
71 黑龙江省绥阳林业局	189629
72 邵武市林委	187403
73 黑龙江省红星林业局	187211
74 四川省川南林业局	187090
75 黑龙江省南岔林业局	186649
76 黑龙江省清河林业局	171891
77 黑龙江省美溪林业局	167260
78 黑龙江省海林市林业局	164032
79 黑龙江省五营林业局	163149
80 黑龙江省桃山林业局	155913
81 融水县木材公司	152097
82 黑龙江省双丰林业局	151426
83 黑龙江省乌伊岭林业局	146449
84 黑龙江省上甘岭林业局	145378
85 吉林省长白森林经营局	139587
86 黑龙江省林口林业局	138458
87 黑龙江省迎春林业局	129793
88 桦南林业局	126219
89 吉林省汪清县大兴沟林业局	124080
90 伊图里河林业局	119410
91 吉林省上营森林经营局	119350
92 武夷山市林业总公司	115401
93 江华县林业采育场	105130
94 吉林省辉南森林经营局	104302
95 甘孜藏族自治州新龙林业局	103192
96 陕西省宁西林业局	102732
97 黑龙江省鹤立林业局	100730
98 阿坝州南坪林业局	98323
99 阿坝州马尔康林业局	96262
100 云南省下关木业总公司	94588

食品加工业（一）

销售收入（千元）

企业	销售收入	企业	销售收入
1 南海油脂工业（赤湾）有限公司	3015947	42 大连华农金石油脂厂	357900
2 诸城市对外贸易集团公司	2458111	43 崇左东亚糖业有限公司	356416
3 北海粮油工业（天津）有限公司	2255863	44 舟山海洋渔业公司	354747
4 洛阳市春都集团股份有限公司	1992761	45 广东恒昌实业股份湛江饲料厂	353693
5 丹徒县龙山鳗业联合公司	1958290	46 上海龙华食品公司	347684
6 漯河市华懋双汇实业（集团）有限公司	1953216	47 山东石岛水产供销集团总公司	347329
7 广东金曼集团股份有限公司	1207086	48 广州市南方面粉股份有限公司	346004
8 正大集团（天津）油脂有限公司	1120069	49 广东省斗门县白蕉糖厂	341877
9 厦门中鹭植物油有限公司	932081	50 江苏维桑实业集团	339810
10 上海市面粉公司	862870	51 湖南湘大实业有限公司	335014
11 南海电力实业集团公司	811889	52 大连日清制油有限公司	335007
12 上海嘉里粮油工业有限公司	771276	53 广西驮卢东亚糖业有限公司	332063
13 广东正大康地有限公司	763731	54 济南中心面粉厂	330570
14 正大康地（深圳）有限公司	718504	55 江西民星企业集团公司	326679
15 广东梅山糖业总公司	636638	56 大同市同风肉制品厂	325693
16 聊城嘉明实业有限公司	629784	57 襄阳万宝粮油集团公司双沟分公司	324174
17 正大岳阳有限公司	628156	58 扶绥县东亚糖业有限公司	321284
18 广东恒昌股份九江饲料厂	608467	59 正大康地珠海有限公司	319511
19 中国得利斯集团公司	601046	60 潍坊永昌食品工业有限公司	306475
20 南通正大有限公司	579998	61 大连油脂工业总厂	303974
21 顺义县肉类联合加工厂	568960	62 穗屏企业有限公司	299626
22 开封正大有限公司	545252	63 广西南宁市制糖造纸厂	299527
23 天津正大饲料科技有限公司	545169	64 哈尔滨粮油综合加工厂	294530
24 大连市第三粮食储运工业公司	522216	65 青岛海丰集团公司	293521
25 广东冠华饲料实业公司	500908	66 上海大场肉类联合加工厂	287761
26 北京市肉类联合加工厂	490339	67 东莞市东糖实业集团公司	285882
27 舟山兴业有限公司	487187	68 平沙糖厂	284180
28 黑龙江省三江食品公司	459180	69 沈阳香雪面粉股份有限公司（第二粮库）	284020
29 广西贵糖（集团）股份有限公司	448356	70 福建马尾联合水产饲料有限公司	281989
30 临沂华蒙食品集团公司	431028	71 沈阳佳玉粮食食品总公司（第一粮库）	274967
31 大连粮食工业总厂	422132	72 浙江一星饲料集团有限责任公司	273656
32 江门甘蔗化工厂（集团）股份有限公司	415370	73 连云港正大饲料有限公司	272069
33 烟台龙大企业集团	404999	74 合肥正大有限公司	271651
34 山东风祥总公司	402082	75 德清县新市油厂	265210
35 沈阳中发粮油食品总公司	400446	76 樟树粮油公司	259657
36 舟山市水产联合公司	384954	77 沈阳东大粮油食品实业总公司	258067
37 北京正大饲料有限公司	377264	78 北京统益油脂有限公司	257733
38 北京市潞河面粉公司	375425	79 柳州市柳新饲料厂	256007
39 陕西宴友思集团公司	370606	80 北京嘉荣食品有限公司	255389
40 吉林正大有限公司	365384	81 徐州面粉厂	254196
41 北京恒通食品有限公司	358553	82 北京艾森绿宝油脂有限公司	253171

序号及企业名称	数额
83 广东省国营顺德糖厂	252820
84 黑龙江省巴彦县西集浸油厂	252300
85 邕宁县明阳糖厂	248540
86 顺德市锦峰饲料有限公司	247623
87 广西柳兴实业开发总公司	246169
88 广东省国营调丰糖厂	246088
89 中国青岛罐头食品厂有限公司	242999
90 广东省广前糖业有限公司	241258
91 包头糖厂	241182
92 淮阴正大畜禽水产有限公司	235005
93 沈阳北方粮油食品总公司	234490
94 桂林市大来厂	233974
95 郑州海嘉食品有限公司	232890
96 宁波中华太丰食品股份有限公司	230665
97 广西宁明东亚糖业有限公司	229075
98 石河子八一制糖厂	227493
99 广西柳城县凤山糖厂	224498
100 青岛德维集团公司	223762

食品加工业（二）

利税总额（千元）

序号及企业名称	利税总额（千元）
1 丹徒县龙山鳗业联合公司	201367
2 漯河市华懋双汇实业（集团）有限公司	176132
3 广东金曼集团股份有限公司	162325
4 洛阳市春都集团股份有限公司	144513
5 江门甘蔗化工厂（集团）股份有限公司	112032
6 诸城市对外贸易集团公司	100735
7 南海电力实业集团公司	71250
8 广西驮卢东亚糖业有限公司	65726
9 南海油脂工业（赤湾）有限公司	63154
10 崇左东亚糖业有限公司	62354
11 广西柳城县凤山糖厂	61515
12 广西宁明东亚糖业有限公司	51059
13 扶绥县东亚糖业有限公司	50964
14 平沙糖厂	50335
15 中国青岛罐头食品厂有限公司	48622
16 福建马尾联合水产饲料有限公司	45757
17 广西南宁市制糖造纸厂	45004
18 广东正大康地有限公司	41922
19 中国得利斯集团公司	41907
20 天津正大饲料科技有限公司	38148
21 广西贵糖（集团）股份有限公司	35504
22 南通正人有限公司	34171
23 大同市同风肉制品厂	33971
24 舟山海洋渔业公司	32965
25 江西民星企业集团公司	32826
26 顺义县肉类联合加工厂	32671
27 柳城糖厂	32619
28 广东省广前糖业有限公司	32134
29 聊城嘉明实业有限公司	30953
30 北京恒通食品有限公司	30028
31 耿马县糖厂	29330
32 正大岳阳有限公司	29154
33 山东风祥总公司	29086
34 山东石岛水产供销集团总公司	28279
35 正大康地（深圳）有限公司	27272
36 舟山兴业有限公司	26583
37 黑龙江省建三江管理局前进油脂厂	25310
38 百色甘化股份有限公司	25077
39 华大（福州）饲料工业有限公司	24844
40 龙州县第二糖厂	24340
41 上海小龙人食品总厂	24216
42 上海市面粉公司	23884
43 云南省勐海县勐阿糖厂	22375
44 广西柳江县拉堡糖厂	22266
45 大连市第三粮食储运工业公司	22226
46 上思县糖厂	22176
47 勐海县景真糖厂	21982
48 内蒙古大公实业总公司	21980
49 临沂华蒙食品集团公司	21767
50 广西柳兴实业开发总公司	21632
51 文登市埠口渔业公司	21490
52 广西博庆食品有限公司	21428
53 扶绥县东门糖厂	21413
54 陕西宴友思集团公司	21393
55 来宾县迁江糖厂	21158
56 广西露塘糖厂	21024
57 广东冠华饲料实业公司	20793
58 广东省国营调丰糖厂	20545
59 吉林正大有限公司	20027
60 广东省斗门县白蕉糖厂	19772
61 烟台龙大企业集团	19444
62 东莞市东糖实业集团公司	19169
63 广东恒昌股份九江饲料厂	19066
64 武宣县糖厂	18758

65 广西宁明县海渊糖厂 18435
66 北京正大饲料有限公司 18354
67 上思县昌菱实业发展公司甘蔗化工公司 18256
68 广西壮族自治区忻城县糖厂 17821
69 烟台市渤海食品有限公司 17716
70 贵港市甘化股份有限公司 17492
71 广西金光实业总公司制糖化工厂 17374
72 广州永大集团公司 16817
73 黑龙江省赵光糖厂 16800
74 广西宜州市怀远糖厂 16671
75 广西壮族自治区横县糖厂 16433
76 普陀桃花海洋渔业公司 16294
77 包头糖厂 16242
78 江西东乡糖厂 15988
79 大连华农金石油脂厂 15966
80 齐齐哈尔市制油厂 15656
81 米易县糖业股份有限公司 15304
82 阳谷县大布乡淀粉实业总公司 15301
83 广西武鸣华侨糖厂 15193
84 上海大江肉食品二厂 15185
85 连云港如意食品有限公司 15166
86 邕宁县明阳糖厂 15128
87 连云港正大饲料有限公司 15105
88 合肥正大有限公司 15030
89 云南省弥勒糖业有限责任公司 15024
90 黑龙江省宝泉岭糖业有限责任公司 14830
91 中外合资大连发日海产食品有限公司 14631
92 广西鹿寨县鹿寨糖厂 14625
93 宁夏银川糖厂 14609
94 淮阴正大畜禽水产有限公司 14574
95 宁波中华太丰食品股份有限公司 14181
96 天津市水产供销有限公司 13800
97 黑龙江省双山糖厂 13700
98 安徽华康粮油食品集团 13539
99 珠海市红旗管理区红旗糖厂 13242
100 襄阳万宝粮油集团公司双沟分公司 13091

食品加工业（三）

资产总计（千元）

1 南海油脂工业（赤湾）有限公司 5572004
2 洛阳市春都集团股份有限公司 1968796
3 诸城市对外贸易集团公司 1913641
4 广东金曼集团股份有限公司 1844297
5 南海电力实业集团公司 1643631
6 广东梅山糖业总公司 1442229
7 丹徒县龙山鳗业联合公司 1393419
8 江门甘蔗化工厂（集团）股份有限公司 1081013
9 沈阳佳玉粮食食品总公司（第一粮库） 1063515
10 漯河市华懋双汇实业（集团）有限公司 899413
11 北海粮油工业（天津）有限公司 886107
12 沈阳北方粮油食品总公司 846350
13 广州永大集团公司 803541
14 沈阳中发粮油食品总公司 785412
15 正大集团（天津）油脂有限公司 728949
16 哈尔滨粮油综合加工厂 718659
17 上海市面粉公司 635241
18 大连油脂工业总厂 614574
19 吉林新中国糖厂 613453
20 广西贵糖（集团）股份有限公司 611355
21 辽宁富佳粮油食品（集团）公司 588370
22 黑龙江省三江食品公司 555680
23 海伦糖业集团公司海伦糖厂 546450
24 黑龙江省阿城糖厂 546260
25 正大康地（深圳）有限公司 519932
26 大连市第三粮食储运工业公司 490980
27 广西宁明县海渊糖厂 472958
28 舟山兴业有限公司 472725
29 大连日清制油有限公司 460294
30 广东省斗门县白蕉糖厂 456717
31 广东省国营顺德糖厂 450397
32 聊城嘉明实业有限公司 449276
33 广东正大康地有限公司 435027
34 烟台龙大企业集团 419401
35 赤峰糖厂 418808
36 阜新市粮油工贸总公司 414771
37 诸城市粮油总公司 411200
38 石河子八一制糖厂 408055
39 樟树粮油公司 399338
40 广东省国营紫坭糖厂 393036
41 广东省广前糖业有限公司 392427
42 天津正大饲料科技有限公司 389114
43 包头糖厂 383793
44 东莞市东糖实业集团公司 371432
45 江西民星企业集团公司 369729
46 黑龙江省红光糖厂 362784

47 扶绥县东亚糖业有限公司	359562
48 中山市中糖集团有限公司	356177
49 上海嘉里粮油工业有限公司	353294
50 中国得利斯集团公司	352822
51 厦门中鹭植物油有限公司	352148
52 正大岳阳有限公司	346105
53 吉林省制糖厂	329169
54 日照市水产集团总公司	328762
55 广西驮卢东亚糖业有限公司	322373
56 舟山海洋渔业公司	321350
57 广西壮族自治区桂平糖厂	319947
58 中国青岛罐头食品厂有限公司	316914
59 扶绥县东门糖厂	313381
60 郑州海嘉食品有限公司	310290
61 广西南宁市制糖造纸厂	308736
62 福建省漳州糖厂	305368
63 合肥正大有限公司	300347
64 黑龙江和平糖厂	297233
65 巴彦淖尔盟临河糖厂	297212
66 崇左东亚糖业有限公司	296034
67 武汉肉类联合加工工厂	288692
68 南京天环食品（集团）有限公司	287931
69 宁夏银川糖厂	285249
70 合浦县味宝糖业有限公司	284314
71 南通正大有限公司	284225
72 北京市潞河面粉公司	283674
73 青岛德维集团公司	281074

74 郑州郑荣食品有限公司	279400
75 山东风祥总公司	276038
76 普陀海洋渔业集团公司	275760
77 上思县糖厂	275324
78 山西省大同糖厂	274864
79 黑龙江省友谊糖厂	274461
80 邕宁县明阳糖厂	274163
81 甘肃省酒泉糖厂	269580
82 伊犁糖厂	268056
83 平沙糖厂	267160
84 大连粮食工业总厂	267099
85 梧州面粉股份有限公司	266135
86 黑龙江省齐齐哈尔市糖厂	265096
87 广西柳兴实业开发总公司	264160
88 广东省国营遂溪建国糖厂	263670
89 广西宁明东亚糖业有限公司	263217
90 青岛海丰集团公司	262347
91 武宣县糖厂	261504
92 连云港如意食品有限公司	261250
93 广州市南方面粉股份有限公司	251973
94 北京恒通食品有限公司	251122
95 青岛崂山区王哥庄化工厂	250020
96 新疆昌吉糖厂	245506
97 广西那彭欧亚糖业有限公司	244931
98 黑龙江省依安糖厂	244645
99 沈阳香雪面粉股份有限公司（第二粮库）	239798
100 西安市群众面粉厂	239072

食品制造业（一）

销售收入（千元）

1 天津顶益国际食品有限公司	2221675
2 江苏维维集团	2191223
3 河南省莲花味精企业集团	2140623
4 河南省中原工贸公司	1483740
5 海南省地方国营海口罐头厂	1137337
6 杭州娃哈哈集团公司	1114502
7 仙妮蕾德（广州）有限公司	933353
8 菱花集团公司	805494
9 广州顶益国际食品有限公司	719874
10 菏泽市沙土酿造厂	669227
11 冠生园（集团）总公司（核）	572571
12 广西黑五类食品集团公司	558000
13 广州番禺糖果有限公司	552853
14 双城雀巢有限公司	537710
15 大地集团公司	497089
16 防城港新海油脂工业有限公司	489041
17 佛山市海天调味食品有限公司	466557
18 沂水县青援食品厂	462895
19 箭牌口香糖有限公司	455679
20 上海佳丰食品厂	425965
21 汕头中孚集团公司	416141
22 山东龙丰集团公司	407957
23 黄龙食品工业有限公司	404500
24 广州麦芽有限公司	371431
25 石家庄市乳业集团公司	364455
26 内蒙古伊利实业股份有限公司	350211
27 珠海华丰食品工业股份有限公司	334385
28 漯河罐头食品总厂	333275
29 广州奥桑味精食品有限公司	322591
30 江苏菊花味精集团公司	312340
31 上海乳品二厂	303027
32 上海天厨味精厂	301401
33 中山市美怡乐食品总厂	288029
34 厦门罐头厂	285969
35 泉州中侨（集团）股份有限公司	278715
36 沈阳味精厂	274368
37 上海梅林食品有限公司	256995
38 北京统一食品有限公司	245541
39 深圳市光明华侨畜牧场晨光饮料公司	233484
40 江门达能饼干有限公司	219941
41 德清县升华集团（生物化学总公司）	209020
42 肇庆星湖味精股份有限公司	207570
43 杭州丰汇发酵有限公司	203612
44 浙江义乌糖厂	202051
45 上海味丹食品有限公司	201896
46 上海达能饼干食品有限公司	201332
47 武汉统一企业食品有限公司	201075
48 吉林新源玉米开发有限公司	200429
49 上海屈臣氏益民食品有限公司	188883
50 江苏省珍丰集团公司	183050
51 广州鹰金钱企业集团公司	179541
52 武汉味全食品有限公司	177354
53 开平市味事达调味品有限公司	176602
54 台山市英达利企业集团股份有限公司	173866
55 杭州五丰冷食有限公司	172644
56 青岛大洋食品集团股份有限公司	165520
57 茌平县三九味精有限公司	162946
58 温州快鹿集团公司	159193
59 秦皇岛市抚宁县淀粉葡萄糖厂	158389
60 东亚食品有限公司	156402
61 上海正广和饮用水有限公司	155752
62 广州致美斋食品有限公司	155393
63 上海梅林罐头食品厂	155368
64 舟山海力生（集团）公司	152584
65 青岛食品股份有限公司	151245
66 山东柳絮集团有限公司	148809
67 上海乳品八厂	148352
68 南宁市味精厂	148034
69 西安旅游食品厂	147976
70 湖州北港企业集团公司	147499
71 五三罐头厂	143371
72 上海海鸥酿造公司	142328
73 上海大昌儿童食品有限公司	140235
74 广州冷冻食品有限公司	139956
75 无锡市中亚化学有限公司	136671
76 哈尔滨松江罐头厂	134392
77 济宁抗生素厂兖州淀粉厂	133680
78 哈尔滨松花江第二乳品厂	128933
79 国营青岛味精厂	128816
80 桂林味全食品有限公司	125765
81 国营金州麦芽厂	124571
82 山东寿光华宝实业有限公司	120527

83 诸城市淀粉股份有限公司	118683
84 四川飞亚企业公司	117595
85 扬州食品制造总厂	116890
86 广州积士佳食品有限公司	115603
87 浙江味元食品有限公司	112028
88 镇江恒顺酱醋厂	109675
89 浙江黄岩罐头食品厂	109087
90 山西省康美食品厂	106924
91 无锡星达生物工程有限公司	106843
92 亨氏联合有限公司	106680
93 上海福乐冰淇淋食品有限公司	106082
94 柳州市糖果二厂	105753
95 广西明阳淀粉化工总厂	103688
96 浙江金华肉类联合加工厂	102044
97 扬州春蕾集团有限公司	101704
98 嘉士利饼业公司	101481
99 中国人民解放军第四零零三工厂	101156
100 江西乳品厂	100910

食品制造业（二）

利税总额（千元）

1 天津顶益国际食品有限公司	621532
2 仙妮蕾德（广州）有限公司	449711
3 江苏维维集团	312680
4 广州番禺糖果有限公司	241214
5 杭州娃哈哈集团公司	236682
6 河南省莲花味精企业集团	211538
7 广州顶益国际食品有限公司	184564
8 上海佳丰食品厂	125331
9 珠海华丰食品工业股份有限公司	119908
10 广西黑五类食品集团公司	107708
11 河南省中原工贸公司	99910
12 箭牌口香糖有限公司	90316
13 菱花集团公司	82407
14 佛山市海天调味食品有限公司	69656
15 内蒙古伊利实业股份有限公司	63689
16 上海梅林（集团）有限公司	63057
17 黄龙食品工业有限公司	60900
18 广州麦芽有限公司	60555
19 上海乳品二厂	55494
20 肇庆星湖味精股份有限公司	47637
21 双城雀巢有限公司	47340
22 菏泽市沙土酿造厂	45881
23 北京统一食品有限公司	45875
24 山东龙丰集团公司	43559
25 李锦记（广州）食品有限公司	42969
26 上海海鸥酿造公司	40207
27 冠生园（集团）总公司（核）	35522
28 广州奥桑味精食品有限公司	34670
29 海南省地方国营海口罐头厂	34272
30 茌平县三九味精有限公司	32832
31 东亚食品有限公司	32437
32 上海达能饼干食品有限公司	32154
33 杭州丰汇发酵有限公司	31772
34 德清县升华集团（生物化学总公司）	31147
35 镇江恒顺酱醋厂	30254
36 深圳市光明华侨畜牧场晨光饮料公司	30131
37 杭州五丰冷食有限公司	28706
38 浙江义乌糖厂	28464
39 沂水县青援食品厂	28417
40 哈尔滨松江罐头厂	28289
41 中山市美怡乐食品总厂	28067
42 广州致美斋食品有限公司	28049
43 厦门罐头厂	27968
44 石家庄市乳业集团公司	27172
45 江苏省珍丰集团公司	26310
46 哈尔滨马利酵母有限公司	25503
47 江苏菊花味精集团公司	23588
48 泉州中侨（集团）股份有限公司	22713
49 舟山海力生（集团）公司	22618
50 漯河罐头食品总厂	22438
51 广州冷冻食品有限公司	22426
52 温州快鹿集团公司	21653
53 大地集团公司	21551
54 上海乳品八厂	18889
55 沈阳味精厂	17472
56 上海正广和饮用水有限公司	16198
57 山东柳絮集团有限公司	16010
58 上海大昌儿童食品有限公司	16001
59 文登市鹏程食品有限公司	15984
60 国营金州麦芽厂	15767
61 南宁市味精厂	15249
62 上海格力高日清食品有限公司	15185
63 洱源县邓川奶粉厂	14564
64 宜昌食用酵母基地	14521

65 济宁抗生素厂兖州淀粉厂	13860	83 安徽省蚌埠柠檬酸厂	11317
66 青岛食品股份有限公司	13754	84 杭州佑康食品有限公司	11280
67 广西明阳淀粉化工总厂	13565	85 临沂柠檬酸厂	11263
68 上海天厨味精厂	13320	86 上海梅林食品有限公司	11039
69 西安旅游食品厂	13223	87 秦皇岛市抚宁县淀粉葡萄糖厂	10230
70 武汉统一企业食品有限公司	13152	88 山东都庆集团公司	10131
71 哈尔滨松花江第二乳品厂	13014	89 广州积士佳食品有限公司	10126
72 山东寿光华宝实业有限公司	12878	90 荔浦县罐头食品厂	10025
73 台山市英达利企业集团股份有限公司	12069	91 嘉士利饼业公司	9828
74 广东省珠海市糖果饼干总厂	11931	92 浙江黄岩罐头食品厂	9799
75 柳州市糖果二厂	11892	93 天津美登高食品有限公司	9613
76 山东省文登市昆嵛花生制品厂	11877	94 江西乳品厂	9587
77 上海川崎食品公司	11850	95 上海乳品一厂	9516
78 诸城市淀粉股份有限公司	11672	96 黑龙江省肇东市宋站乳品厂	9269
79 开平市味事达调味品有限公司	11649	97 青岛大洋食品集团股份有限公司	9171
80 上海申丰食品有限公司	11648	98 开平嘉士利果子有限公司	8865
81 光明松鹤乳品有限责任公司	11558	99 山东菱花集团总公司静海味精厂	8768
82 湖州北港企业集团公司	11477	100 成都耀华食品厂	8660

食品制造业（三）

资产总计（千元）

1 天津顶益国际食品有限公司	2776243	24 德清县升华集团（生物化学总公司）	396147
2 河南省莲花味精企业集团	2567493	25 北京卡夫食品有限公司	388464
3 菱花集团公司	2301215	26 广西黑五类食品集团公司	382456
4 杭州娃哈哈集团公司	1569234	27 广州番禺糖果有限公司	370420
5 江苏维维集团	1049584	28 大地集团公司	362370
6 海南省地方国营海口罐头厂	1010255	29 武汉顶益食品有限公司	355333
7 珠海华丰食品工业股份有限公司	1007918	30 江门达能饼干有限公司	354400
8 河南省中原工贸公司	930019	31 青岛大洋食品集团股份有限公司	352399
9 吉林新源玉米开发有限公司	831473	32 无锡市中亚化学有限公司	344610
10 冠生园（集团）总公司（核）	748788	33 美赞臣（广州）有限公司	341993
11 广州顶益国际食品有限公司	741435	34 广州鹰金钱企业集团公司	326499
12 双城雀巢有限公司	690349	35 箭牌口香糖有限公司	324371
13 泉州中侨（集团）股份有限公司	652609	36 广州奥桑味精食品有限公司	313403
14 台山市英达利企业集团股份有限公司	593713	37 防城港新海油脂工业有限公司	311317
15 上海梅林（集团）有限公司	569980	38 厦门罐头厂	304567
16 黄龙食品工业有限公司	535300	39 上海乳品二厂	300486
17 嘉士利饼业公司	508723	40 广州家乐氏（中国）有限公司	296804
18 沈阳味精厂	464636	41 佛山市海天调味食品有限公司	292958
19 菏泽市沙土酿造厂	450323	42 广州味精食品厂	289211
20 上海佳丰食品厂	433487	43 肇庆星湖味精股份有限公司	288160
21 广州麦芽有限公司	425122	44 秦皇岛市山海关食品厂	282528
22 仙妮蕾德（广州）有限公司	423375	45 上海味丹食品有限公司	272357
23 辽宁玉深股份有限公司	401352	46 内蒙古伊利实业股份有限公司	267699

47 山东龙丰集团公司	263402
48 江苏省珍丰集团公司	254970
49 上海屈臣氏益民食品有限公司	248780
50 武汉统一企业食品有限公司	248571
51 扬州五一食品集团公司	242806
52 南宁罐头食品厂	240836
53 广州羊城麦芽厂	240430
54 江苏菊花味精集团公司	238376
55 大连罐头食品厂	237026
56 中山市美怡乐食品总厂	235501
57 安徽省蚌埠柠檬酸厂	233776
58 广州统一企业有限公司	226977
59 上海达能饼干食品有限公司	226362
60 上海海鸥酿造公司	223095
61 扬州食品制造总厂	216401
62 国营青岛味精厂	215052
63 漯河罐头食品总厂	214733
64 上海新安乳品公司	213200
65 北京义利食品公司	206863
66 上海福乐冰淇淋食品有限公司	205935
67 黑龙江省佳木斯肉类联合加工厂	205620
68 福建省漳州罐头食品总厂	205109
69 江苏凯亨生化实业（集团）公司	201571
70 哈尔滨松江罐头厂	197347
71 广东华威饼业份有限公司	195493
72 武汉味全食品有限公司	195310
73 味可美（广州）食品有限公司	189356
74 洛阳三乐食品集团股份有限公司	188508
75 东亚食品有限公司	186647
76 吉林省吉发食品工业有限公司	185971
77 浙江义乌糖厂	185014
78 天津市罐头厂	183808
79 上海梅林食品有限公司	181974
80 许昌市柠檬酸厂	180459
81 宜昌食用酵母基地	176144
82 南京市酿造（集团）公司	175347
83 开平市味事达调味品有限公司	173318
84 荣成食品工业集团总公司	171721
85 广东省广宁县葡萄糖厂	171596
86 上海天厨味精厂	166294
87 济宁市罐头食品总厂	165759
88 上海申丰食品有限公司	164527
89 无锡星达生物工程有限公司	163889
90 广西明阳淀粉化工总厂	162566
91 大连三岛食品有限公司	162314
92 光明松鹤乳品有限责任公司	162277
93 福建省莆田县罐头厂	162136
94 四川飞亚企业公司	161982
95 广州越兴家乐食品有限公司	157612
96 亨氏联合有限公司	155252
97 成都耀华食品厂	155046
98 地方国营榆树市淀粉厂	154092
99 北京北冰洋食品公司	148341
100 浙江黄岩罐头食品厂	147776

饮料制造业（一）

销售收入（千元）

序号	企业	销售收入（千元）
1	四川省宜宾五粮液酒厂	2361080
2	广东健力宝饮料厂	2232705
3	上海中美饮料食品有限公司	2020490
4	青岛啤酒股份有限公司	1503596
5	四川省成都全兴酒厂	1075027
6	海南椰风食品工业有限公司	982790
7	泸州老窖股份有限公司	964353
8	山东秦池酒厂	950279
9	亳州市古井酒厂	948248
10	山东省兰陵企业集团总公司	833379
11	安徽种子酒总厂	782172
12	四川沱牌集团有限公司	755225
13	安徽双轮集团高炉酒厂	747692
14	北京燕京啤酒集团公司	725489
15	肇庆蓝带啤酒卢堡有限公司	694909
16	山东景芝酒业股份有限公司	694174
17	广州市珠江啤酒集团公司	680480
18	曲阜孔府家集团总公司	675991
19	泗阳县江苏洋河酒厂	644316
20	山西省杏花村汾酒集团公司	643845
21	南京中萃食品有限公司	641580
22	宁陵县张弓酒厂	638968
23	四川剑南春股份有限公司	617646
24	鱼台县孔府宴酒厂	605822
25	上海百事可乐饮料有限公司	581733
26	沈阳华润雪花啤酒有限公司	568741
27	天津可口可乐饮料有限公司	547186
28	北京红星酿酒集团公司	541893
29	浙江钱啤集团股份有限公司	533058
30	中国贵州茅台酒厂	509841
31	深圳啤酒有限公司	484216
32	杭州中萃食品有限公司	469472
33	烟台张裕葡萄酿酒公司	469020
34	兰州黄河啤酒有限公司	461482
35	广州生力啤酒有限公司	447179
36	陕西宝鸡啤酒厂陕西宝鸡酒精厂	440598
37	东莞市雀巢有限公司	422536
38	莆田金匙啤酒有限公司	422340
39	广东省太阳神集团公司	418811
40	上海民乐啤酒饮料有限公司	407231
41	商丘县林河酒厂	401775
42	广州百事可乐饮料有限公司	398287
43	肇庆蓝带啤酒高利有限公司	393513
44	百威（武汉）国际啤酒有限公司	385330
45	北京广东健力宝饮料有限公司	381647
46	济南啤酒集团总公司	380073
47	武汉东西湖啤酒集团股份有限公司	372399
48	四川蓝剑集团公司	358841
49	武汉可口可乐饮料有限公司	357778
50	海南饮料食品有限公司	357170
51	江苏双沟酒厂	355655
52	哈尔滨啤酒厂	355505
53	广东太古可口可乐有限公司	353788
54	山东坊子酒厂	352730
55	徐州泥池酒厂	346285
56	河南省赊店酒厂	340000
57	河南仰韶酒总公司	334487
58	大连可口可乐饮料有限公司	327840
59	河南省宋河酒厂	322362
60	成都孔圣酒业股份公司	321280
61	江苏泗洪酒厂	314860
62	中国绍兴黄酒集团公司	314368
63	山东寿光酿酒总厂	309084
64	中法合营王朝葡萄酿酒有限公司	307517
65	福建惠泉啤酒集团公司	306719
66	山东泰山酿酒饮料（集团）股份有限公司	306317
67	北京亚洲双合盛五星啤酒有限公司	306309
68	重庆啤酒集团公司	296472
69	安徽省沙河酒厂	291488
70	青岛崂山啤酒厂	288837
71	湘西自治州湘泉酒总厂	287561
72	河北露露企业集团公司	281982
73	内蒙古宁城老窖集团	278805
74	曲阜三孔啤酒有限公司	271631
75	巴斯金士百啤酒有限公司一厂	269548
76	河北衡水老白干酒厂	265024
77	健力宝北海有限公司	264036
78	福建雪津啤酒集团公司	262016
79	百事（中国）有限公司	260119
80	河南金星啤酒集团有限公司	255571
81	桂林漓泉股份有限公司	253894
82	贵州省黔西南州兴义贵州醇酒厂	253795

83 湖北金龙泉集团股份有限公司 245862
84 唐山联欧豪门啤酒有限公司 241744
85 淮北市口子酒厂 241143
86 安徽省明光酒厂 241049
87 松源食品工业公司 238347
88 佛山市石湾酒厂 233073
89 大连棒棰岛啤酒厂 232150
90 河南省南阳酒精总厂 226476
91 惠州啤酒有限公司 225580
92 烟台中策啤酒有限公司 224528
93 广东省健力宝天然饮品有限公司 223911
94 张家口市宣化啤酒厂 220341
95 泰安市啤酒厂 216518
96 山东琥珀啤酒厂 216292
97 广美食品有限公司 214636
98 杨协成（广州）有限公司 212773
99 四川亚太企业集团 212040
100 新疆兵团四师伊犁酿酒总厂 205951

饮料制造业（二）

利税总额（千元）

1 四川省宜宾五粮液酒厂 747043
2 上海中美饮料食品有限公司 626769
3 泸州老窖股份有限公司 555309
4 亳州市古井酒厂 515640
5 青岛啤酒股份有限公司 346102
6 四川省成都全兴酒厂 315087
7 安徽双轮集团高炉酒厂 298713
8 中国贵州茅台酒厂 281064
9 北京燕京啤酒集团公司 271277
10 安徽种子酒总厂 269608
11 山西省杏花村汾酒集团公司 262311
12 四川剑南春股份有限公司 231401
13 泗阳县江苏洋河酒厂 227311
14 曲阜孔府家集团总公司 226877
15 山东省兰陵企业集团总公司 225160
16 广东健力宝饮料厂 221886
17 山东秦池酒厂 220161
18 广州市珠江啤酒集团公司 216595
19 湘西自治州湘泉酒总厂 216006
20 中法合营王朝葡萄酿酒有限公司 199913
21 四川沱牌集团有限公司 195747
22 山东景芝酒业股份有限公司 189954
23 沈阳华润雪花啤酒有限公司 161694
24 鱼台县孔府宴酒厂 160681
25 深圳啤酒有限公司 160668
26 宁陵县张弓酒厂 155637
27 肇庆蓝带啤酒卢堡有限公司 152824
28 江苏双沟酒厂 140750
29 莆田金匙啤酒有限公司 135384
30 武汉东西湖啤酒集团股份有限公司 133541
31 浙江钱啤集团股份有限公司 129361
32 上海民乐啤酒饮料有限公司 126352
33 百事（中国）有限公司 123165
34 山东坊子酒厂 123000
35 北京红星酿酒集团公司 118167
36 重庆啤酒集团公司 116723
37 广州生力啤酒有限公司 116698
38 商丘县林河酒厂 113472
39 广东省太阳神集团公司 110540
40 贵州省黔西南州兴义贵州醇酒厂 109596
41 四川蓝剑集团公司 109290
42 兰州黄河啤酒有限公司 107641
43 安徽省沙河酒厂 107165
44 福建雪津啤酒集团公司 102511
45 烟台张裕葡萄酿酒公司 102180
46 山东泰山酿酒饮料（集团）股份有限公司 102000
47 福建惠泉啤酒集团公司 101702
48 肇庆蓝带啤酒高利有限公司 100582
49 河南省宋河酒厂 99265
50 北京市牛栏山酒厂 99146
51 曲阜三孔啤酒有限公司 89980
52 上海百事可乐饮料有限公司 88828
53 古蔺县郎酒厂 81575
54 中国绍兴黄酒集团公司 79498
55 哈尔滨啤酒厂 79047
56 黑龙江省一面坡啤酒厂 77440
57 天津市天宫葡萄酿酒公司 77114
58 湖北金龙泉集团股份有限公司 75283
59 桂林漓泉股份有限公司 74586
60 新疆兵团四师伊犁酿酒总厂 72879
61 陕西宝鸡啤酒厂陕西宝鸡酒精厂 70243
62 青岛崂山啤酒厂 69815
63 南京中萃食品有限公司 68170
64 杭州中萃食品有限公司 66908

65 北京广东健力宝饮料有限公司	65333
66 河南仰韶酒总公司	64853
67 安徽省明光酒厂	64333
68 内蒙古宁城老窖集团	64125
69 河南金星啤酒集团有限公司	63716
70 北京燕京啤酒集团公司一分厂	63147
71 淮北市口子酒厂	62466
72 江苏泗洪酒厂	62429
73 河北衡水老白干酒厂	61952
74 济南啤酒集团总公司	61182
75 绍兴东风酒厂	61158
76 山东寿光酿酒总厂	60705
77 大连棒棰岛啤酒厂	60437
78 青海青稞酒厂	59110
79 东莞市雀巢有限公司	58325
80 天津可口可乐饮料有限公司	57395
81 杭州中策啤酒（股份）有限公司	56732
82 河南省赊店酒厂	56595
83 文登市啤酒厂	55130
84 江苏太湖水集团有限公司	54999
85 天津努德莱斯巴食品有限公司	53745
86 广东省顺德市酒厂	52949
87 松源食品工业公司	51199
88 广州百事可乐饮料有限公司	51175
89 中国长城葡萄酒有限公司	50994
90 山东扳倒井集团酒厂	50411
91 中国江苏三得利食品有限公司	50374
92 张家口市宣化啤酒厂	49635
93 佛山市石湾酒厂	49318
94 南海市九江酒厂有限公司	48647
95 山东无名啤酒厂	47563
96 天津酿酒厂	46403
97 广州屈臣氏食品饮料有限公司	46357
98 厦门银城股份有限公司	46264
99 烟台中策啤酒有限公司	44975
100 济南酿酒厂	44377

饮料制造业（三）

资产总计（千元）

1 青岛啤酒股份有限公司	3063560
2 广州市珠江啤酒集团公司	2100326
3 四川省宜宾五粮液酒厂	1977664
4 山西省杏花村汾酒集团公司	1702530
5 上海中美饮料食品有限公司	1582222
6 中国贵州茅台酒厂	1511778
7 广东健力宝饮料厂	1509175
8 亳州市古井酒厂	1403118
9 北京燕京啤酒集团公司	1127983
10 四川沱牌集团有限公司	1073779
11 泸州老窖股份有限公司	1064200
12 四川省成都全兴酒厂	1003567
13 北京亚洲双合盛五星啤酒有限公司	981544
14 深圳啤酒有限公司	961944
15 唐山联欧豪门啤酒有限公司	930950
16 沈阳华润雪花啤酒有限公司	919846
17 武汉东西湖啤酒集团股份有限公司	915344
18 中国绍兴黄酒集团公司	875093
19 广东省太阳神集团公司	873156
20 湖北金龙泉集团股份有限公司	848679
21 广西南宁市万力啤酒饮料总公司	833899
22 肇庆蓝带啤酒卢堡有限公司	779118
23 海南椰风食品工业有限公司	779110
24 四川剑南春股份有限公司	767042
25 上海民乐啤酒饮料有限公司	757870
26 巴斯金士百啤酒有限公司一厂	743294
27 泗阳县江苏洋河酒厂	734910
28 济南啤酒集团总公司	723773
29 湘西自治州湘泉酒总厂	722742
30 松源食品工业公司	713311
31 河北露露企业集团公司	711662
32 河南省宋河酒厂	703560
33 曲阜孔府家集团总公司	649679
34 肇庆蓝带啤酒高利有限公司	643605
35 山东省兰陵企业集团总公司	639020
36 江苏双沟酒厂	622968
37 重庆啤酒集团公司	618746
38 东莞市雀巢有限公司	581022
39 山东酒精总厂	570042
40 百威（武汉）国际啤酒有限公司	568950
41 广东太古可口可乐有限公司	565311
42 兰州黄河啤酒有限公司	554261
43 古蔺县郎酒厂	524915
44 绍兴东风酒厂	522100
45 广东强力啤酒厂	515763
46 烟台张裕葡萄酿酒公司	510480

47 浙江钱啤集团股份有限公司	509012
48 江苏太湖水集团有限公司	504483
49 安徽双轮集团高炉酒厂	502946
50 贵州省黔西南州兴义贵州醇酒厂	499905
51 惠州啤酒有限公司	495860
52 福建雪津啤酒集团公司	491491
53 吉林天河实业有限公司	486694
54 宁陵县张弓酒厂	482987
55 天津可口可乐饮料有限公司	482503
56 新疆兵团四师伊犁酿酒总厂	476481
57 鱼台县孔府宴酒厂	474657
58 哈尔滨啤酒厂	471256
59 广州市广州糖果厂	471122
60 陕西宝鸡啤酒厂陕西宝鸡酒精厂	471067
61 张家口市宣化啤酒厂	466012
62 北京中策北京啤酒有限公司	459001
63 四川亚太企业集团	453972
64 沈阳飞龙保健品有限公司	447365
65 陕西省西凤酒厂	447234
66 北京红星酿酒集团公司	445222
67 贵州省遵义董酒厂	443301
68 杭州中策啤酒（股份）有限公司	435366
69 广通食品有限公司	432965
70 武汉可口可乐饮料有限公司	425668
71 上海百事可乐饮料有限公司	425459
72 安徽省圣泉啤酒厂	419794
73 安徽种子酒总厂	417429
74 安徽省明光酒厂	416575
75 莆田金匙啤酒有限公司	416102
76 河北省张家口长城酿酒公司	411225
77 北京三环亚太啤酒有限公司	409393
78 商丘县林河酒厂	407102
79 广州生力啤酒有限公司	402066
80 山东泰山酿酒饮料（集团）股份有限公司	398978
81 淮北市口子酒厂	398792
82 广州百事可乐饮料有限公司	396525
83 百事（中国）有限公司	396289
84 江苏高沟酒厂	391170
85 南昌罐头啤酒厂	381375
86 河南省汝阳县杜康总公司	380420
87 河北衡水老白干酒厂	379230
88 山东秦池酒厂	375845
89 甘肃凉州皇台酒厂	372619
90 河南省赊店酒厂	367068
91 上海富仕达酿酒有限公司	359248
92 河南省南阳酒精总厂	353188
93 安徽省沙河酒厂	350748
94 青岛崂山啤酒厂	348477
95 江苏泗洪酒厂	347794
96 博兴酒厂	347453
97 厦门绿泉实业总公司厦门饮料厂	340147
98 山海关卢堡啤酒有限公司	330962
99 山东景芝酒业股份有限公司	330089
100 四川蓝剑集团公司	328664

烟草加工业（一）

销售收入（千元）

企业	销售收入（千元）
1 玉溪红塔烟草（集团）有限责任公司	18944702
2 昆明卷烟厂	5638834
3 上海烟草（集团）公司	4983020
4 长沙卷烟厂	4620365
5 常德卷烟厂	2711260
6 贵阳卷烟厂	2453169
7 曲靖卷烟厂	2245401
8 云南楚雄卷烟厂	2175288
9 济南卷烟厂	2052420
10 蚌埠卷烟厂	2023627
11 颐中烟草（集团）有限公司	1988787
12 武汉卷烟厂	1935956
13 广州卷烟二厂	1751515
14 河南省新郑卷烟厂	1704823
15 芜湖市卷烟厂	1671923
16 昭通卷烟厂	1639925
17 郑州卷烟厂	1492546
18 红河卷烟厂	1356924
19 杭州卷烟厂	1227193
20 大理卷烟厂	1199990
21 成都卷烟厂	1192580
22 张家口卷烟厂	1168998
23 零陵卷烟厂	1154933
24 广州卷烟一厂	1094897
25 贵州省毕节卷烟厂	1094674
26 徐州卷烟厂	1088120
27 宝鸡卷烟厂	1053848
28 龙岩卷烟厂	1045130
29 郴州卷烟厂	971139
30 什邡卷烟厂	911313
31 许昌卷烟厂	895372
32 襄樊卷烟厂	864329
33 淮阴卷烟厂	848305
34 宁波卷烟厂	844223
35 遵义卷烟厂	822314
36 广西南宁卷烟厂	772973
37 厦门卷烟厂	772375
38 汉中烟草集团有限公司卷烟二厂	768470
39 哈尔滨卷烟厂	748509
40 柳州卷烟厂	730640
41 云南春城卷烟厂	640445
42 北京卷烟厂	627171
43 南阳卷烟厂	626211
44 重庆卷烟厂	600622
45 东方烟草（集团）有限公司青州卷烟厂	599098
46 驻马店卷烟厂	585989
47 石家庄卷烟厂	569499
48 涪陵卷烟厂	556890
49 南昌卷烟厂	553536
50 安阳卷烟厂	541373
51 南京卷烟厂	536396
52 深圳卷烟厂	519825
53 合肥卷烟厂	484457
54 凉山烟草企业	481309
55 四川卷烟厂	457508
56 呼和浩特市卷烟厂	443888
57 广东梅州卷烟厂	441642
58 绵阳卷烟厂	441292
59 阜阳卷烟厂	426297
60 延吉卷烟厂	414580
61 红安县卷烟厂	393730
62 黔江卷烟厂	383470
63 广水卷烟厂	378290
64 广东韶关卷烟厂	375836
65 兰州卷烟厂	373330
66 贵州省贵定卷烟厂	367825
67 来凤县卷烟厂	352199
68 新疆卷烟厂	339532
69 营口卷烟厂	339283
70 滁州卷烟厂	330091
71 长春卷烟厂	320528
72 天津卷烟厂	316693
73 中国烟草山东省公司沂水烟叶复烤厂	304538
74 海南卷烟厂	295996
75 滕州卷烟厂	286042
76 湖北烟草公司枣阳卷烟厂	284782
77 湛江卷烟厂	282943
78 三峡卷烟厂	282403
79 建始烟厂	281306
80 绥化卷烟厂	276080
81 太原卷烟厂	275496
82 凤凰雪茄烟厂	261710

83 海林卷烟厂	247217
84 会泽卷烟厂	232423
85 沈阳卷烟厂	230934
86 四川省什邡光明烟厂	220998
87 澄城卷烟厂	218930
88 湖南省龙山县卷烟厂	214740
89 穆棱卷烟厂	213440
90 广西壮族自治区钟山卷烟厂	208316
91 保定卷烟厂	203949
92 洛阳卷烟厂	201836
93 利川市卷烟厂	199522
94 河南汝州卷烟厂	188907
95 新邵卷烟厂	182301
96 开封卷烟厂	179765
97 延安卷烟厂	179532
98 吉林省四平卷烟厂	166623
99 中江雪茄烟厂	164413
100 富川瑶族自治县卷烟厂	159642

烟草加工业（二）

利税总额（千元）

1 玉溪红塔烟草（集团）有限责任公司	16768686
2 昆明卷烟厂	4113174
3 上海烟草（集团）公司	3177635
4 长沙卷烟厂	2560952
5 曲靖卷烟厂	1702812
6 常德卷烟厂	1541400
7 颐中烟草（集团）有限公司	1387203
8 贵阳卷烟厂	1310564
9 济南卷烟厂	1293382
10 云南楚雄卷烟厂	1205059
11 蚌埠卷烟厂	1117459
12 昭通卷烟厂	1068248
13 广州卷烟二厂	1025923
14 河南省新郑卷烟厂	978453
15 芜湖市卷烟厂	964734
16 武汉卷烟厂	944060
17 红河卷烟厂	841594
18 郑州卷烟厂	812657
19 成都卷烟厂	716146
20 杭州卷烟厂	692219
21 徐州卷烟厂	682270
22 大理卷烟厂	645177
23 零陵卷烟厂	618488
24 张家口卷烟厂	605265
25 贵州省毕节卷烟厂	593169
26 淮阴卷烟厂	581628
27 广州卷烟一厂	563169
28 龙岩卷烟厂	537480
29 宝鸡卷烟厂	514691
30 什邡卷烟厂	512913
31 郴州卷烟厂	492023
32 宁波卷烟厂	490675
33 广西南宁卷烟厂	490183
34 许昌卷烟厂	480869
35 遵义卷烟厂	469842
36 东方烟草（集团）有限公司青州卷烟厂	466717
37 哈尔滨卷烟厂	431233
38 厦门卷烟厂	420588
39 汉中烟草集团有限公司卷烟二厂	389757
40 南京卷烟厂	366930
41 柳州卷烟厂	356100
42 南阳卷烟厂	347247
43 南昌卷烟厂	344327
44 云南春城卷烟厂	326976
45 涪陵卷烟厂	315596
46 北京卷烟厂	313910
47 驻马店卷烟厂	309914
48 襄樊卷烟厂	281623
49 深圳卷烟厂	276756
50 石家庄卷烟厂	272411
51 安阳卷烟厂	270254
52 重庆卷烟厂	262056
53 呼和浩特市卷烟厂	247292
54 凉山烟草企业	244290
55 四川卷烟厂	240217
56 广东梅州卷烟厂	234534
57 绵阳卷烟厂	234197
58 延吉卷烟厂	226670
59 营口卷烟厂	224228
60 阜阳卷烟厂	216233
61 合肥卷烟厂	210475
62 兰州卷烟厂	200979
63 新疆卷烟厂	196805
64 黔江卷烟厂	188760

65 广东韶关卷烟厂	183485	83 广西壮族自治区钟山卷烟厂	113701
66 广水卷烟厂	173342	84 湖南省龙山县卷烟厂	111058
67 贵州省贵定卷烟厂	172312	85 建始烟厂	109131
68 天津卷烟厂	163589	86 海南卷烟厂	106254
69 太原卷烟厂	153693	87 穆棱卷烟厂	102926
70 会泽卷烟厂	153332	88 四川省什邡光明烟厂	95097
71 沈阳卷烟厂	145721	89 洛阳卷烟厂	94533
72 滁州卷烟厂	145224	90 三峡卷烟厂	89964
73 长春卷烟厂	142201	91 延安卷烟厂	88008
74 湖北烟草公司枣阳卷烟厂	141617	92 新邵卷烟厂	86440
75 滕州卷烟厂	138712	93 利川市卷烟厂	86231
76 红安县卷烟厂	131390	94 富川瑶族自治县卷烟厂	85759
77 海林卷烟厂	125607	95 漯河卷烟厂	84718
78 湛江卷烟厂	123890	96 中江雪茄烟厂	81785
79 保定卷烟厂	123882	97 赣南卷烟厂	78776
80 来凤县卷烟厂	120037	98 开封卷烟厂	74104
81 绥化卷烟厂	116546	99 天水卷烟厂	71736
82 凤凰雪茄烟厂	114180	100 河南汝州卷烟厂	70230

烟草加工业（三）

资产总计（千元）

1 玉溪红塔烟草（集团）有限责任公司	22249545	24 贵州省毕节卷烟厂	1284690
2 上海烟草（集团）公司	8429940	25 郑州卷烟厂	1278553
3 昆明卷烟厂	6138398	26 广州卷烟一厂	1253276
4 长沙卷烟厂	5188138	27 哈尔滨卷烟厂	1100467
5 贵阳卷烟厂	4064108	28 宁波卷烟厂	1030606
6 昭通卷烟厂	2971116	29 零陵卷烟厂	993707
7 曲靖卷烟厂	2956305	30 重庆卷烟厂	970020
8 云南楚雄卷烟厂	2792413	31 徐州卷烟厂	961820
9 武汉卷烟厂	2289502	32 郴州卷烟厂	928301
10 红河卷烟厂	2254138	33 遵义卷烟厂	885109
11 常德卷烟厂	2220760	34 汉中烟草集团有限公司卷烟二厂	865911
12 蚌埠卷烟厂	2071621	35 襄樊卷烟厂	848750
13 大理卷烟厂	1848046	36 厦门卷烟厂	819196
14 颐中烟草（集团）有限公司	1793211	37 许昌卷烟厂	813646
15 广州卷烟二厂	1780294	38 石家庄卷烟厂	786291
16 杭州卷烟厂	1727934	39 天津卷烟厂	783870
17 济南卷烟厂	1685983	40 安阳卷烟厂	775756
18 成都卷烟厂	1558670	41 贵州省贵定卷烟厂	749944
19 河南省新郑卷烟厂	1525353	42 沈阳卷烟厂	741586
20 芜湖市卷烟厂	1519574	43 宝鸡卷烟厂	740422
21 云南春城卷烟厂	1471598	44 南昌卷烟厂	733039
22 张家口卷烟厂	1441902	45 淮阴卷烟厂	731447
23 龙岩卷烟厂	1380000	46 广西南宁卷烟厂	703719

序号	厂名	数值
47	会泽卷烟厂	688812
48	营口卷烟厂	677219
49	北京卷烟厂	676905
50	柳州卷烟厂	664590
51	驻马店卷烟厂	661635
52	合肥卷烟厂	636147
53	南京卷烟厂	634909
54	延吉卷烟厂	609540
55	呼和浩特市卷烟厂	582590
56	凉山烟草企业	578869
57	什邡卷烟厂	566100
58	海南卷烟厂	548087
59	来凤县卷烟厂	547731
60	广东韶关卷烟厂	545992
61	凤凰雪茄烟厂	529513
62	深圳卷烟厂	511036
63	太原卷烟厂	510562
64	阜阳卷烟厂	496979
65	长春卷烟厂	496652
66	建始烟厂	496631
67	广东梅州卷烟厂	496010
68	南阳卷烟厂	486846
69	湛江卷烟厂	482061
70	黔江卷烟厂	469080
71	贵州省青松烟厂	459069
72	绵阳卷烟厂	458170
73	红安县卷烟厂	449506
74	滕州卷烟厂	448282
75	赣南卷烟厂	443180
76	东方烟草（集团）有限公司青州卷烟厂	440515
77	四川卷烟厂	412362
78	兰州卷烟厂	410500
79	涪陵卷烟厂	393644
80	广水卷烟厂	392463
81	滁州卷烟厂	380957
82	河南汝州卷烟厂	374021
83	开封卷烟厂	350119
84	洛阳卷烟厂	348210
85	贵州省铜仁卷烟厂	345430
86	澄城卷烟厂	331555
87	保定卷烟厂	306512
88	新疆卷烟厂	303805
89	湖南省龙山县卷烟厂	297140
90	四川省什邡光明烟厂	292534
91	漯河卷烟厂	286531
92	三峡卷烟厂	282336
93	许昌烤烟厂	268696
94	海林卷烟厂	268018
95	延安卷烟厂	264781
96	中国烟草山东省公司沂水烟叶复烤厂	256328
97	陕西省汉中烟草集团有限公司卷烟一厂	251381
98	县卷烟厂	248730
99	新邵卷烟厂	245625
100	陕西烤烟复烤厂	244945

纺织业（一）

销售收入（千元）

序号	企业名称	销售收入	序号	企业名称	销售收入
1	江苏阳光集团公司	2328686	42	天一纺织集团有限公司	461297
2	金轮集团公司	1954275	43	湖北襄棉集团总公司	460185
3	广东美雅集团股份有限公司	1821862	44	顺德市德润纺织实业公司	459744
4	绵阳印染厂	1448442	45	无锡庆丰纺织有限公司	452616
5	吴江盛泽印染总厂（中国鹰翔集团公司）	1313941	46	北京市三环毛纺针织集团公司	447894
6	上海针织九厂	1191993	47	保定一棉纺织有限责任公司	441848
7	苏州丝绸集团有限责任公司	1149238	48	江西棉纺织印染厂	440887
8	上海申达股份有限公司	1052563	49	江苏红柳床单集团公司	433411
9	鄂尔多斯羊绒制品股份有限公司	985313	50	余姚化纤棉纺织总厂	430825
10	华芳实业总公司	929530	51	山东滨州印染集团股份有限公司	428622
11	江苏华纺（集团）公司	924963	52	南通第一棉纺织厂	427036
12	吴江工艺织造厂	765213	53	河南嵩岳纺织工业集团郑州第三棉纺织厂	424038
13	新疆纺织工业（集团）公司	721364	54	国营石家庄第三棉纺织厂	417876
14	河南新野纺织（集团）股份有限公司	718125	55	江苏双山集团	412560
15	江阴市第九毛纺织厂	708179	56	丹阳棉纺织厂	408728
16	邹平县位桥棉纺织厂	690415	57	石河子八一棉纺织厂	406341
17	德州棉纺织厂	664672	58	大成纺织集团有限公司	401410
18	无锡市第一棉纺织厂	662163	59	南通第二棉纺织厂	400620
19	新疆天山毛纺织股份有限公司	601998	60	江阴市茶梅灯芯绒集团有限责任公司	399500
20	安徽省安庆市纺织厂	594790	61	湛江纺织企业集团公司	396261
21	江苏三毛集团公司	586040	62	浙江嘉兴毛纺织总厂	396020
22	浙江亚太布厂	572030	63	浙江虞乐工贸集团公司	394464
23	江苏垂虹集团公司	562088	64	北京第三棉纺织厂	394283
24	南海毛纺织企业股份有限公司	559242	65	邯郸第三棉纺织有限公司	386332
25	张家港市沙洲纺织印染公司	554780	66	江苏泰清集团公司	386207
26	潍坊华实纺织品（集团）公司	545774	67	扬州印染厂	384986
27	盐城市纺织厂	540010	68	河南嵩岳纺织工业集团郑州第四棉纺厂	381268
28	东莞长安镇福安纺织印染有限公司	536100	69	清江棉纺织厂	374921
29	浙江金威集团公司	532353	70	浙江龙柏集团公司	362457
30	湖北蒲圻纺织总厂	521082	71	安徽省阜阳纺织厂	361427
31	北京第二棉纺织厂	513024	72	昆山印染厂	360930
32	国营石家庄第二棉纺织厂	512091	73	南通第三棉纺织厂	360152
33	黑牡丹（集团）股份有限公司	507630	74	邯郸第四棉纺织有限公司	359198
34	河南省南阳棉纺织厂	502693	75	上海龙头（十七棉）股份有限公司	356994
35	周口地区周口棉纺织印染厂	495007	76	天津市第二棉纺织厂	356299
36	恩平市广联泰纺织企业有限公司	494414	77	邯郸第二棉纺织有限公司	355261
37	春华锦纶纺织有限公司	485498	78	国营西北第七棉纺织厂	355030
38	湖北省鄂州枫树纺织集团公司	484948	79	佛山市南方印染股份有限公司	354782
39	江苏通裕纺织集团公司	480202	80	武汉一棉实业集团股份有限公司	353554
40	国营石家庄第四棉纺织厂	474900	81	淮北印染厂	351926
41	洛阳白马企业集团公司	469975	82	芜湖市纺织厂	350677

83 江阴利用棉纺针织集团公司	349746	92 上海第二毛纺织厂	331676
84 河南嵩岳纺织工业集团郑州第六棉纺织厂	348417	93 江苏云蝠集团公司	331588
85 锡山市洛社印染厂	347650	94 国营西北第一棉纺织厂	330138
86 中外合资江苏宏大装饰绒有限公司	344750	95 江苏银宇纺织集团	329508
87 衡水市棉纺织厂	339966	96 杭州通达集团公司	327860
88 中国人民解放军第三五零九工厂	339935	97 江苏（灵丰）集团公司	327081
89 山东大兴华实业（集团）公司	336207	98 安徽省蚌埠灯芯绒集团公司	326274
90 枣庄市第二绵纺织厂	335060	99 武汉市第二棉纺织厂	323225
91 浙江龙巢纺织集团公司	331911	100 无锡市江苏银洋集团公司	323177

纺织业（二）

利税总额（千元）

1 江苏阳光集团公司	250233	33 河南新野纺织（集团）股份有限公司	39497
2 广东美雅集团股份有限公司	248262	34 保定一棉纺织有限责任公司	38535
3 鄂尔多斯羊绒制品股份有限公司	240770	35 无锡市第一棉纺织厂	38339
4 金轮集团公司	213882	36 天津牧津企业有限公司	37777
5 江苏三毛集团公司	145454	37 广东省三水市乐平镇广乐染织厂	37470
6 上海针织九厂	124137	38 南通第二棉纺织厂	36400
7 邹平县位桥棉纺织厂	120259	39 国营石家庄第三棉纺织厂	36217
8 上海海欣股份有限公司	91865	40 福建南纺股份有限公司	35875
9 吴江工艺织造厂	82107	41 上海三毛纺织股份有限公司	35575
10 华芳实业总公司	79830	42 国营石家庄第四棉纺织厂	34097
11 吴江盛泽印染总厂（中国鹰翔集团公司）	76711	43 上海望春花集团股份有限公司	33434
12 湖北省鄂州枫树纺织集团公司	72661	44 浙江龙柏集团公司	33095
13 佛山东亚股份有限公司	70696	45 河南省南阳棉纺织厂	33088
14 江苏华纺（集团）公司	70098	46 杭州凯地丝绸股份有限公司	32976
15 苏州丝绸集团有限责任公司	68515	47 浙江亚龙轻纺集团有限公司	32782
16 江阴市第九毛纺织厂	61513	48 德州棉纺织厂	32729
17 上海第三十五棉纺织厂	56381	49 浙江正兴纺织品集团公司	32600
18 浙江亚太布厂	54745	50 浙江金鹰纺机股份有限公司	32078
19 湖北仙桃毛毯集团公司	54199	51 江苏通裕纺织集团公司	31973
20 无锡协新毛纺织染有限公司	50733	52 佛山市南方印染股份有限公司	31537
21 黑牡丹（集团）股份有限公司	50490	53 盐城市纺织厂	31360
22 上海第十棉纺织厂	49299	54 浙江龙巢纺织集团公司	31283
23 国营石家庄第二棉纺织厂	48874	55 潍坊华实纺织品（集团）公司	31141
24 新疆天山毛纺织股份有限公司	47477	56 枣庄市第二绵纺织厂	30122
25 安徽省淮北市杭淮丝绸厂	42064	57 北京清河毛纺织厂	30096
26 江苏泰清集团公司	41840	58 江苏振阳集团公司	30010
27 江苏红柳床单集团公司	41649	59 江苏（灵丰）集团公司	29991
28 上海第二毛纺织厂	41477	60 浙江富润纺织集团有限责任公司	29837
29 安徽省安庆市纺织厂	41310	61 上海第一毛纺织厂	29653
30 浙江金威集团公司	41144	62 江阴市茶梅灯芯绒集团有限责任公司	29441
31 上海三枪制衣厂有限公司	40660	63 淄博兰雁纺织股份有限公司	28540
32 浙江虞乐工贸集团公司	40454	64 淇县棉麻纺织厂	28515

65 无锡太平洋纺织有限公司	28425	83 牡丹江市加利华针织品有限公司	23790
66 天门市金田纺织工业有限公司	27045	84 上海第一棉纺针织厂	23313
67 珲春东一针织有限公司	26830	85 山东凤凰纺织集团公司	23116
68 春明粗纺厂	26727	86 无锡庆丰纺织有限公司	23109
69 中外合资江苏宏大装饰绒有限公司	26240	87 瑞安市编织装饰用品厂	23051
70 国营常熟被单厂	25960	88 上海民丰实业股份有限公司	23041
71 江苏飞宇集团公司	25860	89 南通第一棉纺织厂	22893
72 上海申达股份有限公司	25630	90 无锡市江苏银洋集团公司	22617
73 浙江金来企业集团公司	25560	91 福州棉纺织印染厂	22210
74 兰州第三毛纺织厂	25476	92 国营山东省邹平棉纺织厂	22172
75 大成纺织集团有限公司	25210	93 浙江南方企业集团公司	22102
76 宿迁市第一毛纺织厂	24857	94 淮北第二纺织厂	22061
77 上海民光被单厂	24852	95 余姚化纤棉纺织总厂	21876
78 浙江嘉兴毛纺织总厂	24810	96 新疆库尔勒棉纺织厂	21848
79 青岛中大股份有限公司	24809	97 威海鸣球纺织有限公司	21718
80 北京二毛纺织集团	24625	98 河北省国营邢台织染厂	21609
81 江西棉纺织印染厂	24158	99 上海龙头（十七棉）股份有限公司	21473
82 山东济宁如意毛纺集团总公司	23953	100 中山市仁春纺织实业公司	21380

纺织业（三）

资产总计（千元）

1 广东美雅集团股份有限公司	2306127	24 邯郸第四棉纺织有限公司	756355
2 金轮集团公司	2017324	25 南海毛纺织企业股份有限公司	728882
3 鄂尔多斯羊绒制品股份有限公司	1615720	26 无锡庆丰纺织有限公司	703554
4 苏州丝绸集团有限责任公司	1541386	27 包头市纺织总厂	702436
5 江苏阳光集团公司	1525503	28 四川第一纺织股份有限公司	700047
6 新疆纺织工业（集团）公司	1404581	29 北京第二棉纺织厂	694323
7 国营牡丹江纺织厂	1379810	30 辽阳纺织厂	691602
8 吴江盛泽印染总厂（中国鹰翔集团公司）	1203864	31 湖北蒲圻纺织总厂	679746
9 哈尔滨亚麻纺织厂	1193932	32 上海海欣股份有限公司	674928
10 陕西第九棉纺织厂	1114445	33 北京市三环毛纺针织集团公司	673845
11 上海针织九厂	1000648	34 大连纺织厂	673347
12 江苏华纺（集团）公司	970758	35 邹平县位桥棉纺织厂	668758
13 上海申达股份有限公司	965290	36 邯郸第三棉纺织有限公司	658771
14 青岛第二棉纺织厂	953632	37 广东台山纺织实业有限公司	657879
15 恩平市广联泰纺织企业有限公司	951850	38 湖北襄棉集团总公司	651802
16 新疆天山毛纺织股份有限公司	914322	39 国营西北第四棉纺织厂	647538
17 德州棉纺织厂	911793	40 国营石家庄第二棉纺织厂	647483
18 吴江工艺织造厂	909874	41 国营西北第一棉纺织厂	636270
19 西北第五棉纺织厂	899027	42 盐城市纺织厂	621590
20 大连金州纺织集团	866256	43 吉林省长春纺织厂	619486
21 山西纺织印染厂	863004	44 杭州通达集团公司	616190
22 湛江纺织企业集团公司	822402	45 天一纺织集团有限公司	615746
23 佳木斯亚麻有限公司	757021	46 无锡市第一棉纺织厂	613675

序号	企业名称	数值
47	安徽省安庆市纺织厂	603090
48	河南嵩岳纺织工业集团郑州第三棉纺织厂	600425
49	河南新野纺织（集团）股份有限公司	599345
50	洛阳白马企业集团公司	594381
51	兰州第三毛纺织厂	591130
52	南通第二棉纺织厂	581850
53	陕西第一毛纺织厂	579778
54	佳木斯纺织集团总公司	578000
55	江西棉纺织印染厂	574349
56	沈阳纺织厂	572428
57	南京毛麻纺织企业（集团）公司	563162
58	湛江市经济技术开发区国际金融大厦（集团）	560851
59	哈尔滨纺织印染工业联合公司	550909
60	东莞长安镇福安纺织印染有限公司	545163
61	国营西北第二棉纺织厂	544795
62	增益织造有限公司	543984
63	衡水市棉纺织厂	541567
64	邯郸第二棉纺织有限公司	540670
65	邯郸第一棉纺织有限公司	537166
66	无锡协新毛纺织染有限公司	536162
67	周口地区周口棉纺织印染厂	535022
68	湘潭纺织印染厂	525515
69	江苏三毛集团公司	521570
70	广州第一棉纺织厂	521166
71	河南嵩岳纺织工业集团郑州第四棉纺厂	520901
72	天津市第二棉纺织厂	519942
73	国营郑州第五棉纺织厂	516388
74	余姚化纤棉纺织总厂	514548
75	浙江南方企业集团公司	513516
76	石河子八一毛纺织厂	512414
77	石家庄旅游装饰公司	511617
78	上海龙头（十七棉）股份有限公司	502699
79	南宁棉纺织印染总厂	495252
80	杭州锦江集团公司	494543
81	枣庄市第二绵纺织厂	492064
82	中山市中兴丝织有限公司	490721
83	佛山东亚股份有限公司	486723
84	北京第三棉纺织厂	481440
85	保定一棉纺织有限责任公司	480537
86	湖北省黄石市棉纺织印染厂	480263
87	杭州凯地丝绸股份有限公司	476757
88	石河子八一棉纺织厂	476748
89	国营营口纺织厂	471784
90	上海第二毛纺织厂	470473
91	河南嵩岳纺织工业集团郑州第六棉纺织厂	465421
92	成都第二纺织总厂	462732
93	广东省新会毛纺厂	462650
94	华芳实业总公司	462640
95	冠旺化纤（福建）有限公司	461559
96	赤峰二毛集团有限公司（西格玛集团）	461351
97	瓦房店纺织厂	452509
98	上海三毛纺织股份有限公司	451531
99	鹤山华山泉集团有限公司	448295
100	深圳龙飞纺织工业有限公司	445747

服装及其他纤维制品制造业（一）

销售收入（千元）

企业	销售收入	企业	销售收入
1 江苏华西集团公司	1894710	42 浙江金三塔丝针织集团公司	185116
2 红豆集团公司	889409	43 中国人民解放军第三五四零工厂	180230
3 高丰纺织染联合企业有限公司	742514	44 湖北多佳集团股份有限公司（溢达）	175460
4 宁波雅戈尔（集团）股份有限公司	709109	45 上虞市申丰化纤有限公司	168601
5 湖北美尔雅纺织服装实业（集团）公司	638574	46 宁波金海乐实业总公司	168478
6 大杨企业集团	627840	47 中国人民解放军第三五四一工厂	160016
7 平湖茉织华实业有限公司	620573	48 上海世界联合服装有限公司	158643
8 裕泰（惠州）针织实业有限公司	534220	49 武汉太和（集团）公司	157046
9 上海协通（集团）公司	519560	50 天津市津达制衣有限公司	154556
10 宁波杉杉集团有限公司	500415	51 浙江神鹰工贸集团公司	152633
11 湖北省幸福（集团）实业股份有限公司	454900	52 绍兴龙头制衣集团公司	151857
12 中国人民解放军第三五零二工厂	454637	53 加兴罗马制衣有限公司	151195
13 江苏虎豹集团公司	408111	54 浙江宏业制衣有限公司	150073
14 江苏晨风丝绸集团公司	398950	55 湖北雅仙实业股份有限公司	149890
15 恒安集团有限公司	392500	56 沈阳黎富服装有限公司	149024
16 山东声乐鞋业集团公司	392356	57 无锡光明制衣集团公司	149018
17 宁波一休集团股份有限公司	367413	58 山东金泉发展集团总公司	146190
18 广东省东莞市通达实业总公司	309618	59 上海山木高级时装有限公司	144456
19 承德县帝贤针纺集团公司	301120	60 国营南京装具厂	142647
20 中国人民解放军第三五零六工厂	298608	61 罗定市恒隆制衣厂	141180
21 江苏琴曼集团公司	288455	62 广东大进集团公司	141152
22 安徽红方集团	287393	63 浙江巨鹰针纺集团股份有限公司	140677
23 大连大菊服装集团公司	285000	64 江苏元亨集团公司	140567
24 深圳华丝企业股份有限公司	272455	65 宁波甬南针织有限公司	139143
25 江苏老三集团	270887	66 爱津服装有限公司	137638
26 顺美服装有限公司	253586	67 中国人民解放军第三五三五厂	134866
27 上海海螺（集团）公司	244974	68 平湖乍浦多凌制衣社	133188
28 武汉冰川集团羽绒服有限公司	237922	69 上海康培尔服装有限公司	131571
29 苏州龙华服装有限公司	237101	70 嘉兴吉成制衣有限公司	130449
30 中国人民解放军三五零三厂	236856	71 宁波罗蒙服饰集团公司	128634
31 惠州市通行鞋业有限公司	231580	72 许昌美菊鞋业集团公司	128356
32 宁波爱伊美制衣有限公司	220939	73 豆河服装总厂	128009
33 柳州市针织总厂	218767	74 苏州市新纶纺织品联合公司	127772
34 北京市京工服装工业集团公司	213364	75 黄石市康赛集团股份有限公司	126745
35 大连桑扶兰丝绸服装有限公司	213054	76 山东乳山笙歌集团公司	125870
36 江苏三友集团有限公司	211168	77 中国人民解放军第三五二零工厂	124790
37 奉化时装厂	209514	78 南通三和时装有限公司	124087
38 广东健力宝运动服装公司	209273	79 中国人民解放军第三五三四工厂	123895
39 浙江丝得莉服装集团有限公司	209221	80 浙江依多金企业集团公司	122869
40 西安康贝制衣实业公司（3507 厂）	192994	81 江苏雅鹿股份有限公司	122510
41 江苏贝贝集团公司	188714	82 山东省标志服装厂	122009

企业	数值
83 蚌埠卷烟材料厂	121585
84 平湖亚鑫实业有限公司	115128
85 大连第二呢绒服装厂	112448
86 中国人民解放军第三五零八厂	112157
87 正章纺织制品厂	111354
88 江苏金钥匙（集团）公司	110455
89 丹阳市蓓花集团有限公司	108802
90 番禺市服装一厂	106998
91 大连福山服装有限公司	106589
92 中国人民解放军第三五零四工厂	105023
93 新华集团公司	104368
94 江苏省吴县刺绣总厂	103440
95 番禺市市桥镇工艺时装实业公司	102248
96 无锡市震球集团公司	101973
97 上海康派司实业总公司	101778
98 嘉兴松冈制衣有限公司	100531
99 广东金潮集团有限公司	99320
100 内蒙古青松制衣有限公司	98625

服装及其他纤维制品制造业（二）

利税总额（千元）

企业	利税总额（千元）
1 江苏华西集团公司	227733
2 宁波杉杉集团有限公司	148571
3 宁波雅戈尔（集团）股份有限公司	146255
4 湖北省幸福（集团）实业股份有限公司	83400
5 红豆集团公司	75128
6 江苏虎豹集团公司	67497
7 大杨企业集团	59930
8 黄石市康赛集团股份有限公司	59903
9 上海协通（集团）公司	57424
10 恒安集团有限公司	53730
11 湖北美尔雅纺织服装实业（集团）公司	51564
12 宁波一休集团股份有限公司	47978
13 惠州市通行鞋业有限公司	43110
14 天津市津达制衣有限公司	42302
15 武汉太和（集团）公司	38173
16 湖北多佳集团股份有限公司（溢达）	35240
17 山东声乐鞋业集团公司	34750
18 平湖茉织华实业有限公司	34128
19 宁波罗蒙服饰集团公司	31231
20 江苏晨风丝绸集团公司	29779
21 江苏琴曼集团公司	28739
22 江苏雅鹿股份有限公司	25750
23 承德县帝贤针纺集团公司	24700
24 大连大菊服装集团公司	23891
25 武汉冰川集团羽绒服有限公司	20394
26 顺美服装有限公司	18989
27 上海康派司实业总公司	18754
28 青岛海珊集团公司	18664
29 正章纺织制品厂	17186
30 上虞市中丰化纤有限公司	17174
31 内蒙古青松制衣有限公司	16146
32 上海海螺（集团）公司	15925
33 浙江巨鹰针纺集团股份有限公司	15785
34 山东金泉发展集团总公司	15744
35 宁波甬南针织有限公司	15518
36 江苏秋艳集团	15204
37 广东健力宝运动服装公司	15179
38 绍兴龙头制衣集团公司	14180
39 山东省标志服装厂	13903
40 裕泰（惠州）针织实业有限公司	13843
41 山东乳山笙歌集团公司	13110
42 浙江金三塔丝针织集团公司	12225
43 深圳华丝企业股份有限公司	12214
44 浙江依多金企业集团公司	12153
45 浙江步森集团制衣有限公司	12111
46 山东省寿光服装厂	12080
47 文登市刺绣工业集团公司	11746
48 加兴罗马制衣有限公司	11738
49 广东省东莞市通达实业总公司	11455
50 宁波爱伊美制衣有限公司	11241
51 北京市房山区服装一厂	10970
52 上海世界联合服装有限公司	10770
53 上海妮娟姬时装有限公司	10596
54 浙江丝得莉服装集团有限公司	10237
55 大连金港实业总公司	10232
56 江苏老三集团	9938
57 江苏堂皇床上用品集团公司	9687
58 江苏贝贝集团公司	9507
59 宁波市宁腾（集团）有限公司	9496
60 新华集团公司	9334
61 上海嘉乐制衣有限公司	9241
62 沈阳黎富服装有限公司	9218
63 吴县吴中工艺厂	9170
64 江阴市申澄针织厂	8950

65 余杭市丝绸绣服厂	8859	83 平湖市日美制衣有限公司	7037
66 中国人民解放军第三五零二工厂	8682	84 豆河服装总厂	7017
67 上海青山服装有限公司	8661	85 广东省番禺市绣品服装厂	6915
68 中国人民解放军第三五零六工厂	8146	86 罗定市恒隆制衣厂	6892
69 中国人民解放军第三五二零工厂	8016	87 无锡市震球集团公司	6860
70 浙江波塞冬集团公司	7983	88 富兴服装有限公司	6746
71 无锡光明制衣集团公司	7975	89 山东诸城橡塑股份有限公司	6675
72 大连碧海企业集团公司	7862	90 江苏元亨集团公司	6665
73 顺义县城关服装厂	7736	91 嘉兴吉成制衣有限公司	6456
74 平湖乍浦多凌制衣社	7605	92 太仓羽绒时装总厂	6350
75 湖北雅仙实业股份有限公司	7560	93 上海珍丽时装有限公司	6329
76 威海市汇泉工业总公司	7500	94 邯郸雪驰制衣有限公司	6215
77 南通泰慕士服装有限公司	7421	95 中国人民解放军第三五四一工厂丹江分厂	6141
78 中国人民解放军第三五三五厂	7415	96 蚌埠卷烟材料厂	5988
79 上海山木高级时装有限公司	7131	97 上海永太时装有限公司	5979
80 许昌美菊鞋业集团公司	7081	98 上海市进出口公司吴县市服装辅料厂	5810
81 上海市合庆绣品服装总厂	7063	99 丹阳市蓓花集团有限公司	5804
82 爱津服装有限公司	7061	100 上海申实纺织有限公司	5754

服装及其他纤维制品制造业（三）

资产总计（千元）

1 江苏华西集团公司	1113219	24 宁波一休集团股份有限公司	282150
2 高丰纺织染联合企业有限公司	971841	25 承德县帝贤针纺集团公司	263891
3 湖北美尔雅纺织服装实业（集团）公司	852204	26 中国人民解放军第三五四零工厂	257749
4 红豆集团公司	718630	27 西安康贝制衣实业公司（3507 厂）	253620
5 宁波杉杉集团有限公司	715606	28 湖北省幸福（集团）实业股份有限公司	253090
6 广东省东莞市通达实业总公司	696770	29 浙江金三塔丝针织集团公司	245707
7 大杨企业集团	682130	30 柳州市针织总厂	238996
8 宁波雅戈尔（集团）股份有限公司	611068	31 湛江经济技术开发区服务总公司	236957
9 安徽红方集团	452737	32 中国人民解放军第三五四一工厂	235423
10 山东声乐鞋业集团公司	436123	33 湖北多佳集团股份有限公司（溢达）	226900
11 深圳华丝企业股份有限公司	411128	34 顺美服装有限公司	224315
12 广东大进集团公司	408263	35 沈阳黎明高级服装厂（集团）	222910
13 上海海螺（集团）公司	404246	36 浙江丝得莉服装集团有限公司	216723
14 黄石市康赛集团股份有限公司	387356	37 浙江东方冠丝绸集团公司	206292
15 广东蓝鸟企业集团公司	383235	38 番禺市市桥镇工艺时装实业公司	199305
16 中国人民解放军第三五零二工厂	381770	39 平湖茉织华实业有限公司	192282
17 上海协通（集团）公司	363921	40 广东省番禺市绣品服装厂	190623
18 中国人民解放军第三五零六工厂	355338	41 国营南京装具厂	187650
19 武汉冰川集团羽绒服有限公司	346898	42 广东健力宝运动服装公司	185902
20 中国人民解放军三五零三厂	329240	43 山东金泉发展集团总公司	180404
21 北京市京工服装工业集团公司	323652	44 江苏晨风丝绸集团公司	178500
22 裕泰（惠州）针织实业有限公司	315719	45 湛江经济技术开发总公司	174324
23 江苏虎豹集团公司	308760	46 中国人民解放军三五三六工三厂	172558

47 恒安集团有限公司 170400
48 中国人民解放军第三五零八厂 166166
49 宁波罗蒙服饰集团公司 164775
50 天津市津达制衣有限公司 162966
51 江苏元亨集团公司 158754
52 济南服装集团总公司 157877
53 新华集团公司 157461
54 漯河市针织化纤厂 154093
55 浙江神鹰工贸集团公司 153640
56 中国人民解放军第三五三五厂 153623
57 上海康培尔服装有限公司 153075
58 江苏秋艳集团 149925
59 山东高密鞋业集团公司 149712
60 江苏雅鹿股份有限公司 148650
61 上海康派司实业总公司 147319
62 山东省服装进出口公司黄岛公司 145955
63 中国人民解放军第三五二四工厂 145879
64 中国人民解放军第三五三四工厂 144964
65 大连桑扶兰丝绸服装有限公司 144428
66 大连伊都锦时装（中心）有限公司 144424
67 江苏贝贝集团公司 143005
68 浙江波塞冬集团公司 142055
69 威海市汇泉工业总公司 140350
70 上海宏泰制衣有限公司 138016
71 武汉太和（集团）公司 135716
72 中国人民解放军第三五零五工厂 134536
73 北京市大华衬衫厂 132098
74 大连碧海企业集团公司 129215
75 浙江巨鹰针纺集团股份有限公司 128654
76 蚌埠卷烟材料厂 128077
77 中国人民解放军第三五零四工厂 124678
78 中国人民解放军第三五二零工厂 123102
79 山东宏润鞋业集团股份有限公司 121673
80 山东乳山笙歌集团公司 121180
81 国营北京被服厂 120829
82 江苏琴曼集团公司 120258
83 绍兴龙头制衣集团公司 115987
84 内蒙古青松制衣有限公司 115455
85 大连第二呢绒服装厂 114988
86 上海飞达羽绒服装总厂 114365
87 青岛海珊集团公司 113363
88 无锡光明制衣集团公司 112340
89 浙江依多金企业集团公司 111968
90 扬州友谊服装总厂 111848
91 大连针织厂 110932
92 中国人民解放军三五一九工厂 108146
93 上海市合庆绣品服装总厂 107867
94 广州服装集团有限公司 107311
95 广东金潮集团有限公司 106422
96 苏州针织总厂 105961
97 大连大菊服装集团公司 105509
98 文登市刺绣工业集团公司 104826
99 余杭市丝绸绣服厂 103936
100 江苏省吴县刺绣总厂 102470

皮革、毛皮、羽绒及其制品业（一）

销售收入（千元）

排名	企业名称	销售收入（千元）
1	江苏森达集团公司	641590
2	广州海丰鞋业有限公司	630685
3	南海皮厂有限公司	510458
4	河南鞋城皮革制品有限公司	482801
5	广州荣诚鞋业有限公司	469268
6	雪豹集团公司	451134
7	浙江兽王集团公司	388994
8	广州欣昌鞋业有限公司	383814
9	海宁市卡森皮革集团有限责任公司	374783
10	广州市广荣鞋业有限公司	363116
11	浙江天然集团股份有限公司	349476
12	浙江富邦皮革有限公司	341821
13	广州万邦鞋业有限公司	327648
14	浙江龙昌皮革集团有限责任公司	324221
15	上海爱思旅游用品有限公司	312546
16	江苏富昌集团公司	303599
17	石狮市福林鞋业有限公司	281598
18	中国人民解放军第三五一六工厂	276976
19	浙江足佳集团公司	272174
20	中国人民解放军第三五一五工厂	254996
21	杭州万事利针织有限公司	254110
22	利多鞋业投资有限公司	245953
23	文登市制革厂	241710
24	上海光伟实业有限公司	231974
25	广东肇庆端城经济集团有限公司	226999
26	烟台双一制鞋产业总公司	225860
27	江西共青羽绒厂	220608
28	镇江皮鹿丹时装有限公司	220587
29	中山市南艺制革厂有限公司	218655
30	阜南县南洋制革有限公司	206600
31	上海第二皮鞋厂	205634
32	湛茂联合水洗羽绒厂	198470
33	衢州天一实业公司制革厂	197372
34	广州迪威皮革有限公司	194216
35	中国人民解放军第三五一四工厂	185000
36	特丽雅皮鞋有限公司	183912
37	威海市金猴集团公司	182812
38	威海市制革厂	182601
39	西安华联制皮工业有限公司	179454
40	温州市力西特企业集团公司	164021
41	广州颖昌鞋业有限公司	163649
42	江苏美尔姿集团公司	159400
43	湖北银星（集团）有限公司	158970
44	南京万里鞋业集团有限公司	157362
45	福建省莆田县鞋革厂	154939
46	四川天歌集团股份有限公司	152857
47	上海皮鞋厂	150376
48	西安制革制鞋厂（3513厂）	146035
49	桐乡越丰制革厂	144734
50	中山通佳鞋业有限公司	143854
51	中国人民解放军三五一二工厂	142982
52	上海第一皮鞋厂	142089
53	广达鞋业有限公司	140631
54	烟台制革厂	136832
55	莒南县皮鞋厂	136288
56	江门市美美人造皮厂有限公司	135274
57	无锡奇美皮革有限公司	131170
58	睢宁县皮革工业公司	126454
59	沂源制革总厂	126020
60	阳江市友联鞋业有限公司	120869
61	临朐县茂德皮革有限公司	119035
62	泰安丰柔皮革有限公司	117909
63	安徽华贝皮革服饰有限公司	111728
64	菏泽市桑盾裘革集团公司	108877
65	福州福禄鞋业有限公司	106768
66	广州天星鞋业有限公司	105970
67	浙江豹帝实业发展总公司	105640
68	黄骅市吕桥国贸皮革制品有限公司	105000
69	恩平牛江江鸿制革有限公司	101100
70	浙江北天鹅集团公司	100637
71	盐城市耐丽思集团	100100
72	山东省宁津县德艺制革有限公司	100097
73	浙江省海宁皮革集团有限责任公司	98625
74	江西昌盛轻工业品联营有限公司	93000
75	阜阳飞龙集团公司	91180
76	山东省莱芜市振华实业（集团）公司	85494
77	上海火炬鞋业有限公司	85215
78	雅安皮革总厂	83200
79	扬州服装总厂	82885
80	乐山市皮革公司	82516
81	河南祥鸿鞋业有限公司	81372
82	上海宝屐皮鞋厂	80075

83 四川省双流羽绒厂	78047	92 新疆阿勒泰地区皮革集团有限公司	70388
84 上海奇安特金海鞋业有限公司	78000	93 青岛金羊鞋业总公司	69354
85 中山皇冠皮件有限公司	76914	94 广州永昌制鞋工业有限公司	69107
86 杭州皮革制品工业公司	75677	95 大连福兴制革有限公司	68499
87 苏州市达胜皮鞋总厂	75606	96 枣庄市制革厂	68000
88 江苏中信皮革集团公司	73428	97 江都皮毛厂	66169
89 广州市奥威隆皮革股份有限公司	72049	98 惠安正大鞋业公司	63462
90 天津南华制鞋有限公司	71359	99 滁州市羽绒总厂	62677
91 浙江飞雁羽绒制品有限公司	71307	100 义乌市皮革厂	62380

皮革、毛皮、羽绒及其制品业（二）

利税总额（千元）

1 石狮市福林鞋业有限公司	109740	33 北京中燕有限公司	15256
2 江苏森达集团公司	72830	34 烟台双一制鞋产业总公司	15160
3 海宁市卡森皮革集团有限责任公司	61689	35 福建省莆田县鞋革厂	15097
4 河南鞋城皮革制品有限公司	52900	36 广州海丰鞋业有限公司	14777
5 上海爱思旅游用品有限公司	52746	37 湖北银星（集团）有限公司	14142
6 文登市制革厂	51883	38 南京万里鞋业集团有限公司	13916
7 阜南县南洋制革有限公司	51618	39 江门市美美人造皮厂有限公司	13734
8 中山市南艺制革厂有限公司	40216	40 江苏美尔姿集团公司	13490
9 雪豹集团公司	37036	41 桐乡越丰制革厂	13224
10 南海皮厂有限公司	35011	42 浙江龙昌皮革集团有限责任公司	11928
11 安徽华贝皮革服饰有限公司	32686	43 江西共青羽绒厂	11818
12 浙江富邦皮革有限公司	30519	44 镇江皮鹿丹时装有限公司	11129
13 山东省莱芜市振华实业（集团）公司	30003	45 浙江豹帝实业发展总公司	11019
14 特丽雅皮鞋有限公司	26707	46 临朐县茂德皮革有限公司	10710
15 威海市金猴集团公司	25015	47 沂源制革总厂	10600
16 中国人民解放军第三五一五工厂	24994	48 山东省宁津县德艺制革有限公司	10365
17 菏泽市桑盾裘革集团公司	23757	49 衢州天一实业公司制革厂	10039
18 浙江足佳集团公司	22142	50 广东肇庆端城经济集团有限公司	9988
19 浙江兽王集团公司	21380	51 山东奥威鞋业集团总公司	9326
20 威海市制革厂	20788	52 烟台制革厂	8968
21 西安华联制皮工业有限公司	20191	53 黄骅市吕桥国贸皮革制品有限公司	8110
22 西安制革制鞋厂（3513厂）	19590	54 温州奥康鞋业有限公司	8080
23 中国人民解放军三五一二工厂	19418	55 盐城市耐丽思集团	8020
24 泰安丰柔皮革有限公司	19335	56 杭州万事利针织有限公司	8013
25 上海光伟实业有限公司	18810	57 新疆阿勒泰地区皮革集团有限公司	7959
26 温州市力西特企业集团公司	18496	58 莒南县皮鞋厂	7888
27 上海第二皮鞋厂	18439	59 江都皮毛厂	7478
28 中国人民解放军第三五一六工厂	18111	60 广州荣诚鞋业有限公司	7425
29 广州市广荣鞋业有限公司	18032	61 睢宁县皮革工业公司	7030
30 浙江天然集团股份有限公司	17149	62 青岛皮鞋厂	6833
31 江苏富昌集团公司	16110	63 青岛孚德皮鞋总厂	6483
32 四川天歌集团股份有限公司	15346	64 河南祥鸿鞋业有限公司	5936

65 广州万邦鞋业有限公司 5934
66 中国人民解放军第三五一四工厂 5700
67 惠安正大鞋业公司 5675
68 上海皮鞋厂 5554
69 齐鲁鞋业有限公司 5526
70 江西昌盛轻工业品联营有限公司 5389
71 吴县太平羽绒厂 5311
72 广州欣昌鞋业有限公司 5306
73 中山保达仿皮制品有限公司 4952
74 温州耐宝鞋业有限公司 4774
75 上海第一皮鞋厂 4753
76 嘉兴天天集团有限责任公司 4500
77 青岛金羊鞋业总公司 4301
78 浙江北天鹅集团公司 4205
79 广州颖昌鞋业有限公司 4150
80 天津南华皮革有限公司 4131
81 无锡奇美皮革有限公司 4105
82 杭州皮革制品工业公司 4066
83 滕州市富运鞋业有限公司 4020
84 漯河市鞋业集团股份有限公司 4012
85 鄂州市皮革总厂 3807
86 苏州市达胜皮鞋总厂 3675
87 河南省平顶山市金泰利股份有限公司 3528
88 四川省双流羽绒厂 3433
89 广州畜产进出公司皮鞋厂 3328
90 富顺县制革厂 3263
91 烟台童鞋总厂 3191
92 浙江省海宁皮革集团有限责任公司 3157
93 上海皮革箱包厂 3099
94 十堰市制革厂 3092
95 阜阳飞龙集团公司 2996
96 北京百花集团 2889
97 江苏中信皮革集团公司 2886
98 烟台合成革总厂聚氨酯制革厂 2878
99 乐山市皮革公司 2819
100 上海宝屐皮鞋厂 2813

皮革、毛皮、羽绒及其制品业（三）

资产总计（千元）

1 石狮市福林鞋业有限公司 1171301
2 江西共青羽绒厂 661186
3 四川天歌集团股份有限公司 544310
4 雪豹集团公司 406703
5 江苏森达集团公司 403010
6 中国人民解放军第三五一五工厂 365455
7 广州市奥威隆皮革股份有限公司 361471
8 河南鞋城皮革制品有限公司 353213
9 南海皮厂有限公司 350431
10 中国人民解放军第三五一六工厂 350207
11 广州迪威皮革有限公司 349463
12 浙江天然集团股份有限公司 339108
13 浙江足佳集团公司 310956
14 阜阳飞龙集团公司 290306
15 中国人民解放军第三五一四工厂 287018
16 西安制革制鞋厂（3513厂） 269171
17 浙江富邦皮革有限公司 258162
18 雅安皮革总厂 253545
19 海宁市卡森皮革集团有限责任公司 248209
20 安徽华贝皮革服饰有限公司 246078
21 西安华联制皮工业有限公司 235631
22 天津皮鞋集团公司 226570
23 广州荣诚鞋业有限公司 223982
24 中国人民解放军三五一二工厂 219097
25 杭州万事利针织有限公司 217719
26 文登市制革厂 212585
27 北京轻联皮革集团公司 208111
28 上海爱思旅游用品有限公司 202849
29 湛茂联合水洗羽绒厂 199851
30 广州市广荣鞋业有限公司 198819
31 浙江龙昌皮革集团有限责任公司 194727
32 江门市美美人造皮厂有限公司 194474
33 衢州天一实业公司制革厂 188842
34 浙江豹帝实业发展总公司 183752
35 浙江兽王集团公司 178753
36 上海奇安特金海鞋业有限公司 178130
37 福建省莆田县鞋革厂 167999
38 广州欣昌鞋业有限公司 166099
39 北京百花集团 165916
40 广州万邦鞋业有限公司 159660
41 新疆阿勒泰地区皮革集团有限公司 158639
42 福州福禄鞋业有限公司 155448
43 漯河市鞋业集团股份有限公司 155312
44 浙江省海宁皮革集团有限责任公司 153881
45 菏泽市桑盾裘革集团公司 153143
46 株洲环球皮革股份有限公司 152570

47 江苏富昌集团公司	151603
48 北京中燕有限公司	150630
49 江苏美尔姿集团公司	150230
50 武汉光达集团有限公司	144673
51 枣庄市制革厂	143740
52 上海皮鞋厂	141004
53 沂源制革总厂	139570
54 广州海丰鞋业有限公司	135565
55 中山市南艺制革厂有限公司	134811
56 南京万里鞋业集团有限公司	132990
57 广东肇庆端城经济集团有限公司	131206
58 安徽省安庆市皮革总厂	130913
59 上海火炬鞋业有限公司	129632
60 威海市制革厂	127797
61 苏州市达胜皮鞋总厂	127045
62 北京市革制品厂	126541
63 桐乡越丰制革厂	126363
64 广东虎威实业股份有限公司	126177
65 青岛金羊鞋业总公司	126166
66 莒南县皮鞋厂	125329
67 中山通佳鞋业有限公司	125080
68 河北省邢台市制革厂	124346
69 烟台制革厂	122720
70 烟台双一制鞋产业总公司	121540
71 大连福兴制革有限公司	121307
72 上海光伟实业有限公司	120291
73 上海第二皮鞋厂	119279
74 山东省莱芜市振华实业（集团）公司	119019
75 山东奥威鞋业集团总公司	118598
76 北京市制革厂	118288
77 特丽雅皮鞋有限公司	116455
78 沈阳市皮鞋一厂	116070
79 四川省阆中皮革集团公司	113378
80 山东省畜产进出口公司润达利公司	113263
81 镇江皮鹿丹时装有限公司	112979
82 上海羽绒总厂	106163
83 嘉兴天天集团有限责任公司	102204
84 上海第一皮鞋厂	101654
85 浙江北天鹅集团公司	100560
86 威海市金猴集团公司	99518
87 上海皮毛总厂	98540
88 哈尔滨制革厂	98201
89 沈阳市第一制革厂	98159
90 上虞市天翁发展总公司	96452
91 徐州鹰球皮革集团公司	96393
92 江都皮毛厂	96169
93 辽源宝丰企业集团	94949
94 泰安丰柔皮革有限公司	93721
95 阜南县南洋制革有限公司	93586
96 无锡奇美皮革有限公司	92716
97 天津畜产品进出口公司皮毛加工厂	91503
98 乳山市皮革制品集团总公司	90780
99 上海泰丰箱包有限公司	90204
100 上海宝屐皮鞋厂	89404

木材加工及竹、藤、棕、草制品业（一）

销售收入（千元）

企业	销售收入	企业	销售收入
1 深圳光大木材工业有限公司	763270	42 河南省人造板厂	61262
2 天津福津木业有限公司	575383	43 铁道部成都木材防腐厂	60920
3 上海福海（木业）企业有限公司	571549	44 铁道部柳州木材防腐厂	59520
4 中国江海木业有限公司	398481	45 衢州木材工业公司	59066
5 广东省宜华企业（集团）有限公司	302590	46 沈阳福阳人造板有限公司	58885
6 广东省鱼珠木材厂	240699	47 辽宁省桓仁县人造板有限公司	57030
7 广东肇庆康蓝中密板企业集团公司	213641	48 敦化福敦木业有限公司	54290
8 浙江德仁装饰材料有限公司	189726	49 海阳市工艺品集团公司	52698
9 扬州市快乐球拍厂	176148	50 怀集县微粒板厂	51960
10 上海森大木业有限公司	157266	51 山东寿光人造板厂	50085
11 上海人造板厂	152396	52 国营松江胶合板厂	49858
12 福州人造板厂	147373	53 杭州灯塔防火材料总厂	49567
13 湖南人造板厂	136870	54 上海新加木业公司	48346
14 扬子木材厂	134425	55 德州德达中家俱材料有限公司	47963
15 杭州木材总厂	131390	56 新会市缝纫机台板厂	46568
16 浙江德华装饰材料有限公司	120751	57 广东省广宁县木材厂	44067
17 黑龙江省南岔木材水解厂	117857	58 海南省农垦三亚木材厂	42914
18 福建省三明人造板有限公司	117326	59 海南省国营西联木业总公司	41262
19 广西壮族自治区梧州木材厂	115111	60 大连林浦木业有限公司	39800
20 常熟市江湾集团有限公司	108977	61 铁道部鹰潭木材防腐厂	38920
21 东台市中阳木业有限公司	107330	62 韶关市刨花板厂	37660
22 国营牡丹江木材综合加工厂	103226	63 广东省连州市人造板企业公司	36480
23 封开明珠实业（集团）公司	99166	64 永州市木材总厂	34210
24 浙江国美装璜材料有限公司	99021	65 湖北利达木业有限公司	33866
25 广州三兴纤维板企业有限公司	86223	66 赣州木材厂	33829
26 怀集县南油联营中密板厂	85070	67 芜湖市木材化工总厂	33827
27 嘉鱼县福鱼木业有限公司	83699	68 天津福亚实业有限公司	33523
28 天津福家家具有限公司	81817	69 重庆木材综合工厂	32699
29 广州金品胶合板有限公司	80444	70 北京市建筑木材总厂	32466
30 温州木材集团公司	79040	71 菏泽林中人造板有限公司	31896
31 顺龙中密度纤维板有限公司	78158	72 广东省南海市东风藤木集团公司	30767
32 铁道部木材防腐厂	77780	73 吉林金林木业有限公司	30371
33 江苏汇森集团	74944	74 四川省成都木材综合工厂	30215
34 铁道部武汉市木材防腐厂	72849	75 湖南省衡阳木材厂	29489
35 广东省石龙木材厂	72516	76 黑龙江省友好木材综合加工厂	29162
36 天津美式家具有限公司	71319	77 联合木业有限公司	27609
37 国营正阳河木材综合加工厂	71152	78 山东省金乡县人造板厂	26463
38 铁道部哈尔滨木材防腐厂	69290	79 铁道部镇赉木材防腐厂	26187
39 安徽省滁州华能人造板有限责任公司	67496	80 柳州木材厂	25666
40 福建省邵武贮木场	67317	81 上海木材一厂	25655
41 丹东市外贸友谊综合厂	62213	82 横峰县纺织器有限责任公司	25187

83 四川省东风木材加工厂	24685
84 广西贺县微粒板厂	24588
85 云南省金沙江林产品公司	23978
86 山东贺友集团公司	23469
87 福建省龙岩地区人造板厂	22548
88 河北人造板厂	22381
89 遵化市钟馗实业公司	22151
90 上海建筑木材厂	21918
91 青海省木材工贸总公司	20430
92 商丘桐木制品实业有限责任公司	20392
93 山东木业集团总公司	20049
94 吉林省长春胶合板厂	18797
95 云南省西双版纳沧江木材厂	18520
96 济宁纺织器材厂	15880
97 肃宁县人造板厂	14578
98 四平众达有限公司	14393
99 安徽省土产进出口公司宿州桐木厂	14297
100 湖南双牌县人造板厂	14040

木材加工及竹、藤、棕、草制品业（二）

利税总额（千元）

1 天津福津木业有限公司	115131
2 深圳光大木材工业有限公司	106998
3 上海福海（木业）企业有限公司	100181
4 中国江海木业有限公司	62973
5 福州人造板厂	47451
6 广东肇庆康蓝中密板企业集团公司	31432
7 沈阳福阳人造板有限公司	28792
8 广东省宜华企业（集团）有限公司	25636
9 怀集县南油联营中密板厂	25323
10 湖南人造板厂	24890
11 上海森大木业有限公司	22850
12 封开明珠实业（集团）公司	22330
13 安徽省滁州华能人造板有限责任公司	18484
14 敦化福敦木业有限公司	18010
15 天津福家家具有限公司	13237
16 浙江德仁装饰材料有限公司	13188
17 广东省鱼珠木材厂	12211
18 怀集县微粒板厂	10649
19 上海人造板厂	10319
20 浙江德华装饰材料有限公司	9738
21 扬州市快乐球拍厂	9401
22 广西壮族自治区梧州木材厂	8415
23 广州三兴纤维板企业有限公司	8002
24 铁道部成都木材防腐厂	7420
25 河南省人造板厂	7265
26 浙江国美装璜材料有限公司	7211
27 杭州木材总厂	7052
28 扬子木材厂	6825
29 顺龙中密度纤维板有限公司	6773
30 湖北利达木业有限公司	6082
31 常熟市江湾集团有限公司	5575
32 辽宁省桓仁县人造板有限公司	5299
33 福建省邵武贮木场	5241
34 新疆维吾尔自治区建筑木材加工总厂	5093
35 嘉鱼县福鱼木业有限公司	5034
36 丹东市外贸友谊综合厂	4850
37 横峰县纺织器有限责任公司	4541
38 广州金品胶合板有限公司	4045
39 东台市中阳木业有限公司	3980
40 江苏汇森集团	3973
41 铁道部武汉市木材防腐厂	3964
42 温州木材集团公司	3917
43 广东省连州市人造板企业公司	3873
44 黑龙江省南岔木材水解厂	3753
45 衢州木材工业公司	3650
46 联合木业有限公司	3635
47 福建省三明人造板有限公司	3632
48 杭州灯塔防火材料总厂	3528
49 河北人造板厂	3524
50 铁道部哈尔滨木材防腐厂	3480
51 天津福亚实业有限公司	3472
52 德州德达中家俱材料有限公司	3346
53 山东寿光人造板厂	3274
54 广东省石龙木材厂	3177
55 铁道部木材防腐厂	2960
56 海南省国营西联木业总公司	2870
57 大连林浦木业有限公司	2680
58 新会市缝纫机台板厂	2574
59 遵化市钟馗实业公司	2302
60 国营牡丹江木材综合加工厂	2220
61 四川省成都木材综合工厂	2042
62 广东省广宁县木材厂	1959
63 肃宁县人造板厂	1859
64 湖南双牌县人造板厂	1850

65 济宁纺织器材厂	1846	83 奈曼旗人造板有限责任公司	266
66 海阳市工艺品集团公司	1759	84 广东省南海市东风藤木集团公司	236
67 山东贺友集团公司	1724	85 铁道部鹰潭木材防腐厂	180
68 敦化市第一纤维板厂	1670	86 天津市木材四公司	90
69 山东省金乡县人造板厂	1530	87 高邑县人造板厂	0
70 黑龙江省万成木业公司	1471	88 向阳木业（大连）有限公司	-57
71 铁道部柳州木材防腐厂	1370	89 沈阳装饰材料制造公司	-227
72 上海木材一厂	1223	90 洛阳人造板厂	-295
73 湖南省衡阳木材厂	1217	91 四平众达有限公司	-350
74 陕西省建筑木材厂	1153	92 湛江启明进出口实业总公司	-351
75 国营正阳河木材综合加工厂	834	93 黑龙江省伊春木材综合加工厂	-482
76 张家界人造板厂	646	94 吉林省桦甸市森鑫人造板有限公司	-513
77 苍山县人造板厂	549	95 吉林省福源木业有限公司	-707
78 北京市建筑木材总厂	504	96 保定木横担厂	-872
79 成武县国营林场出口桐木加工厂	474	97 广州市木材工业公司	-1029
80 福建省龙岩地区人造板厂	392	98 山东木业集团总公司	-1041
81 吉林金林木业有限公司	333	99 安徽省土产进出口公司宿州桐木厂	-1137
82 上海新加木业公司	288	100 山东省物产进出口公司木材厂	-1439

木材加工及竹、藤、棕、草制品业（三）

资产总计（千元）

1 深圳光大木材工业有限公司	867923	24 封开明珠实业（集团）公司	193488
2 湖南人造板厂	690550	25 上海新加木业公司	193463
3 福州人造板厂	509608	26 中国江海木业有限公司	188276
4 天津福津木业有限公司	452652	27 北京市建筑木材总厂	187225
5 上海福海（木业）企业有限公司	429555	28 国营哈尔滨木器制造厂	165933
6 广东省鱼珠木材厂	374295	29 云南省金沙江林产品公司	164327
7 德州德达中家俱材料有限公司	371751	30 菏泽林中人造板有限公司	160734
8 广西壮族自治区梧州木材厂	366004	31 大连林浦木业有限公司	159321
9 黑龙江省南岔木材水解厂	364751	32 吉林省长春胶合板厂	158765
10 顺龙中密度纤维板有限公司	291600	33 国营松江胶合板厂	158467
11 国营牡丹江木材综合加工厂	286668	34 铁道部武汉市木材防腐厂	157755
12 福建省三明人造板有限公司	273358	35 广州三兴纤维板企业有限公司	154594
13 天津美式家具有限公司	258814	36 广东省连州市人造板企业公司	147998
14 杭州木材总厂	257446	37 黑龙江省友好木材综合加工厂	147309
15 海南省农垦三亚木材厂	244260	38 温州木材集团公司	144862
16 商丘桐木制品实业有限责任公司	232900	39 铁道部木材防腐厂	143610
17 广东省南海市东风藤木集团公司	224708	40 铁道部成都木材防腐厂	142530
18 广州金品胶合板有限公司	222278	41 黑龙江省佳木斯木材综合加工厂	138576
19 广东省宜华企业（集团）有限公司	220915	42 绥化市木材综合加工厂	138224
20 福建省邵武贮木场	219729	43 上海森大木业有限公司	135655
21 国营正阳河木材综合加工厂	214340	44 铁道部哈尔滨木材防腐厂	134320
22 辽宁省桓仁县人造板有限公司	205000	45 铁道部柳州木材防腐厂	132848
23 广东肇庆康蓝中密板企业集团公司	201214	46 黑龙江省伊春木材综合加工厂	132075

47 山东寿光人造板厂 129635
48 四川省成都木材综合工厂 128261
49 杭州灯塔防火材料总厂 120827
50 扬子木材厂 112547
51 新疆维吾尔自治区建筑木材加工总厂 112115
52 怀集县南油联营中密板厂 111276
53 广东省石龙木材厂 108419
54 铁道部镇赉木材防腐厂 106360
55 广西贺县微粒板厂 102198
56 浙江德仁装饰材料有限公司 101057
57 黑龙江省万成木业公司 100860
58 新疆木材总厂 97522
59 重庆木材综合工厂 97228
60 上海人造板厂 96376
61 天津福亚实业有限公司 96075
62 河南省人造板厂 95754
63 铁道部鹰潭木材防腐厂 93420
64 江苏汇森集团 92546
65 天津福家家具有限公司 92121
66 上海木材一厂 89404
67 陕西省建筑木材厂 87897
68 赣州木材厂 86128
69 安徽省滁州华能人造板有限责任公司 85627
70 齐齐哈尔市国营新工木材综合加工厂 84855
71 敦化福敦木业有限公司 84720
72 韶关市刨花板厂 84350
73 广州市木材工业公司 81172
74 嘉鱼县福鱼木业有限公司 79882
75 衢州木材工业公司 78660
76 常德市新型建筑材料总厂 78085
77 成武县国营林场出口桐木加工厂 77401
78 海阳市工艺品集团公司 75793
79 沈阳福阳人造板有限公司 75686
80 福建省龙岩地区人造板厂 75107
81 四川省东风木材加工厂 74169
82 芜湖市木材化工总厂 74120
83 吉林金林木业有限公司 73102
84 扬州市快乐球拍厂 71335
85 常熟市江湾集团有限公司 69489
86 东台市中阳木业有限公司 68370
87 向阳木业（大连）有限公司 68306
88 四川省宜宾制材厂 68291
89 青海省木材工贸总公司 68263
90 柳州木材厂 65957
91 山东省物产进出口公司木材厂 64609
92 遵化市钟馗实业公司 63819
93 甘肃省建筑木材加工厂 63530
94 怀集县微粒板厂 63048
95 新会市缝纫机台板厂 62783
96 济宁纺织器材厂 62651
97 浙江德华装饰材料有限公司 60387
98 洛阳人造板厂 59482
99 山东木业集团总公司 56682
100 山东贺友集团公司 55116

家具制造业（一）

销售收入（千元）

企业	销售收入	企业	销售收入
1 浙江亚厦装饰集团有限公司	298547	36 安徽省蒙城县家具总厂	22079
2 光明家具集团股份有限公司	220606	37 广东省韶关市新艺家具厂	20640
3 大连华丰家俱有限公司	214703	38 广平县广大家具有限公司	19982
4 广州市欧亚床垫家具有限公司	187943	39 上海五桦五金制品有限公司	18953
5 山东淄博凤阳股份有限公司	149080	40 上海万华办公用品有限公司	18691
6 河北省唐山市天海金属制品工业公司	127158	41 张家港市第二家具厂	18633
7 广州市南方家具有限公司	123678	42 黄河家具厂	17882
8 广州金品家具有限公司	119500	43 天津市家具五厂	17297
9 吉林市木业总公司	111070	44 柳州市缝纫机台板家俱总厂	17277
10 广州环美家具有限公司	105287	45 雅思床褥家具（广州）有限公司	16424
11 浙江花为媒集团有限公司	103148	46 山东省枣庄市家具工业公司	13639
12 齐齐哈尔市木器家具厂	80698	47 广东省新会市家具厂	12199
13 湛江碧丽华模压木制品总厂	72443	48 无锡市家具一厂	12101
14 南京木器厂	71838	49 佛山雅丽家具装饰有限公司	11528
15 河北省邢台市蓝鸟家俱实业总公司	62713	50 广州市珠江家具厂	10737
16 金华市友谊室内装饰成套用品集团	56280	51 三水市农机二厂	10188
17 浙江三潭转椅股份有限公司	54431	52 济南家具工业总公司	9884
18 浙江民友集团公司	54186	53 台山市钢铁厂	9146
19 烟台木材工业总公司	53322	54 中华家具厂	9025
20 南京麒麟床具总厂	52614	55 吉林省白山市家具总厂	8588
21 杭州市家具工业公司	51596	56 东明县家具总厂	8052
22 日照市三木集团有限公司	49071	57 鞍山市钢木家具厂	6970
23 福乐家具有限公司	48369	58 秦皇岛市建国家具总厂	6823
24 浙江省平湖市钢质家具厂	46221	59 重庆木模总厂	6133
25 青岛五桦钢塑制品有限公司	42034	60 怀安县刀具厂	5819
26 青岛一木集团	42004	61 天津市家具四厂	4680
27 合肥东方室内装饰联合公司	41430	62 顺德市桂洲家用电器厂	4605
28 山东华宇家具集团股份有限公司	39943	63 沈阳高级家具厂	3304
29 潍坊市富达木制品有限公司	33006	64 山东省乳山市华泰家私装饰股份有限公司	1920
30 哈尔滨市龙江木器制造厂	31270	65 湖北中丹家具厂	1848
31 北京市长城家具公司	30056	66 青州市家具公司	923
32 深圳市家乐实业发展公司	27784	67 上海钢椅厂	705
33 乐陵市木制工艺品总厂	25300	68 沈阳市第一木制品厂	113
34 海南省农垦华利家具厂	24640	69 武汉市国营铁木家具厂	92
35 上海家具厂	23116	70 上海伊都锦家具有限公司	4

家具制造业（二）

利税总额（千元）

企业	利税总额	企业	利税总额
1 光明家具集团股份有限公司	68560	4 山东淄博凤阳股份有限公司	32290
2 广州市欧亚床垫家具有限公司	47249	5 日照市三木集团有限公司	23079
3 浙江亚厦装饰集团有限公司	33929	6 齐齐哈尔市木器家具厂	12882

7 南京麒麟床具总厂	12427	40 秦皇岛市建国家具总厂	385
8 河北省唐山市天海金属制品工业公司	10060	41 三水市农机二厂	376
9 河北省邢台市蓝鸟家俱实业总公司	9608	42 北京市长城家具公司	363
10 浙江花为媒集团有限公司	7980	43 重庆木模总厂	286
11 张家港市第二家具厂	6283	44 天津市家具四厂	231
12 浙江省平湖市钢质家具厂	6063	45 山东省乳山市华泰家私装饰股份有限公司	200
13 山东华宇家具集团股份有限公司	5599	46 沈阳高级家具厂	174
14 福乐家具有限公司	5248	47 湖北中丹家具厂	138
15 金华市友谊室内装饰成套用品集团	4992	48 吉林省白山市家具总厂	133
16 无锡市家具一厂	3800	49 沈阳市第一木制品厂	6
17 深圳市家乐实业发展公司	3187	50 怀安县刀具厂	1
18 烟台木材工业总公司	3027	51 中华家具厂	-6
19 南京木器厂	2746	52 广州环美家具有限公司	-291
20 广州金品家具有限公司	2665	53 上海伊都锦家具有限公司	-344
21 广州市南方家具有限公司	2287	54 顺德市桂洲家用电器厂	-676
22 乐陵市木制工艺品总厂	2240	55 吉林市木业总公司	-775
23 合肥东方室内装饰联合公司	2225	56 哈尔滨市龙江木器制造厂	-840
24 浙江三潭转椅股份有限公司	2102	57 武汉市国营铁木家具厂	-977
25 广东省韶关市新艺家具厂	1579	58 青州市家具公司	-1168
26 天津市家具五厂	1549	59 鞍山市钢木家具厂	-1460
27 青岛一木集团	1497	60 雅思床褥家具（广州）有限公司	-1805
28 潍坊市富达木制品有限公司	1265	61 湛江碧丽华模压木制品总厂	-1947
29 广平县广大家具有限公司	1259	62 上海钢椅厂	-1952
30 杭州市家具工业公司	1168	63 广东省新会市家具厂	-2943
31 黄河家具厂	1142	64 上海万华办公用品有限公司	-3149
32 广州市珠江家具厂	899	65 济南家具工业总公司	-3210
33 上海家具厂	731	66 台山市钢铁厂	-3290
34 东明县家具总厂	724	67 柳州市缝纫机台板家俱总厂	-3916
35 山东省枣庄市家具工业公司	646	68 佛山雅丽家具装饰有限公司	-5914
36 浙江民友集团公司	636	69 上海五桦五金制品有限公司	-8787
37 安徽省蒙城县家具总厂	620	70 青岛五桦钢塑制品有限公司	-10576
38 天津市家具三厂	607	71 大连华丰家俱有限公司	-23130
39 海南省农垦华利家具厂	500		

家具制造业（三）

资产总计（千元）

1 大连华丰家俱有限公司	577072	9 南京木器厂	127750
2 光明家具集团股份有限公司	465148	10 青岛一木集团	114870
3 广州金品家具有限公司	379785	11 深圳市家乐实业发展公司	112353
4 山东淄博凤阳股份有限公司	277680	12 杭州市家具工业公司	106089
5 湛江碧丽华模压木制品总厂	254305	13 青岛五桦钢塑制品有限公司	104074
6 齐齐哈尔市木器家具厂	225013	14 烟台木材工业总公司	100310
7 广州环美家具有限公司	138183	15 浙江亚厦装饰集团有限公司	99977
8 广州市欧亚床垫家具有限公司	134734	16 日照市三木集团有限公司	97505

17 乐陵市木制工艺品总厂	95950
18 河北省邢台市蓝鸟家俱实业总公司	94940
19 浙江民友集团公司	82411
20 河北省唐山市天海金属制品工业公司	78761
21 浙江省平湖市钢质家具厂	67919
22 鞍山市钢木家具厂	61990
23 广州市南方家具有限公司	60665
24 上海家具厂	60347
25 金华市友谊室内装饰成套用品集团	54358
26 湖北中丹家具厂	53632
27 黄河家具厂	53581
28 浙江花为媒集团有限公司	51733
29 山东华宇家具集团股份有限公司	51727
30 北京市长城家具公司	51667
31 东明县家具总厂	49347
32 天津市家具五厂	47477
33 福乐家具有限公司	46875
34 上海五桦五金制品有限公司	46821
35 广平县广大家具有限公司	46230
36 浙江三潭转椅股份有限公司	45347
37 吉林市木业总公司	43997
38 吉林省白山市家具总厂	42772
39 广州市珠江家具厂	41762
40 南京麒麟床具总厂	41302
41 海南省农垦华利家具厂	40533
42 佛山雅丽家具装饰有限公司	40008
43 张家港市第二家具厂	40005
44 上海伊都锦家具有限公司	39712
45 济南家具工业总公司	37119
46 中华家具厂	36258
47 上海钢椅厂	35925
48 柳州市缝纫机台板家俱总厂	34939
49 合肥东方室内装饰联合公司	29071
50 武汉市国营铁木家具厂	28918
51 雅思床褥家具（广州）有限公司	27939
52 上海万华办公用品有限公司	27802
53 山东省枣庄市家具工业公司	26976
54 哈尔滨市龙江木器制造厂	26630
55 台山市钢铁厂	26567
56 安徽省蒙城县家具总厂	26521
57 顺德市桂洲家用电器厂	26085
58 三水市农机二厂	24717
59 天津市家具三厂	23760
60 怀安县刀具厂	23017
61 秦皇岛市建国家具总厂	22347
62 广东省韶关市新艺家具厂	22269
63 沈阳市第一木制品厂	22160
64 潍坊市富达木制品有限公司	21913
65 无锡市家具一厂	21769
66 重庆木模总厂	19109
67 青州市家具公司	18897
68 天津市家具四厂	17889
69 山东省乳山市华泰家私装饰股份有限公司	17660
70 广东省新会市家具厂	17272
71 沈阳高级家具厂	11494

造纸及纸制品业（一）

销售收入（千元）

排名及企业	销售收入
1 广州造纸有限公司	977201
2 福建省南平造纸厂	812324
3 吉林纸业股份有限公司	764466
4 广州宝洁纸品有限公司	760403
5 福建省青山纸业股份有限公司	655206
6 金城造纸（集团）有限责任公司	630051
7 佳木斯纸业集团公司	593238
8 石岘造纸厂	560080
9 寿光造纸集团股份有限公司	553047
10 保定钞票纸厂	523369
11 营口造纸厂	488409
12 深圳顺丰瓦通纸品有限公司	484458
13 鸭绿江造纸厂	449886
14 岳阳造纸厂	444541
15 广东维达纸业股份有限公司	441231
16 齐齐哈尔市造纸厂	433234
17 上海开伦版纸总厂	419301
18 山东潍坊恒信纸业集团总公司	410151
19 珠海经济特区红塔仁恒纸制品有限公司	407986
20 佛山市华新复合材料有限公司	384135
21 济南大易造纸有限公司	370770
22 兖州市造纸厂	360377
23 北京市造纸包装工业公司	350830
24 山东省东营市造纸厂	350530
25 江西纸业有限责任公司	348090
26 湖北省汉阳造纸厂	323356
27 宜宾纸业股份有限公司	317586
28 邯郸金佰利舒而美卫生用品（集团）有限公司	312000
29 山东华众纸业有限公司	309328
30 北京利乐包装有限公司	289594
31 山东临清市造纸厂	287217
32 杭州华丰纸业有限公司	277999
33 浙江省平湖市第二造纸厂	259365
34 河北冀腾纸业公司	251430
35 牡丹江造纸厂	241155
36 浙江亚伦股份有限公司	238077
37 茌平县造纸总厂	236506
38 天津振华纸业有限责任公司	234632
39 中外合资镇江金河纸业有限公司	231800
40 中山联合鸿兴造纸有限公司	229023
41 浙江民丰造纸厂	224550
42 黑龙江造纸厂	222129
43 深圳华力包装贸易有限公司	221987
44 宁波中华纸业有限公司	221304
45 上海星火制浆造纸厂	219679
46 安徽造纸厂	217191
47 广西柳江造纸厂	210918
48 江门造纸厂	208848
49 中外合资镇江大东纸业有限公司	205651
50 山东省德昌集团总公司	204936
51 山东省莒县造纸厂	201495
52 江南造纸厂	189455
53 济南新华纸业总公司	187137
54 安丘市造纸厂	184807
55 泗水县造纸厂	182985
56 沅江造纸厂	178708
57 台儿庄万通集团公司	178400
58 上海申永烫金材料有限公司	178243
59 柳州市两面针企业集团公司柳州市造纸厂	175535
60 绍兴东方纸业包装集团公司	174271
61 山东省泰山造纸厂	171229
62 河北省抚宁长城纸业集团有限公司	170565
63 国营山东省郯城纸板厂	168736
64 滨州造纸厂	166814
65 上海市复建包装公司	164378
66 辽阳工业纸板股份有限公司	163175
67 广州威达高实业有限公司	159920
68 迁安市华丰造纸厂	157500
69 广西国发林业造纸有限责任公司	157477
70 青州造纸股份有限公司	156359
71 丹东造纸厂	156019
72 河北省垦丰造纸总厂	155360
73 富阳市永泰纸业公司	152893
74 江苏新大纸业集团公司	152080
75 工贸合营无锡市箱板纸厂	151230
76 桂林市造纸厂	150797
77 浙江浙纸集团公司	148938
78 四川省长江包装纸业股份有限公司	148621
79 潍坊华星企业集团公司	147542
80 迁安市造纸厂	147307
81 国营乐山造纸厂	146989
82 内蒙古自治区西山咀造纸厂	145966

83 新华造纸厂	145934	92 芜湖东方纸版厂	128158
84 富阳市江南纸板厂	145204	93 杭州富亨包装集团公司	127783
85 番禺市莲花山造纸厂	143586	94 天津顶信纸业有限公司	125709
86 杭州新华纸业有限公司	140078	95 顺德市彩印纸箱厂	125001
87 山东省德州造纸厂	138941	96 冷水滩造纸厂	124640
88 马鞍山市山鹰造纸有限责任公司	138201	97 武汉市东风造纸厂	123960
89 宜昌造纸总厂	136505	98 上海实宏纸业有限公司	122585
90 天津造纸厂	133976	99 无锡龙达实业总公司	122013
91 三水市健力宝包装有限公司	132002	100 聊城造纸厂	121583

造纸及纸制品业（二）

利税总额（千元）

1 寿光造纸集团股份有限公司	208182	33 山东省莒县造纸厂	34544
2 广州宝洁纸品有限公司	177800	34 营口造纸厂	31867
3 广州造纸有限公司	162279	35 广西柳江造纸厂	30430
4 佛山市华新复合材料有限公司	158280	36 平原县东方纸业集团有限公司	30045
5 山东省东营市造纸厂	128540	37 云南大理造纸厂	29860
6 兖州市造纸厂	109058	38 河北冀腾纸业公司	29008
7 山东临清市造纸厂	103368	39 杭州华丰纸业有限公司	28872
8 福建省南平造纸厂	101896	40 上海申永烫金材料有限公司	27905
9 北京利乐包装有限公司	98447	41 漯河市制浆造纸股份有限公司	27088
10 保定钞票纸厂	94746	42 中国宣纸集团公司	25954
11 珠海经济特区红塔仁恒纸制品有限公司	82373	43 山东汇宝集团股份有限公司	25686
12 吉林纸业股份有限公司	77036	44 辽阳工业纸板股份有限公司	25478
13 茌平县造纸总厂	65558	45 浙江省平湖市第二造纸厂	25408
14 金城造纸（集团）有限责任公司	63467	46 富阳市永泰纸业公司	25408
15 泗水县造纸厂	62638	47 山东省高唐县造纸厂	24872
16 广东维达纸业股份有限公司	62247	48 滨州造纸厂	24358
17 山东省泰山造纸厂	60461	49 天津顶信纸业有限公司	24316
18 江西纸业有限责任公司	59529	50 黑龙江造纸厂	24315
19 齐齐哈尔市造纸厂	53809	51 中外合资镇江金河纸业有限公司	23980
20 聊城造纸厂	52065	52 深圳顺丰瓦通纸品有限公司	23949
21 国营山东省郯城纸板厂	50980	53 江南造纸厂	23005
22 福建省青山纸业股份有限公司	49593	54 上海市复建包装公司	22792
23 山东华众纸业有限公司	46588	55 迁安市华丰造纸厂	22701
24 山东潍坊恒信纸业集团总公司	45344	56 山东省德昌集团总公司	22677
25 石岘造纸厂	45070	57 浙江亚伦股份有限公司	22155
26 鸭绿江造纸厂	43047	58 费县造纸厂	22130
27 邯郸金佰利舒而美卫生用品（集团）有限公司	42963	59 宁波中华纸业有限公司	21950
28 宜宾纸业股份有限公司	42273	60 富阳市江南纸板厂	21940
29 深圳华力包装贸易有限公司	38987	61 牡丹江造纸厂	21748
30 青州造纸股份有限公司	38667	62 四川省长江包装纸业股份有限公司	21696
31 岳阳造纸厂	36445	63 马鞍山市山鹰造纸有限责任公司	21521
32 安丘市造纸厂	36060	64 内蒙古自治区西山咀造纸厂	20968

65 湖南省绥宁县联合造纸厂 20574
66 浙江义乌造纸总厂 20309
67 山东省五莲县造纸厂 20215
68 杭州新华纸业有限公司 19424
69 昌邑市造纸印刷集团总公司 18722
70 浙江民丰造纸厂 18710
71 山东省德州造纸厂 18425
72 山东东平纸业股份有限公司 18062
73 宁波八方集团股份有限公司 17935
74 山东省金山口造纸厂 17888
75 菏泽市造纸印刷包装集团总公司 17876
76 江苏新大纸业集团公司 17727
77 绍兴东方纸业包装集团公司 17524
78 北京市造纸包装工业公司 17494
79 四川东河钞票纸厂 17201
80 上海开伦版纸总厂 17052
81 河北省抚宁长城纸业集团有限公司 16984
82 驻马店市第一造纸厂 16801
83 浙江金岭纸业有限公司 16333
84 江苏省金湖造纸厂 16113
85 山东省济南市富阳造纸厂 15874
86 台儿庄万通集团公司 15828
87 内乡县制浆造纸股份有限公司 15357
88 淇县造纸厂 15077
89 青岛纸箱实业股份有限公司 15056
90 成武县造纸厂 15014
91 迁安市造纸厂 14856
92 万县市万元造纸厂 14782
93 广西国发林业造纸有限责任公司 14647
94 中卫县造纸厂 14609
95 山东省陵县造纸厂 14602
96 河南省滑县造纸厂 14062
97 湖北省汉阳造纸厂 13924
98 青岛海王纸业股份有限公司 13848
99 国营乐山造纸厂 13773
100 重庆华亚现代纸业有限责任公司 13653

造纸及纸制品业（三）

资产总计（千元）

1 宁波中华纸业有限公司 4973555
2 天津造纸厂 2352646
3 福建省青山纸业股份有限公司 2256574
4 佳木斯纸业集团公司 2060891
5 福斯达纸业（烟台）有限公司 1933336
6 广州造纸有限公司 1763392
7 吉林纸业股份有限公司 1753174
8 营口造纸厂 1383101
9 福建省南平造纸厂 1205587
10 石岘造纸厂 1078670
11 广西贺纸有限责任公司 932946
12 北京市造纸包装工业公司 863613
13 济南大易造纸有限公司 847955
14 江西纸业有限责任公司 842585
15 上海星火制浆造纸厂 839016
16 山东华众纸业有限公司 809460
17 岳阳造纸厂 800154
18 金城造纸（集团）有限责任公司 797518
19 丹东造纸厂 791382
20 湖北省汉阳造纸厂 787073
21 珠海经济特区红塔仁恒纸制品有限公司 753254
22 宜宾纸业股份有限公司 672268
23 山东潍坊恒信纸业集团总公司 668597
24 佛山市华新复合材料有限公司 665023
25 寿光造纸集团股份有限公司 647725
26 上海开伦版纸总厂 615631
27 保定钞票纸厂 610635
28 鸭绿江造纸厂 607704
29 中外合资镇江大东纸业有限公司 600848
30 齐齐哈尔市造纸厂 556739
31 广州宝洁纸品有限公司 550319
32 国营扎兰屯纸浆厂 536964
33 成都市造纸工业公司 532665
34 黑龙江造纸厂 503569
35 江西抚州造纸厂 503434
36 浙江震洲纸业有限公司 501679
37 浙江民丰造纸厂 499854
38 芜湖东方纸版厂 489471
39 广西柳江造纸厂 481824
40 深圳顺丰瓦通纸品有限公司 468329
41 杭州华丰纸业有限公司 437816
42 国营乐山造纸厂 419750
43 兖州市造纸厂 410957
44 广州威达高实业有限公司 396749
45 天津振华纸业有限责任公司 386757
46 中山联合鸿兴造纸有限公司 369625

47 牡丹江造纸厂	365751
48 安徽造纸厂	363200
49 中卫县造纸厂	362853
50 浙江浙纸集团公司	352592
51 新疆博斯腾湖造纸厂	349845
52 江阴造纸厂	338042
53 沅江造纸厂	335478
54 中外合资镇江金河纸业有限公司	324278
55 山东省东营市造纸厂	320727
56 辽阳工业纸板股份有限公司	310854
57 武汉市武汉造纸厂	309110
58 迁安市造纸厂	308339
59 江门造纸厂	299550
60 广东维达纸业股份有限公司	291603
61 广西国发林业造纸有限责任公司	286367
62 山东临清市造纸厂	284168
63 浙江省平湖市第二造纸厂	269708
64 上海实宏纸业有限公司	269239
65 邯郸金佰利舒而美卫生用品（集团）有限公司	268680
66 福建省福州造纸厂	266397
67 广东省广宁县人民纸厂	266177
68 河北省垦丰造纸总厂	262440
69 秦皇岛造纸总厂	260380
70 北京利乐包装有限公司	251882
71 吉林省白城市造纸厂	251648
72 河北冀腾纸业公司	241728
73 河南省中牟造纸厂	239219
74 宜昌造纸总厂	239168
75 四川省长江包装纸业股份有限公司	238268
76 杭州新华纸业有限公司	236594
77 漯河市制浆造纸股份有限公司	234745
78 哈尔滨造纸厂	232397
79 吉林省白山市造纸厂	231271
80 茌平县造纸总厂	227699
81 浙江亚伦股份有限公司	225953
82 滨州造纸厂	225507
83 潍坊华星企业集团公司	222024
84 河北省邢台市巨龙实业总公司	220781
85 赣州造纸（集团）有限公司	220618
86 台儿庄万通集团公司	213945
87 张家口市宣化造纸厂	213790
88 江南造纸厂	213693
89 安庆造纸厂	213579
90 陕西省户县造纸厂	211156
91 云丰造纸厂	210811
92 江门市新裕造纸有限公司	209355
93 昆明市福保造纸厂	208323
94 增城市造纸厂	208076
95 扬州庆丰铜版纸厂	205222
96 重庆华亚现代纸业有限责任公司	204870
97 冷水滩造纸厂	204297
98 山东省高唐县造纸厂	198739
99 江苏新大纸业集团公司	197280
100 上海申永烫金材料有限公司	196030

印刷业、记录媒介的复制（一）

销售收入（千元）

序号	企业名称	销售收入
1	西安印钞厂	409167
2	北京印钞厂	406774
3	上海印钞厂	400346
4	大连盛道集团有限公司	399065
5	江苏联通集团公司	342660
6	成都印钞公司	255078
7	深圳嘉年实业股份有限公司	213168
8	南昌印钞厂	210571
9	上海人民印刷八厂	210350
10	中山鸿兴印刷包装有限公司	205272
11	石家庄印钞厂	195129
12	河南省安阳市长虹彩印厂	191400
13	上海凹凸彩印厂	170417
14	佛山市南方电子音像公司	166450
15	山东凌志包装集团公司	155000
16	昆明彩印厂	153223
17	云南省通海工艺美术厂	152754
18	昆山市张浦彩印厂	152468
19	江苏鑫城印刷集团公司	148475
20	莱州市烟草工业印刷有限公司	144701
21	保定地质图制印厂	139707
22	上海纺印利丰印刷包装有限公司	137581
23	国营青岛人民印刷厂	136943
24	上海庆丰彩印有限公司	131948
25	天津环球磁卡股份有限公司	122679
26	浙江印刷集团公司	117647
27	浙江爱迪尔包装集团公司	112357
28	江西印刷集团公司	106298
29	武汉长印集团股份有限公司	103351
30	四川省印刷制版中心	102174
31	重庆华彩印务实业公司	100009
32	深圳百士特塑料彩印有限公司	97753
33	佛山金声电子有限公司	97540
34	深圳当纳利旭日印刷有限公司	95458
35	上海外贸界龙彩印厂	94605
36	山东省森达集团	93967
37	云南红河彩印包装股份有限公司	93878
38	陕西省印刷厂	91189
39	上海烟草工业印刷厂	90320
40	山东菏泽印刷厂	86111
41	山东华丰印刷包装有限公司	83293
42	昆明市印刷厂	82060
43	河北新华印刷一厂	81324
44	佛山市彩色印刷厂	80960
45	云南华玉彩印包装有限公司	80740
46	厦门光夏印刷企业有限公司	79938
47	青岛印刷股份有限公司	76986
48	云南省玉溪印刷厂	76052
49	温州光华塑料企业集团公司	72220
50	北京轻联包装印刷集团公司	72019
51	浙江省茉织华印刷有限公司	71855
52	北京市商标印刷三厂	69503
53	上海人民印刷十厂	68719
54	广州华南印刷厂（解放军第七二一五厂）	68691
55	中国唱片上海公司	67394
56	青岛益青印刷包装股份有限公司	67329
57	上海合众塑料印务有限公司	66117
58	厦门第一印刷厂	65880
59	湖州印刷厂	65735
60	河南第一新华印刷厂	64594
61	广西民族印刷厂	61797
62	四川省宜宾印刷总公司	61508
63	江门市塑料二厂	61008
64	深圳深飞激光光学系统有限公司	60224
65	云南新华印刷实业总公司	59944
66	上海罗德烟草印务有限公司	59932
67	工贸合营龙口市包装装璜总厂	58728
68	广州新华印刷厂	57603
69	石家庄朝阳企业集团公司	56888
70	四川金印股份有限公司	56280
71	北京印刷二厂	56061
72	运城地区制版厂	55299
73	海宁市粤海塑料印刷包装材料实业公司	53576
74	石家庄市软包装彩印厂	50842
75	柳州市彩色印刷包装总厂	50839
76	外贸无锡印刷厂	49438
77	扬州印刷总厂	49380
78	邮电部北京邮票厂	48898
79	上海航空印刷有限公司	47554
80	襄樊飞环印务公司	46671
81	东莞市二轻联盛工业公司	46506
82	沈阳新华印刷厂	46344

83 梧州市印刷包装企业总公司 46280
84 济南复合包装印刷厂 46212
85 顺德市诚信实业有限公司 45320
86 苏州印刷总厂 44571
87 洛阳市印刷厂 43734
88 上海古林国际印务有限公司 43039
89 徐州市彩色印刷厂 42397
90 解放军报社印刷厂 42338
91 佛山市粤中印刷公司 41689
92 安徽新华印刷厂 41600
93 湖南省新华印刷一厂 41538
94 广州市东方红印刷公司 40220
95 开封胶印厂 40127
96 西安市第二印刷厂 39820
97 中国人民解放军第七二一四工厂 38954
98 北京市京华印刷总厂 38452
99 北京电影洗印录像技术厂 37627
100 上海中华印刷厂 37170

印刷业、记录媒介的复制（二）

利税总额（千元）

1 西安印钞厂 137419
2 上海印钞厂 124462
3 北京印钞厂 95203
4 大连盛道集团有限公司 74730
5 南昌印钞厂 70321
6 成都印钞公司 68671
7 天津环球磁卡股份有限公司 64708
8 江苏联通集团公司 64051
9 佛山市南方电子音像公司 55330
10 石家庄印钞厂 51380
11 上海纺印利丰印刷包装有限公司 37588
12 中山鸿兴印刷包装有限公司 34202
13 佛山金声电子有限公司 33950
14 深圳嘉年实业股份有限公司 31744
15 上海庆丰彩印有限公司 31278
16 厦门光夏印刷企业有限公司 29049
17 昆山市张浦彩印厂 28855
18 河南省安阳市长虹彩印厂 28170
19 浙江省茉织华印刷有限公司 27344
20 浙江爱迪尔包装集团公司 25803
21 上海人民印刷八厂 24663
22 保定地质图制印厂 22821
23 运城地区制版厂 22527
24 新会佩斯光电有限公司 20603
25 云南红河彩印包装股份有限公司 20427
26 上海凹凸彩印厂 19443
27 江苏鑫城印刷集团公司 19254
28 上海航空印刷有限公司 19082
29 上海罗德烟草印务有限公司 18664
30 莱州市烟草工业印刷有限公司 17720
31 上海外贸界龙彩印厂 14666
32 北京轻联包装印刷集团公司 13712
33 上海烟草工业印刷厂 13264
34 云南华玉彩印包装有限公司 13003
35 河北新华印刷一厂 12940
36 四川金印股份有限公司 12453
37 云南新华印刷实业总公司 11364
38 湖州印刷厂 10696
39 北京宝岛包装印刷有限公司 10588
40 山东凌志包装集团公司 10560
41 深圳光华印制公司 10449
42 武汉长印集团股份有限公司 10208
43 昆明彩印厂 10143
44 北京印刷二厂 10062
45 云南省玉溪印刷厂 9618
46 北京精工华晖凹印制板有限公司 9315
47 徐州市彩色印刷厂 9289
48 广西民族印刷厂 9052
49 新华通讯社印刷厂 8832
50 江苏新华印刷厂 8706
51 四川省宜宾印刷总公司 8689
52 重庆华彩印务实业公司 8539
53 四川省印刷制版中心 8428
54 云南省通海工艺美术厂 8409
55 江西印刷集团公司 8129
56 青岛益青印刷包装股份有限公司 7997
57 深圳百士特塑料彩印有限公司 7958
58 国营青岛人民印刷厂 7855
59 中国唱片上海公司 7655
60 河南第一新华印刷厂 7544
61 山东华丰印刷包装有限公司 7185
62 浙江印刷集团公司 7037
63 佛山市彩色印刷厂 6744
64 深圳美光实业股份有限公司 6672

65 湖南省新华印刷一厂 6358
66 工贸合营龙口市包装装璜总厂 6263
67 上海古林国际印务有限公司 6244
68 解放军报社印刷厂 6115
69 沈阳新华印刷厂 6047
70 北京市京华印刷总厂 5891
71 安徽新华印刷厂 5620
72 海宁市粤海塑料印刷包装材料实业公司 5618
73 河南第二新华印刷厂 5589
74 陕西中宝印务有限公司 5556
75 上海安全印务有限公司 5535
76 深圳市金星实业发展公司 5254
77 湖南省新华印刷三厂 5238
78 长春新华印刷厂 5183
79 天津市药品包装印刷厂 5159
80 柳州市印刷厂 5026
81 盐城市印刷厂 5020
82 青岛印刷股份有限公司 4937
83 北京新华彩印厂 4877
84 上海人民印刷十厂 4753
85 温州光华塑料企业集团公司 4740
86 湖南省新华印刷二厂 4691
87 厦门第一印刷厂 4624
88 上海竟成印刷厂 4358
89 佳木斯印刷总厂 4345
90 襄樊飞环印务公司 4330
91 江门市塑料二厂 4323
92 山东新华印刷厂潍坊厂 4291
93 四川省射洪县印刷厂 4249
94 外贸无锡印刷厂 4157
95 江西新华印刷厂 4090
96 河北新华印刷三厂 4025
97 工贸联营青岛包装印刷厂 4009
98 朝阳新华印刷厂 4008
99 苏州印刷总厂 3990
100 梧州市印刷包装企业总公司 3972

印刷业、记录媒介的复制（三）

资产总计（千元）

1 大连盛道集团有限公司 981094
2 成都印钞公司 927077
3 北京印钞厂 790210
4 上海印钞厂 565395
5 贵州新华印刷厂 544410
6 深圳深飞激光光学系统有限公司 500507
7 武汉长印集团股份有限公司 481240
8 西安印钞厂 400925
9 天津环球磁卡股份有限公司 380254
10 江苏联通集团公司 372429
11 上海凹凸彩印厂 368223
12 上海人民印刷八厂 329218
13 石家庄印钞厂 323164
14 佛山金声电子有限公司 291050
15 南昌印钞厂 274753
16 邮电部北京邮票厂 269081
17 莱州市烟草工业印刷有限公司 265680
18 深圳当纳利旭日印刷有限公司 251712
19 国营青岛人民印刷厂 248795
20 上海纺印利丰印刷包装有限公司 244797
21 深圳嘉年实业股份有限公司 236655
22 佛山市南方电子音像公司 235349
23 北京轻联包装印刷集团公司 228084
24 浙江印刷集团公司 219513
25 云南省通海工艺美术厂 212917
26 云南省玉溪印刷厂 197442
27 运城地区制版厂 188806
28 青岛印刷股份有限公司 186353
29 山东菏泽印刷厂 186071
30 中山鸿兴印刷包装有限公司 184270
31 陕西省印刷厂 177072
32 厦门光夏印刷企业有限公司 172675
33 上海罗德烟草印务有限公司 171675
34 四川省印刷制版中心 167955
35 上海烟草工业印刷厂 167257
36 重庆华彩印务实业公司 153613
37 沈阳新华印刷厂 147725
38 佛山市彩色印刷厂 145237
39 上海庆丰彩印有限公司 144865
40 柳州市彩色印刷包装总厂 134735
41 北京电影洗印录像技术厂 134369
42 云南新华印刷实业总公司 133508
43 北京新华印刷厂 132693
44 江西印刷集团公司 131978
45 山东凌志包装集团公司 131830
46 北京新华彩印厂 129795

47 昆山市张浦彩印厂	129128
48 河北新华印刷一厂	129084
49 西安市第二印刷厂	128729
50 河南第一新华印刷厂	126811
51 深圳光华印制公司	126133
52 河南省安阳市长虹彩印厂	125190
53 重庆新华印刷厂	122746
54 上海人民印刷十厂	121008
55 广州华南印刷厂（解放军第七二一五厂）	118867
56 江苏鑫城印刷集团公司	116278
57 中国唱片上海公司	114092
58 湖州印刷厂	112916
59 西安第一印刷厂	111711
60 石家庄朝阳企业集团公司	111369
61 北海市华宇实业股份有限公司	111164
62 新华通讯社印刷厂	111028
63 北京市商标印刷三厂	109344
64 上海外贸界龙彩印厂	109080
65 保定地质图制印厂	108398
66 北京外文印刷厂	107965
67 洛阳市印刷厂	106134
68 黑龙江新华印刷厂	104628
69 浙江爱迪尔包装集团公司	103771
70 上海合众塑料印务有限公司	102416
71 北京印刷二厂	101942
72 浙江省茉织华印刷有限公司	101031
73 西安新华印刷厂	98957
74 昆明市印刷厂	98187
75 辽宁美术印刷厂	96444
76 广西民族印刷厂	96013
77 深圳百士特塑料彩印有限公司	95848
78 北京印刷一厂	95682
79 上海航空印刷有限公司	92965
80 安徽新华印刷厂	91870
81 北京凌奇印刷厂	91584
82 东北印刷厂	91342
83 北方装潢印刷集团公司	87574
84 北京博诚印刷厂	85665
85 上海古林国际印务有限公司	85265
86 广州新华印刷厂	84125
87 云南红河彩印包装股份有限公司	83560
88 山东新华印刷厂潍坊厂	82227
89 福建省漳州市印刷总厂	81051
90 解放军报社印刷厂	80484
91 湖北永发印业总公司	80291
92 南宁市包装印刷集团公司	79126
93 梅州市银鹰实业集团公司	78327
94 顺德市诚信实业有限公司	78011
95 佛山市粤中印刷公司	77970
96 河南第二新华印刷厂	77522
97 东莞市二轻联盛工业公司	77438
98 北京市京华印刷总厂	77117
99 广州市东方红印刷公司	76871
100 四川金印股份有限公司	76686

文教体育用品制造业（一）

销售收入（千元）

排名	企业名称	销售收入	排名	企业名称	销售收入
1	宁波华茂集团股份有限公司	861446	42	山西长治澳瑞特健身器材总厂	73302
2	天津雅马哈电子乐器有限公司	757744	43	浙江省丽水金笔厂	72570
3	上海制笔实业总公司	608844	44	福建省晋江市华侨玩具有限公司	68000
4	镇泰广州有限公司	554620	45	上海华菖旅游工艺用品有限公司	67888
5	宁波海威集团有限公司	505020	46	上海实业马利画材有限公司	66812
6	江苏好孩子集团公司	423756	47	济南亨通制笔有限公司	64876
7	上海英雄股份有限公司	407128	48	中山日荣塑料电子制品有限公司	61650
8	广州市珠江钢琴集团有限公司	355792	49	苏州乳胶厂	60020
9	中山国际玩具有限公司	322060	50	上海童车有限责任公司	58717
10	浙江生力集团公司	300205	51	天津市乐器厂	50794
11	北京星海乐器有限责任公司	272583	52	句容工艺品总厂	50737
12	江苏乐凯集团公司	256007	53	上海电影技术厂	47746
13	番禺市友利玩具厂	218250	54	宁波三A集团有限公司	47070
14	中国第一铅笔股份有限公司	173967	55	天津铅笔厂	45734
15	厦门新凯复材科技有限公司	165601	56	北方联合玩具有限公司	40869
16	上海丰华圆珠笔股份有限公司	160494	57	绍兴县文具盒厂	38600
17	上海长城玩具厂	154437	58	北京市文体百货工业联合公司	37707
18	江苏福斯特工艺品集团股份有限公司	140082	59	潮安县红盒文具有限公司	31994
19	韵声股份有限公司	131592	60	上海升雄塑胶工业有限公司	31374
20	上海文教体育用品总公司	126173	61	泰州市友谊印刷总厂	31272
21	江苏省宝石化纤集团有限公司	125059	62	威海铅笔厂	30035
22	厦门侨兴工业有限公司	124692	63	上海环球塑胶玩具有限公司	29809
23	山东威海环球渔具实业有限公司	123050	64	安徽文教用品股份有限公司	28440
24	上海永生股份有限公司	120321	65	番禺市奥利电子玩具有限公司	28179
25	上海福斯特笔业有限公司	111493	66	北京顺添玩具有限公司	28130
26	宁波金帆集团公司	111454	67	北京铅笔厂	27632
27	江苏顺通集团有限公司	106500	68	南京三瀛运动器具有限公司	27000
28	杭州华兴（集团）公司	103960	69	厦门元保运动器材有限公司	26289
29	深圳兴利五金塑胶有限公司	101843	70	淮阴市玩具总厂	26214
30	上海钢琴公司	96094	71	上海普发绘图仪器总厂	24599
31	上海制球联合公司	90591	72	哈尔滨中国标准铅笔公司	23443
32	上海洋帆实业总公司	89426	73	中山市张家边区友利玩具厂	23354
33	齐齐哈尔冰刀工业有限公司	87490	74	上海扑克牌厂	23179
34	上海环球玩具有限公司	86302	75	天津市乐器公司	18876
35	营口东北钢琴（集团）公司	82110	76	北京金星制笔工业公司	18596
36	上海三星文教实业公司	80040	77	厦门塑胶总厂	18169
37	上海长城笔业有限公司	76695	78	韶关市康德乐文体器材有限公司	16283
38	扬州市长江口琴总厂	76457	79	招远市家用电器厂	15857
39	上海红双喜冠都体育用品有限公司	74530	80	淮南市印刷厂	15796
40	佛山市利达玩具有限公司	74211	81	上海盼得休闲用品有限公司	15271
41	石狮市林边玩具厂	73810	82	广州雅马哈珠江钢琴有限责任公司	15116

83 镇江市文教用品总厂 14690
84 大连易达文具有限公司 12990
85 新塘镇冠田玩具厂 10863
86 广州市广州金笔厂 10814
87 天津市天津制本厂 10003
88 北京市制本总厂 9700
89 上海英雄电脑绘图仪器用品公司 9621
90 天津市第二制本厂 9537
91 东莞樟木头先威塑胶厂 9462
92 协兴皮革运动器具厂 9257
93 广东鹤山玩具厂 8529
94 丹东金笔厂 8374
95 吉林省吉林市铅笔厂 8254
96 佛山市玩具总厂 7608
97 上海犀飞利永生制笔有限公司 7383
98 北京添翼塑胶玩具制品有限限公司 7159
99 武汉市玩具工业公司 6360
100 上海沪东工贸公司 5000

文教体育用品制造业（二）

利税总额（千元）

1 宁波华茂集团股份有限公司 187114
2 广州市珠江钢琴集团有限公司 97381
3 上海英雄股份有限公司 81331
4 江苏好孩子集团公司 60172
5 中国第一铅笔股份有限公司 58324
6 上海丰华圆珠笔股份有限公司 46494
7 镇泰广州有限公司 44460
8 上海福斯特笔业有限公司 43346
9 天津雅马哈电子乐器有限公司 39384
10 上海制笔实业总公司 38294
11 浙江生力集团公司 33833
12 宁波海威集团有限公司 32830
13 北京星海乐器有限责任公司 28043
14 韵声股份有限公司 27028
15 上海永生股份有限公司 22664
16 上海实业马利画材有限公司 17107
17 杭州华兴（集团）公司 13890
18 上海长城笔业有限公司 13814
19 上海文教体育用品总公司 13741
20 江苏顺通集团有限公司 13453
21 江苏省宝石化纤集团有限公司 13010
22 上海红双喜冠都体育用品有限公司 10909
23 浙江省丽水金笔厂 10710
24 上海制球联合公司 8354
25 营口东北钢琴（集团）公司 8101
26 齐齐哈尔冰刀工业有限公司 7742
27 山东威海环球渔具实业有限公司 7671
28 宁波金帆集团公司 7624
29 扬州市长江口琴总厂 7458
30 石狮市林边玩具厂 7381
31 江苏乐凯集团公司 5979
32 福建省晋江市华侨玩具有限公司 5730
33 上海华菖旅游工艺用品有限公司 5650
34 山西长治澳瑞特健身器材总厂 5476
35 上海长城玩具厂 5226
36 宁波三 A 集团有限公司 4888
37 苏州乳胶厂 4510
38 厦门塑胶总厂 4328
39 厦门新凯复材科技有限公司 4150
40 上海钢琴公司 3936
41 天津市乐器厂 3799
42 新塘镇冠田玩具厂 3783
43 番禺市友利玩具厂 3716
44 句容工艺品总厂 3392
45 上海三星文教实业公司 3327
46 中山国际玩具有限公司 3200
47 上海环球玩具有限公司 3033
48 黑龙江黑龙运动器材集团总公司 2977
49 北京市文体百货工业联合公司 2584
50 绍兴县文具盒厂 2517
51 上海普发绘图仪器总厂 2472
52 天津铅笔厂 2363
53 上海环球塑胶玩具有限公司 2320
54 北方联合玩具有限公司 2301
55 深圳兴利五金塑胶有限公司 2099
56 佛山市利达玩具有限公司 2090
57 江苏福斯特工艺品集团股份有限公司 2065
58 安徽文教用品股份有限公司 2031
59 北京顺添玩具有限公司 1907
60 东莞樟木头先威塑胶厂 1865
61 上海电影技术厂 1692
62 广东鹤山玩具厂 1692
63 厦门侨兴工业有限公司 1467
64 上海英雄电脑绘图仪器用品公司 1395

65 上海洋帆实业总公司	1225
66 济南亨通制笔有限公司	1180
67 韶关市康德乐文体器材有限公司	1099
68 南京三瀛运动器具有限公司	1080
69 淮阴市玩具总厂	1056
70 北京金星制笔工业公司	1024
71 北京铅笔厂	925
72 威海铅笔厂	724
73 泰州市友谊印刷总厂	720
74 淮南市印刷厂	698
75 佛山市玩具总厂	531
76 天津市第二制本厂	416
77 武汉市玩具工业公司	399
78 中山日荣塑料电子制品有限公司	351
79 上海升雄塑胶工业有限公司	311
80 镇江市文教用品总厂	277
81 天津市天津制本厂	242
82 中山市张家边区友利玩具厂	193
83 上海沪东工贸公司	191
84 天津市乐器公司	169
85 大连时代企业发展总公司	150
86 招远市家用电器厂	115
87 四川仪表总厂上海浦东分厂	113
88 厦门元保运动器材有限公司	31
89 上海盼得休闲用品有限公司	0
90 番禺市奥利电子玩具有限公司	-41
91 康元玩具厂	-127
92 协兴皮革运动器具厂	-340
93 北京市制本总厂	-618
94 长春华荣音像电子有限公司	-1154
95 哈尔滨制笔总厂	-1328
96 北京添翼塑胶玩具制品有限限公司	-1366
97 上海玩具十五厂	-1588
98 上海犀飞利永生制笔有限公司	-1727
99 北京市童车厂	-1921
100 大连易达文具有限公司	-3339

文教体育用品制造业（三）

	资产总计（千元）
1 上海英雄股份有限公司	831473
2 广州市珠江钢琴集团有限公司	570429
3 宁波华茂集团股份有限公司	532665
4 上海制笔实业总公司	501252
5 上海永生股份有限公司	490559
6 上海丰华圆珠笔股份有限公司	485877
7 中国第一铅笔股份有限公司	476549
8 上海文教体育用品总公司	428300
9 北京星海乐器有限责任公司	417827
10 中山国际玩具有限公司	371233
11 浙江生力集团公司	344310
12 江苏好孩子集团公司	337036
13 营口东北钢琴（集团）公司	284383
14 天津雅马哈电子乐器有限公司	256672
15 齐齐哈尔冰刀工业有限公司	232468
16 镇泰广州有限公司	226470
17 韵声股份有限公司	200549
18 上海钢琴公司	194686
19 江苏乐凯集团公司	193507
20 上海长城玩具厂	186447
21 山东威海环球渔具实业有限公司	161548
22 广东鹤山玩具厂	158779
23 番禺市友利玩具厂	141219
24 北京金星制笔工业公司	136915
25 绍兴县文具盒厂	136598
26 宁波海威集团有限公司	131703
27 上海三星文教实业公司	124614
28 上海福斯特笔业有限公司	123558
29 山西长治澳瑞特健身器材总厂	119317
30 上海红双喜冠都体育用品有限公司	119024
31 佛山市利达玩具有限公司	115469
32 上海童车有限责任公司	113789
33 浙江省丽水金笔厂	113370
34 扬州市长江口琴总厂	111888
35 丹东金笔厂	106154
36 上海制球联合公司	104285
37 厦门新凯复材科技有限公司	103624
38 大连时代企业发展总公司	102436
39 宁波金帆集团公司	97139
40 潮安县红盒文具有限公司	93225
41 江苏顺通集团有限公司	91273
42 上海实业马利画材有限公司	89880
43 杭州华兴（集团）公司	87210
44 江苏省宝石化纤集团有限公司	84666
45 广州雅马哈珠江钢琴有限责任公司	81599
46 广州市广州金笔厂	81532

47 厦门侨兴工业有限公司	80745
48 黑龙江黑龙运动器材集团总公司	78753
49 天津铅笔厂	78583
50 江苏福斯特工艺品集团股份有限公司	77987
51 北京市文体百货工业联合公司	76456
52 上海电影技术厂	76213
53 上海洋帆实业总公司	75977
54 武汉市玩具工业公司	72432
55 宁波三 A 集团有限公司	70825
56 济南亨通制笔有限公司	69359
57 上海华菖旅游工艺用品有限公司	65506
58 哈尔滨中国标准铅笔公司	65053
59 北京顺添玩具有限公司	62718
60 上海长城笔业有限公司	60382
61 厦门塑胶总厂	58146
62 厦门元保运动器材有限公司	53356
63 北京市制本总厂	51685
64 上海环球玩具有限公司	51292
65 番禺市奥利电子玩具有限公司	50145
66 招远市家用电器厂	47187
67 深圳兴利五金塑胶有限公司	45294
68 天津市第二制本厂	44915
69 安徽文教用品股份有限公司	44624
70 石狮市林边玩具厂	44385
71 上海升雄塑胶工业有限公司	43393
72 北京市童车厂	43072
73 上海普发绘图仪器总厂	42548
74 佛山市玩具总厂	41971
75 东莞樟木头先威塑胶厂	40719
76 上海英雄电脑绘图仪器用品公司	40004
77 句容工艺品总厂	39544
78 福建省晋江市华侨玩具有限公司	38990
79 苏州乳胶厂	37730
80 北京添翼塑胶玩具制品有限限公司	37304
81 大连易达文具有限公司	35227
82 哈尔滨制笔总厂	35034
83 天津市乐器厂	35008
84 中山市张家边区友利玩具厂	34630
85 上海扑克牌厂	34434
86 上海犀飞利永生制笔有限公司	33634
87 中山日荣塑料电子制品有限公司	31703
88 南京三瀛运动器具有限公司	31430
89 北京铅笔厂	31252
90 北方联合玩具有限公司	31125
91 泰州市友谊印刷总厂	30726
92 淮南市印刷厂	30598
93 新塘镇冠田玩具厂	29710
94 上海环球塑胶玩具有限公司	28502
95 康元玩具厂	26012
96 天津市天津制本厂	24977
97 威海铅笔厂	24380
98 韶关市康德乐文体器材有限公司	24320
99 上海玩具十五厂	21440
100 镇江市文教用品总厂	20970

石油加工及炼焦业（一）

销售收入（千元）

序号	企业名称	销售收入
1	中国石化北京燕山石油化工公司	16244299
2	中国石油化工总公司齐鲁石油化工公司	14692365
3	中国石化抚顺石油化工公司	14169629
4	中国石化金陵石油化工公司	11877064
5	中国石化大庆石油化工总厂	11272414
6	中国石化上海高桥石油化工公司	9308300
7	宁波市镇海炼油化工股份有限公司	9233531
8	中国石化茂名石油化工公司	8889233
9	中国巴陵石油化工公司	8277372
10	中国石化天津石油化工公司	7217152
11	中国石化大连石油化工公司	6718889
12	中国石化兰州炼油化工总厂	6412434
13	中国石化广州石油化工总厂	6173952
14	中国石化锦西炼油化工总厂	5058750
15	中国石化安庆石油化工总厂	5052083
16	中国石化乌鲁木齐石油化工总厂	4239402
17	中国石化洛阳石油化工总厂	4236504
18	锦州炼油厂	4184158
19	中国石化武汉石油化工厂	4032787
20	中国石化荆门石油化工总厂	3898584
21	福建炼油厂（福建炼化有限公司）	3401875
22	中国石化九江石油化工总厂	3391347
23	中国石油化工总公司济南炼油厂	3348006
24	中国石化石家庄炼油厂	2922535
25	中国石化林源炼油厂	2158865
26	中国石化哈尔滨炼油厂	1958966
27	东兴石油企业有限公司	1598822
28	中国石化沧州炼油厂	1581120
29	中国石化前郭炼油厂	1516735
30	青岛石油化工厂	1342455
31	辽阳石油化纤公司鞍山炼油厂	1285990
32	华北石油管理局呼和浩特炼油厂	1273407
33	大连西太平洋石油化工有限公司	890085
34	太原煤炭气化总公司	853188
35	宁夏炼油厂	817670
36	黑龙江石油化工厂	662364
37	中国石化长城高级润滑油公司	574800
38	山东滨州化工厂	568120
39	石家庄焦化厂	527335
40	杭州炼油厂	438764
41	平顶山炼焦化学工业（集团）有限公司	432501
42	黑龙江化工总厂	415269
43	东明县石油化工厂	385146
44	淮阴清江石油化工厂	380139
45	茂名石化实华股份有限公司	362596
46	盘锦北方沥青股份有限公司	348351
47	甘肃省庆阳石油化工总厂	320580
48	山东省垦利石化总厂	306671
49	景德镇市焦化煤气总厂	292063
50	胜华炼油厂	279027
51	长春市农安石油化工厂	252692
52	山东胜通集团有限公司	249693
53	山东省临邑县石油化工集团	239068
54	济宁市煤炭化学工业公司	223221
55	河南省贝利石化集团股份有限公司	219693
56	天津汉沽石油化学厂	217589
57	无锡市焦化厂	215905
58	利津县石油化工厂	209299
59	盘山县沥青厂	205869
60	博兴县润滑油脂厂	205313
61	松原市石油化工有限责任公司	204366
62	锦州石化天元集团公司	197740
63	延边炼油厂	172770
64	盐城市石油液化气厂	153400
65	镇江焦化厂	130533
66	盘山县石油化工总公司	129355
67	山东环渤海集团总公司	127296
68	唐山市焦化厂	117284
69	淮北市焦化厂	112107
70	广西田东石油化工总厂	112022
71	西安焦化厂	103228
72	陕西省焦化厂	102828
73	义马矿务局多经处	102273
74	宁夏焦化炼铁总厂	102132
75	铜陵市焦化厂	101501
76	山东薛城焦化厂	96919
77	河北省中捷农场石化总厂	96522
78	山东东营石油化工厂	94795
79	鸡东县永安焦化厂	90431
80	昌邑市石油化工总厂	79936
81	山东海洋化工集团朱刘店焦化厂	75973
82	河南省汝州煤焦化集团有限公司	74705

企业	数值
83 铁岭焦化厂	72687
84 乌海市焦化厂	72488
85 老河口市化工股份有限公司	71214
86 淄博市临淄区化工厂	69188
87 武钢集团武昌焦化厂	68970
88 陕西省宝鸡焦化制气有限责任公司	68508
89 陕西韩焦股份有限公司	68349
90 山东省肥城市焦化厂	67904
91 成都石油化学总厂	61371
92 辽河油田大力实业总公司	60980
93 滕州市焦化厂	60643
94 无锡市炼油厂	50118
95 盂县石店煤矿	46125
96 河北省保定焦化厂	42001
97 河北省唐山石油化工厂	38919
98 醴陵市建材炉料总厂	33910
99 湖南省长沙石油厂	32811
100 吴江石油加工厂	32638

石油加工及炼焦业（二）

利税总额（千元）

企业	利税总额（千元）
1 中国石化北京燕山石油化工公司	1894051
2 中国石油化工总公司齐鲁石油化工公司	1765947
3 宁波市镇海炼油化工股份有限公司	1717323
4 中国石化抚顺石油化工公司	1465259
5 中国石化金陵石油化工公司	1279513
6 中国石化大庆石油化工总厂	1246034
7 中国石化上海高桥石油化工公司	988206
8 中国石化锦西炼油化工总厂	959030
9 中国石油化工总公司济南炼油厂	954367
10 中国石化洛阳石油化工总厂	928072
11 中国石化大连石油化工公司	907408
12 中国石化茂名石油化工公司	895996
13 中国石化石家庄炼油厂	799679
14 中国石化兰州炼油化工总厂	787492
15 中国石化天津石油化工公司	763035
16 中国巴陵石油化工公司	754764
17 锦州炼油厂	731168
18 辽阳石油化纤公司鞍山炼油厂	664120
19 中国石化安庆石油化工总厂	658027
20 中国石化九江石油化工总厂	601317
21 中国石化荆门石油化工总厂	577699
22 中国石化乌鲁木齐石油化工总厂	572979
23 中国石化广州石油化工总厂	464785
24 中国石化林源炼油厂	454433
25 中国石化哈尔滨炼油厂	424003
26 中国石化武汉石油化工厂	409359
27 福建炼油厂（福建炼化有限公司）	338618
28 中国石化沧州炼油厂	303490
29 中国石化前郭炼油厂	272137
30 青岛石油化工厂	256598
31 东兴石油企业有限公司	196431
32 宁夏炼油厂	171232
33 华北石油管理局呼和浩特炼油厂	142286
34 黑龙江石油化工厂	89831
35 太原煤炭气化总公司	75911
36 中国石化长城高级润滑油公司	70217
37 茂名石化实华股份有限公司	66398
38 山东滨州化工厂	65528
39 杭州炼油厂	63666
40 东明县石油化工厂	56009
41 胜华炼油厂	54543
42 平顶山炼焦化学工业（集团）有限公司	46479
43 锦州石化天元集团公司	42920
44 长春市农安石油化工厂	42358
45 利津县石油化工厂	41562
46 黑龙江化工总厂	38659
47 广西田东石油化工总厂	36653
48 甘肃省庆阳石油化工总厂	36200
49 盘山县沥青厂	33463
50 山东省垦利石化总厂	32751
51 淮阴清江石油化工厂	32474
52 山东胜通集团有限公司	29138
53 河南省贝利石化集团股份有限公司	28469
54 博兴县润滑油脂厂	28379
55 山东省临邑县石油化工集团	27224
56 淄博市临淄区化工厂	26708
57 景德镇市焦化煤气总厂	23133
58 盘山县石油化工总公司	22575
59 石家庄焦化厂	20863
60 乌海市焦化厂	20622
61 盘锦北方沥清股份有限公司	19179
62 松原市石油化工有限责任公司	18742
63 鸡东县永安焦化厂	17971
64 河北省中捷农场石化总厂	16740

65 盐城市石油液化气厂	13450
66 山东环渤海集团总公司	13375
67 无锡市焦化厂	12172
68 山东东营石油化工厂	12033
69 天津汉沽石油化学厂	11474
70 河南省汝州煤焦化集团有限公司	11365
71 陕西省焦化厂	10720
72 陕西韩焦股份有限公司	10090
73 昌邑市石油化工总厂	10080
74 宁夏焦化炼铁总厂	9806
75 西安焦化厂	9578
76 盂县石店煤矿	7341
77 淮北市焦化厂	7269
78 辽河油田大力实业总公司	7090
79 武钢集团武昌焦化厂	6250
80 陕西省宝鸡焦化制气有限责任公司	5009
81 滕州市焦化厂	4956
82 义马矿务局多经处	4413
83 河北省唐山石油化工厂	2879
84 平顶山矿务局五矿焦化厂	2477
85 无锡市炼油厂	2128
86 吴江石油加工厂	2010
87 成都石油化学总厂	1969
88 湖南省长沙石油厂	1571
89 涟源市甘溪焦化厂	1425
90 济宁市煤炭化学工业公司	1314
91 老河口市化工股份有限公司	1046
92 阿城石油化工有限责任公司	928
93 天水焦化厂	819
94 吴江炼油厂	626
95 青岛琴波化工厂	450
96 郑州古海石油化工厂	442

石油加工及炼焦业（三）

资产总计（千元）

1 中国石化抚顺石油化工公司	21229480
2 中国石化大庆石油化工总厂	17207990
3 中国石油化工总公司齐鲁石油化工公司	16877977
4 中国石化北京燕山石油化工公司	12045599
5 中国巴陵石油化工公司	9962266
6 宁波市镇海炼油化工股份有限公司	8859749
7 中国石化茂名石油化工公司	7560410
8 大连西太平洋石油化工有限公司	7427897
9 中国石化上海高桥石油化工公司	7323928
10 中国石化金陵石油化工公司	6916341
11 中国石化乌鲁木齐石油化工总厂	6702281
12 中国石化天津石油化工公司	6347673
13 中国石化广州石油化工总厂	4619647
14 中国石化安庆石油化工总厂	4609532
15 中国石化兰州炼油化工总厂	4497773
16 中国石化洛阳石油化工总厂	4132215
17 中国石化大连石油化工公司	4071778
18 福建炼油厂（福建炼化有限公司）	3918116
19 中国石化锦西炼油化工总厂	3334510
20 锦州炼油厂	3232555
21 中国石化武汉石油化工厂	2622808
22 中国石化石家庄炼油厂	2597670
23 中国石油化工总公司济南炼油厂	2521762
24 中国石化荆门石油化工总厂	2126339
25 太原煤炭气化总公司	2002700
26 中国石化九江石油化工总厂	1981604
27 中国石化林源炼油厂	1704006
28 华北石油管理局呼和浩特炼油厂	1494662
29 中国石化哈尔滨炼油厂	1301932
30 石家庄焦化厂	1039082
31 东兴石油企业有限公司	1006230
32 中国石化前郭炼油厂	998509
33 青岛石油化工厂	995339
34 黑龙江化工总厂	956624
35 中国石化沧州炼油厂	854579
36 辽阳石油化纤公司鞍山炼油厂	845900
37 黑龙江石油化工厂	778396
38 宁夏炼油厂	696989
39 平顶山炼焦化学工业（集团）有限公司	649782
40 杭州炼油厂	609848
41 景德镇市焦化煤气总厂	593382
42 唐山市焦化厂	496390
43 中国石化长城高级润滑油公司	487462
44 山东滨州化工厂	464509
45 济宁市煤炭化学工业公司	462770
46 甘肃省庆阳石油化工总厂	423536
47 延边炼油厂	368860
48 山东省垦利石化总厂	346309
49 锦州石化天元集团公司	343803
50 镇江焦化厂	330583

51 盘锦北方沥清股份有限公司	280290	76 乌海市焦化厂	161155
52 河南省汝州煤焦化集团有限公司	278866	77 利津县石油化工厂	159994
53 山东省肥城市焦化厂	276595	78 铁岭焦化厂	156448
54 鸡东县永安焦化厂	268109	79 河北省保定焦化厂	149596
55 西安焦化厂	265545	80 山东环渤海集团总公司	145756
56 铜陵市焦化厂	254178	81 长春市农安石油化工厂	140564
57 茂名石化实华股份有限公司	249767	82 盐城市石油液化气厂	139390
58 河南省贝利石化集团股份有限公司	248586	83 松原市石油化工有限责任公司	137329
59 昌邑市石油化工总厂	238301	84 博兴县润滑油脂厂	134502
60 盘山县石油化工总公司	235971	85 老河口市化工股份有限公司	132268
61 山东薛城焦化厂	235962	86 阿城石油化工有限责任公司	127886
62 东明县石油化工厂	224262	87 陕西省宝鸡焦化制气有限责任公司	125384
63 天津汉沽石油化学厂	222665	88 山东海洋化工集团朱刘店焦化厂	121056
64 山东省临邑县石油化工集团	218851	89 武钢集团武昌焦化厂	119870
65 无锡市焦化厂	218758	90 营口石油化工厂	116975
66 陕西省焦化厂	194900	91 无锡市炼油厂	114419
67 滕州市焦化厂	187680	92 七台河市铸造焦厂	106503
68 宁夏焦化炼铁总厂	187006	93 义马矿务局多经处	105808
69 盘山县沥青厂	186937	94 甘肃省山丹焦化厂	92141
70 陕西韩焦股份有限公司	186309	95 河北省中捷农场石化总厂	90523
71 广西田东石油化工总厂	182599	96 山东东营石油化工厂	79406
72 淮北市焦化厂	176519	97 成都石油化学总厂	79291
73 山东胜通集团有限公司	170406	98 淄博市临淄区化工厂	68496
74 淮阴清江石油化工厂	169756	99 枣庄市焦化厂	68065
75 胜华炼油厂	168148	100 潍坊市临朐焦化厂	64154

化学原料及化学制品制造业（一）

销售收入（千元）

1	吉化集团公司	10543396
2	中国石化扬子石油化工公司	8433451
3	辽阳石油化纤公司	4951270
4	北京化学工业集团有限责任公司	4518899
5	广州宝洁有限公司	3995887
6	中国石油化工总公司兰州化学工业公司	3034292
7	上海氯碱化工股份有限公司	2242000
8	上海太平洋化工（集团）有限公司	2212055
9	大化集团有限责任公司	1833969
10	衢化集团公司	1773712
11	太原化学工业集团公司	1408861
12	盘锦乙烯工业公司	1398357
13	盘锦辽河化工集团有限责任公司	1384654
14	山东海洋化工集团总公司	1322211
15	上海白猫有限公司	1238194
16	南京化学工业（集团）公司	1226078
17	上海华生化工公司	1224376
18	渤海化工（集团）股份有限公司天津化工厂	1217340
19	上海利华有限公司	1128672
20	沙隆达集团公司	1118553
21	上海汇丽集团公司	1094053
22	锦西化工总厂	1078796
23	渤海化工（集团）股份有限公司天津碱厂	974829
24	川化集团有限责任公司	959106
25	安利（中国）日用品有限公司	890046
26	泸天化（集团）有限责任公司	890001
27	中国——阿拉伯化肥有限公司	855390
28	渤海化工（集团）股份有限公司天津大沽化工厂	842861
29	武汉葛化集团有限公司	842158
30	上海联合利华牙膏有限公司	825567
31	铜陵化学工业集团公司	819675
32	河北省唐山碱厂	771208
33	江苏新苑集团公司	732730
34	江苏化工农药集团公司	708872
35	永新——沈阳化工股份有限公司	704796
36	福建省三明化工总厂	698316
37	河北沧州大化集团有限责任公司	697752
38	自贡鸿鹤化工股份有限公司	691959
39	上海家化有限公司	688589
40	湖南省株洲化工厂	659783
41	锦西天然气化工总厂	659477
42	中国石化宁夏化工厂	655433
43	上海联吉合纤有限公司	652752
44	湖北双环化工集团公司	649213
45	浙江化纤联合集团股份有限公司	641447
46	湖北康民生化实业公司	640620
47	云南天然气化工厂	640313
48	中轻依兰集团有限公司	637878
49	中国石化湖北化肥厂	636214
50	浙江纳爱斯化工股份有限公司	636175
51	化学工业部南京化工厂	634511
52	上海花王有限公司	628067
53	上海庄臣有限公司	614472
54	天津宝洁有限公司	602274
55	湖北兴化股份有限公司	600922
56	上海天原（集团）有限公司天原厂	600593
57	河南省中原化肥厂	597632
58	广州雅芳有限公司	587441
59	上海涂料有限公司（油漆厂）	566348
60	云南云峰化学工业公司	559186
61	汕头经济特区海洋第一聚苯树脂有限公司	557436
62	贵州赤天化集团有限责任公司	555685
63	江苏力强集团公司	553360
64	中山凯达精细化工实业有限公司	551269
65	湖南省湘江氮肥厂	543482
66	青岛碱业股份有限公司	540853
67	上海制皂有限公司	529894
68	中国核工业部建峰化工总厂	518773
69	淮南化工总厂	517990
70	成都蓝风实业股份有限公司	514791
71	佛山市聚酯切片厂有限公司	509390
72	福州二化集团有限公司	500640
73	江苏陵光集团	500528
74	广州高露洁有限公司	490878
75	四川省金路股份公司	486382
76	湘乡铝厂	481328
77	河北省沧州化工实业集团公司	477989
78	淄博增塑剂厂	472531
79	上海亚太农用化学（集团）公司	467673
80	广州市浪奇实业股份有限公司	466587
81	山西省南风化工集团股份有限公司	462818
82	江苏华昌集团公司	462020

83 重庆奥妮化妆品有限公司	454954	92 江苏澄星磷化工集团公司	438300
84 天津汉高洗涤剂有限公司	453981	93 德州恒升化工（集团）有限公司	435406
85 南宁化学工业集团公司	451133	94 河北石家庄化肥厂	433683
86 浙江龙盛集团公司	450932	95 中国乐凯胶片公司	431617
87 牡丹江石油化工厂	449687	96 广州美晨股份有限公司	429633
88 上海联合利华有限公司	442340	97 湖北中天集团	420769
89 柳州两面针股份有限公司	441627	98 江苏永联集团公司	414064
90 齐齐哈尔市化工总厂	441521	99 徐州合成洗涤剂总厂	413675
91 苏州精细化工集团公司	440824	100 冷水江市资江氮肥厂	407984

化学原料及化学制品制造业（二）

利税总额（千元）

1 广州宝洁有限公司	2275800	33 安利（中国）日用品有限公司	109577
2 中国石化扬子石油化工公司	1242500	34 云南维尼纶厂	107560
3 吉化集团公司	1095996	35 广州美晨股份有限公司	104865
4 上海华生化工公司	435147	36 河北沧州大化集团有限责任公司	104093
5 上海氯碱化工股份有限公司	394666	37 四川省金路股份公司	102980
6 辽阳石油化纤公司	360910	38 湖北双环化工集团公司	102585
7 北京化学工业集团有限责任公司	346671	39 河北省唐山碱厂	98631
8 上海利华有限公司	321124	40 锦西天然气化工总厂	95896
9 山东海洋化工集团总公司	288386	41 中山凯达精细化工实业有限公司	95713
10 中国石油化工总公司兰州化学工业公司	219133	42 伊克昭盟化工研究设计院碱湖科学试验站	92446
11 衢化集团公司	206559	43 自贡鸿鹤化工股份有限公司	91307
12 湖北兴化股份有限公司	201263	44 山西省南风化工集团股份有限公司	86942
13 中国石化宁夏化工厂	198105	45 卜内门太古漆油（中国）有限公司	86885
14 泸天化（集团）有限责任公司	178275	46 山东省鲁北企业集团总公司	86265
15 云南天然气化工厂	159441	47 锦西化工总厂	85924
16 重庆奥妮化妆品有限公司	158841	48 浙江纳爱斯化工股份有限公司	84477
17 上海花王有限公司	158635	49 上海庄臣有限公司	82995
18 柳州两面针股份有限公司	145890	50 贵州赤天化集团有限责任公司	81491
19 上海旁氏有限公司	143108	51 盘锦乙烯工业公司	81455
20 大化集团有限责任公司	143015	52 湖北康民生化实业公司	79860
21 广州雅芳有限公司	140271	53 太原化学工业集团公司	77048
22 川化集团有限责任公司	133550	54 浙江龙盛集团公司	76680
23 上海家化有限公司	130221	55 上海白猫有限公司	75487
24 中国——阿拉伯化肥有限公司	127537	56 成都蓝风实业股份有限公司	70202
25 德州恒升化工（集团）有限公司	125720	57 渤海化工（集团）股份有限公司天津大沽化工厂	68387
26 沙隆达集团公司	125565	58 天津宝洁有限公司	67988
27 盘锦辽河化工集团有限责任公司	124668	59 汕头经济特区海洋第一聚苯树脂有限公司	67410
28 永新——沈阳化工股份有限公司	119025	60 上海太平洋化工（集团）有限公司	66324
29 牡丹江石油化工厂	116621	61 潍坊亚星化工集团总公司	63893
30 渤海化工（集团）股份有限公司天津化工厂	115791	62 河北省沧州化工实业集团公司	62889
31 渤海化工（集团）股份有限公司天津碱厂	115514	63 杭州电化集团公司	62814
32 武汉葛化集团有限公司	111743	64 驻昆解放军化肥厂	61831

65 上海联合利华牙膏有限公司	61763	83 山西焦化集团有限公司	49800
66 江苏化工农药集团公司	59759	84 活力 28 集团公司	49255
67 化学工业部南京化工厂	58870	85 山西运城盐化局	49163
68 上海天原（集团）有限公司天原厂	57073	86 江苏力强集团公司	48192
69 河南省中原化肥厂	56693	87 山西化肥厂	47949
70 浙江芳华日化集团公司	55682	88 湖北中天集团	47302
71 上海制皂有限公司	55554	89 北京丽源公司	46539
72 南京化学工业（集团）公司	54964	90 浙江闩土化工集团公司	45874
73 聊城地区鲁西化肥厂	54237	91 福建省三明化工总厂	45430
74 广州市浪奇实业股份有限公司	53789	92 蚌埠八一化工集团八一化工厂	45086
75 黑龙江省浩良河化肥厂	53750	93 广州浪奇宝洁有限公司	43766
76 山东省郯城县化肥厂	52143	94 无锡化工集团股份有限公司	43259
77 重庆牙膏厂	51715	95 济宁中银电化有限公司	42288
78 江苏澄星磷化工集团公司	50923	96 中国核工业部建峰化工总厂	41532
79 中轻依兰集团有限公司	50406	97 浙江新安江化工集团股份有限公司	40767
80 山东省寿光市化工总厂	50090	98 天津灯塔涂料股份有限公司	40700
81 苏州精细化工集团公司	50027	99 江苏索普集团公司	39674
82 山西省临猗县化工总厂	49832	100 湖南省株洲化工厂	39649

化学原料及化学制品制造业（三）

资产总计（千元）

1 吉化集团公司	32190066	24 浙江化纤联合集团股份有限公司	1783154
2 中国石化扬子石油化工公司	15112296	25 锦西化工总厂	1764949
3 大化集团有限责任公司	7113692	26 渤海化工（集团）股份有限公司天津化工厂	1764035
4 北京化学工业集团有限责任公司	6546003	27 泸天化（集团）有限责任公司	1622721
5 辽阳石油化纤公司	6466040	28 铜陵化学工业集团公司	1609523
6 上海太平洋化工（集团）有限公司	5084917	29 渤海化工（集团）股份有限公司天津碱厂	1526743
7 中国石油化工总公司兰州化学工业公司	4875943	30 云南云峰化学工业公司	1511137
8 上海氯碱化工股份有限公司	4781489	31 沙隆达集团公司	1433996
9 太原化学工业集团公司	3753698	32 武汉葛化集团有限公司	1396349
10 衢化集团公司	3551344	33 上海汇丽集团公司	1389536
11 广州宝洁有限公司	2992290	34 甘肃银光化学工业公司	1382474
12 山东海洋化工集团总公司	2805597	35 广东南方制碱有限公司	1368201
13 盘锦乙烯工业公司	2653459	36 云南天然气化工厂	1312126
14 厦门福达感光材料有限公司	2334627	37 辽宁庆阳化学工业公司	1278540
15 上海巴斯夫染料化工有限公司	2248776	38 中轻依兰集团有限公司	1268115
16 河北省唐山碱厂	2162412	39 河南省中原化肥厂	1255046
17 锦西天然气化工总厂	2140124	40 川化集团有限责任公司	1209740
18 南京化学工业（集团）公司	2125252	41 山东省鲁北企业集团总公司	1163546
19 汕头市公元感光材料工业总公司	2066630	42 河北沧州大化集团有限责任公司	1156948
20 盘锦辽河化工集团有限责任公司	2046751	43 上海高桥石化丙烯酸厂	1138037
21 中国石化宁夏化工厂	2006770	44 安利（中国）日用品有限公司	1124015
22 渤海化工（集团）股份有限公司天津大沽化工厂	1964981	45 威望（珠海）磁讯有限公司	1083879
23 中国核工业部建峰化工总厂	1860159	46 江西贵溪化肥厂	1016911

47 河北省沧州化工实业集团公司	1006093	74 广州氮肥厂	787648
48 江苏新苑集团公司	1002716	75 内蒙古阿拉善盟吉兰泰碱厂	778839
49 上海吴淞化工总厂	979113	76 海南兴业聚酯股份有限公司	755207
50 重庆渝港钛白粉股份有限公司	937217	77 湖北宜化集团有限责任公司	742494
51 上海联吉合纤有限公司	927631	78 西安庆华电器制造厂	738000
52 上海华生化工公司	913580	79 黑龙江龙新化工有限公司	735140
53 贵州赤天化集团有限责任公司	912352	80 长寿化工总厂	721584
54 湖北中天集团	908874	81 上海花王有限公司	721226
55 西安惠安化工厂	893700	82 上海联合利华有限公司	718984
56 永新——沈阳化工股份有限公司	892675	83 中西药业股份有限公司	703471
57 青岛碱业股份有限公司	887443	84 上海利华有限公司	701936
58 中山凯达精细化工实业有限公司	884702	85 成都蓝风实业股份有限公司	701894
59 中国乐凯胶片公司	874079	86 云南维尼纶厂	700202
60 厦门利恒股份有限公司	867591	87 广州银珠聚丙烯有限公司	678720
61 山西焦化集团有限公司	867392	88 广州市浪奇实业股份有限公司	664644
62 淮南化工总厂	865810	89 德州恒升化工（集团）有限公司	657429
63 上海家化有限公司	864054	90 云南磷肥厂	656873
64 四川省金路股份公司	854247	91 河南省开封化肥厂	654618
65 福建省三明化工总厂	848417	92 上海白猫有限公司	647895
66 江苏北方氯碱集团公司	844506	93 国营青岛化工厂	645565
67 湖北双环化工集团公司	835253	94 辽宁向东化工厂	643470
68 聊城地区鲁西化肥厂	835103	95 柳州市龙城化工总厂	636857
69 齐齐哈尔市化工总厂	829263	96 中国——阿拉伯化肥有限公司	632988
70 自贡鸿鹤化工股份有限公司	797705	97 抚顺有机玻璃厂	631675
71 驻昆解放军化肥厂	791536	98 中国石化湖北化肥厂	626799
72 湖南省株洲化工厂	790851	99 贵州有机化工总厂	625381
73 潍坊亚星化工集团总公司	790490	100 江苏化工农药集团公司	619290

日用化学工业（一）

销售收入（千元）

序号	企业	销售收入（千元）
1	广州宝洁有限公司	3995887
2	上海白猫有限公司	1238194
3	上海利华有限公司	1128672
4	安利（中国）日用品有限公司	890046
5	上海联合利华牙膏有限公司	825567
6	上海家化有限公司	688589
7	浙江纳爱斯化工股份有限公司	636175
8	上海花王有限公司	628067
9	上海庄臣有限公司	614472
10	天津宝洁有限公司	602274
11	广州雅芳有限公司	587441
12	上海制皂有限公司	529894
13	成都蓝风实业股份有限公司	514791
14	广州高露洁有限公司	490878
15	广州市浪奇实业股份有限公司	466587
16	重庆奥妮化妆品有限公司	454954
17	天津汉高洗涤剂有限公司	453981
18	上海联合利华有限公司	442340
19	柳州两面针股份有限公司	441627
20	广州美晨股份有限公司	429633
21	徐州合成洗涤剂总厂	413675
22	浙江芳华日化集团公司	372699
23	上海旁氏有限公司	363807
24	广州浪奇宝洁有限公司	354622
25	湖南丽臣实业总公司	317749
26	中国石化茂名石油化工公司华粤企业集团公司	272420
27	浙江李字实业集团有限公司	249992
28	国际香料（中国）有限公司	249659
29	上海凤凰日用化学有限公司	236149
30	重庆牙膏厂	223551
31	嘉兴市中华化工集团有限责任公司	220163
32	成都宝洁有限公司	217872
33	安徽省永青日用化学品有限公司	213067
34	郑州油脂化学厂	201811
35	山东佳丽日化总公司	200471
36	上海汉高——可蒙化妆品有限公司	194297
37	上海牙膏厂	191373
38	安徽太岛集团有限责任公司	185500
39	北京丽源公司	181025
40	开封日用化工厂	180080
41	浙江省凤凰化工股份有限公司	179261
42	天津市牙膏厂	178561
43	武汉市武汉油脂化学厂	175661
44	活力28集团公司	175515
45	杭州东南化工有限公司	174362
46	广东省江门市维达斯（集团）股份有限公司	173585
47	芜湖市合成洗涤剂总厂	172351
48	石家庄光明日用化学股份有限公司	169733
49	上海孔雀香精香料有限公司	160841
50	江西合成洗涤剂厂	152277
51	安徽杨程日化总公司	152000
52	桂林汉高洗涤剂有限公司	148364
53	大连油脂化学厂	146838
54	合肥市日用化工总厂	146000
55	广州百花香料股份有限公司	145724
56	苏州市月中桂日用化工总厂	139839
57	重庆日用化学工业公司	136073
58	上海牡丹日用化学品有限公司	128670
59	梧州日用化工股份有限公司	122311
60	温州天盛企业集团有限公司	120579
61	韶关浪奇宝洁有限公司	117791
62	江苏省洁莱雅集团有限公司	115722
63	山东华洁股份有限公司	115081
64	沈阳油脂化学厂	113531
65	奇伟日用化学（天津）有限公司	112473
66	扬州市美容化妆品厂	111215
67	黑龙江省合成洗涤剂厂	107413
68	昆明合成洗涤剂厂	102761
69	杭州香料厂	102685
70	太原洗涤剂厂	99417
71	兰州日用化工厂	98526
72	江苏友爱集团股份有限公司	97850
73	南通薄荷厂	95929
74	北京日用化学二厂	95072
75	顺德市华宝精细化工厂	93275
76	上海美的日用化学品公司	92944
77	烟台晨芳股份有限公司	92070
78	杭州牙膏厂	89500
79	杭州油脂化工厂	86227
80	国际香料香精杭州有限公司	85125
81	天津市香皂厂	83621
82	洛阳合成洗涤剂厂	82952

83 湖北七巧板有限公司	80002
84 淮阴光华化学厂	75822
85 上海制皂厂	75436
86 上海霞飞集团有限公司	73940
87 平乐县蚊香厂	73030
88 津市市蚊香总厂	72821
89 宁夏回族自治区银川化工厂	71774
90 北京市三露厂	71748
91 杭州万江日用化工有限公司	70870
92 南昌日用化工总厂	66643
93 泊头火柴厂	66111
94 克丽丝玎迪奥（上海）香水有限公司	63059
95 大同市蓝浪洗涤剂厂	62592
96 河南省安阳火柴厂	62550
97 广东明珠生物工业有限公司	62119
98 上海娜丽丝化妆品有限公司	61518
99 上海香料总厂	61416
100 太原日用化学总厂	59262

日用化学工业（二）

利税总额（千元）

1 广州宝洁有限公司	2275800
2 上海利华有限公司	321124
3 重庆奥妮化妆品有限公司	158841
4 上海花王有限公司	158635
5 柳州两面针股份有限公司	145890
6 上海旁氏有限公司	143108
7 广州雅芳有限公司	140271
8 上海家化有限公司	130221
9 安利（中国）日用品有限公司	109577
10 广州美晨股份有限公司	104865
11 浙江纳爱斯化工股份有限公司	84477
12 上海庄臣有限公司	82995
13 上海白猫有限公司	75487
14 成都蓝风实业股份有限公司	70202
15 天津宝洁有限公司	67988
16 上海联合利华牙膏有限公司	61763
17 浙江芳华日化集团公司	55682
18 上海制皂有限公司	55554
19 广州市浪奇实业股份有限公司	53789
20 重庆牙膏厂	51715
21 活力 28 集团公司	49255
22 北京丽源公司	46539
23 广州浪奇宝洁有限公司	43766
24 浙江李字实业集团有限公司	35122
25 北京市三露厂	34749
26 上海汉高——可蒙化妆品有限公司	32353
27 上海凤凰日用化学有限公司	29036
28 成都宝洁有限公司	28061
29 国际香料（中国）有限公司	28048
30 扬州市美容化妆品厂	26578
31 上海美的日用化学品公司	26170
32 中国石化茂名石油化工公司华粤企业集团公司	25886
33 徐州合成洗涤剂总厂	23466
34 广州高露洁有限公司	22648
35 上海孔雀香精香料有限公司	21657
36 上海牙膏厂	21563
37 江苏省洁莱雅集团有限公司	21015
38 合肥市日用化工总厂	20984
39 安徽杨程日化总公司	19742
40 嘉兴市中华化工集团有限责任公司	18250
41 梧州日用化工股份有限公司	17750
42 石家庄光明日用化学股份有限公司	17511
43 广东省江门市维达斯（集团）股份有限公司	16480
44 开封日用化工厂	15889
45 北京日用化学二厂	15525
46 天津市牙膏厂	15470
47 湖南丽臣实业总公司	15441
48 安徽省永青日用化学品有限公司	15274
49 平乐县蚊香厂	14884
50 郑州油脂化学厂	14205
51 上海霞飞集团有限公司	14023
52 广州百花香料股份有限公司	14012
53 上海娜丽丝化妆品有限公司	14008
54 天津汉高洗涤剂有限公司	13925
55 韶关浪奇宝洁有限公司	13627
56 杭州东南化工有限公司	13394
57 天津市郁美净日用化学厂	13312
58 杭州香料厂	12518
59 上海明胶厂	12400
60 重庆日用化学工业公司	12227
61 中华柔娜集团公司	11607
62 浙江欧诗漫集团公司	11060
63 江西合成洗涤剂厂	10581
64 浙江省凤凰化工股份有限公司	10265

65 国际香料香精杭州有限公司	10262	83 兰州日用化工厂	5673
66 芜湖市合成洗涤剂总厂	10164	84 沈阳油脂化学厂	5406
67 山东佳丽日化总公司	10108	85 肥城瑞泰精细化工有限公司	5400
68 武汉市武汉油脂化学厂	10069	86 烟台晨芳股份有限公司	5255
69 上海家化联合公司	10069	87 大同市蓝浪洗涤剂厂	5178
70 杭州牙膏厂	8740	88 黑龙江省合成洗涤剂厂	5173
71 苏州市月中桂日用化工总厂	8412	89 安庆香皂厂	4896
72 津市市蚊香总厂	8313	90 河南省安阳火柴厂	4740
73 泊头火柴厂	8282	91 新疆兵团农六师五家渠梧桐化工厂	4606
74 温州天盛企业集团有限公司	7943	92 哈尔滨黑又亮日用品有限公司	4590
75 山东华洁股份有限公司	7785	93 河南省开封火柴厂	4479
76 界首市胶囊总厂	7382	94 河南省焦作金箭实业总公司	4443
77 上海牡丹日用化学品有限公司	7364	95 宁夏回族自治区银川化工厂	4215
78 漳州市香料总厂	6949	96 桂林汉高洗涤剂有限公司	4132
79 杭州油脂化工厂	6641	97 安徽省蚌埠市火柴厂	3963
80 广东明珠生物工业有限公司	6166	98 昆明市日用化工厂	3920
81 天津市香皂厂	5937	99 北京市毛发再生精厂	3911
82 长岭油脂化学厂	5862	100 康美国际化妆品有限公司	3890

日用化学工业（三）

资产总计（千元）

1 广州宝洁有限公司	2992290	24 郑州油脂化学厂	380815
2 安利（中国）日用品有限公司	1124015	25 浙江省凤凰化工股份有限公司	373289
3 上海家化有限公司	864054	26 上海牙膏厂	371262
4 上海花王有限公司	721226	27 天津宝洁有限公司	361338
5 上海联合利华有限公司	718984	28 中国石化茂名石油化工公司华粤企业集团公司	311846
6 上海利华有限公司	701936	29 徐州合成洗涤剂总厂	305046
7 成都蓝风实业股份有限公司	701894	30 天津汉高洗涤剂有限公司	302829
8 广州市浪奇实业股份有限公司	664644	31 沈阳油脂化学厂	301487
9 上海白猫有限公司	647895	32 上海汉高——可蒙化妆品有限公司	301047
10 活力 28 集团公司	544027	33 广州宝洁口腔清洁用品有限公司	300136
11 上海制皂有限公司	539549	34 合肥市日用化工总厂	300112
12 上海联合利华牙膏有限公司	539156	35 国际香料香精杭州有限公司	292918
13 广州雅芳有限公司	519878	36 浙江纳爱斯化工股份有限公司	281096
14 上海庄臣有限公司	516950	37 国际香料（中国）有限公司	279762
15 北京丽源公司	502191	38 湖南丽臣实业总公司	276469
16 上海霞飞集团有限公司	499404	39 四平市油脂化工总厂	267953
17 广州浪奇宝洁有限公司	493421	40 上海牡丹日用化学品有限公司	265168
18 广州美晨股份有限公司	487999	41 上海旁氏有限公司	264515
19 柳州两面针股份有限公司	487189	42 重庆奥妮化妆品有限公司	264135
20 广州高露洁有限公司	456958	43 青海制胶总公司	263403
21 大连油脂化学厂	438185	44 温州天盛企业集团有限公司	259578
22 上海制皂厂	423792	45 成都宝洁有限公司	256827
23 顺德市华宝精细化工厂	412887	46 上海家化联合公司	254836

47 嘉兴市中华化工集团有限责任公司 252782
48 奇伟日用化学（天津）有限公司 234502
49 青岛国箭股份有限公司 232227
50 上海凤凰日用化学有限公司 231609
51 北京日用化学二厂 230073
52 武汉市武汉油脂化学厂 227300
53 北京日用化学一厂 224323
54 桂林汉高洗涤剂有限公司 221884
55 西安市日用化学工业公司 202702
56 太原洗涤剂厂 194637
57 广州百花香料股份有限公司 192237
58 长岭油脂化学厂 190769
59 山西省长治市合成化学总厂 186358
60 广东省江门市维达斯（集团）股份有限公司 186065
61 山东华洁股份有限公司 185194
62 天津市合成化学厂 172030
63 杭州东南化工有限公司 170963
64 上海霞飞日化有限公司 165026
65 重庆牙膏厂 163314
66 重庆日用化学工业公司 162988
67 江西合成洗涤剂厂 151370
68 芜湖市合成洗涤剂总厂 145372
69 上海娜丽丝化妆品有限公司 144935
70 开封日用化工厂 140555
71 梧州日用化工股份有限公司 136512
72 南通薄荷厂 135141
73 扬州市美容化妆品厂 135045
74 浙江芳华日化集团公司 133750
75 石家庄光明日用化学股份有限公司 132768
76 克丽丝玎迪奥（上海）香水有限公司 128064
77 江西油脂化工厂 127737
78 上海孔雀香精香料有限公司 122090
79 武汉市武汉化工厂 121659
80 江苏省洁莱雅集团有限公司 118304
81 浙江欧诗漫集团公司 118288
82 天津市香皂厂 118282
83 天津市牙膏厂 118143
84 昆明芬美意香料有限公司 116969
85 韶关浪奇宝洁有限公司 116938
86 山东佳丽日化总公司 111240
87 杭州香料厂 109775
88 威娜化妆品（中国）有限公司 108387
89 漳州市香料总厂 105018
90 中华柔娜集团公司 103095
91 山东省济宁市火柴厂 102944
92 南昌日用化工总厂 102720
93 兰州日用化工厂 101677
94 安徽省淮南肥皂厂 99241
95 重庆制皂总厂 98602
96 贵阳日用化学厂 97952
97 合肥化妆品厂 97443
98 河南省焦作金箭实业总公司 97121
99 哈尔滨轻工化学总厂 95302
100 北京市三露厂 94269

医药制造业（一）

销售收入（千元）

企业	销售收入	企业	销售收入
1 华北制药集团有限责任公司	2650237	42 正大青春宝药业有限公司	275066
2 中国北京同仁堂集团公司	1589564	43 漳州片仔癀集团公司	272328
3 上海药材（集团）公司	1500616	44 石家庄市二药企业集团	271858
4 西安杨森制药有限公司	1434723	45 北京制药厂	270573
5 深圳南方制药厂	1416525	46 桂林三金药业集团公司	267098
6 山东新华医药集团公司	1372103	47 上海华联制药公司	265633
7 中美天津史克制药有限公司	1179523	48 陕西省西安制药厂	262261
8 广州白云山企业集团公司	1175441	49 江苏省无锡山禾药业集团有限公司	261490
9 哈尔滨制药厂	941980	50 中美贵州神奇制药有限公司	254453
10 东北制药总厂	909913	51 江西江中制药厂	254141
11 山东鲁抗医药企业集团公司	785274	52 武汉市健民集团	251021
12 珠海经济特区丽珠医药集团股份有限公司	769667	53 大连制药厂	246663
13 石家庄制药集团公司	657452	54 吉林省延边敖东药业集团股份有限公司	245120
14 中美上海施贵宝制药有限公司	623480	55 牡丹江制药厂	244916
15 国营靖江葡萄糖厂	609417	56 上海第六制药厂	240748
16 武汉红桃 k 集团股份公司	552327	57 连云港恒瑞医药集团有限公司	235840
17 上海三维制药有限公司	517292	58 启东盖天力制药股份有限公司	234610
18 河北制药（集团）有限公司	498639	59 长征制药股份有限公司	232306
19 中科院成都地奥制药公司	458952	60 江西东风制药有限责任公司	232149
20 上海先锋药业公司	451485	61 扬州制药厂	223583
21 齐鲁制药厂	450638	62 浙江海门制药厂浙江海门化工厂（从属）	222609
22 河南省华中医药集团公司	412798	63 浙江永宁制药厂	221906
23 张家口市制药总厂	409681	64 仙居制药股份有限公司	218123
24 广州白云山制药股份有限公司	386890	65 西南药业股份有限公司	212428
25 太极实业集团股份有限公司	374572	66 广西梧州制药（集团）股份有限公司	212110
26 国营昆山制药总厂	362880	67 上海五洲药业有限公司	211887
27 杭州民生药业集团公司	349120	68 河南省华鑫制药厂	203923
28 吉林市制药集团	341160	69 河南省东方医药化工集团	200100
29 河南省南阳普康药业集团公司	333201	70 山东金泰集团股份有限公司	194129
30 辉瑞制药有限公司	324943	71 上海信谊药业有限公司	189865
31 上海四药股份有限公司	320967	72 广州星群（药业）股份有限公司	188762
32 哈尔滨制药二厂	320915	73 上海第一生化药业公司	179774
33 上海新亚药业公司	318384	74 河南省开封制药厂	178106
34 西南合成制药总厂	318271	75 东北制药集团公司东北第六制药厂	178057
35 浙江新昌制药股份有限公司	314637	76 岳阳制药有限公司	177133
36 天津药业有限公司	310730	77 上海延安制药厂	171864
37 四川制药股份有限公司	307285	78 赤峰制药厂	171689
38 江苏扬子江药业集团公司	296565	79 苏州胶囊有限公司	170726
39 福州抗生素集团有限公司	293301	80 卫生部成都生物制品研究所	169527
40 中国通化东宝实业集团公司	287223	81 深圳海滨制药有限公司	169460
41 武汉制药厂	275304	82 昆明制药股份有限公司	165292

83 上海同仁药业有限公司 164204
84 广州潘高寿药业股份有限公司 162794
85 杭州中美华东制药有限公司 161471
86 河北省唐山市冀东制药厂 160044
87 上海莱士血制品有限公司 158867
88 山东东阿阿胶股份有限公司 157043
89 成都恩威制药有限公司 155924
90 浙江九洲制药厂 155680
91 广州侨光制药厂 154508
92 广州中药一厂 153811
93 无锡市第四制药厂 151459
94 卫生部上海生物制品研究所 149528
95 山东潍坊医药集团股份有限公司 146614
96 广州光华药业股份有限公司 145573
97 济兴医化集团有限责任公司 144390
98 重庆制药六厂 142811
99 南京制药厂 142320
100 重庆大新药业股份有限公司 141766

医药制造业（二）

利税总额（千元）

1 中美天津史克制药有限公司 717859
2 西安杨森制药有限公司 564601
3 华北制药集团有限责任公司 470560
4 深圳南方制药厂 288047
5 中科院成都地奥制药公司 234648
6 漳州片仔癀集团公司 202512
7 中国通化东宝实业集团公司 200740
8 珠海经济特区丽珠医药集团股份有限公司 191345
9 武汉红桃 k 集团股份公司 183912
10 山东新华医药集团公司 164139
11 山东鲁抗医药企业集团公司 138598
12 江苏扬子江药业集团公司 124941
13 河北制药（集团）有限公司 121282
14 江西江中制药厂 112993
15 辉瑞制药有限公司 111088
16 正大青春宝药业有限公司 103239
17 哈尔滨制药厂 95427
18 中美上海施贵宝制药有限公司 89390
19 苏州胶囊有限公司 87830
20 广州白云山企业集团公司 86815
21 太极实业集团股份有限公司 85853
22 中国北京同仁堂集团公司 81939
23 深圳海滨制药有限公司 80586
24 吉林省延边敖东药业集团股份有限公司 78690
25 上海莱士血制品有限公司 62715
26 桂林三金药业集团公司 61590
27 通化金马药业股份有限公司 59261
28 成都恩威制药有限公司 53530
29 石家庄制药集团公司 52853
30 启东盖天力制药股份有限公司 51860
31 吉林市制药集团 51620
32 河南省华中医药集团公司 51218
33 桂林市第三制药厂 51142
34 鲁南制药股份有限公司 51054
35 武汉市健民集团 46535
36 南京金陵制药（集团）有限公司 46360
37 张家口市制药总厂 46095
38 浙江海门制药厂浙江海门化工厂（从属） 46018
39 哈尔滨中药二厂 43973
40 四川制药股份有限公司 42862
41 江西东风制药有限责任公司 41832
42 浙江新昌制药股份有限公司 41048
43 广州白云山制药股份有限公司 40408
44 中美贵州神奇制药有限公司 40031
45 云南白药实业股份有限公司 38620
46 山东东阿阿胶股份有限公司 36907
47 河南省华鑫制药厂 36491
48 天津药业有限公司 36354
49 山东金泰集团股份有限公司 35882
50 青岛中药股份有限公司 35390
51 天津六中药制药有限公司 35181
52 广州中药一厂 33782
53 江西省广恩和制药有限公司 32415
54 上海美优制药厂 32383
55 齐鲁制药厂 31778
56 杭州民生药业集团公司 31310
57 卫生部成都生物制品研究所 30977
58 广州奇星药业有限公司 30924
59 吉林省敦化市华康制药总厂 30770
60 杭州天目山药业股份有限公司 30766
61 杭州中美华东制药有限公司 29358
62 广州星群（药业）股份有限公司 28999
63 西南合成制药总厂 28538
64 衡阳中药实业股份有限公司 25466

企业	数值
65 广州潘高寿药业股份有限公司	25385
66 福州抗生素集团有限公司	25210
67 河南省南阳普康药业集团公司	25102
68 昆明制药股份有限公司	24974
69 卫生部武汉生物制品研究所	24194
70 连云港恒瑞医药集团有限公司	23800
71 仙居制药股份有限公司	23684
72 旭东海普药业有限公司	23333
73 昆明贝克诺顿制药有限公司	23154
74 河南省东方医药化工集团	23088
75 北京制药厂	22931
76 广州陈李济药厂	22463
77 浙江康恩贝集团制药有限公司	22360
78 日照洁晶（集团）股份有限公司	22273
79 上海信谊药业有限公司	22255
80 陕西省西安制药厂	22212
81 卫生部兰州生物制品研究所	22010
82 天津市力生制药厂	21978
83 上海信谊药厂长征分厂	21804
84 上海四药股份有限公司	21770
85 广州敬修堂（药业）股份有限公司	21730
86 广西梧州制药（集团）股份有限公司	21492
87 上海禾丰制药有限公司	21341
88 上海药材（集团）公司	21193
89 浙江奥托康制药集团股份有限公司	20173
90 天津太河制药有限公司	19994
91 浙江永宁制药厂	19645
92 河南省淅川制药集团有限公司	19545
93 上海华联制药公司	19197
94 广州光华药业股份有限公司	19138
95 青海制药厂	19126
96 烟台中策药业有限公司	18979
97 山东潍坊医药集团股份有限公司	18715
98 厦门鱼肝油厂	18415
99 上海广得利胶囊有限公司	18294
100 江苏省无锡山禾药业集团有限公司	18281

医药制造业（三）

资产总计（千元）

企业	资产总计（千元）
1 华北制药集团有限责任公司	6001070
2 深圳南方制药厂	2417288
3 广州白云山制药股份有限公司	2218721
4 东北制药总厂	2217166
5 中国北京同仁堂集团公司	1799385
6 广州白云山企业集团公司	1745479
7 牡丹江制药厂	1741339
8 山东新华医药集团公司	1660795
9 珠海经济特区丽珠医药集团股份有限公司	1398569
10 上海药材（集团）公司	1341220
11 中美天津史克制药有限公司	1291484
12 国营靖江葡萄糖厂	1275624
13 山东鲁抗医药企业集团公司	1236343
14 西安杨森制药有限公司	1182806
15 上海先锋药业公司	1048070
16 石家庄制药集团公司	921286
17 哈尔滨制药厂	859316
18 西南合成制药总厂	828746
19 上海三维制药有限公司	801422
20 北京制药厂	785088
21 河北制药（集团）有限公司	742638
22 中国通化东宝实业集团公司	725882
23 河北省唐山市冀东制药厂	679182
24 吉林市制药集团	623860
25 海南海药实业股份有限公司海口药厂	613394
26 东北制药集团公司东北第六制药厂	601782
27 江西东风制药有限责任公司	600135
28 江西赣江制药有线责任公司	584382
29 东北制药集团公司沈阳第一制药厂	574891
30 中美上海施贵宝制药有限公司	571090
31 东北制药集团公司沈阳抗生素厂	567406
32 中科院成都地奥制药公司	543262
33 四川制药股份有限公司	531631
34 上海罗氏制药有限公司	520977
35 山西省太原制药厂	518472
36 太极实业集团股份有限公司	495277
37 上海四药股份有限公司	493609
38 汕头南北制药厂有限公司	491207
39 北京第三制药厂	473046
40 上海新亚药业公司	472156
41 漳州片仔癀集团公司	471584
42 齐鲁制药厂	465350
43 杭州民生药业集团公司	464820
44 江西江中制药厂	460831
45 辉瑞制药有限公司	457682
46 陕西省西安制药厂	443954

47 张家口市制药总厂	442477
48 大连制药厂	430097
49 浙江新昌制药股份有限公司	429756
50 长征制药股份有限公司	421579
51 吉林省延边敖东药业集团股份有限公司	421430
52 卫生部上海生物制品研究所	417604
53 成都恩威制药有限公司	415905
54 哈尔滨制药二厂	414984
55 上海华联制药公司	412374
56 河南省南阳普康药业集团公司	393306
57 河南省新谊医药集团公司	375236
58 卫生部兰州生物制品研究所	356300
59 天津药业有限公司	346634
60 广西梧州制药（集团）股份有限公司	336679
61 上海五洲药业有限公司	332961
62 上海信谊药业有限公司	324894
63 河南省华中医药集团公司	324133
64 中美贵州神奇制药有限公司	319246
65 卫生部成都生物制品研究所	318738
66 沈阳东港制药有限公司	318341
67 山东东阿阿胶股份有限公司	314121
68 重庆大新药业股份有限公司	314055
69 武汉制药厂	308504
70 山东金泰集团股份有限公司	301167
71 江西国药有限责任公司	300491
72 河南省平原制药厂	298707
73 通化金马药业股份有限公司	298391
74 石家庄市二药企业集团	297899
75 正大青春宝药业有限公司	297600
76 山东潍坊医药集团股份有限公司	294236
77 赤峰制药厂	293580
78 广州潘高寿药业股份有限公司	291481
79 鲁南制药股份有限公司	290345
80 国营华中制药厂	289040
81 武汉红桃 k 集团股份公司	287652
82 江苏扬子江药业集团公司	287560
83 启东盖天力制药股份有限公司	285410
84 北京生物制品研究所	281172
85 佛山康宝顺药业有限公司	279407
86 江西制药有限责任公司	279292
87 天津市氨基酸公司	279170
88 卫生部长春生物制品研究所	279162
89 浙江海门制药厂浙江海门化工厂（从属）	273800
90 西南药业股份有限公司	271267
91 广州绿十字药业有限公司	269495
92 沈阳飞龙制药有限公司	269377
93 岳阳制药有限公司	268434
94 广州敬修堂（药业）股份有限公司	267618
95 上海第六制药厂	265158
96 卫生部武汉生物制品研究所	259011
97 杭州天目山药业股份有限公司	257762
98 武汉市健民集团	256130
99 哈尔滨中药二厂	254769
100 连云港恒瑞医药集团有限公司	249370

化学纤维制造业（一）

销售收入（千元）

序号	企业名称	销售收入
1	上海石油化工股份有限公司	11599793
2	仪征化纤股份有限公司	6340460
3	广东省开平涤纶企业集团股份有限公司	2291850
4	上海化学纤维（集团）有限公司	1484523
5	中国神马帘子布（集团）公司	1210712
6	中国济南化纤总公司	1104378
7	中国石化四川维尼纶厂	1095975
8	广东新会美达锦纶集团公司	1059820
9	黑龙江龙涤集团有限公司	932417
10	潍坊化学纤维厂	874082
11	丹东化学纤维工业（集团）总公司	824177
12	南通醋酸纤维有限公司	797851
13	吉林化纤集团有限责任公司	733472
14	浙江小小企业总公司	700102
15	国营新乡化学纤维厂	563838
16	江苏威利达化纤集团公司	555563
17	保定天鹅化纤集团有限公司	521203
18	浙江大普化纤集团公司	458797
19	福建化纤化工厂	456301
20	河北省秦皇岛腈纶厂	433116
21	浙江永利实业集团公司	422930
22	杭州蓝孔雀化学纤维（股份）有限公司	416399
23	上海金阳腈纶厂	404618
24	无锡市太极实业股份有限公司	401861
25	湖北化纤集团有限公司	393569
26	江阴市第二化纤厂	385065
27	山东雪银化纤集团股份有限公司	373381
28	余姚化纤集团公司	372952
29	南海涤纶厂	370231
30	安徽省维尼纶厂	368169
31	浙江超同化纤集团公司	367148
32	国营开山化学纤维厂	365770
33	江苏金凤化纤集团股份有限公司	333027
34	广东新会涤纶厂股份有限公司	327087
35	宜城大雁工业公司	311810
36	张家港市锦花集团一厂	310323
37	浙江桐昆集团	306312
38	浙江远东化纤集团有限公司	300718
39	九江化学纤维厂	299732
40	南京化纤股份有限公司	283894
41	溆浦县湘维有限公司	281182
42	江西化纤化工有限公司责任公司	272614
43	江苏江南化纤集团公司	272320
44	无锡大通化纤公司	260416
45	三门峡神力企业集团	257810
46	浙江凤鸣集团公司	247339
47	营口化学纤维厂	239407
48	浙江赐富化纤有限公司	237592
49	常州华源化学纤维有限公司	236110
50	中山涤纶厂有限公司	227632
51	山东淄博化学纤维总厂	226020
52	扬州合成化工总厂	225120
53	山东高密化学纤维总厂	216253
54	上海联华合纤有限公司	207506
55	江西化学纤维厂	206630
56	浙江九花新合纤有限公司	199790
57	浙江省安吉化纤总厂	199107
58	浙江皇马化工集团有限公司	197884
59	兖州市产业用布厂	188600
60	浙江东长集团	186773
61	江苏省清江合成纤维厂	182653
62	厦门华纶化学纤维有限公司	180044
63	南通合成纤维厂	179750
64	兰州维尼纶厂	178120
65	烟台华润锦纶有限公司	178015
66	张家港市涤纶长丝厂	177784
67	昆山市苏晋集团公司	168110
68	佛山市飞马涤纶长丝厂有限公司	167263
69	石家庄化工化纤厂	167156
70	成都化学纤维厂	166103
71	苏州化学纤维厂	164891
72	淮阴市宏丽集团公司	159387
73	盐城化纤厂	156380
74	青岛中达化纤有限公司	154213
75	江西涤纶厂	152315
76	江阴万翔集团公司	151803
77	广东新会合成纤维纺织厂股份有限公司	147965
78	深圳惠中化纤实业股份有限公司	146029
79	绍兴弹力丝厂	144179
80	铜陵市化纤厂	142687
81	江西天纶化纤有限公司	140715
82	江苏华亚集团公司	139116

83 深圳新华纺织有限公司	131298	92 启东合纤丝绸总厂	118709
84 山西省大同化纤纺织厂	130539	93 上海佳通超细化纤有限公司	118647
85 连云港钟山氨纶有限公司	129862	94 海南海虹企业股份有限公司海南化工纤维厂	118543
86 南海市西樵合成纤维厂	129144	95 宜宾化学纤维厂	118155
87 湖南省邵阳市化纤厂	128592	96 宁波大成化纤集团公司	116940
88 连云港涤纶厂	128582	97 绍兴县展望企业集团公司	115829
89 中山市新华合成纤维有限公司	127880	98 常州市第二合成纤维厂	113637
90 广华化纤股份有限公司	124624	99 常熟市共能化纤有限公司	113610
91 地方国营南海冠南化纤厂	121572	100 淄博涤纶厂	111060

化学纤维制造业（二）

利税总额（千元）

1 上海石油化工股份有限公司	2573729	33 烟台氨纶股份有限公司	25539
2 仪征化纤股份有限公司	796340	34 浙江皇马化工集团有限公司	24390
3 南通醋酸纤维有限公司	347554	35 上海金阳腈纶厂	24149
4 广东省开平涤纶企业集团股份有限公司	296623	36 宜城大雁工业公司	23512
5 中国神马帘子布（集团）公司	257086	37 常州华源化学纤维有限公司	22660
6 吉林化纤集团有限责任公司	127886	38 江西化纤化工有限公司责任公司	21257
7 保定天鹅化纤集团有限公司	121420	39 石家庄化工化纤厂	21006
8 中国石化四川维尼纶厂	99702	40 兖州市产业用布厂	20674
9 无锡市太极实业股份有限公司	80090	41 浙江东长集团	20528
10 广东新会美达锦纶集团公司	71566	42 河北省秦皇岛腈纶厂	19965
11 国营新乡化学纤维厂	68179	43 江苏金凤化纤集团股份有限公司	19634
12 中国济南化纤总公司	67338	44 江苏江南化纤集团公司	17910
13 丹东化学纤维工业（集团）总公司	62563	45 浙江凤鸣集团公司	17476
14 上海化学纤维（集团）有限公司	54195	46 天津美纶股份有限公司	17000
15 浙江小小企业总公司	47595	47 珠海特区卷烟滤材公司	15514
16 浙江桐昆集团	45788	48 浙江赐富化纤有限公司	14856
17 南京化纤股份有限公司	44859	49 河北吉藁联合化纤浆厂	14078
18 江阴市第二化纤厂	44553	50 兰州维尼纶厂	13250
19 浙江永利实业集团公司	36939	51 江阴万翔集团公司	13164
20 连云港钟山氨纶有限公司	35756	52 浙江远东化纤集团有限公司	12766
21 烟台华润锦纶有限公司	32564	53 青岛中达化纤有限公司	12093
22 浙江大普化纤集团公司	30863	54 洛阳市华帝卷烟滤材厂	11712
23 山东雪银化纤集团股份有限公司	30835	55 张家港市涤纶长丝厂	11595
24 安徽省维尼纶厂	30617	56 浙江超同化纤集团公司	10871
25 溆浦县湘维有限公司	30493	57 浙江省安吉化纤总厂	10389
26 山东高密化学纤维总厂	29431	58 绍兴县展望企业集团公司	10377
27 福建化纤化工厂	28876	59 湖南省邵阳市化纤厂	10353
28 三门峡神力企业集团	28556	60 江苏省清江合成纤维厂	9776
29 成都泰康化纤股份有限公司	28124	61 南海涤纶厂	9715
30 江苏威利达化纤集团公司	27464	62 营口化学纤维厂	9666
31 黑龙江龙涤集团有限公司	26906	63 余姚化纤集团公司	9139
32 杭州蓝孔雀化学纤维（股份）有限公司	25787	64 上海联华合纤有限公司	9016

65 江西化学纤维厂	8838	83 昆山市苏晋集团公司	6218
66 广东新会涤纶厂股份有限公司	8815	84 鞍山合成（集团）股份有限公司	6120
67 上海海欣化纤有限公司	8570	85 常州市第二合成纤维厂	6100
68 中山涤纶厂有限公司	8512	86 深圳新华纺织有限公司	6048
69 莱阳市造纸厂	8178	87 宜兴市第三化纤厂	5908
70 海南海虹企业股份有限公司海南化工纤维厂	7772	88 深圳惠中化纤实业股份有限公司	5777
71 青岛中泰集团公司	7672	89 佳木斯合成材料厂	5755
72 山西省大同化纤纺织厂	7314	90 连云港涤纶厂	5639
73 南通合成纤维厂	7278	91 昆山市三山实业公司	5615
74 淮阴市宏丽集团公司	7085	92 锡山市万达仿真丝厂	5557
75 张家港市锦花集团一厂	6961	93 厦门华纶化学纤维有限公司	5501
76 苏州建民化纤有限公司	6930	94 绍兴弹力丝厂	5169
77 广东新会合成纤维纺织厂股份有限公司	6908	95 江西涤纶厂	4960
78 江西天绅化纤有限公司	6682	96 郑州银河股份有限公司	4951
79 常熟市丙纶厂	6680	97 安徽省宿州化纤厂	4855
80 宜宾化学纤维厂	6675	98 海宁化纤厂	4682
81 浙江九花新合纤有限公司	6363	99 仪征市合成纤维厂	4611
82 无锡大通化纤公司	6356	100 盐城化纤厂	4550

化学纤维制造业（三）

资产总计（千元）

1 上海石油化工股份有限公司	18155514	24 无锡市太极实业股份有限公司	862119
2 仪征化纤股份有限公司	13541860	25 国营新乡化学纤维厂	822031
3 广东省开平涤纶企业集团股份有限公司	4175021	26 海南海虹企业股份有限公司海南化工纤维厂	812000
4 中国济南化纤总公司	3501044	27 江苏金凤化纤集团股份有限公司	805427
5 中国石化四川维尼纶厂	2980424	28 山东雪银化纤集团股份有限公司	719736
6 中国神马帘子布（集团）公司	2650298	29 南海涤纶厂	714892
7 山东淄博化学纤维总厂	2380448	30 梅州涤纶（集团）股份有限公司	694864
8 黑龙江龙涤集团有限公司	2110750	31 营口化学纤维厂	634711
9 上海化学纤维（集团）有限公司	2087774	32 杭州蓝孔雀化学纤维（股份）有限公司	621731
10 潍坊化学纤维厂	1793421	33 兰州维尼纶厂	617000
11 丹东化学纤维工业（集团）总公司	1574569	34 山西涤纶厂	606157
12 保定天鹅化纤集团有限公司	1525188	35 中山市新华合成纤维有限公司	601580
13 广东新会涤纶厂股份有限公司	1419655	36 广东新会合成纤维纺织厂股份有限公司	554128
14 浙江小小企业总公司	1384713	37 浙江永利实业集团公司	547683
15 河北省秦皇岛腈纶厂	1248291	38 福建化纤化工厂	527515
16 九江化学纤维厂	1228297	39 海南省海德纺织实业股份有限公司	514359
17 海南金轮实业股份有限公司	1220673	40 安徽省维尼纶厂	514326
18 广东新会美达锦纶集团公司	1146833	41 厦门华纶化学纤维有限公司	513133
19 吉林化纤集团有限责任公司	1046573	42 烟台华润锦纶有限公司	489492
20 湖北化纤集团有限公司	1018224	43 淮阴市宏丽集团公司	480691
21 南通醋酸纤维有限公司	964545	44 北京化学纤维厂	478673
22 国营开山化学纤维厂	884070	45 肇庆市化学纤维厂	472486
23 上海金阳腈纶厂	864724	46 宜宾化学纤维厂	471295

47 溆浦县湘维有限公司	463917
48 余姚化纤集团公司	440731
49 浙江超同化纤集团公司	438102
50 常州华源化学纤维有限公司	431330
51 青岛中达化纤有限公司	427146
52 盐城化纤厂	424650
53 江苏省清江合成纤维厂	421915
54 上海联华合纤有限公司	414831
55 南京化纤股份有限公司	412339
56 鞍山合成（集团）股份有限公司	406380
57 无锡大通化纤公司	403950
58 济南八方锦纶集团有限公司	400977
59 连云港钟山氨纶有限公司	398610
60 江西化纤化工有限公司责任公司	390148
61 浙江远东化纤集团有限公司	385970
62 浙江赐富化纤有限公司	367212
63 长沙锦纶厂	357250
64 贵州省凯里涤纶纺织集团	348266
65 江西涤纶厂	346958
66 三门峡神力企业集团	341439
67 山西省大同化纤纺织厂	332219
68 杭州天虹集团公司	326812
69 佛山市东利化纤厂	325813
70 广华化纤股份有限公司	324772
71 上海佳通超细化纤有限公司	321515
72 辽源得亨股份有限公司	319068
73 内蒙古化学纤维总厂	311992
74 天津美纶股份有限公司	310461
75 秦皇岛市山海关化纤总厂	308655
76 宜城大雁工业公司	300359
77 天津市合成纤维厂	298034
78 江西化学纤维厂	293424
79 苏州化学纤维厂	292832
80 宁波达利集团公司	290160
81 铜陵市化纤厂	282973
82 江西天绅化纤有限公司	281897
83 深圳惠中化纤实业股份有限公司	279426
84 杭州迪美化纤有限公司	276355
85 浙江大普化纤集团公司	272070
86 淄博涤纶厂	271823
87 绍兴弹力丝厂	271296
88 青岛中泰集团公司	264677
89 四川蜀东化纤厂	264307
90 杭州第二化学纤维厂	263034
91 成都泰康化纤股份有限公司	262445
92 昆山市三山实业公司	260352
93 广州纺织集团合成纤维公司	259695
94 湖南省邵阳市化纤厂	259569
95 绍兴县展望企业集团公司	259206
96 石家庄化工化纤厂	258400
97 佛山市飞马涤纶长丝厂有限公司	250996
98 哈尔滨化学纤维厂	243316
99 南通合成纤维厂	241787
100 柳州市化学纤维厂	240202

橡胶制品业（一）

销售收入（千元）

1 上海轮胎橡胶（集团）股份有限公司 3520052
2 山东成山橡胶集团股份有限公司 1405898
3 青岛第二橡胶厂 1358379
4 牡丹江桦林集团有限责任公司 1315052
5 山东轮胎厂 1233669
6 银川中策长城橡胶有限公司 1194088
7 杭州中策橡胶有限公司 1136010
8 河南轮胎厂 1040742
9 东风金狮轮胎有限公司 958761
10 贵州轮胎股份有限公司 906800
11 辽宁轮胎厂 906174
12 厦门正新橡胶工业有限公司 850057
13 广州珠江轮胎有限公司 699362
14 桂林南方橡胶集团公司 643674
15 广州番禺大兴制鞋实业有限公司 586433
16 中国人民解放军第三五一七工厂 493028
17 北京轮胎厂 452801
18 江苏轮胎厂 447585
19 青岛第六橡胶厂 398249
20 天津轮胎橡胶工业有限公司 382579
21 江苏飞达橡胶集团公司 381614
22 贵州胶鞋厂 380506
23 双喜轮胎工业股份有限公司 375989
24 无锡橡胶集团有限责任公司 371689
25 厦门海燕实业总公司 360839
26 温州荣光集团公司 344021
27 山东玲珑橡胶集团公司 341944
28 上海胶鞋公司（核心层） 313765
29 河北鲸鱼集团有限责任公司 299706
30 中国人民解放军第三五三七工厂 299612
31 广州市华南橡胶轮胎有限公司 284209
32 上海胶带股份有限公司 275871
33 兖州市华西胶带厂 263882
34 浙江杭通企业集团公司 248853
35 北京橡胶一厂 248167
36 中南橡胶集团 245693
37 天津国际联合轮胎橡胶有限公司 244218
38 山东泰山轮胎厂 242724
39 上海大孚橡胶总厂 241129
40 江苏金腾集团公司 237440
41 山东泸河集团总公司 234205
42 云南轮胎厂 233080
43 新疆橡胶厂 232480
44 中国人民解放军第三五四四工厂 225161
45 广西南宁橡胶厂 221650
46 乌鲁木齐市轮胎厂 205865
47 中国人民解放军第三五三一工厂 203976
48 宁国县中鼎股份有限公司 201780
49 上海橡胶制品有限公司（实体） 197390
50 四川橡胶厂 197040
51 中国人民解放军第三五三九工厂 196741
52 枣庄市橡胶厂 192318
53 长春轮胎厂 183790
54 湖南橡胶厂 181271
55 沈阳第三橡胶厂 178887
56 沈阳第四橡胶厂 175523
57 国营青岛同泰橡胶厂 174372
58 江苏飞驰股份有限公司 166290
59 许昌市第一橡胶厂 163077
60 阜新橡胶总厂 160044
61 洛阳轮胎厂 159352
62 云南省南湖橡胶厂 158855
63 沈阳胶管厂 157005
64 山东威海橡胶厂 156181
65 沈阳长桥胶带有限公司 147672
66 天津津泰橡胶股份有限公司 142172
67 辽宁省沈阳橡胶厂 139987
68 淮阴清江胶鞋厂 138768
69 上海飞轮橡胶厂 135754
70 无锡市橡胶厂 133579
71 北京市良乡轮胎厂 128786
72 北京橡胶十厂 121794
73 山东曹州橡胶厂 119667
74 莱州市环日橡胶厂 118365
75 浙江双牛橡胶股份有限公司 117807
76 郑州中原轮胎橡胶股份有限公司 116985
77 上海东海橡胶厂 116490
78 株洲轮胎厂 113901
79 河南省地方国营尉氏县橡胶厂 112190
80 山东高密金马橡胶集团股份有限公司 111162
81 南韩轮胎（淮阴）有限公司 110305
82 青岛双星集团公司 110005

83 重庆利华橡胶总厂 109142
84 工贸合营常州市友谊胶鞋厂 108935
85 上海富强胶鞋厂 105455
86 大连固特异轮胎有限公司 101201
87 浙江平湖橡胶厂 100060
88 河北长征企业集团公司 99982
89 莱芜市橡胶集团公司 98600
90 广东省高州市橡胶厂 97907
91 开封恩达橡胶集团有限公司 97242
92 广州第一橡胶厂 96809
93 东风轮胎厂黄石分厂 95152
94 重庆长江橡胶厂 94767
95 西北橡胶总厂 93388
96 广州市星球轮胎厂 92560
97 北京橡胶二厂 91505
98 湖北佳鹰股份有限公司 90901
99 河南省轮胎厂孟州市内胎分厂 90850
100 上海中南橡胶厂 89854

橡胶制品业（二）

利税总额（千元）

1 上海轮胎橡胶（集团）股份有限公司 588837
2 银川中策长城橡胶有限公司 259016
3 青岛第二橡胶厂 246923
4 山东成山橡胶集团股份有限公司 231031
5 山东轮胎厂 215667
6 河南轮胎厂 199620
7 牡丹江桦林集团有限责任公司 197367
8 辽宁轮胎厂 157278
9 广州珠江轮胎有限公司 151784
10 东风金狮轮胎有限公司 140482
11 贵州轮胎股份有限公司 112008
12 杭州中策橡胶有限公司 102082
13 厦门正新橡胶工业有限公司 92665
14 北京轮胎厂 59507
15 宁国县中鼎股份有限公司 56880
16 天津轮胎橡胶工业有限公司 53852
17 桂林南方橡胶集团公司 52242
18 兖州市华西胶带厂 50582
19 厦门海燕实业总公司 43795
20 中国人民解放军第三五三七工厂 41735
21 中国人民解放军第三五一七工厂 39462
22 贵州胶鞋厂 39401
23 新疆橡胶厂 38999
24 四川橡胶厂 34137
25 江苏轮胎厂 32870
26 河北鲸鱼集团有限责任公司 31558
27 山东玲珑橡胶集团公司 31049
28 青岛第六橡胶厂 30358
29 江苏飞达橡胶集团公司 29992
30 双喜轮胎工业股份有限公司 29846
31 山东泰山轮胎厂 29574
32 上海胶带股份有限公司 27807
33 中国人民解放军第三五三九工厂 26745
34 江苏金腾集团公司 25768
35 云南轮胎厂 25134
36 乌鲁木齐市轮胎厂 24951
37 无锡橡胶集团有限责任公司 24942
38 阜新橡胶总厂 24562
39 中国人民解放军第三五三一工厂 24442
40 上海富强胶鞋厂 24143
41 沈阳第三橡胶厂 23701
42 温州荣光集团公司 22348
43 天津国际联合轮胎橡胶有限公司 20884
44 山东泸河集团总公司 20257
45 山东威海橡胶厂 19908
46 枣庄市橡胶厂 18757
47 沈阳胶管厂 18332
48 山东曹州橡胶厂 16867
49 郑州中原轮胎橡胶股份有限公司 16616
50 云南省南湖橡胶厂 16599
51 江苏飞驰股份有限公司 16500
52 广州第一橡胶厂 14899
53 上海橡胶制品有限公司（实体） 14044
54 广州市星球轮胎厂 13660
55 中南橡胶集团 13499
56 洛阳轮胎厂 13421
57 上海飞轮橡胶厂 13026
58 浙江双牛橡胶股份有限公司 12255
59 莱州市环日橡胶厂 12097
60 沈阳第四橡胶厂 11497
61 株洲轮胎厂 11428
62 广西南宁橡胶厂 11369
63 淮阴清江胶鞋厂 11266
64 中国人民解放军第三五四四工厂 10378

65 呼和浩特市橡胶厂	10316
66 莱芜市橡胶集团公司	10190
67 牡丹江橡胶四厂	10170
68 无锡市橡胶厂	9933
69 沈阳长桥胶带有限公司	9577
70 河南省轮胎厂孟州市内胎分厂	9350
71 浙江杭通企业集团公司	9342
72 上海大孚橡胶总厂	9152
73 上海胶鞋七厂开封分厂	9019
74 东风轮胎厂黄石分厂	8818
75 上海胶鞋公司（核心层）	8797
76 河南省地方国营尉氏县橡胶厂	8724
77 上海东海橡胶厂	8714
78 镇江市胶鞋厂	8595
79 河北长征企业集团公司	8504
80 开封恩达橡胶集团有限公司	8407
81 南通市回力橡胶实业总公司	8406
82 上海大中华橡胶五厂宁海分厂	8237
83 靖江王子防腐工程有限公司	7949
84 无锡海达船用橡胶制品有限公司	7796
85 无锡二橡胶股份有限公司	7495
86 桐乡橡胶制品厂	7443
87 锡山市橡塑制品厂	7250
88 重庆长江橡胶厂	7140
89 湖南橡胶厂	7076
90 海南省海口市橡胶五厂	6608
91 石家庄第一橡胶股份有限公司	6586
92 北京市良乡轮胎厂	6571
93 台州天轮集团有限公司	6480
94 重庆利华橡胶总厂	6251
95 湖北佳鹰股份有限公司	6216
96 浙江海宁橡塑实业总公司	6008
97 浙江耐达工贸公司	5954
98 邯郸市橡胶厂	5894
99 厦门厦晖橡金属工业有限公司	5834
100 济南天齐特种平带有限公司	5539

橡胶制品业（三）

资产总计（千元）

1 上海轮胎橡胶（集团）股份有限公司	5303619
2 青岛第二橡胶厂	2428132
3 牡丹江桦林集团有限责任公司	2219718
4 山东成山橡胶集团股份有限公司	2130480
5 东风金狮轮胎有限公司	1788568
6 辽宁轮胎厂	1598581
7 广州市华南橡胶轮胎有限公司	1364078
8 山东轮胎厂	1336691
9 厦门正新橡胶工业有限公司	1260444
10 杭州中策橡胶有限公司	1186454
11 银川中策长城橡胶有限公司	1098814
12 贵州轮胎股份有限公司	1016960
13 河南轮胎厂	954340
14 长春轮胎厂	952505
15 北京轮胎厂	837827
16 贵州胶鞋厂	817815
17 桂林南方橡胶集团公司	817691
18 中南橡胶集团	719941
19 青岛第六橡胶厂	714427
20 沈阳第三橡胶厂	698366
21 云南轮胎厂	698347
22 双喜轮胎工业股份有限公司	627134
23 无锡橡胶集团有限责任公司	571674
24 广州珠江轮胎有限公司	568351
25 大连固特异轮胎有限公司	566214
26 上海胶带股份有限公司	530826
27 枣庄市橡胶厂	477335
28 沈阳轮胎厂	464765
29 浙江杭通企业集团公司	414130
30 天津轮胎橡胶工业有限公司	398115
31 宁国县中鼎股份有限公司	391610
32 中国人民解放军第三五一七工厂	371180
33 天津国际联合轮胎橡胶有限公司	370611
34 国营青岛同泰橡胶厂	368774
35 沈阳第四橡胶厂	355276
36 江苏轮胎厂	351276
37 山东玲珑橡胶集团公司	350723
38 厦门海燕实业总公司	350065
39 济南天齐特种平带有限公司	325379
40 江苏飞达橡胶集团公司	323882
41 青岛双星集团公司	311578
42 浙江双牛橡胶股份有限公司	309525
43 上海橡胶制品有限公司（实体）	297772
44 中国人民解放军第三五三七工厂	286642
45 乌鲁木齐市轮胎厂	278350
46 河北鲸鱼集团有限责任公司	275421

47 广州番禺大兴制鞋实业有限公司	273476
48 沈阳长桥胶带有限公司	268012
49 阜新橡胶总厂	264810
50 山东泰山轮胎厂	262761
51 广州市星球轮胎厂	261782
52 江西橡胶厂	259110
53 沈阳胶管厂	251732
54 四川橡胶厂	248300
55 广州第一橡胶厂	235583
56 中国人民解放军第三五四四工厂	233423
57 新疆橡胶厂	233168
58 中国人民解放军第三五三一工厂	231129
59 沈阳胶鞋厂	223553
60 北京橡胶一厂	221194
61 上海大孚橡胶总厂	221121
62 天津津泰橡胶股份有限公司	221018
63 西北橡胶总厂	215141
64 广西南宁橡胶厂	214283
65 株洲轮胎厂	211836
66 河北长征企业集团公司	209918
67 北京化学工业集团公司橡胶塑料制品厂	206273
68 湖北华强化工厂	200150
69 无锡市橡胶厂	196501
70 丹东骏马轮胎橡胶（集团）总公司	196423
71 南韩轮胎（淮阴）有限公司	190319
72 湖南橡胶厂	188993
73 郑州中原轮胎橡胶股份有限公司	188675
74 温州荣光集团公司	175586
75 江苏飞驰股份有限公司	173760
76 杭州橡胶（集团）公司	170683
77 上海胶鞋公司（核心层）	169821
78 石家庄第一橡胶股份有限公司	165128
79 南京轮胎厂	163160
80 重庆长江橡胶厂	163025
81 上海东风橡胶二厂	161101
82 洛阳轮胎厂	157152
83 山东曹州橡胶厂	155978
84 张家口五环制鞋股份有限公司	153815
85 兖州市华西胶带厂	146514
86 上海中南橡胶厂	145487
87 山东高密金马橡胶集团股份有限公司	145360
88 浙江正益企业集团公司	145097
89 江苏金腾集团公司	143865
90 吉林省公主岭市轮胎厂	143075
91 开封恩达橡胶集团有限公司	140036
92 山东栖霞橡胶工业集团公司	139733
93 上海飞轮橡胶厂	136192
94 东风轮胎厂黄石分厂	134152
95 重庆中南橡胶厂	132240
96 甘肃省轮胎厂	130291
97 呼和浩特市橡胶厂	129666
98 中国人民解放军第三五三九工厂	126773
99 许昌市第一橡胶厂	125180
100 上海双田橡胶集团公司	124054

塑料制品业（一）

销售收入（千元）

企业	销售收入	企业	销售收入
1 太平洋塑胶（福建）有限公司	683888	42 杭州塑料工业公司	167365
2 烟台万华合成革集团有限公司	654061	43 常州市勤业塑料厂	160938
3 江苏江阴模塑集团总公司	610700	44 顺德市大型注塑制品厂	150447
4 浙江大东南塑胶集团公司	581563	45 广州石油化工总厂薄膜厂	144958
5 高明市塑料二厂	500651	46 临沂市兰山区中联包装有限公司	144658
6 佛山东方包装材料有限公司	492346	47 北京轻联塑料集团公司	144409
7 珠海经济特区中富实业股份有限公司	470185	48 青岛宏达塑胶总公司	142102
8 首都航天机械公司	358709	49 泰州春兰橡塑公司	141247
9 安徽天大企业集团公司	332548	50 顺德顺发塑料实业有限公司	140917
10 上海化工厂有限公司	330806	51 工贸合营常州市光明塑料厂	134948
11 宁波华翔集团公司	326957	52 江门市裕华墙纸厂	134490
12 佛山市塑料八厂	317864	53 华德塑料制品有限公司	134481
13 江苏申达包装集团公司	300101	54 北京华盾塑料包装器材公司	133929
14 汕头市塑胶装饰材料制造厂	289254	55 佛山市纬星塑料有限公司	130582
15 广东玉兰墙纸厂	272431	56 秦皇岛福胜化学制革有限公司	130470
16 澄海市南洋工业城实业总公司	265046	57 广东省台山市新丰企业集团公司	130388
17 武汉塑料工业集团股份有限公司	263587	58 天津中富容器有限公司	127443
18 三水市健力宝塑料制品有限公司	247717	59 无锡国泰彩印有限公司	126765
19 佛山市塑料二厂	242867	60 齐鲁乙烯塑编厂有限公司	125037
20 佛山杜邦鸿基薄膜有限公司	241511	61 广州市金威龙实业股份有限公司	124966
21 潮州市华达利实业有限公司	240457	62 云梦塑料薄膜厂	122800
22 锡山市兴达泡塑材料厂	240147	63 武进市江南塑料厂	121054
23 上海紫江彩印包装有限公司	230161	64 北京雪花电器集团公司	121010
24 吉林省白山市喜丰塑料股份有限公司	229130	65 浙江省海宁塑料厂	120769
25 济南塑料三厂	224732	66 锦州塑料厂	120580
26 常州市巨力塑料实业总公司	221445	67 山西惠丰机械厂	120441
27 河北保塑集团有限公司	212312	68 贵州西众塑胶有限公司	119913
28 浙江绍兴市人造革厂	209137	69 广东高聚化学工业有限公司	118383
29 安徽省太和县皮条孙镇塑料加工厂	207280	70 山东鑫塑（集团）公司	117968
30 江苏琼花塑料（集团）厂	201950	71 太仓塑料制品三厂	117580
31 顺德双轴拉伸薄膜厂	199799	72 昆山翔峰塑料制品有限公司	116830
32 中国中轻工业集团公司	197828	73 沧州市第一塑料厂	112814
33 扬州汽车塑料件制造公司	193412	74 南京塑料二厂	112778
34 深圳石化塑胶股份有限公司	192231	75 河南塑胶股份有限公司	112133
35 江阴市复合材料厂	181169	76 常熟人造革总厂	111787
36 大连宏大企业总公司	180347	77 湛江市人造革总厂	111654
37 无锡环宇包装材料有限公司	180160	78 佛山市振兴实业公司	110254
38 广州永发塑料制品有限公司	176077	79 天津市第二塑料制品厂	110080
39 福建省宏明塑胶股份有限公司	172655	80 大连金塑集团公司	109777
40 安徽双津集团	171532	81 江苏鲲鹏塑料地板集团公司	106800
41 浙江杭意合成革有限公司	168438	82 哈尔滨市化工试剂厂	106094

83 河南省南阳市塑料厂	100420
84 温州华峰工业集团有限公司	100152
85 高明市明达塑胶有限公司	96787
86 厦门佛大工业有限公司	94795
87 广州市塑料制品三厂	94733
88 广州洛民塑料有限公司	94407
89 辽油高升开发总公司	94050
90 哈尔滨市塑料五厂	93689
91 石家庄市第一塑料厂	93630
92 漯河市塑料厂	91030
93 上海三花薄膜厂	90220
94 上海塑料制品二厂	90199
95 广州市广进塑料有限公司	88546
96 山东鲁宏塑窗机械集团总公司	88019
97 杭州新光塑料厂	87777
98 佛山市嘉美人造革有限公司	85948
99 湛江市彩印总厂	85057
100 新疆石河子塑料制品总厂	84499

塑料制品业（二）

利税总额（千元）

1 汕头市塑胶装饰材料制造厂	95988
2 浙江大东南塑胶集团公司	77793
3 珠海经济特区中富实业股份有限公司	75400
4 佛山东方包装材料有限公司	74112
5 江苏江阴模塑集团总公司	69742
6 宁波华翔集团公司	54378
7 佛山杜邦鸿基薄膜有限公司	52865
8 上海紫江彩印包装有限公司	50236
9 烟台万华合成革集团有限公司	49755
10 江苏申达包装集团公司	49544
11 华德塑料制品有限公司	45909
12 顺德双轴拉伸薄膜厂	42059
13 常州市巨力塑料实业总公司	35659
14 扬州汽车塑料件制造公司	31897
15 安徽天大企业集团公司	30950
16 高明市塑料二厂	27529
17 武汉塑料工业集团股份有限公司	27158
18 浙江杭意合成革有限公司	26191
19 无锡环宇包装材料有限公司	25796
20 太平洋塑胶（福建）有限公司	24482
21 江苏琼花塑料（集团）厂	23140
22 广东玉兰墙纸厂	23088
23 锡山市兴达泡塑材料厂	22485
24 佛山市塑料二厂	22255
25 安徽省太和县皮条孙镇塑料加工厂	20510
26 临沂市兰山区中联包装有限公司	20333
27 中山市嘉华塑料有限公司	19277
28 江阴市复合材料厂	18904
29 安徽双津集团	18565
30 三水市健力宝塑料制品有限公司	18223
31 浙江绍兴市人造革厂	18066
32 广州石油化工总厂薄膜厂	17715
33 佛山市塑料八厂	17489
34 河北保塑集团有限公司	17263
35 上海联宾塑胶工业有限公司	17032
36 上海化工厂有限公司	16876
37 大连金塑集团公司	16697
38 贵州西众塑胶有限公司	15766
39 广东高聚化学工业有限公司	15679
40 深圳石化塑胶股份有限公司	15309
41 云梦塑料薄膜厂	15060
42 齐鲁乙烯塑编厂有限公司	14362
43 泰州春兰橡塑公司	13443
44 济南塑料三厂	13136
45 山东鲁宏塑窗机械集团总公司	13011
46 湖北汽车工程塑料厂	12856
47 江门市裕华墙纸厂	12536
48 吉林省白山市喜丰塑料股份有限公司	12442
49 广州洛民塑料有限公司	11868
50 秦皇岛福胜化学制革有限公司	11740
51 工贸合营常州市光明塑料厂	11693
52 江苏鲲鹏塑料地板集团公司	11663
53 安徽省百通塑胶有限公司	11214
54 文安县第三塑料厂	11148
55 萍乡市塑料七厂	10991
56 太仓塑料制品三厂	10700
57 昆山翔峰塑料制品有限公司	10637
58 福建省宏明塑胶股份有限公司	10476
59 山东鑫塑（集团）公司	10404
60 中国中轻工业集团公司	10094
61 杭州塑料工业公司	10076
62 湛江市人造革总厂	9858
63 武汉武牙（集团）股份有限公司	9359
64 浙江远翅塑料有限公司	9268

序号	企业名称	数值
65	上海大华器械有限公司	8872
66	湛江包装材料企业有限公司	8850
67	南海市海洋包装材料厂	8676
68	广州市金威龙实业股份有限公司	8604
69	顺德顺发塑料实业有限公司	8418
70	天津天荣板材有限公司	8403
71	天津育新塑料包装有限公司	8295
72	厦门佛大工业有限公司	8263
73	上海华美装饰材料有限公司	8248
74	澄海市南洋工业城实业总公司	8087
75	广州市中亚塑料股份有限公司	7953
76	大连宏大企业总公司	7945
77	无锡国泰彩印有限公司	7923
78	新疆石河子塑料制品总厂	7827
79	广东新会电容薄膜厂	7660
80	合肥塑料一厂	7598
81	沈阳久利塑料管材有限公司	7472
82	上海浦东龚路机械实业总公司	7017
83	文安县第二塑料厂	6771
84	安徽省界首市塑料制品总厂	6741
85	慈溪市翔龙实业总公司	6696
86	苏州塑料一厂	6607
87	苏州富艺塑胶制品有限公司	6571
88	峨眉山市塑料二厂	6529
89	海南塑胶工业有限公司	6516
90	昆山协孚人造皮有限公司	6498
91	顺德市大型注塑制品厂	6431
92	宁晋县塑料厂	6314
93	宁波信高股份有限公司	6282
94	浙江玉峰电塑厂	6169
95	上海永新塑料制品有限公司	6120
96	海南国际金叶塑编包装制品有限公司	6109
97	南京塑料二厂	5873
98	潍坊乐富塑料制品有限公司	5870
99	深圳远东注塑有限公司	5798
100	无锡市巨龙塑化股份有限公司	5705

塑料制品业（三）

资产总计（千元）

序号	企业名称	资产总计（千元）
1	首都航天机械公司	1336886
2	烟台万华合成革集团有限公司	1182250
3	北京雪花电器集团公司	1104386
4	佛山东方包装材料有限公司	874112
5	佛山杜邦鸿基薄膜有限公司	698967
6	江苏江阴模塑集团总公司	647548
7	珠海经济特区中富实业股份有限公司	631849
8	河北保塑集团有限公司	508129
9	澄海市南洋工业城实业总公司	508067
10	大连经济技术开发区金源实业总公司	499637
11	太平洋塑胶（福建）有限公司	498250
12	佛山市塑料三厂	466032
13	山西惠丰机械厂	429846
14	中国中轻工业集团公司	425646
15	大连宏大企业总公司	419062
16	佛山市塑料八厂	406688
17	广州永发塑料制品有限公司	402331
18	大连金塑集团公司	374095
19	高明市塑料二厂	373151
20	佛山市塑料二厂	368641
21	上海紫江彩印包装有限公司	341701
22	上海化工厂有限公司	328464
23	浙江大东南塑胶集团公司	323768
24	武汉塑料工业集团股份有限公司	319741
25	广东玉兰墙纸厂	309320
26	北京市化工六厂	292935
27	顺德双轴拉伸薄膜厂	289601
28	安徽天大企业集团公司	278560
29	佛山鸿基塑料包装材料有限公司	273879
30	汕头市塑胶装饰材料制造厂	262501
31	湖北汽车工程塑料厂	260106
32	工贸合营常州市光明塑料厂	257196
33	湛江包装材料企业有限公司	254978
34	云梦塑料薄膜厂	253568
35	无锡环宇包装材料有限公司	251098
36	深圳石化塑胶股份有限公司	245115
37	齐鲁乙烯塑编厂有限公司	243362
38	吉林省白山市喜丰塑料股份有限公司	235842
39	丽宝第集团公司	233730
40	福建省宏明塑胶股份有限公司	232308
41	扬州汽车塑料件制造公司	231785
42	青岛宏达塑胶总公司	227070
43	临沂市兰山区中联包装有限公司	225459
44	北京轻联塑料集团公司	220723
45	南昌塑料八厂	217227
46	佛山市振兴实业公司	217073

47 常州市巨力塑料实业总公司	215386
48 天津市塑料制品工业公司（本部）	212683
49 杭州塑料工业公司	212366
50 广东省台山市新丰企业集团公司	211013
51 济南塑料三厂	210500
52 丹东塑料一厂	210293
53 宁波华翔集团公司	208614
54 贵阳鸿宝实业集团公司	205111
55 华亚东营塑胶有限公司	204909
56 顺德顺发塑料实业有限公司	197828
57 湖南省黔阳县安江塑料制品集团公司	191466
58 秦皇岛福胜化学制革有限公司	191061
59 顺德市大型注塑制品厂	179579
60 三水市健力宝塑料制品有限公司	179195
61 山东鑫塑（集团）公司	179155
62 北京市亚大塑胶总公司	177566
63 上海塑料制品二厂	175356
64 天津育新塑料包装有限公司	174662
65 石家庄市第一塑料厂	173920
66 上海塑料制品一厂	173507
67 南京塑料二厂	172507
68 天津天荣板材有限公司	171152
69 天津中富容器有限公司	169483
70 石家庄东风塑料总厂	168587
71 上海达凯塑胶有限公司	168572
72 江苏申达包装集团公司	168072
73 中山市威力塑料厂	166900
74 沧州市第一塑料厂	166732
75 佛山市塑料七厂	164499
76 海伦市塑料制品厂	161100
77 烟台市聚氨酯制品工业公司	161031
78 高明市塑料一厂	160605
79 青岛塑料总厂	159494
80 辽源市塑料编制袋总厂	157059
81 广东高聚化学工业有限公司	155473
82 江门市海棉制品厂	155334
83 常熟人造革总厂	154223
84 北京市化学建材厂	153975
85 上海国成石化有限公司	153518
86 上海豪鑫股份有限公司	153113
87 江苏琼花塑料（集团）厂	152859
88 广东新会电容薄膜厂	150214
89 华德塑料制品有限公司	148705
90 锦州塑料厂	148531
91 天津市第一塑料制品厂	147967
92 广州石油化工总厂薄膜厂	147770
93 江苏鲲鹏塑料地板集团公司	145578
94 海南塑胶工业有限公司	144990
95 上海汤臣塑胶实业有限公司	144001
96 上海世霸包装材料有限公司	143889
97 中国包装总公司内江包装材料总厂	143458
98 桂林市第三塑料厂	142614
99 贵州西众塑胶有限公司	134228
100 邯郸市第十塑料厂	133180

非金属矿物制品业（一）

销售收入（千元）

1 北京建筑材料集团有限责任公司	2019260	42 洛阳耐火材料厂	296967
2 湖北鄂州晶牌建材集团公司	1180209	43 鲁南水泥厂	296649
3 山东丛林集团公司	1157700	44 淄博华辰集团总公司	295505
4 浙江东方集团公司	1065447	45 株洲玻璃厂	288502
5 深圳中康玻璃有限公司	877506	46 华新水泥股份有限公司	287652
6 中国耀华玻璃集团公司	603949	47 福建省顺昌水泥厂	286561
7 河北省保定石油化工厂	593976	48 中山市晨星玻璃股份有限公司	283883
8 上海耀华皮尔金顿玻璃有限公司	589534	49 江苏省濑江集团有限公司	281858
9 吉林炭素总厂	548319	50 河南中州企业集团	279291
10 中国洛阳浮法玻璃集团公司	532278	51 北京玻璃集团公司	277763
11 柳州水泥厂	514721	52 杭州浮法玻璃工业有限公司	277424
12 江苏华润集团公司	504266	53 南京长江水泥（集团）公司	276756
13 安徽省宁国水泥厂	502211	54 明达玻璃（厦门）有限公司	276469
14 白鸽（集团）股份有限公司	495013	55 四川金顶（集团）股份有限公司	274582
15 邯郸陶瓷集团总公司	485560	56 国营哈尔滨水泥厂	261306
16 苏州金猫水泥有限公司	482180	57 广州市石井水泥厂	261284
17 唐山陶瓷集团有限公司	454820	58 新疆维吾尔自治区水泥厂	260361
18 大连华能——小野田水泥有限公司	447358	59 陕西省耀县水泥厂	256692
19 河北省冀东水泥厂	446195	60 威海光威渔具（集团）有限责任公司	253153
20 广州市珠江水泥厂	428443	61 广州水泥厂	252491
21 河北太行集团公司	427959	62 四川省江油水泥厂	252088
22 江苏省宜兴陶瓷公司	427357	63 浙江六洞山建材集团公司	248589
23 沈阳星光建筑材料集团公司	394444	64 上海泰山耐火材料有限公司	246026
24 上海市建筑构件制品公司	388542	65 江苏双龙实业股份有限公司	242178
25 兰州炭素厂	380722	66 昆明水泥股份有限公司	236590
26 牡丹江水泥集团有限责任公司	368736	67 福建省耀华玻璃工业股份有限公司	228350
27 安徽省繁昌县荻港水泥厂	356706	68 鄂州市常鑫建材有限公司	226860
28 唐山胜利陶瓷集团有限责任公司	355190	69 山东玻璃总公司	225701
29 梅州市塔牌集团有限公司	346721	70 国营四川省威远县康达实业总公司	224629
30 福建水泥股份有限公司	337147	71 临沂市罗庄区工业搪瓷股份有限公司	223740
31 广东浮法玻璃有限公司	333830	72 上海砂轮厂	222026
32 广东澳联玻璃有限公司	329026	73 四川金沙水泥股份有限公司	221231
33 佛山市石湾建国陶瓷厂	327523	74 上海澳联玻璃有限公司	219713
34 北新建材（集团）有限公司	321332	75 永登水泥厂	218061
35 海城市铧镁实业公司	319540	76 唐山启新建材（集团）有限责任公司	216397
36 商丘地区振华玻璃厂	317834	77 河南奔月集团公司	213001
37 三狮水泥股份有限公司	315985	78 山东长恒集团公司	212698
38 江西水泥厂	311499	79 上海水泥厂	212574
39 浙江尖峰集团股份有限公司	311309	80 天马集团公司	210635
40 湖南省韶峰集团有限公司	307752	81 安徽省巢湖水泥厂	206994
41 鹤山市晶宝企业集团公司	306100	82 天津市水泥厂	205739

83 上海联合水泥有限公司	204431	92 秦皇岛市浮法玻璃集团公司	199178
84 南海市明珠高级装饰砖厂	204014	93 淮海水泥厂	196390
85 浙江江山水泥股份有限公司	203251	94 辽西渤海建材集团公司	196246
86 吉林省松江水泥厂	201477	95 湖南雪峰水泥集团有限公司	192089
87 大连浮法玻璃有限公司	201350	96 本溪水泥厂	186535
88 亳州市金刚石厂	201349	97 浙江兆山建材集团公司	186492
89 四川玻璃股份有限公司	200191	98 上海平板玻璃厂	186042
90 海城市西洋耐火材料公司	200150	99 合肥炭素厂（合肥铝厂）	185552
91 兰州平板玻璃厂	199916	100 华光陶瓷集团有限公司	181002

非金属矿物制品业（二）

利税总额（千元）

1 河北省冀东水泥厂	236722	33 上海福祥陶瓷有限公司	51992
2 上海耀华皮尔金顿玻璃有限公司	169008	34 邯郸陶瓷集团总公司	51570
3 湖北鄂州晶牌建材集团公司	161717	35 海城市西洋耐火材料公司	50630
4 北京建筑材料集团有限责任公司	151756	36 山东沂州水泥集团总公司	49106
5 安徽省宁国水泥厂	144374	37 豪盛（福建）股份有限公司	46392
6 山东丛林集团公司	116890	38 牡丹江水泥集团有限责任公司	45385
7 深圳中康玻璃有限公司	116495	39 吉林炭素总厂	45212
8 河北省保定石油化工厂	100112	40 杭州浮法玻璃工业有限公司	44924
9 中国洛阳浮法玻璃集团公司	90780	41 山东玻璃总公司	43744
10 福建水泥股份有限公司	86717	42 湖南省韶峰集团有限公司	42464
11 深圳伟光镀膜玻璃有限公司	86563	43 鄂州市常鑫建材有限公司	40719
12 广州市珠江水泥厂	84730	44 河南中州企业集团	39978
13 佛山市石湾建国陶瓷厂	83027	45 海南洋浦三鑫工贸有限公司	39795
14 四川金顶（集团）股份有限公司	78368	46 山东省泰安泰山纸面石膏板总厂	39212
15 昆明水泥股份有限公司	76998	47 新疆屯河股份有限公司	39144
16 中国耀华玻璃集团公司	76518	48 珠海经济特区玻璃纤维企业有限公司	39085
17 白鸽（集团）股份有限公司	73791	49 江西水泥厂	38127
18 上海阳光镀膜玻璃有限公司	72766	50 上海联合水泥有限公司	37730
19 北新建材（集团）有限公司	66969	51 明达玻璃（厦门）有限公司	37547
20 河北太行集团公司	63454	52 淄博华辰集团总公司	37126
21 唐山胜利陶瓷集团有限责任公司	61791	53 贵州水城水泥厂	36487
22 浙江尖峰集团股份有限公司	60903	54 亳州市金刚石厂	36370
23 柳州水泥厂	60795	55 山西云岗水泥集团有限公司	35843
24 江苏华润集团公司	59709	56 胶州市日用玻璃厂	35775
25 三狮水泥股份有限公司	58791	57 广西华宏水泥股份有限公司	33957
26 福建省耀华玻璃工业股份有限公司	58462	58 广东梅县东风企业集团公司	33601
27 四川金沙水泥股份有限公司	57941	59 上海平板玻璃厂	33525
28 永登水泥厂	57928	60 山东泰山磨料磨具股份有限公司	33138
29 四川省江油水泥厂	55183	61 海城市铧镁实业公司	33030
30 华新水泥股份有限公司	54985	62 涪陵建筑陶瓷股份有限公司	32676
31 唐山陶瓷集团有限公司	54290	63 莆田金匙玻璃制品有限公司	32465
32 浙江东方集团公司	52660	64 德州晶峰集团总公司	32286

企业	数值
65 湖北华光器材厂	31990
66 兰州炭素厂	31722
67 山东省药用玻璃股份有限公司	31606
68 梅州市塔牌集团有限公司	30177
69 国营哈尔滨水泥厂	29974
70 江苏得胜新型建材集团公司	29777
71 醴陵市国光瓷业股份有限公司	29466
72 天津市水泥厂	29021
73 浙江六洞山建材集团公司	28882
74 秦皇岛海燕安全玻璃有限公司	28849
75 浙江山鹰建材集团公司	28715
76 商丘地区振华玻璃厂	28628
77 河南奔月集团公司	27659
78 云南省开远水泥厂	27490
79 上海澳联玻璃有限公司	27161
80 莱州市银磊石材有限公司	27093
81 华光陶瓷集团有限公司	27039
82 广州市石井水泥厂	26963
83 安徽省巢湖水泥厂	26757
84 江苏双龙实业股份有限公司	26583
85 国营四川省威远县康达实业总公司	26232
86 河北威远实业股份有限公司	26108
87 内蒙古自治区西卓子山水泥厂	26039
88 上海海豹水泥（集团）有限公司	25788
89 浙江兆山建材集团公司	25765
90 江津市水泥厂	25523
91 上海吴淞水泥厂	25377
92 巨石集团有限公司	25226
93 上海浦东水泥厂	25168
94 洛阳耐火材料厂	24763
95 太原水泥厂	24619
96 佛山市石湾化工陶瓷厂	24401
97 上海万安企业总公司	24361
98 上海水泥厂	24266
99 枣庄市市中区水泥厂	24095
100 上海斯米克建筑陶瓷有限公司	23740

非金属矿物制品业（三）

资产总计（千元）

企业	资产总计（千元）
1 北京建筑材料集团有限责任公司	4889369
2 中国洛阳浮法玻璃集团公司	3733907
3 中国耀华玻璃集团公司	2503986
4 河北省冀东水泥厂	2478012
5 深圳中康玻璃有限公司	2274390
6 安徽省宁国水泥厂	2171109
7 沈阳星光建筑材料集团公司	2069260
8 上海耀华皮尔金顿玻璃有限公司	1893819
9 唐山胜利陶瓷集团有限责任公司	1484712
10 大连华能——小野田水泥有限公司	1454802
11 吉林炭素总厂	1427484
12 唐山陶瓷集团有限公司	1395470
13 北京玻璃集团公司	1388009
14 苏州金猫水泥有限公司	1277270
15 柳州水泥厂	1266439
16 邯郸陶瓷集团总公司	1255280
17 白鸽（集团）股份有限公司	1195138
18 江苏省宜兴陶瓷公司	1181801
19 南京长江水泥（集团）公司	1164218
20 长春双阳水泥（集团）有限公司	1132959
21 广州市珠江水泥厂	1101953
22 华新水泥股份有限公司	1053782
23 湖南省韶峰集团有限公司	1046394
24 山东丛林集团公司	1038294
25 兰州炭素厂	1021528
26 广东省云浮水泥厂	1002381
27 河北太行集团公司	969616
28 辽西渤海建材集团公司	956675
29 鲁南水泥厂	947996
30 淄博华辰集团总公司	945148
31 大连浮法玻璃有限公司	915106
32 福建省顺昌水泥厂	914555
33 华新水泥集团公司	912452
34 陕西省耀县水泥厂	907794
35 新疆维吾尔自治区水泥厂	904258
36 四川金顶（集团）股份有限公司	893129
37 广东南华水泥厂有限公司	876166
38 明达玻璃（厦门）有限公司	848946
39 广东澳联玻璃有限公司	831298
40 唐山启新建材（集团）有限责任公司	815730
41 山西光华玻璃有限公司	804630
42 湖北鄂州晶牌建材集团公司	778601
43 天津市水泥厂	766219
44 大连水泥集团公司	747565
45 商丘地区振华玻璃厂	745938
46 江苏华润集团公司	733390

47 杭州浮法玻璃工业有限公司	724074	74 大石桥镁矿耐火材料总厂	545480
48 洛阳耐火材料厂	722770	75 山东玻璃总公司	543745
49 佛山市石湾建国陶瓷厂	713525	76 梅州市塔牌集团有限公司	531033
50 江西水泥厂	708054	77 本溪水泥厂	529098
51 广东省江门益胜浮法玻璃有限公司	708031	78 中国七砂集团有限责任公司	524907
52 豪盛（福建）股份有限公司	697493	79 湖南雪峰水泥集团有限公司	521108
53 淮海水泥厂	695487	80 上海水泥厂	512413
54 中国葛洲坝水利水电工程集团公司水泥厂	693455	81 海城市西洋耐火材料公司	509100
55 吉林省松江水泥厂	683735	82 三狮水泥股份有限公司	505199
56 株洲玻璃厂	677519	83 国营哈尔滨水泥厂	503861
57 北新建材（集团）有限公司	671408	84 四川玻璃股份有限公司	500634
58 浙江尖峰集团股份有限公司	658236	85 河南奔月集团公司	499864
59 南京雷电（集团）有限责任公司	641310	86 珠海经济特区玻璃纤维企业有限公司	499235
60 福建省耀华玻璃工业股份有限公司	636777	87 大连玻璃集团公司	490690
61 福建水泥股份有限公司	610925	88 上海澳联玻璃有限公司	489441
62 广东浮法玻璃有限公司	597827	89 上海联合水泥有限公司	485868
63 国营四川省威远县康达实业总公司	592233	90 河南省七里岗水泥厂	482873
64 海城镁矿耐火材料总厂	586410	91 上海耀华玻璃厂	482058
65 工源水泥厂	586102	92 永登水泥厂	478008
66 天马集团公司	585821	93 四川金沙水泥股份有限公司	477450
67 成都玻璃厂	585584	94 浩良河水泥有限责任公司	476945
68 抚顺电瓷厂	580328	95 秦皇岛市浮法玻璃集团公司	476751
69 广州市石井水泥厂	578718	96 广西红水河水泥股份有限公司	475591
70 上海泰山耐火材料有限公司	573615	97 昆明水泥股份有限公司	465557
71 牡丹江水泥集团有限责任公司	563369	98 浙江东方集团公司	456167
72 兰州平板玻璃厂	561104	99 山东省耐火原材料公司	451711
73 中山市晨星玻璃股份有限公司	548915	100 广州市嘉华南方水泥有限公司	442687

黑色金属冶炼及压延加工业（一）

销售收入（千元）

企业	销售收入	企业	销售收入
1 宝山钢铁（集团）公司	23662404	42 成都市双流高频（集团）公司	1611536
2 鞍山钢铁集团公司	19742640	43 鄂城钢铁厂	1570407
3 首钢总公司	17109916	44 上海二钢有限公司	1515894
4 武汉钢铁集团公司	15500610	45 福建省三明钢铁厂	1476337
5 攀枝花钢铁（集团）公司	8839776	46 合肥钢铁公司	1376281
6 包头钢铁公司	8477542	47 北满特殊钢股份有限公司	1328248
7 本溪钢铁（集团）有限责任公司	7484148	48 青岛钢铁集团公司	1265704
8 太原钢铁（集团）公司	7003358	49 石家庄钢铁厂	1226611
9 马鞍山钢铁股份有限公司	6795336	50 西宁钢厂	1204818
10 上海第一钢铁（集团）有限公司	5441231	51 江苏锡钢集团公司（无锡钢厂）	1185101
11 上海浦东钢铁（集团）有限公司	5403886	52 上海十钢有限公司	1167235
12 济南钢铁集团总公司	4725590	53 水城钢铁（集团）公司	1135457
13 上海五钢（集团）有限公司	4715844	54 中国新兴铸管联合公司	1066389
14 唐山钢铁集团有限责任公司	4527510	55 凌源钢铁公司	1041113
15 邯郸钢铁集团有限责任公司	4405564	56 衡阳钢管厂	1041107
16 河南省安阳钢铁集团有限责任公司	4001456	57 河北省邢台钢铁公司	1023285
17 重庆钢铁（集团）有限责任公司	3518737	58 大连钢厂	1009370
18 昆明钢铁总公司	3318403	59 江苏锡兴集团公司	1007176
19 江苏沙钢集团有限公司	3163312	60 攀钢集团钢城企业公司	988941
20 莱芜钢铁总厂	2969553	61 锡山市雪浪初轧厂	976633
21 北台钢铁总厂	2939397	62 成都钢铁厂	972488
22 通化钢铁集团有限责任公司	2850153	63 江苏苏钢集团有限公司	954354
23 新余钢铁有限责任公司	2567112	64 长治钢铁（集团）有限公司	950684
24 南京钢铁厂	2504479	65 兰州钢铁集团公司	933587
25 广州钢铁股份有限公司	2498876	66 上海益昌薄板有限公司	869029
26 上海梅山（集团）有限公司	2486140	67 南昌钢铁有限责任公司	834704
27 杭州钢铁集团公司	2325800	68 锡山市前洲三洲钢厂	814306
28 涟钢股份有限公司	2260922	69 冶金工业部舞阳钢铁公司	783130
29 广东省韶钢集团公司	2176077	70 山西省临汾市钢铁公司	779814
30 酒泉钢铁公司	2132122	71 重庆特殊钢（集团）公司	765726
31 宣化钢铁公司	2053672	72 绍兴钢铁总厂	754195
32 成都无缝钢管厂	2050168	73 上海沪昌特殊钢股份有限公司	688030
33 抚顺特殊钢有限公司	2033158	74 上海申佳铁合金有限公司	684974
34 天津天铁冶金集团有限公司	2002140	75 锡山市江南钢铁公司	684687
35 天津天钢集团有限公司	1865970	76 遵义铁合金厂	680150
36 天津钢管公司	1810505	77 徐州钢铁总厂	650347
37 长城特殊钢集团有限责任公司	1780509	78 萍乡钢铁厂	648633
38 冶钢集团有限公司	1741549	79 江苏沿山实业集团总公司	642836
39 湘潭钢铁公司	1726877	80 吉林铁合金厂	637366
40 柳州钢铁（集团）公司	1681537	81 西林钢铁集团公司	613636
41 承德钢铁集团有限公司	1649187	82 贵阳钢厂	605053

83 天津市轧三制钢有限公司	573970	92 襄樊钢铁股份有限公司	484633
84 洛阳钢厂	565967	93 抚顺钢铁公司	463373
85 锦州铁合金（集团）股份公司	547533	94 无锡市第三钢铁厂	438230
86 威远钢铁厂	538510	95 淮阴市冶金工业公司	427191
87 张店钢铁厂	529189	96 江苏武进钢铁集团公司	426372
88 沈阳线材厂	521788	97 上海新沪钢铁有限公司	418092
89 上海矽钢有限公司	516354	98 汉江钢铁厂	410200
90 上海钢管股份有限公司	504025	99 营口中板厂	406935
91 四川省达州钢铁总厂	497511	100 广州南方钢厂	394404

黑色金属冶炼及压延加工业（二）

利税总额（千元）

1 宝山钢铁（集团）公司	4935453	33 柳州钢铁（集团）公司	126719
2 鞍山钢铁集团公司	2218030	34 天津天铁冶金集团有限公司	121010
3 武汉钢铁集团公司	2175310	35 凌源钢铁公司	114395
4 首钢总公司	1364570	36 江苏沙钢集团有限公司	112766
5 包头钢铁公司	1039875	37 福建省三明钢铁厂	111079
6 邯郸钢铁集团有限责任公司	1026198	38 鄂城钢铁厂	107067
7 本溪钢铁（集团）有限责任公司	1004384	39 北满特殊钢股份有限公司	104089
8 攀枝花钢铁（集团）公司	732164	40 上海沪昌特殊钢股份有限公司	93055
9 河南省安阳钢铁集团有限责任公司	723045	41 抚顺特殊钢有限公司	89164
10 唐山钢铁集团有限责任公司	685070	42 大连钢厂	77059
11 马鞍山钢铁股份有限公司	608152	43 成都无缝钢管厂	72272
12 太原钢铁（集团）公司	533332	44 长治钢铁（集团）有限公司	70818
13 昆明钢铁总公司	494597	45 石家庄钢铁厂	70007
14 上海第一钢铁（集团）有限公司	338730	46 湘潭钢铁公司	69421
15 济南钢铁集团总公司	325434	47 上海二钢有限公司	66907
16 重庆钢铁（集团）有限责任公司	281858	48 冶钢集团有限公司	66005
17 酒泉钢铁公司	264190	49 江苏苏钢集团有限公司	65370
18 莱芜钢铁总厂	251445	50 合肥钢铁公司	65160
19 南京钢铁厂	249373	51 西宁钢厂	61660
20 广东省韶钢集团公司	227802	52 山西省临汾市钢铁公司	61629
21 广州钢铁股份有限公司	217265	53 上海益昌薄板有限公司	54685
22 涟钢股份有限公司	214918	54 衡阳钢管厂	54278
23 中国新兴铸管联合公司	212239	55 江苏沿山实业集团总公司	53102
24 杭州钢铁集团公司	201580	56 贵阳钢厂	52354
25 上海梅山（集团）有限公司	193291	57 绍兴钢铁总厂	47962
26 成都市双流高频（集团）公司	184669	58 上海矽钢有限公司	47293
27 天津钢管公司	180317	59 锡山市前洲三洲钢厂	43816
28 上海五钢（集团）有限公司	176023	60 乌兰浩特市钢铁总厂	41236
29 北台钢铁总厂	170278	61 黑龙江省阿城钢铁集团公司	41005
30 通化钢铁集团有限责任公司	150563	62 唐山市津西铁厂	40423
31 上海浦东钢铁（集团）有限公司	137916	63 徐州钢铁总厂	39335
32 承德钢铁集团有限公司	137133	64 河北省邢台钢铁公司	37693

65 上海中佳铁合金有限公司	36639
66 攀钢集团钢城企业公司	35018
67 江苏雨花集团公司	35000
68 浙江信联股份有限公司	31915
69 宣化钢铁公司	31273
70 营口中板厂	29542
71 成都钢铁厂	29534
72 上海十钢有限公司	28842
73 江苏锡钢集团公司（无锡钢厂）	27441
74 威远钢铁厂	27360
75 遵义铁合金厂	25024
76 上海钢管股份有限公司	24646
77 锦州铁合金（集团）股份公司	23612
78 河南省焦作市钢厂	23363
79 淮阴市冶金工业公司	23288
80 山东九龙实业集团有限公司	23210
81 焦作市钢铁公司	23199
82 四平市红嘴钢铁集团公司	23197
83 锡山市雪浪初轧厂	22709
84 河南省淅川县铁合金厂	21780
85 潍坊钢铁厂	21520
86 广西壮族自治区桂林铁合金总厂	21240
87 大厂回族自治县电机厂	21046
88 略阳钢铁厂	21005
89 峨眉铁合金（集团）股份有限公司	20291
90 承德新恒基钢铁水泥有限公司	19560
91 冷水江钢铁总厂	19516
92 山东泰山钢铁总公司	19368
93 襄樊钢铁股份有限公司	19219
94 鞍山市第二轧钢厂	19170
95 无锡腾跃不锈钢集团公司	17580
96 宝鸡石油钢管厂	17540
97 通化钢铁公司四平薄板厂	17242
98 宁夏石嘴山钢铁厂	16433
99 青海山川铸造铁合金集团有限责任公司	16329
100 辽阳铁合金厂	16271

黑色金属冶炼及压延加工业（三）

资产总计（千元）

企业	资产总计（千元）
1 宝山钢铁（集团）公司	75365574
2 鞍山钢铁集团公司	49265560
3 武汉钢铁集团公司	41117380
4 首钢总公司	36473609
5 包头钢铁公司	20969651
6 本溪钢铁（集团）有限责任公司	20731114
7 马鞍山钢铁股份有限公司	17864990
8 太原钢铁（集团）公司	16749742
9 天津钢管公司	16434399
10 攀枝花钢铁（集团）公司	15363422
11 唐山钢铁集团有限责任公司	10655400
12 邯郸钢铁集团有限责任公司	8831836
13 酒泉钢铁公司	7318278
14 重庆钢铁（集团）有限责任公司	6881932
15 上海浦东钢铁（集团）有限公司	6595137
16 莱芜钢铁总厂	6461030
17 河南省安阳钢铁集团有限责任公司	6322395
18 上海梅山（集团）有限公司	6260251
19 昆明钢铁总公司	6243033
20 长城特殊钢集团有限责任公司	6165908
21 济南钢铁集团总公司	6043369
22 南京钢铁厂	5313802
23 冶钢集团有限公司	5242741
24 上海第一钢铁（集团）有限公司	5235971
25 北台钢铁总厂	5128839
26 上海五钢（集团）有限公司	4920905
27 湘潭钢铁公司	4874947
28 成都无缝钢管厂	4558868
29 新余钢铁有限责任公司	4549465
30 通化钢铁集团有限责任公司	4540259
31 宣化钢铁公司	4414214
32 柳州钢铁（集团）公司	4346183
33 抚顺特殊钢有限公司	4136679
34 广东省韶钢集团公司	4122949
35 承德钢铁集团有限公司	4085131
36 水城钢铁（集团）公司	4042468
37 天津天钢集团有限公司	3888050
38 杭州钢铁集团公司	3862670
39 江苏沙钢集团有限公司	3847866
40 重庆特殊钢（集团）公司	3777951
41 涟钢股份有限公司	3724837
42 天津天铁冶金集团有限公司	3142480
43 北满特殊钢股份有限公司	3073219
44 大连钢厂	2957551
45 冶金工业部舞阳钢铁公司	2776912
46 广州钢铁股份有限公司	2753937

47 西宁钢厂	2745128
48 青岛钢铁集团公司	2725816
49 鄂城钢铁厂	2661400
50 石家庄钢铁厂	2442363
51 抚顺钢铁公司	2369073
52 凌源钢铁公司	2338799
53 长治钢铁（集团）有限公司	2310927
54 福建省三明钢铁厂	2131556
55 合肥钢铁公司	2089300
56 衡阳钢管厂	2073525
57 河北省邢台钢铁公司	2041631
58 中国新兴铸管联合公司	2036709
59 吉林铁合金厂	1797053
60 江苏锡钢集团公司（无锡钢厂）	1736261
61 江苏苏钢集团有限公司	1625055
62 南昌钢铁有限责任公司	1560902
63 山西省临汾市钢铁公司	1537347
64 西林钢铁集团公司	1445875
65 兰州钢铁集团公司	1424947
66 贵阳钢厂	1423544
67 上海益昌薄板有限公司	1391570
68 成都钢铁厂	1308272
69 萍乡钢铁厂	1276968
70 遵义铁合金厂	1243878
71 上海二钢有限公司	1221784
72 宝鸡石油钢管厂	1159100
73 江苏锡兴集团公司	1154782
74 陕西钢厂	1128732
75 锦州铁合金（集团）股份公司	1094560
76 峨眉铁合金（集团）股份有限公司	1069638
77 上海新沪钢铁有限公司	1061815
78 绍兴钢铁总厂	1060444
79 徐州钢铁总厂	1041132
80 上海沪昌特殊钢股份有限公司	1001954
81 上海钢管股份有限公司	991322
82 天津市中山钢业有限公司	955720
83 宜昌八一钢铁集团有限责任公司	937568
84 上海申佳铁合金有限公司	912020
85 汉江钢铁厂	903754
86 吉林市钢厂	902908
87 鸡西市钢铁公司	883189
88 淮阴市冶金工业公司	863122
89 武钢集团汉阳钢厂	859130
90 澄迈县鹏达钢板联合有限公司	856789
91 威远钢铁厂	847940
92 沈阳线材厂	838147
93 黑龙江省阿城钢铁集团公司	829345
94 西北铁合金厂	826922
95 沈阳轧钢总厂	818127
96 承德新恒基钢铁水泥有限公司	804489
97 焦作市钢铁公司	798351
98 攀钢集团钢城企业公司	775376
99 辽阳铁合金厂	750350
100 天津市轧三制钢有限公司	746260

有色金属冶炼及压延加工业（一）

销售收入（千元）

名次	企业名称	销售收入（千元）
1	葫芦岛锌厂	3252230
2	白银有色金属公司	2909102
3	贵溪冶炼厂	2729063
4	金川有色金属公司	2258252
5	铜陵有色金属公司	2220906
6	云南冶炼厂	1953630
7	株洲冶炼厂	1915972
8	贵州铝厂	1800259
9	中国长城铝业公司	1744985
10	山东铝业公司	1744584
11	抚顺铝厂	1424595
12	沈阳冶炼厂	1388781
13	青海铝厂	1324127
14	云南锡业公司	1284000
15	山西铝厂	1272887
16	大冶有色金属公司	1262665
17	青铜峡铝厂	1163461
18	平果县铝业公司	1157986
19	包头铝厂	972196
20	黄河铝业有限公司	883391
21	东北轻合金加工厂	812080
22	西南铝加工厂	762769
23	上海冶炼厂	721940
24	姚冶集团股份有限公司	720694
25	水口山矿务局	684095
26	宁波金田铜业（集团）公司	652809
27	株洲硬质合金厂	641114
28	中条山有色金属公司	629605
29	兰州连城铝厂	629047
30	洛阳铜加工厂	602940
31	芜湖恒鑫集团（原冶炼厂）	601015
32	镍都实业公司	595705
33	云南铝厂	565801
34	云南会泽铅锌矿	564308
35	福建省南平铝厂	548374
36	焦作市万方铝业股份有限公司	537046
37	宁波兴业集团公司	514484
38	浙江铝业股份有限公司	487996
39	华北铝业有限公司	471425
40	常州东方鑫源铜业有限公司	460114
41	山西省运城地区解州铝厂	448524
42	陕西省铜川市铝厂	445373
43	浙江星鹏集团公司	422321
44	锡矿山矿务局	395138
45	湖北省幸福铝材有限公司	384300
46	华东铝加工厂	375958
47	三门峡铝厂	372581
48	江苏大亚集团公司	369794
49	宝鸡有色金属加工厂	369468
50	锡山市铜材五厂	364132
51	自贡市硬质合金厂	360268
52	昆明冶练厂	360006
53	江苏包罗铜材集团股份有限公司	358171
54	广东兴发铝型材集团公司	354500
55	黄冈铝业总公司	352084
56	河南中原黄金冶炼厂	344560
57	吉林铝业公司	337320
58	河南豫光金铅（集团）公司	336569
59	柳州锌品股份有限公司	326341
60	平阴铝厂	325282
61	安徽省池州有色金属（集团）有限公司	324111
62	上海跃龙有色金属有限公司	321300
63	上海飞跃铜材厂	319259
64	绍兴百灵铜材集团有限公司	317963
65	太原铜业公司	316261
66	新疆众和股份有限公司（原乌鲁木齐市铝厂）	307713
67	重庆冶炼厂	307395
68	厦门厦顺铝箔有限公司	298320
69	渤海铝业有限公司	296174
70	上海市有色金属总公司铜带分公司	294100
71	湖北铝厂	292674
72	广州铝材厂	284876
73	南丹县龙泉矿冶总厂	278437
74	河南新乡金龙铜业公司	270237
75	甘肃稀土公司	262071
76	赣州钴钨有限责任公司	255802
77	河北省马头铝厂	250523
78	武汉铝厂	247305
79	中国长城铝业公司中州铝厂	246333
80	张家港市兆丰冶炼厂	244560
81	上海金马铜材有限公司	242671
82	四川铜镍有限责任公司成都电冶厂	237511

83 衡阳新华化工冶金总公司（国营 272 厂）	236924	92 江西有色冶炼加工总厂	218731
84 吉林省白山市伟成铝业公司	235965	93 深圳华加日铝业有限公司	217566
85 江苏萃隆铜业集团公司	233000	94 太原铝厂	213169
86 吉林镍业公司	231542	95 上海市有色金属总公司铜管公司	211285
87 沈阳有色金属加工厂	228555	96 厦门钨品厂	208896
88 美铝（上海）铝业有限公司	228403	97 顺德市大明铝合金型材厂	208545
89 招远市黄金冶炼集团公司	223531	98 甘肃省铝业公司	207062
90 新疆有色金属工业公司铜镍分公司	221087	99 吴县铝加工厂	201770
91 溧阳市稀土总厂	219078	100 延吉铝业集团公司	199710

有色金属冶炼及压延加工业（二）

利税总额（千元）

1 金川有色金属公司	464452	33 厦门钨品厂	40442
2 贵溪冶炼厂	209827	34 新疆众和股份有限公司（原乌鲁木齐市铝厂）	40427
3 葫芦岛锌厂	204070	35 水口山矿务局	38986
4 贵州铝厂	189257	36 浙江星鹏集团公司	38461
5 中国长城铝业公司	189129	37 宝鸡有色金属加工厂	38096
6 云南冶炼厂	144170	38 山西省运城地区解州铝厂	37329
7 铜陵有色金属公司	132650	39 自贡市硬质合金厂	36898
8 青铜峡铝厂	126457	40 南丹县龙泉矿冶总厂	36788
9 山西铝厂	125396	41 河南豫光金铅（集团）公司	35709
10 株洲冶炼厂	116401	42 湖北省幸福铝材有限公司	35390
11 福建省南平铝厂	112363	43 溧阳市稀土总厂	33751
12 白银有色金属公司	108224	44 宁夏有色金属冶炼厂	29180
13 山东铝业公司	102923	45 江阴市加华材料有限公司	29140
14 中条山有色金属公司	79101	46 甘肃稀土公司	28210
15 株洲硬质合金厂	74383	47 赣州钴钨有限责任公司	27030
16 抚顺铝厂	72058	48 吉林镍业公司	26871
17 陕西省铜川市铝厂	66773	49 华东铝加工厂	25521
18 厦门厦顺铝箔有限公司	62302	50 遵义铝厂	25163
19 沈阳冶炼厂	62287	51 绍兴百灵铜材集团有限公司	23811
20 江苏大亚集团公司	61856	52 柳州锌品股份有限公司	22418
21 包头铝厂	60840	53 宜兴市新威集团	21844
22 华北铝业有限公司	60569	54 阿坝铝厂	20077
23 云南铝厂	59037	55 招远市黄金冶炼集团公司	19710
24 云南锡业公司	58250	56 河北省崇礼县东坪金矿	19580
25 大冶有色金属公司	56022	57 广东兴发铝型材集团公司	18980
26 焦作市万方铝业股份有限公司	53780	58 天津市天马铝材福利加工厂	18720
27 吉林铝业公司	52709	59 锡山市铜材五厂	18511
28 东北轻合金加工厂	47480	60 沈阳市辽沈铝材厂	18475
29 云南会泽铅锌矿	46253	61 上海冶炼厂	18427
30 兰州连城铝厂	44469	62 河北省马头铝厂	18005
31 宁波兴业集团公司	43919	63 厦门金鹭特种合金有限公司	17430
32 安徽省池州有色金属（集团）有限公司	43226	64 河北省赤城县后沟金矿	16739

65 蛇口华益铝厂有限公司	16184
66 江苏萃隆铜业集团公司	15762
67 张家口金矿	15000
68 东川铝厂	14558
69 河南省巩义市铝厂	14482
70 新疆有色金属工业公司铜镍分公司	14467
71 芜湖恒鑫集团（原冶炼厂）	14150
72 上海棱光实业股份有限公司	14036
73 湖北省丹江铝业工贸有限公司	13830
74 淄博钴业有限公司	13761
75 宁波金田铜业（集团）公司	13564
76 水利部丹江口水利枢纽管理局铝厂	13228
77 广西德胜铝厂	13227
78 南安市闽发铝厂	13136
79 四川铜镍有限责任公司成都电冶厂	12837
80 昆明冶练厂	12636
81 镍都实业公司	12545
82 深圳华加日铝业有限公司	12419
83 四川省会东铅锌矿	12392
84 上海宝山杨行铜材厂	12340
85 沈阳合金股份有限公司	11971
86 锡矿山矿务局	11374
87 上海跃龙有色金属有限公司	11349
88 三门峡铝厂	11326
89 河南中原黄金冶炼厂	10880
90 平桂矿务局	10879
91 上海马桥金属拉丝厂	10869
92 太原铝厂	10728
93 山东鲁鑫贵金属集团公司	10663
94 莱州市黄金冶炼厂	10573
95 柳州市化学冶炼工业公司	10546
96 延吉铝业集团公司	10530
97 新疆有色金属工业公司锂盐厂	10497
98 浙江湖州栋梁集团公司	10226
99 常熟市铝箔厂	10140
100 武汉铝厂	10085

有色金属冶炼及压延加工业（三）

资产总计（千元）

1 山西铝厂	9292813
2 金川有色金属公司	5975023
3 葫芦岛锌厂	5946960
4 白银有色金属公司	5697681
5 贵州铝厂	4880605
6 平果县铝业公司	4656867
7 青海铝厂	4178269
8 中国长城铝业公司	4114386
9 西南铝加工厂	3676246
10 铜陵有色金属公司	3621499
11 山东铝业公司	2734158
12 大冶有色金属公司	2381980
13 株洲冶炼厂	2378765
14 渤海铝业有限公司	2101455
15 中国长城铝业公司中州铝厂	2052043
16 抚顺铝厂	2017886
17 沈阳冶炼厂	2017201
18 云南冶炼厂	2016210
19 国营八二一厂	1937793
20 洛阳铜加工厂	1843111
21 云南锡业公司	1777470
22 贵溪冶炼厂	1767692
23 东北轻合金加工厂	1635680
24 中条山有色金属公司	1470177
25 包头铝厂	1422113
26 青铜峡铝厂	1268831
27 沈阳有色金属加工厂	1259702
28 黄河铝业有限公司	1090366
29 上海冶炼厂	1086615
30 兰州连城铝厂	1066579
31 宝鸡有色金属加工厂	1038148
32 焦作市万方铝业股份有限公司	1033876
33 云南铝厂	1018193
34 福建省南平铝厂	959714
35 浙江铝业股份有限公司	957958
36 镍都实业公司	955635
37 赣州钴钨有限责任公司	873234
38 株洲硬质合金厂	855806
39 水口山矿务局	842843
40 山西省运城地区解州铝厂	725431
41 上海市有色金属总公司铜管公司	680247
42 延吉铝业集团公司	667400
43 新疆有色金属工业公司铜镍分公司	655892
44 华北铝业有限公司	646323
45 上海市有色金属总公司铜带分公司	640383
46 陕西省铜川市铝厂	630163

47 南丹县龙泉矿冶总厂	598663
48 云南会泽铅锌矿	580134
49 江苏大亚集团公司	570661
50 自贡市硬质合金厂	568738
51 吉林省白山市伟成铝业公司	568481
52 新疆众和股份有限公司（原乌鲁木齐市铝厂）	554416
53 太原铜业公司	548459
54 锡山市铜材五厂	530842
55 芜湖恒鑫集团（原冶炼厂）	518448
56 常州东方鑫源铜业有限公司	506092
57 民和镁厂	505324
58 吉林镍业公司	489301
59 三门峡铝厂	479099
60 上海跃龙有色金属有限公司	471927
61 石家庄铝厂	464161
62 厦门厦顺铝箔有限公司	464057
63 昆明冶练厂	454244
64 锡矿山矿务局	440683
65 长沙铜铝材厂	436403
66 甘肃稀土公司	425617
67 河南豫光金铅（集团）公司	419496
68 吉林铝业公司	418853
69 安徽省池州有色金属（集团）有限公司	415843
70 广东兴发铝型材集团公司	410749
71 上海棱光实业股份有限公司	404884
72 平阴铝厂	397958
73 山西阳泉铝业股份有限公司	397435
74 宁波兴业集团公司	395804
75 洛阳栾川钼业公司	394245
76 华东铝加工厂	391175
77 商丘永和铝铝业公司	388421
78 西北铝加工厂	380077
79 太原铝厂	363814
80 柳州锌品股份有限公司	360238
81 厦门钨品厂	348233
82 河南新乡金龙铜业公司	346713
83 宁夏有色金属冶炼厂	339468
84 湖北铝厂	337605
85 平桂矿务局	335414
86 遵义钛厂	319806
87 天津市铝合金厂	318230
88 凉山州有色金属工业公司	310298
89 广西南宁铝厂	308781
90 开平铝业集团股份有限公司	305132
91 衡阳新华化工冶金总公司（国营 272 厂）	301103
92 水利部丹江口水利枢纽管理局铝厂	300185
93 沈阳铝材厂	293654
94 广州铜材厂	291361
95 黄冈铝业总公司	287046
96 重庆冶炼厂	283949
97 太仓铜材厂	281890
98 河南省巩义市铝厂	278238
99 柳州市有色冶炼总厂	274915
100 宜兴市新威集团	274722

金属制品业（一）

销售收入（千元）

1 中国国际海运集装箱（集团）股份有限公司	3477990	42 松下电工万宝电器（广州）有限公司	230845
2 武汉龙威实业（集团）公司	1309661	43 广东金叶不锈钢制品集团公司	227340
3 江苏钢绳集团公司	1000480	44 天津美特容器有限公司	216436
4 中山中粤马口铁工业有限公司	752647	45 四川省大西洋集团有限责任公司	215102
5 三水健力宝富特容器有限公司	745639	46 上海机械工具量具总公司	212953
6 上海太平国际货柜有限公司	636314	47 天津国际海运货柜工程有限公司	204909
7 江苏华亿机械集团公司	626185	48 大连北太平洋制罐有限公司	202613
8 猴王集团公司	588948	49 山东省三环制锁集团公司	200873
9 广东省石油气用具发展有限公司	564035	50 上海宝伟工业有限公司	200390
10 中外合资扬州通运集装箱有限公司	563940	51 上海日用五金公司	199444
11 贵州钢绳厂	499591	52 美国国家制罐（肇庆）有限公司	197990
12 上海造币厂	486773	53 南京造币厂	196784
13 上海远东集装箱有限公司	469034	54 成都铁塔厂	193197
14 顺德市顺安达集装箱制造厂有限公司	421915	55 天津大桥集团公司	192705
15 广东南方镀锌板有限公司	419788	56 浙江万达集团公司	191571
16 中外合资华东联合制罐有限公司	408547	57 漳州国际铝容器有限公司	190226
17 广州美特容器有限公司	408327	58 大连企荣铸铁管有限公司	182054
18 上海现代集装箱制造有限公司	408010	59 天津美特包装有限公司	181851
19 沈阳造币厂	395666	60 温州吴泰集团有限公司	178252
20 北洋集装箱有限公司	394960	61 上海水仙能率有限公司	178096
21 中国天元散热器集团	394896	62 河北金宝集团	177706
22 河北省冀州市暖气片	380500	63 上海华都国际集装箱有限公司	173757
23 大连进道集装箱有限公司	357794	64 北京天海工业有限公司	172383
24 汉川钢丝绳股份有限公司	314577	65 成都市双流长城冶金企业公司	170982
25 上海进道集装箱有限公司	307724	66 上海申佳金属制品有限公司	170533
26 青岛宇宙集装箱工程有限公司	302997	67 徐州飞虹网架集团公司	167804
27 浙江金洲企业集团公司	302290	68 新兴县三A不锈钢制品集团有限公司	165713
28 浙江苏泊尔有限公司	296479	69 地方国营宝应车辆厂（宝应钢瓶总厂）	161810
29 江苏万马金属制品集团公司	291074	70 河北冀乐阿塞依国际集装箱有限公司	159612
30 上海吉列有限公司	289892	71 中山市东升实业（集团）公司	152890
31 江苏宇宙焊接材料集团公司	281648	72 天津市第一预应力钢丝有限公司	150570
32 上海皇冠包装有限公司	277826	73 博爱县线材厂	149059
33 上海电焊条有限公司本部	272985	74 广东固力制锁（集团）公司	147743
34 宁波双圆集团股份有限公司	270085	75 成都成量集团公司	146206
35 常州市新华昌集装箱有限公司	268264	76 杭州万胜钢缆（集团）公司（塘栖钢丝绳厂）	145392
36 洪湖市振声实业总公司	261200	77 浙江省穗轮实业公司	145361
37 珠海富特波尔容器有限公司	258175	78 广东粤海钢瓶厂	142883
38 扬州通利冷藏箱有限公司	252392	79 哈尔滨量具刃具厂	140320
39 鄂州市鄂丰集团公司	246852	80 中山市燃气具工业集团有限公司	139470
40 深圳市方大实业股份有限公司	242472	81 江苏光芒集团公司	136051
41 西安昆仑富特波尔容器有限公司	233831	82 无锡市钢丝绳厂	135170

83 中国人民解放军第三五二二工厂	134569	92 天津市第二预应力钢丝有限公司	120850
84 鞍山铁塔制造总厂	134560	93 咸阳石油钢管钢绳厂	120480
85 天津金燕焊接材料有限公司	131050	94 江苏神马集团公司	118690
86 江苏民生集团公司	127954	95 杭州美特容器有限公司	116935
87 株洲电焊条总厂	127242	96 荔浦县万鹏集团有限公司印铁制罐厂	115829
88 南海中南铝加工有限公司	124651	97 济南玛钢股份有限公司	115621
89 哈尔滨第一工具厂	122948	98 重庆搪瓷总厂	112644
90 浙江东南网架集团有限公司	122554	99 上海恒大（集团）有限公司	112480
91 上海高压容器厂	122274	100 上海林内有限公司	111711

金属制品业（二）

利税总额（千元）

1 上海造币厂	266519	33 上海机械工具量具总公司	18294
2 中国国际海运集装箱（集团）股份有限公司	131890	34 上海电焊条有限公司本部	17546
3 三水健力宝富特容器有限公司	126983	35 上海林内有限公司	17353
4 沈阳造币厂	115595	36 上海冠达尔钢结构有限公司	16756
5 深圳市方大实业股份有限公司	115542	37 南京造币厂	16602
6 猴王集团公司	69245	38 上海远东集装箱有限公司	16203
7 江苏钢绳集团公司	65900	39 江苏通华电器厂	15305
8 武汉龙威实业（集团）公司	57026	40 天津美特包装有限公司	15224
9 中外合资华东联合制罐有限公司	56533	41 江苏华亿机械集团公司	15217
10 浙江苏泊尔有限公司	56253	42 上海新亚制药厂金山分厂	15130
11 中山中粤马口铁工业有限公司	50791	43 博爱县线材厂	15073
12 广东省石油气用具发展有限公司	47484	44 桂花水暖器材股份有限公司	14459
13 广东南方镀锌板有限公司	47137	45 姜堰市曙光波纹管厂	14308
14 鄂州市鄂丰集团公司	46504	46 山东登峰焊接集团总公司	14101
15 中国天元散热器集团	43614	47 常州市新华昌集装箱有限公司	13903
16 上海吉列有限公司	35805	48 江苏远东波纹管集团公司	13759
17 河北省冀州市暖气片	32758	49 广东固力制锁（集团）公司	13451
18 汉川钢丝绳股份有限公司	31396	50 徐州飞虹网架集团公司	13418
19 洪湖市振声实业总公司	31110	51 上海申威气雾剂制造有限公司	13406
20 上海申佳金属制品有限公司	30767	52 达县机械二厂集团有限公司	13333
21 贵州钢绳厂	29080	53 广东金叶不锈钢制品集团公司	13194
22 天津美特容器有限公司	26732	54 佛山国营星光工模具厂	13080
23 漳州国际铝容器有限公司	26258	55 浙江东南网架集团有限公司	12981
24 上海水仙能率有限公司	25641	56 日照市五金工业集团公司	12960
25 四川省大西洋集团有限责任公司	23868	57 新兴县三A不锈钢制品集团有限公司	12318
26 浙江金洲企业集团公司	21058	58 西安昆仑富特波尔容器有限公司	12239
27 浙江万达集团公司	20365	59 中外合资扬州通运集装箱有限公司	12230
28 上海皇冠包装有限公司	19635	60 天津万华股份有限公司	12220
29 温州吴泰集团有限公司	19603	61 青岛塑料模具实业公司	12209
30 北洋集装箱有限公司	19195	62 美国国家制罐（肇庆）有限公司	12180
31 上海海航集装箱配件有限公司	18961	63 荔浦县万鹏集团有限公司印铁制罐厂	12069
32 济南玛钢股份有限公司	18508	64 文登市威力工具集团公司	11987

65 上海精艺不锈钢器皿厂	11869	83 浙江凯旋燃具股份有限公司	8670
66 廊坊市巨龙工业有限公司	11460	84 中国人民解放军第三五二二工厂	8254
67 南通钢绳（集团）有限公司	10695	85 永康市城关五金厂	8181
68 上海斯米克金刚石拉丝模有限公司	10683	86 海阳市五金工业集团公司	8030
69 江苏万马金属制品集团公司	10633	87 潍坊市钢模板厂	8021
70 天津金燕焊接材料有限公司	10553	88 江苏神马集团公司	8008
71 上海刀片厂	10224	89 大连北太平洋制罐有限公司	7894
72 地方国营宝应车辆厂（宝应钢瓶总厂）	10017	90 无锡市钢丝绳厂	7660
73 夹江水工机械厂	9989	91 天津市第一预应力钢丝有限公司	7410
74 河北金宝集团	9804	92 上海市劳动机械厂	7373
75 哈尔滨量具刃具厂	9673	93 咸阳石油钢管钢绳厂	7300
76 自贡市钢锹厂	9570	94 江苏光芒集团公司	7291
77 汉江工具厂	9150	95 沈阳铜网股份有限公司	7232
78 成都铁塔厂	9131	96 重庆制锁二厂	7115
79 江苏大扬联合印铁制罐有限公司	9090	97 重庆工具厂	7070
80 杭州钱江五金工具厂	8866	98 上海恒大（集团）有限公司	7062
81 山东省三环制锁集团公司	8700	99 中山市东升实业（集团）公司	6895
82 柳州市搪瓷厂	8692	100 乐陵乐港五金制品有限公司	6701

金属制品业（三）

资产总计（千元）

1 中国国际海运集装箱（集团）股份有限公司	3029060	24 天津万华股份有限公司	413533
2 猴王集团公司	1356585	25 南海中南铝加工有限公司	404845
3 广东省石油气用具发展有限公司	907177	26 上海现代集装箱制造有限公司	396512
4 三水健力宝富特容器有限公司	869622	27 辽宁金箱有限公司	375941
5 武汉龙威实业（集团）公司	856941	28 上海吉列有限公司	374313
6 中外合资扬州通运集装箱有限公司	855440	29 天津市第一预应力钢丝有限公司	373150
7 江苏钢绳集团公司	778130	30 咸阳石油钢管钢绳厂	366850
8 广州美特容器有限公司	749390	31 江苏华亿机械集团公司	362396
9 贵州钢绳厂	703376	32 天津美特包装有限公司	359811
10 成都成量集团公司	690347	33 漳州国际铝容器有限公司	354962
11 哈尔滨第一工具厂	673635	34 上海机械工具量具总公司	349759
12 广东南方镀锌板有限公司	673499	35 沈阳造币厂	348706
13 哈尔滨量具刃具厂	635053	36 中山中粤马口铁工业有限公司	348380
14 天津美特容器有限公司	633954	37 湖北钢丝厂	337033
15 中外合资华东联合制罐有限公司	593664	38 美国国家制罐（肇庆）有限公司	329992
16 顺德市顺安达集装箱制造厂有限公司	474966	39 青岛钢丝绳厂	327074
17 上海太平国际货柜有限公司	472405	40 杭州美特容器有限公司	322157
18 珠海富特波尔容器有限公司	470482	41 大连进道集装箱有限公司	321682
19 深圳市方大实业股份有限公司	457544	42 广东省大旺华侨集装箱厂	315480
20 上海造币厂	448811	43 上海皇冠包装有限公司	312675
21 天津市第一钢丝绳有限公司	447170	44 徐州飞虹网架集团公司	310869
22 广州嘉多宝容器有限公司	422296	45 河北金宝集团	310725
23 上海远东集装箱有限公司	417528	46 松下电工万宝电器（广州）有限公司	308655

47 大连企荣铸铁管有限公司	303495
48 鞍山铁塔制造总厂	303170
49 浙江万达集团公司	299236
50 鄂州市鄂丰集团公司	296543
51 南京造币厂	295977
52 南方五金总厂	293837
53 江苏宇宙焊接材料集团公司	293048
54 夹江水工机械厂	292414
55 广东固力制锁（集团）公司	289620
56 无锡市华鹏嘉多宝瓶盖有限公司	284556
57 上海电焊条有限公司本部	281734
58 天津市第二钢丝绳厂	280320
59 马鞍山市马钢巨龙有限责任公司	279074
60 中国人民解放军第三五二二工厂	268543
61 广东神州燃气用具有限公司	267266
62 重庆搪瓷总厂	267055
63 大连北太平洋制罐有限公司	260414
64 西安昆仑富特波尔容器有限公司	260174
65 东陶机器（大连）有限公司	257864
66 天津市钢丝厂	256120
67 汉川钢丝绳股份有限公司	256066
68 上海钢丝厂	255544
69 北京天海工业有限公司	251761
70 上海华都国际集装箱有限公司	250947
71 天津大桥集团公司	246671
72 青岛宇宙集装箱工程有限公司	245136
73 汉江工具厂	244480
74 山东淄博华盛集团有限公司	240896
75 珠海市机械工业集团公司	239483
76 北洋集装箱有限公司	236988
77 成都铁塔厂	235039
78 河北冀乐阿塞依国际集装箱有限公司	233875
79 佛山国营星光工模具厂	233464
80 中国天元散热器集团	233016
81 杭州万胜钢缆（集团）公司（塘栖钢丝绳厂）	230408
82 天津市大成五金厂	228300
83 广东金叶不锈钢制品集团公司	226854
84 四川省大西洋集团有限责任公司	222982
85 山东省三环制锁集团公司	222633
86 天津市第二预应力钢丝有限公司	220120
87 鞍山钢丝集团有限公司	218540
88 中国潍坊长城门窗集团公司	216366
89 河北省秦皇岛造船厂	216287
90 青海铝制品厂	214600
91 上海申佳金属制品有限公司	213330
92 广州 BHP 建筑钢品有限公司	212350
93 中山市燃气具工业集团有限公司	212220
94 上海日用五金公司	210783
95 攀钢集团北海钢管有限公司	209714
96 扬州通利冷藏箱有限公司	208292
97 浙江东南网架集团有限公司	203289
98 上海高压容器厂	200677
99 宁波双圆集团股份有限公司	198736
100 国营哈尔滨第二工具厂	198167

普通机械制造业（一）

销售收入（千元）

序号	企业名称	销售收入（千元）
1	上海三菱电梯有限公司	3709436
2	常柴股份有限公司	2535431
3	天津奥的斯电梯有限公司	2293536
4	徐州工程机械集团有限公司	2009770
5	瓦房店轴承集团有限责任公司	1610204
6	大连冰山集团有限公司	1505770
7	中国迅达电梯有限公司	1472448
8	天津市内燃机厂	1151943
9	广西玉柴机器股份有限公司	1148800
10	武进柴油机厂	1074560
11	上海汽轮机有限公司	1068254
12	上海柴油机股份有限公司	1049678
13	江苏行星机械集团公司	1011514
14	上海锅炉厂	956062
15	一汽集团无锡柴油机厂	952552
16	东方锅炉厂	862579
17	潍坊柴油机有限责任公司	822290
18	哈尔滨锅炉有限责任公司	814499
19	北内集团总公司	803705
20	洛阳轴承（集团）公司	794470
21	上海合众——开利空调设备有限公司	780364
22	中国第一汽车集团大连柴油机厂	770420
23	江苏双良一特灵溴化锂制冷机有限公司	755620
24	松下万宝（广州）压缩机有限公司	727055
25	东风朝阳柴油机公司	721846
26	扬州柴油机厂	691230
27	江苏林海动力机械集团公司	687832
28	广东省台山市机械厂	664951
29	江苏江动集团公司	662280
30	哈尔滨轴承股份有限公司	630392
31	无锡威孚集团有限公司	622576
32	上海振华港口机械有限公司	617264
33	哈尔滨汽轮机有限责任公司	611786
34	广西柳工机械股份有限公司	605979
35	莱动内燃机有限公司	591370
36	合肥叉车总厂	590490
37	常熟市千斤顶厂	554527
38	上海港口机械制造厂	552008
39	安徽省全椒县柴油机总厂	545596
40	上海动力设备有限公司	522344
41	沈阳机床股份有限公司	518871
42	东方汽轮机厂	511649
43	国营常熟制冷设备厂	502140
44	苏州迅达电梯有限公司	497270
45	扬州新星动力股份有限公司	483659
46	郑州金牛（集团）股份有限公司	482729
47	浙江上风集团公司	477250
48	无锡锅炉厂	462039
49	上海通惠——开利空调设备有限公司	460249
50	上海日立电动工具有限公司	426660
51	西自电梯集团公司	423993
52	武汉锅炉厂	419522
53	青岛泰发集团公司	415427
54	西北轴承股份有限公司	413011
55	广州奥的斯电梯有限公司	411390
56	大连起重机器厂	409905
57	河南省内燃机厂	389819
58	天津汽车齿轮有限公司	388246
59	襄阳汽车轴承股份有限公司	386725
60	南京汽轮电机厂	373000
61	常州齿轮厂	372652
62	无锡机床股份有限公司	370056
63	大连机床集团有限公司	360495
64	四川内燃机工业集团公司（四川内燃机厂）	339582
65	日立电梯（广州）有限公司	321162
66	杭州汽车发动机厂	318966
67	上海汽车锻造总厂	316473
68	沈阳鼓风机厂	314579
69	云南内燃机厂	313005
70	重庆康明斯发动机有限公司重庆汽车发动机厂	311991
71	绍兴明星集团公司	300188
72	上海汽车有色铸造总厂	298331
73	无锡太湖锅炉集团公司	296079
74	杭州制氧机集团公司	292534
75	杭州富春锅炉容器有限公司	289217
76	济南第二机床厂	286771
77	杭州汽轮动力集团有限公司	283265
78	四川长江工程机械集团有限公司	282794
79	上海冰箱压缩机股份有限公司	282560
80	国营五二六厂	281730
81	成都工益冶金股份有限公司	274288
82	浙江春晖集团	273021

83 浙江东达机电集团公司	270666	92 沈阳水泵厂	249736
84 湖北省重型机器集团有限公司	268323	93 广东省韶关铸锻总厂（韶关铸锻工业总公司）	249577
85 广西南宁机械厂	266532	94 沈阳气体压缩机厂	248564
86 宁国县机械工业总公司	265844	95 湖北省广济动力机总厂	245666
87 泰州春兰压缩机厂	264763	96 新乡机床厂	242850
88 扎努西电气机械天津压缩机有限公司	257508	97 浙江联丰集团公司	240331
89 北京巴布科克威尔科克斯有限公司	254450	98 上海鼓风机厂	237743
90 武进市风机厂	253059	99 杭丽制冷设备有限公司	232711
91 江苏海陆锅炉集团公司	250972	100 石家庄内燃机配件总厂	230155

普通机械制造业（二）

利税总额（千元）

1 上海三菱电梯有限公司	779521	33 沈阳机床股份有限公司	59730
2 天津奥的斯电梯有限公司	497363	34 莱动内燃机有限公司	56152
3 西自电梯集团公司	336742	35 湖北省重型机器集团有限公司	55585
4 上海合众——开利空调设备有限公司	295929	36 上海英格索兰压缩机有限公司	55293
5 常柴股份有限公司	285574	37 无锡威孚集团有限公司	54732
6 瓦房店轴承集团有限责任公司	237959	38 上海港口机械制造厂	54289
7 大连冰山集团有限公司	231908	39 松下万宝（广州）压缩机有限公司	53511
8 上海柴油机股份有限公司	214872	40 上海新晃空调设备有限公司	53154
9 天津市内燃机厂	159440	41 泰山集团股份有限公司	52810
10 上海通惠——开利空调设备有限公司	155061	42 云南内燃机厂	52701
11 中国第一汽车集团大连柴油机厂	153775	43 上海汽轮机有限公司	52613
12 中国迅达电梯有限公司	146985	44 浙江联丰集团公司	51124
13 武进柴油机厂	124080	45 哈尔滨锅炉有限责任公司	50592
14 一汽集团无锡柴油机厂	122923	46 广西南宁机械厂	49634
15 江苏双良一特灵溴化锂制冷机有限公司	121667	47 上海汽轮机厂	49619
16 徐州工程机械集团有限公司	113510	48 潍坊柴油机有限责任公司	48589
17 合肥叉车总厂	112465	49 无锡中策减震器有限公司	47929
18 上海冰箱压缩机股份有限公司	111928	50 常州齿轮厂	47404
19 苏州迅达电梯有限公司	108440	51 杭州汽轮动力集团有限公司	47247
20 广西玉柴机器股份有限公司	105637	52 扎努西电气机械天津压缩机有限公司	46838
21 泰州春兰压缩机厂	85724	53 上海动力设备有限公司	46447
22 襄阳汽车轴承股份有限公司	84535	54 余姚通用集团公司	46164
23 浙江上风集团公司	80817	55 上海汽车锻造总厂	46115
24 东方锅炉厂	78881	56 江苏江动集团公司	45710
25 哈尔滨轴承股份有限公司	76892	57 上海汽车有色铸造总厂	43841
26 上海振华港口机械有限公司	72876	58 四川内燃机工业集团公司（四川内燃机厂）	43836
27 扬州柴油机厂	67743	59 南京汽轮电机厂	43314
28 中国弹簧厂	67494	60 上海日立电动工具有限公司	43293
29 西北轴承股份有限公司	66297	61 山东曲轴总厂	42800
30 江苏林海动力机械集团公司	63725	62 绍兴明星集团公司	40206
31 无锡锅炉厂	62127	63 东风朝阳柴油机公司	40189
32 上海锅炉厂	60580	64 杭州制氧机集团公司	39616

65 杭州富春锅炉容器有限公司	38713	83 大连冶金轴承厂	30269
66 浙江春晖集团	38439	84 扬州第一汽车齿轮厂	29171
67 浙江东达机电集团公司	38376	85 杭州汽车发动机厂	28734
68 沈阳鼓风机厂	38352	86 杭丽制冷设备有限公司	28487
69 广西柳工机械股份有限公司	38007	87 青岛捷能动力集团公司	28398
70 大连起重机器厂	37938	88 山东九羊集团总公司	27545
71 安徽省全椒县柴油机总厂	36571	89 成都开维内燃机有限公司	27260
72 大连机床集团有限公司	36447	90 上海汽车铸造总厂	26831
73 上海哈格诺克冷气机有限公司	36188	91 河南省内燃机厂	26827
74 国营常熟制冷设备厂	35451	92 郑州金牛（集团）股份有限公司	26545
75 东方汽轮机厂	33974	93 铁岭精工（集团）股份有限公司	25920
76 上海港机股份有限公司	32789	94 武汉锅炉厂	25705
77 常熟市千斤顶厂	32056	95 江苏行星机械集团公司	25611
78 开封空分设备厂	32009	96 上海鼓风机厂	25388
79 石家庄内燃机配件总厂	31507	97 宁波慈兴轴承有限公司	25274
80 无锡太湖锅炉集团公司	31252	98 云南金马柴油机总厂	25084
81 武进市风机厂	30632	99 重庆康明斯发动机有限公司重庆汽车发动机厂	24741
82 哈尔滨汽轮机有限责任公司	30289	100 无锡机床股份有限公司	24293

普通机械制造业（三）

资产总计（千元）

1 徐州工程机械集团有限公司	3781542	24 上海港口机械制造厂	1269162
2 广西玉柴机器股份有限公司	3419770	25 上海汽轮机厂	1237503
3 沈阳机床股份有限公司	3138625	26 大连起重机器厂	1231293
4 瓦房店轴承集团有限责任公司	3067156	27 天津市内燃机厂	1203526
5 上海三菱电梯有限公司	3066415	28 四川长江工程机械集团有限公司	1195166
6 哈尔滨轴承股份有限公司	2710507	29 上海冰箱压缩机股份有限公司	1165530
7 大连冰山集团有限公司	2622739	30 武汉锅炉厂	1137720
8 北内集团总公司	2582036	31 广西柳工机械股份有限公司	1116950
9 上海柴油机股份有限公司	2553940	32 合肥叉车总厂	1113266
10 哈尔滨汽轮机有限责任公司	2279795	33 上海锅炉厂	1076627
11 常柴股份有限公司	2195830	34 济南第二机床厂	994065
12 洛阳轴承（集团）公司	2171586	35 沈阳水泵厂	985751
13 上海汽轮机有限公司	2000532	36 广重企业集团公司	977154
14 哈尔滨锅炉有限责任公司	1972295	37 杭州制氧机集团公司	966269
15 中国迅达电梯有限公司	1939213	38 无锡威孚集团有限公司	954775
16 东方锅炉厂	1895182	39 中国第一汽车集团大连柴油机厂	937617
17 松下万宝（广州）压缩机有限公司	1750422	40 济南第一机床厂	920906
18 天津奥的斯电梯有限公司	1583866	41 天津丰田汽车发动机有限公司	900741
19 东方汽轮机厂	1523732	42 北京天纬油泵油嘴股份有限公司	879792
20 潍坊柴油机有限责任公司	1494334	43 沈阳鼓风机厂	876242
21 上海振华港口机械有限公司	1379305	44 武汉重型机床厂	850293
22 东风朝阳柴油机公司	1324922	45 杭州汽车发动机厂	842115
23 大连机床集团有限公司	1323276	46 江苏双良一特灵溴化锂制冷机有限公司	840392

47 北京第一机床厂 818567
48 上海动力设备有限公司 813316
49 扬州柴油机厂 796007
50 江苏行星机械集团公司 795544
51 一汽集团无锡柴油机厂 769030
52 襄阳汽车轴承股份有限公司 767018
53 国营五二三厂 751832
54 齐齐哈尔第一机床厂 746209
55 番禺市珠江实业集团有限公司 742086
56 广西柳发股份有限公司 740448
57 南京汽轮电机厂 736900
58 上海机床厂有限公司 734432
59 上海港机股份有限公司 732055
60 上海汽车有色铸造总厂 726696
61 扎努西电气机械天津压缩机有限公司 726427
62 无锡锅炉厂 709347
63 齐齐哈尔第二机床厂 704496
64 济南柴油机厂 704260
65 无锡机床股份有限公司 695987
66 杭州汽轮动力集团有限公司 686595
67 广东省台山市机械厂 680920
68 武进柴油机厂 679070
69 北京巴布科克威尔科克斯有限公司 678570
70 中国辽宁北方铸钢厂 669450
71 河南中原特殊钢厂 658030
72 国营常熟制冷设备厂 656294
73 昆明机床股份有限公司 654373
74 日立电梯（广州）有限公司 642472
75 陕西渭阳柴油机厂 630716
76 西北轴承股份有限公司 629579
77 重庆康明斯发动机有限公司重庆汽车发动机厂 621154
78 鞍山锅炉集团有限公司 620230
79 哈尔滨松江机械厂 614591
80 天津汽车齿轮有限公司 605233
81 西自电梯集团公司 604853
82 湖南省浦沅集团有限公司 604161
83 江苏江动集团公司 604090
84 天津动力机厂 593014
85 陕西汽车齿轮总厂 589963
86 广州奥的斯电梯有限公司 574510
87 上海电站辅机厂 566580
88 陕西鼓风机厂 565372
89 北京市液压工业公司 556000
90 沈阳气体压缩机厂 554819
91 莱动内燃机有限公司 549113
92 广东省韶关铸锻总厂（韶关铸锻工业总公司） 543673
93 石家庄内燃机配件总厂 536121
94 上海汽车锻造总厂 530689
95 上海合众——开利空调设备有限公司 530512
96 首钢吉林柴油机厂 523306
97 成都开维内燃机有限公司 508090
98 南通机床股份有限公司（集团） 503440
99 承德输送机集团有限公司 497701
100 山东曲轴总厂 492482

专用设备制造业（一）

销售收入（千元）

序号	企业名称	销售收入
1	中国一拖集团有限公司	4267344
2	南京农用车制造厂	1503900
3	山东巨力集团股份有限公司	1384800
4	山东省高唐县时风机械集团总公司	1111298
5	河北省石家庄拖拉机厂	1103084
6	上海拖拉机内燃机公司	1001520
7	山东潍坊拖拉机厂	917599
8	中国第一重型机械集团公司	902114
9	中国第二重型机械集团公司	812079
10	常州拖拉机厂	791612
11	聊城运输机械厂	701389
12	长春拖拉机制造厂	696529
13	北汽福田车辆股份有限公司诸城车辆厂	687226
14	中国石化上海金山实业公司	675189
15	经纬纺织机械股份有限公司	624671
16	天津拖拉机制造有限公司	595080
17	厦门工程机械股份有限公司	586799
18	江苏宏宝集团公司	571250
19	上海缝纫机一厂	559556
20	欧姆龙大连有限公司	557360
21	新乡市第一拖拉机厂	553298
22	中信重型机械公司	542232
23	开封机械厂	535361
24	太原重型机械集团公司	532330
25	大重集团公司	512995
26	聊城拖拉机厂	495183
27	河南黄河实业（集团）公司	473023
28	河北省邢台机械轧辊（集团）有限公司	459095
29	浙江四方集团公司（永康拖拉机厂）	455705
30	沈阳矿山机械（集团）有限责任公司	455605
31	山东拖拉机厂	434691
32	山东塑料橡胶机械总厂	430152
33	京源股份有限公司	420448
34	山东山推工程机械股份有限公司	419365
35	山东海山集团总公司	419056
36	金猴机械集团	417509
37	上海二纺机股份有限公司	407435
38	威海工友集团公司	397687
39	山东黑豹股份有限公司	390604
40	上海建设．路桥机械设备有限公司	387239
41	兰州手扶拖拉机厂	379838
42	北人印刷机械股份有限公司	375991
43	沈阳重型机器厂	371649
44	国营山东光明机器厂	366647
45	南京大金山实业有限公司	360041
46	西北煤矿机械总厂	351520
47	张家口煤矿机械厂	348070
48	上海工业缝纫机股份有限公司	348036
49	上海重型机器厂	345490
50	杭州前进齿轮箱集团公司	337580
51	上海协昌有限公司	330854
52	新疆联合机械集团有限责任公司	327564
53	常林股份有限公司	325612
54	山东省德州拖拉机厂	325230
55	无锡拖拉机厂	319419
56	上海轻工机械股份有限公司	319030
57	成都工程机械总厂	312727
58	工贸合营吴江医疗保健用品厂（保健总厂）	308441
59	浙江华宝集团公司	306444
60	江苏中丹化工集团公司	304195
61	南宁手扶拖拉机厂	302267
62	江苏正昌集团公司	301317
63	浙江中宝实业股份有限公司	300236
64	上海轻工装备（集团）有限公司	295607
65	浙江泰坦纺织机械总厂	290718
66	新疆十月拖拉机制造厂	281603
67	江苏凌虹集团公司	278560
68	修武县永乐粮机集团有限责任公司	276680
69	江苏宏源纺织机械制造集团公司	275106
70	江苏清江拖拉机集团公司	270956
71	兰州石油化工机器总厂	267565
72	河北省宣化工程机械厂	265450
73	富锦市拖拉机制造厂	264033
74	华南缝制设备集团公司	261655
75	广东轻工业机械集团公司	260036
76	成都市长城农用汽车制造厂	258488
77	山东省寿光市聚宝农用车辆总厂	257261
78	衡阳有色冶金机械总厂	253267
79	山东工程机械厂	250598
80	河北省邢台拖拉机厂	247272
81	上海人造板机器厂	247004
82	江西拖拉机制造厂	239049

83 江苏华英集团公司 237950
84 宁波海天机械有限公司 236142
85 彭浦机器厂 229885
86 至喜集团公司 229862
87 青岛星火纺机纺织集团公司 225980
88 朝阳重型机器厂 222882
89 中国纺织机械股份有限公司 220375
90 祥鸟集团有限责任公司 218948
91 宝钢集团常州冶金机械厂 218313
92 东工集团公司 216856
93 德州市通力实业总公司 211404
94 北京煤矿机械厂 210620
95 山东手扶拖拉机制造厂 209732
96 福建三龙集团公司（龙溪收割机厂） 206926
97 山东方圆集团公司 205008
98 大连橡胶塑料机械厂 204277
99 黄河工程机械厂 203113
100 山东临沂工程机械股份有限公司 201907

专用设备制造业（二）

利税总额（千元）

1 中国一拖集团有限公司 257915
2 山东省高唐县时风机械集团总公司 144165
3 山东黑豹股份有限公司 134438
4 北人印刷机械股份有限公司 124640
5 经纬纺织机械股份有限公司 115581
6 浙江中宝实业股份有限公司 103315
7 山东巨力集团股份有限公司 100392
8 厦门工程机械股份有限公司 100200
9 浙江泰坦纺织机械总厂 87698
10 京源股份有限公司 82779
11 中国第二重型机械集团公司 79358
12 中国第一重型机械集团公司 77446
13 上海强生有限公司 71546
14 河南黄河实业（集团）公司 69105
15 宁波海天机械有限公司 62898
16 南京农用车制造厂 56968
17 震德塑料机械厂有限公司 54927
18 常林股份有限公司 52662
19 江苏正昌集团公司 51680
20 山东塑料橡胶机械总厂 50361
21 沈阳矿山机械（集团）有限责任公司 50008
22 江苏宏宝集团公司 48080
23 山东方圆集团公司 46214
24 聊城运输机械厂 43851
25 广东威达医疗器械集团公司 41482
26 威海工友集团公司 38898
27 河北省邢台机械轧辊（集团）有限公司 38054
28 四川钻采设备厂 37910
29 浙江华宝集团公司 36844
30 山东工程机械厂 36105
31 大重集团公司 35644
32 浙江四方集团公司（永康拖拉机厂） 35049
33 山东临沂工程机械股份有限公司 34880
34 广东轻工业机械集团公司 34155
35 山东省寿光市聚宝农用车辆总厂 32327
36 北汽福田车辆股份有限公司诸城车辆厂 31889
37 上海工业缝纫机股份有限公司 31835
38 天津天利航空机电有限公司 31534
39 开封机械厂 30654
40 沈阳特种环保制造总厂 29500
41 浙江天浩机械制造有限公司 29480
42 山东山推工程机械股份有限公司 29358
43 东莞市东华机械有限公司 29303
44 杭州前进齿轮箱集团公司 29150
45 上海拖拉机内燃机公司 27378
46 宜春工程机械股份有限公司 27319
47 郑州工程机械制造厂 27109
48 安徽六安手扶拖拉机厂 26871
49 修武县永乐粮机集团有限责任公司 26056
50 川石克里斯坦森金刚石钻头有限公司 26056
51 北京万东医疗装备公司 25578
52 常州拖拉机厂 24411
53 上海轻工机械股份有限公司 24251
54 国营山东光明机器厂 23165
55 浙江华能精工集团有限公司 23021
56 上海轻工装备（集团）有限公司 22833
57 江苏华英集团公司 22690
58 山东临沂农业药械厂 22372
59 中国林业机械总公司苏州林业机械厂 22045
60 山东省郯城县精华机械（集团）股份有限公司 21286
61 无锡市布勒机械制造有限公司 21192
62 上海重型机器厂 21170
63 张家口煤矿机械厂 21160
64 江苏凌虹集团公司 21060

65 上海罗克韦尔图文系统有限公司	20904
66 河北省宣化工程机械厂	20381
67 江苏维达机械集团公司	20360
68 山东拖拉机厂	20144
69 江苏江海机械集团有限公司	20100
70 山东省建设机械股份有限公司	20054
71 广平县机械厂	19959
72 苏州苏净集团公司	19920
73 祥鸟集团有限责任公司	19738
74 新疆联合机械集团有限责任公司	19358
75 河北省石家庄拖拉机厂	18931
76 欧姆龙大连有限公司	18902
77 上海亚华印刷机械有限公司	18843
78 牡丹江木工机械厂	18748
79 常州能源设备总厂	18710
80 上海人造板机器厂	18657
81 朝阳重型机器厂	18646
82 江苏宏源纺织机械制造集团公司	18574
83 苏州农业药械厂	18560
84 郑州食品机械制造总公司	18356
85 营口复印机有限公司	18215
86 国营黄石纺织机械厂	18211
87 宁波中策拖拉机汽车有限公司	18172
88 至喜集团公司	17706
89 贵阳矿山机器厂	17668
90 广东省番禺市恒联食品机械厂	17512
91 西南化机股份有限公司	17034
92 上海中威达机械有限公司	16633
93 山西经纬合力机械制造公司	16619
94 青岛星火纺机纺织集团公司	16410
95 吴川市糖酒机械工业集团公司	16210
96 陕西省压延设备厂	16153
97 中国飞跃缝纫机集团公司	16098
98 中国标准缝纫机公司	15951
99 广东肇庆嘉隆包装机械	15934
100 常州纺兴精密机械有限公司	15760

专用设备制造业（三）

资产总计（千元）

1 中国一拖集团有限公司	4461202
2 中国石化上海金山实业公司	2876928
3 中国第一重型机械集团公司	2571481
4 沈阳重型机器厂	2495464
5 中国第二重型机械集团公司	2117627
6 中信重型机械公司	2077687
7 上海二纺机股份有限公司	1873606
8 太原重型机械集团公司	1686747
9 鞍山第一工程机械股份有限公司	1436360
10 中国纺织机械股份有限公司	1430345
11 上海工业缝纫机股份有限公司	1314749
12 大重集团公司	1288663
13 河北省邢台机械轧辊（集团）有限公司	1253019
14 沈阳矿山机械（集团）有限责任公司	1160551
15 经纬纺织机械股份有限公司	1145529
16 长春拖拉机制造厂	1126891
17 兰州石油化工机器总厂	1107780
18 北人印刷机械股份有限公司	1081595
19 厦门工程机械股份有限公司	1076978
20 华南缝制设备集团公司	993965
21 北人集团公司	987440
22 山东山推工程机械股份有限公司	967758
23 上海重型机器厂	960915
24 上海拖拉机内燃机公司	938327
25 天津拖拉机制造有限公司	837272
26 天津重型机器厂	807677
27 太原矿山机器厂	795249
28 抚顺挖掘机制造厂	762266
29 张家口煤矿机械厂	741150
30 衡阳有色冶金机械总厂	729206
31 西北煤矿机械总厂	727730
32 宝鸡石油机械厂	704380
33 杭州前进齿轮箱集团公司	700060
34 上海协昌有限公司	671890
35 沈阳有色冶金机械总厂	652794
36 河北省石家庄拖拉机厂	649393
37 江苏宏源纺织机械制造集团公司	637385
38 昆明重型（集团）股份有限公司	635357
39 国营郑州纺织机械厂	634135
40 常林股份有限公司	632300
41 朝阳重型机器厂	630904
42 锦西化工机械厂	628355
43 南京农用车制造厂	610150
44 新疆联合机械集团有限责任公司	588723
45 广东轻工业机械集团公司	588298
46 上海缝纫机一厂	574711

47 上海轻工机械股份有限公司	559770	74 河南黄河实业（集团）公司	413278
48 上海金泰股份有限公司	539377	75 北京煤矿机械厂	410200
49 江苏宏宝集团公司	534320	76 常州拖拉机厂	402131
50 河北省宣化工程机械厂	529408	77 青海工程机械厂	398336
51 黄河工程机械厂	518771	78 唐山水泥机械厂	390975
52 成都工程机械总厂	506193	79 浙江四方集团公司（永康拖拉机厂）	389709
53 中国标准缝纫机公司	497760	80 浙江中宝实业股份有限公司	388313
54 上海纺织机械总厂	496096	81 京源股份有限公司	380352
55 东工集团公司	494237	82 陕西重型机器厂	378607
56 上海冶金设备总厂	485098	83 上海烟草工业机械厂	376450
57 江西长林机械厂	475047	84 佳木斯联合收割机厂	375849
58 贵阳矿山机器厂	474443	85 至喜集团公司	375023
59 陕西建设机械厂（陕西省金属结构厂）	474316	86 哈尔滨拖拉机厂	373677
60 彭浦机器厂	471578	87 上海轻工装备（集团）有限公司	370307
61 江西拖拉机制造厂	464936	88 沈阳水泥机械厂	370208
62 山东潍坊拖拉机厂	463356	89 山东巨力集团股份有限公司	369962
63 国营青岛纺织机械厂	461247	90 山东临沂工程机械股份有限公司	368439
64 山东黑豹股份有限公司	449138	91 哈尔滨印刷机械厂	366901
65 宝钢集团常州冶金机械厂	443624	92 兰州手扶拖拉机厂	365578
66 新疆十月拖拉机制造厂	442857	93 天津市天工程机械有限公司	362539
67 国营咸阳纺织机械厂	442690	94 金州重型机器厂	362430
68 广东威达医疗器械集团公司	441482	95 四平市联合收割机厂	361999
69 兰州通用机器厂	436558	96 山东塑料橡胶机械总厂	360124
70 武钢集团武汉冶金设备制造公司	433510	97 郑州工程机械制造厂	359822
71 淮南煤矿机械厂	427080	98 威海工友集团公司	356013
72 沈阳特种环保制造总厂	425346	99 西安冶金机械厂	349447
73 大连橡胶塑料机械厂	416725	100 山东拖拉机厂	348033

交通运输设备制造业（一）

销售收入（千元）

企业	销售收入	企业	销售收入
1 上海大众汽车有限公司	24306742	42 中国第一汽车集团青岛汽车厂	1164929
2 中国第一汽车集团公司	21711133	43 山东华日集团总公司	1091548
3 东风汽车公司	10010546	44 天津本田摩托有限公司	1071605
4 北京吉普汽车有限公司	5504141	45 北京轻型汽车有限公司	1070284
5 天津市微型汽车厂	5043738	46 成都飞机工业公司	1028336
6 跃进汽车集团公司	4712273	47 浙江钱江摩托集团有限公司	1013072
7 庆铃汽车（集团）有限公司	3858350	48 哈尔滨轻型车厂	948630
8 金城集团有限公司	3766710	49 上海易初通用机器有限公司	900596
9 中国轻骑摩托车集团总公司	2987275	50 江苏省扬州客车制造总厂	872378
10 一汽——大众汽车有限公司	2949065	51 四川汽车制造厂	851832
11 一汽金杯汽车股份有限公司	2598030	52 江门市大长江摩托车有限公司	850683
12 无锡市摩托车厂	2420293	53 唐山机车车辆厂	846226
13 上海——易初摩托车有限公司	2417779	54 东风汽车工业联营公司郑州轻型汽车制造厂	839655
14 北京汽车摩托车联合制造公司	2413081	55 资阳内燃机车厂	835660
15 五羊——本田摩托（广州）有限公司	2292056	56 南昌飞机制造公司	830181
16 上海汇众汽车制造公司	2289561	57 戚墅堰机车车辆厂	823330
17 柳州市微型汽车厂	2255933	58 长春摩托车集团有限公司	812671
18 中国南方航空动力机械公司	2176406	59 上海斯必克发展总公司	811615
19 沪东造船厂	2125954	60 庆安集团有限公司	811184
20 哈尔滨飞机制造公司	2104817	61 东风汽车工业联营公司柳州汽车厂	777755
21 江南造船厂	2087726	62 南京浦镇车辆厂	771120
22 广州广船国际股份有限公司	2061349	63 东风杭州汽车公司	762030
23 景德镇市昌河飞机工业公司	1734785	64 合肥江淮汽车制造厂	757532
24 江铃五十铃汽车有限公司	1693059	65 株洲电力机车厂	755940
25 海南省新大州摩托车股份有限公司	1683043	66 深圳中华自行车（集团）股份有限公司	737730
26 西安飞机工业（集团）有限责任公司	1596971	67 上海延锋汽车饰件有限公司	736409
27 长春客车厂	1595730	68 国营武昌造船厂	735925
28 国营大连造船新厂	1559323	69 上海船厂	694238
29 上海汽车齿轮总厂	1549489	70 天津造船公司	692894
30 洛阳北方易初摩托车有限公司	1546723	71 江苏省仪征市汽车制造厂	683637
31 凤凰股份有限公司	1546023	72 天津天美汽车配件有限公司	680007
32 济南汽车制造总厂	1508828	73 沈阳黎明发动机制造公司	672746
33 东风实业开发公司	1453103	74 上海永久股份有限公司	670048
34 天津华利汽车有限公司	1400397	75 南京东风汽车有限公司	663923
35 沈阳飞机工业（集团）有限公司	1348782	76 大同机车厂	640980
36 四方机车车辆厂	1301030	77 陕西汽车制造总厂	635454
37 国营大连造船厂	1282932	78 株洲车辆厂	631910
38 铁道部大连机车车辆工厂	1245730	79 佛斯弟摩托车有限公司	625554
39 万向集团公司	1236824	80 常州金狮自行车工贸集团公司	621294
40 齐齐哈尔车辆厂	1230210	81 皖南机动车辆厂	612495
41 哈尔滨东安发动机制造公司	1210377	82 眉山车辆厂	606050

83 扬州江扬船舶集团公司	584093	92 广州文冲船厂	467138
84 西安车辆厂	549830	93 铁道部山海关桥梁工厂	451600
85 广东三星企业集团股份公司	547495	94 广东南海中南铝合金轮毂有限公司	450296
86 丹东汽车制造厂	527172	95 北京二七机车厂	447810
87 神龙汽车有限公司	517062	96 安阳飞鹰集团有限责任公司	442818
88 上海汽车电器总厂	505806	97 珠海特区珠江摩托车工业有限公司	442752
89 齐鲁英克莱集团总公司	485027	98 郑州宇通客车股份有限公司	439060
90 沈阳机车车辆厂	482450	99 广州摩托集团公司	434068
91 西安航空发动机公司	479900	100 上海纳铁福传动轴有限公司	415539

交通运输设备制造业（二）

利税总额（千元）

1 上海大众汽车有限公司	4453713	33 柳州市微型汽车厂	123720
2 中国第一汽车集团公司	1789005	34 上海延锋汽车饰件有限公司	122895
3 天津市微型汽车厂	1038752	35 哈尔滨东安发动机制造公司	113241
4 庆铃汽车（集团）有限公司	919759	36 中国南方航空动力机械公司	108869
5 北京吉普汽车有限公司	723612	37 跃进汽车集团公司	103204
6 金城集团有限公司	629360	38 庆安集团有限公司	102008
7 上海汇众汽车制造公司	593262	39 山东华日集团总公司	101190
8 上海汽车齿轮总厂	568325	40 洛阳北方摩托车厂（5111 厂）	93890
9 东风汽车公司	385269	41 南通远洋船务工程有限公司	90334
10 上海——易初摩托车有限公司	356629	42 西安飞机工业（集团）有限责任公司	86458
11 海南省新大洲摩托车股份有限公司	311453	43 海南嘉泰摩托车有限公司	83008
12 五羊——本田摩托（广州）有限公司	297251	44 长春客车厂	78390
13 中国轻骑摩托车集团总公司	292244	45 中国第一汽车集团青岛汽车厂	74623
14 浙江钱江摩托集团有限公司	262108	46 上海小糸车灯有限公司	74576
15 广州广船国际股份有限公司	259563	47 珠海特区珠江摩托车工业有限公司	74033
16 景德镇市昌河飞机工业公司	245004	48 沪东造船厂	73889
17 无锡市摩托车厂	224427	49 一汽——大众汽车有限公司	72391
18 洛阳北方易初摩托车有限公司	213441	50 齐齐哈尔车辆厂	72090
19 万向集团公司	197412	51 株洲摩托车厂	70945
20 天津本田摩托有限公司	196433	52 唐山机车车辆厂	69206
21 上海纳铁福传动轴有限公司	193137	53 凤凰股份有限公司	68490
22 江门市大长江摩托车有限公司	188474	54 铁道部大连机车车辆工厂	67830
23 长春摩托车集团有限公司	175006	55 上海实业交通电器有限公司	66675
24 江铃五十铃汽车有限公司	167100	56 戚墅堰机车车辆厂	66300
25 上海易初通用机器有限公司	162588	57 四方机车车辆厂	65040
26 北京汽车摩托车联合制造公司	158368	58 上海斯必克发展总公司	61863
27 天津华利汽车有限公司	157681	59 株洲电力机车厂	57860
28 一汽金杯汽车股份有限公司	146220	60 上海汽车厂配件分厂	56205
29 哈尔滨飞机制造公司	145330	61 资阳内燃机车厂	55940
30 佛斯弟摩托车有限公司	144856	62 齐鲁英克莱集团总公司	52368
31 东风实业开发公司	144483	63 上海乾通汽车附件有限公司	52367
32 广州飞机维修工程有限公司	124212	64 戴卡轮毂制造有限公司	51030

65 上海离合器总厂	50931
66 江苏省扬州客车制造总厂	50850
67 江苏省仪征市汽车制造厂	50429
68 上海汽车制动器公司	49002
69 郑州宇通客车股份有限公司	46670
70 深圳中华自行车（集团）股份有限公司	46533
71 南京浦镇车辆厂	45700
72 东风汽车工业联营公司郑州轻型汽车制造厂	43523
73 成都飞机工业公司	42796
74 沈阳飞机工业（集团）有限公司	42721
75 四川汽车制造厂	42452
76 江苏曲轴总厂	42008
77 广东南海中南铝合金轮毂有限公司	41634
78 皖南机动车辆厂	41219
79 国营大连造船新厂	41211
80 北京市汽车修理公司	39870
81 河北胜利客车厂	38321
82 湖北车桥股份有限公司	37797
83 上海海运（集团）公司立丰船厂	36636
84 眉山车辆厂	36620
85 湛东德利化油器有限公司	35959
86 江南造船厂	34607
87 上海市干巷汽车镜厂	34301
88 株洲车辆厂	34070
89 安徽摩托车工业公司	32994
90 广州摩托集团公司	32158
91 石家庄车辆厂	32098
92 渤海自行车集团股份有限公司	31098
93 上海汽车电器总厂	31094
94 四川旅行车制造厂	31024
95 大连船用柴油机厂	30318
96 澄西船舶修造厂	30299
97 国营武昌造船厂	29671
98 合肥江淮汽车制造厂	28204
99 扬州扬子旅游车厂	28032
100 上海东洋电装有限公司	27781

交通运输设备制造业（三）

资产总计（千元）

1 中国第一汽车集团公司	28107792
2 东风汽车公司	21718156
3 上海大众汽车有限公司	11512679
4 神龙汽车有限公司	10724206
5 一汽——大众汽车有限公司	9648370
6 庆铃汽车（集团）有限公司	7750480
7 跃进汽车集团公司	7133349
8 一汽金杯汽车股份有限公司	6110240
9 济南汽车制造总厂	5837127
10 广东三星企业集团股份公司	4760082
11 江铃五十铃汽车有限公司	4592643
12 西安飞机工业（集团）有限责任公司	4217978
13 国营大连造船新厂	4178065
14 沪东造船厂	3836854
15 江南造船厂	3829375
16 中国轻骑摩托车集团总公司	3588260
17 哈尔滨飞机制造公司	3546233
18 天津市微型汽车厂	3418696
19 中国南方航空动力机械公司	3336431
20 北京吉普汽车有限公司	3103487
21 国营大连造船厂	3075971
22 深圳中华自行车（集团）股份有限公司	2937744
23 金城集团有限公司	2851420
24 广州标致汽车公司（有限）	2834289
25 广州广船国际股份有限公司	2724420
26 沈阳飞机工业（集团）有限公司	2694700
27 上海汇众汽车制造公司	2499954
28 哈尔滨东安发动机制造公司	2388408
29 上海——易初摩托车有限公司	2351878
30 成都飞机工业公司	2333885
31 上海船厂	2206953
32 南昌飞机制造公司	2139268
33 北京汽车摩托车联合制造公司	2083370
34 凤凰股份有限公司	1979636
35 景德镇市昌河飞机工业公司	1933830
36 沈阳黎明发动机制造公司	1903716
37 上海汽车齿轮总厂	1874545
38 东风实业开发公司	1795254
39 柳州市微型汽车厂	1793822
40 四方机车车辆厂	1760530
41 天津造船公司	1737343
42 西安航空发动机公司	1728500
43 北京轻型汽车有限公司	1720840
44 五羊——本田摩托（广州）有限公司	1701015
45 海南省新大州摩托车股份有限公司	1619853
46 天津本田摩托有限公司	1604576

47 万向集团公司	1565702
48 长春客车厂	1558660
49 庆安集团有限公司	1531013
50 成都发动机公司	1530533
51 国营武昌造船厂	1454947
52 广州文冲船厂	1448817
53 陕西汽车制造总厂	1425940
54 洛阳北方易初摩托车有限公司	1366969
55 辽宁渤海造船厂	1353448
56 海南汽车制造厂	1303851
57 长春摩托车集团有限公司	1270976
58 铁道部大连机车车辆工厂	1250820
59 浙江钱江摩托集团有限公司	1222814
60 东风杭州汽车公司	1208402
61 齐齐哈尔车辆厂	1205640
62 四川汽车制造厂	1186375
63 上海永久股份有限公司	1184994
64 株洲电力机车厂	1166010
65 唐山机车车辆厂	1139945
66 东风汽车工业联营公司柳州汽车厂	1116117
67 东风汽车工业联营公司郑州轻型汽车制造厂	1106410
68 沈阳机车车辆厂	1088510
69 上海延锋汽车饰件有限公司	1079223
70 天津华利汽车有限公司	1073054
71 求新造船厂	1041608
72 云南篮箭汽车制造厂	1029339
73 北京汽车工业集团总公司	1005609
74 江苏省仪征市汽车制造厂	1000430
75 中国第一汽车集团青岛汽车厂	999103
76 佛斯弟摩托车有限公司	988915
77 沈阳新光动力机械公司	986326
78 中华造船厂	961821
79 南京东风汽车有限公司	946446
80 广州市五羊自行车企业集团公司	945860
81 戚墅堰机车车辆厂	940890
82 南京晨光集团有限责任公司	938483
83 陕西飞机制造公司	938284
84 河北田野汽车集团有限公司	932730
85 资阳内燃机车厂	883890
86 铁道部山海关桥梁工厂	863020
87 山东华日集团总公司	857965
88 青岛北海船厂	854132
89 上海斯必克发展总公司	850528
90 四川省三爱工业股份有限公司	842418
91 大同机车厂	823430
92 河北省邢台市长征汽车制造厂	795278
93 广州摩托集团公司	777713
94 上海易初通用机器有限公司	776701
95 国营芜湖造船厂	769411
96 哈尔滨轻型车厂	760948
97 丹东汽车制造厂	746365
98 山海关船厂	744399
99 无锡市摩托车厂	740471
100 哈尔滨车辆厂	739880

电气机械及器材制造业（一）

销售收入（千元）

序号	企业名称	销售收入（千元）
1	海尔集团	6162680
2	春兰（集团）公司	5743804
3	广东科龙电器股份有限公司	3847557
4	珠海格力电器股份有限公司	2841224
5	河南新飞电器集团	2498473
6	西安电力机械制造公司	2352666
7	广东美的集团股份有限公司	2073100
8	合肥美菱股份有限公司	1885794
9	上海电器股份有限公司	1736250
10	广东华宝空调器厂	1718947
11	上海夏普电器有限公司	1509592
12	合肥荣事达（集团）有限公司	1345015
13	湖南电线电缆集团公司	1339072
14	上海上菱电器股份有限公司	1338277
15	无锡市小天鹅股份有限公司	1297532
16	长岭（集团）股份有限公司	1233020
17	江门市金羚集团有限公司	1204956
18	青岛澳柯玛电器公司	1196130
19	松下万宝（广州）空调器有限公司	1185893
20	上海日立家用电器有限公司	1127687
21	珠海三美电机有限公司	993768
22	沈阳电缆厂	970034
23	杭州松下家用电器有限公司	966944
24	上海电缆厂	966449
25	厦门灿坤实业股份有限公司	922765
26	文登市通信电缆集团公司	881770
27	上海日立电器有限公司	866503
28	中国扬子集团有限公司	856356
29	吴县防爆电机厂	820500
30	上海汽车空调器厂	814687
31	江苏宝胜集团公司	809530
32	万宝至马达大连有限公司	807712
33	沈阳变压器有限责任公司	760777
34	中国济南洗衣机厂	760597
35	上海水仙电器股份有限公司	756839
36	日本电产大连有限公司	752323
37	东芝大连有限公司	741092
38	上海电机厂	714408
39	永鼎集团公司（苏州通信电缆厂）	695646
40	上海嘉宝实业股份有限公司	666442
41	郑州电缆（集团）股份有限公司	665933
42	中国雪柜实业有限公司	662141
43	东方电机厂	652979
44	哈尔滨电机有限责任公司	647216
45	江苏长城电器集团股份有限公司	629138
46	烟台东方电子信息产业股份有限公司	620748
47	长飞光纤光缆有限公司	617621
48	山东电缆厂	601067
49	杭州西泠制冷电器有限公司	562225
50	江苏峰泉电线电缆集团公司	551967
51	飞利浦照明电子上海有限公司	546449
52	杭州东宝电器集团公司	543968
53	杭州市家用电器工业公司	529364
54	江苏长江电器集团公司	522858
55	保定天威集团有限公司	518022
56	顺德格兰仕电器厂有限公司	510123
57	北京重型电机厂	499948
58	上海华新电线电缆有限公司	495769
59	中山市威力洗衣机有限公司	494648
60	常州连环集团公司	488212
61	浙江万顺集团有限公司	481188
62	江苏时花电器集团公司	468460
63	保定金风帆蓄电池有限公司	464813
64	成都电缆股份有限公司	461811
65	深圳王利电机有限公司	458019
66	沈阳高压开关有限责任公司	457123
67	广州电池厂（广州市电池工贸企业集团公司）	454176
68	蚬华电器工业集团公司	450987
69	永济电机厂	442540
70	上海三联汽车线束有限公司	441716
71	上海马桥电缆厂	426848
72	通用电器嘉宝照明有限公司	419704
73	浙江卧龙集团公司	411512
74	浙江阳光集团公司	407518
75	阳谷电缆集团公司	407124
76	广州市电筒工业公司	407120
77	广东容声电器股份有限公司	402469
78	顺德特种变压器厂	402433
79	山东省金龙企业集团公司	400050
80	江苏阪神有限责任公司	399550
81	佛山电器照明股份有限公司	391437
82	万宝电器工业公司	388308

83 甘肃长城电器工业公司	387821	92 珠海经济特区飞利浦家庭电器有限公司	361455
84 宁波三星集团股份有限公司	385307	93 上海瑞侃电缆附件有限公司	359541
85 顺德爱德电饭锅制造厂有限公司	381995	94 江西省景德镇市华意电器总公司	359256
86 南方通用电气集团公司	375305	95 广州华凌空调设备有限公司	359169
87 河南省平顶山高压开关厂	371868	96 广东电工有限公司	358334
88 杭州华日集团公司	371578	97 沈阳华润压缩机有限公司	357066
89 昆明电缆厂	371301	98 吴江光电通信线缆总厂	356792
90 湖北红旗电缆工程集团	362841	99 浙江星星电器工业公司	353752
91 河间市亚龙有限公司	362180	100 闽东电机（集团）股份有限公司	352170

电气机械及器材制造业（二）

利税总额（千元）

1 春兰（集团）公司	1139404	33 保定天威集团有限公司	78271
2 广东科龙电器股份有限公司	574337	34 山东电缆厂	77061
3 海尔集团	474950	35 许继电气股份有限公司	76992
4 河南新飞电器集团	377664	36 江苏宝胜集团公司	75310
5 无锡市小天鹅股份有限公司	289358	37 万宝冷机集团有限公司	72822
6 珠海格力电器股份有限公司	282927	38 新安江电工器材厂	71635
7 佛山电器照明股份有限公司	254448	39 沈阳华润压缩机有限公司	70310
8 合肥美菱股份有限公司	254003	40 玉环县冰箱压缩机厂	69661
9 上海汽车空调器厂	237567	41 保定金风帆蓄电池有限公司	67004
10 青岛澳柯玛电器公司	199541	42 阳谷电缆集团公司	66555
11 广东美的集团股份有限公司	195940	43 沈阳电缆厂	66047
12 长飞光纤光缆有限公司	195763	44 沈阳高压开关有限责任公司	65932
13 上海日立电器有限公司	177252	45 上海电机厂	65756
14 文登市通信电缆集团公司	174650	46 上海电缆厂	65739
15 合肥荣事达（集团）有限公司	173694	47 上海电器股份有限公司	65280
16 上海夏普电器有限公司	138427	48 烟台东方电子信息产业股份有限公司	65145
17 杭州松下家用电器有限公司	136486	49 浙江卧龙集团公司	64317
18 天津梅兰日兰有限公司	134436	50 永鼎集团公司（苏州通信电缆厂）	60743
19 江门市金羚集团有限公司	130501	51 浙江阳光集团公司	58409
20 江苏长江电器集团公司	116202	52 山东省金曼克电器集团股份有限公司	57020
21 中国济南洗衣机厂	116183	53 东方电机厂	56733
22 顺德特种变压器厂	111467	54 上海华新电线电缆有限公司	53872
23 沈阳变压器有限责任公司	108412	55 郑州电缆（集团）股份有限公司	53136
24 上海嘉宝实业股份有限公司	107974	56 厦门灿坤实业股份有限公司	52689
25 长岭（集团）股份有限公司	104464	57 上海上菱电器股份有限公司	51708
26 西安电力机械制造公司	97871	58 江苏阪神有限责任公司	51195
27 上海三联汽车线束有限公司	94681	59 宁波天安集团股份有限公司	50872
28 上海瑞侃电缆附件有限公司	93578	60 广东华宝空调器厂	50862
29 上海日立家用电器有限公司	86475	61 珠海经济特区飞利浦家庭电器有限公司	50309
30 中国雪柜实业有限公司	86296	62 中国扬子集团有限公司	49460
31 顺德格兰仕电器厂有限公司	84337	63 吴江光电通信线缆总厂	48525
32 加西贝拉压缩机有限公司	79732	64 浙江万顺集团有限公司	45921

65 江西省景德镇市华意电器总公司	45541	83 哈尔滨电机有限责任公司	36371
66 深圳王利电机有限公司	45260	84 南平南孚电池有限公司	35497
67 江苏华鹏实业集团公司	45151	85 杭州老板实业集团有限公司	34792
68 北京亚都科技股份有限公司	44611	86 浙江星星电器工业公司	34202
69 佛山市通宝股份有限公司	43685	87 河南省平顶山高压开关厂	34137
70 广州市电筒工业公司	43212	88 河间市亚龙有限公司	34080
71 上海水仙电器股份有限公司	40335	89 广东省吉荣空调设备公司	33177
72 中国长江动力公司武汉汽轮发电机厂	40291	90 浙江万家电器集团有限公司	32637
73 廊坊市通信电缆厂	39450	91 成都彩虹电器集团股份有限公司	32463
74 北京重型电机厂	39377	92 江苏华东邮电电缆厂	32261
75 上海马桥电缆厂	39205	93 浙江省江南通信电缆厂（江南企业集团公司）	32107
76 安徽美菱注塑中心	38326	94 淄博牵引电机股份有限公司	31731
77 深圳华达电源系统有限公司	38253	95 南方通用电气集团公司	31642
78 广州电池厂（广州市电池工贸企业集团公司）	37568	96 上海汽轮发电机有限公司	31124
79 顺德爱德电饭锅制造厂有限公司	37122	97 永济电机厂	30700
80 杭州华日集团公司	37083	98 成都电缆股份有限公司	30195
81 佛山电缆厂	36734	99 山东发达集团公司	29610
82 成都通力集团股份有限公司	36463	100 河北省电线电缆厂	29584

电气机械及器材制造业（三）

资产总计（千元）

1 海尔集团	4631210	24 青岛澳柯玛电器公司	1466698
2 西安电力机械制造公司	4282090	25 上海日立电器有限公司	1443993
3 广东科龙电器股份有限公司	3866219	26 湖南电线电缆集团公司	1401017
4 春兰（集团）公司	3590300	27 上海夏普电器有限公司	1400857
5 合肥美菱股份有限公司	3161713	28 佛山电器照明股份有限公司	1385120
6 广东美的集团股份有限公司	2781260	29 上海电机厂	1358152
7 东方电机厂	2670297	30 成都电缆股份有限公司	1316575
8 上海上菱电器股份有限公司	2520485	31 无锡市小天鹅股份有限公司	1301426
9 沈阳电缆厂	2369412	32 南方通用电气集团公司	1276631
10 上海电器股份有限公司	2355440	33 江门市金羚集团有限公司	1255264
11 合肥荣事达（集团）有限公司	2153391	34 江西省景德镇市华意电器总公司	1234534
12 珠海格力电器股份有限公司	2010873	35 万宝电器工业公司	1186784
13 中国扬子集团有限公司	1958278	36 上海水仙电器股份有限公司	1174814
14 哈尔滨电机有限责任公司	1926394	37 中国长江动力公司武汉汽轮发电机厂	1096226
15 松下万宝（广州）空调器有限公司	1917053	38 万宝至马达大连有限公司	1086449
16 广东华宝空调器厂	1832512	39 长沙中意集团股份有限公司	1075990
17 沈阳变压器有限责任公司	1812257	40 万宝冷机集团有限公司	1067541
18 长岭（集团）股份有限公司	1750087	41 中国雪柜实业有限公司	1013659
19 广东半球实业集团公司	1652750	42 上海日立家用电器有限公司	997974
20 上海嘉宝实业股份有限公司	1557567	43 厦门灿坤实业股份有限公司	989468
21 河南新飞电器集团	1514438	44 沈阳高压开关有限责任公司	980014
22 北京重型电机厂	1497750	45 上海双鹿电器股份有限公司	958250
23 北京京海集团公司	1477495	46 上海汽轮发电机有限公司	880216

47 保定天威集团有限公司 869898
48 通用电器嘉宝照明有限公司 860096
49 郑州电缆（集团）股份有限公司 849536
50 乐金电子（天津）电器有限公司 823082
51 大连万事通电信电缆有限公司 817925
52 上海电缆厂 799226
53 东芝大连有限公司 788346
54 甘肃长城电器工业公司 786837
55 长飞光纤光缆有限公司 775652
56 飞利浦亚明照明有限公司 769195
57 荆沙市电工仪表（集团）公司 765079
58 杭州西冷制冷电器有限公司 758432
59 飞利浦照明电子上海有限公司 753683
60 长征电器公司 735907
61 阳谷电缆集团公司 713153
62 广州华凌空调设备有限公司 711870
63 江西省景德镇市电机厂 707810
64 天津市电缆总厂 697687
65 上菱空调机电器有限公司 683429
66 杭州东宝电器集团公司 678064
67 上海汽车空调器厂 662384
68 永济电机厂 660700
69 河南省平顶山高压开关厂 650628
70 江苏长江电器集团公司 649322
71 吉林吉诺尔股份有限公司 647288
72 营口洗衣机总厂 645909
73 广州三菱电机华凌压缩机有限公司 643663
74 沈阳电机厂 640096
75 兰州电机厂 639843
76 江苏长城电器集团股份有限公司 629809
77 黄石市东贝冷机集团有限公司 626839
78 沈阳华润压缩机有限公司 606141
79 佳木斯电机厂 606030
80 山东电缆厂 603680
81 浙江万顺集团有限公司 602690
82 万宝集团洗衣机工业公司 595254
83 沈阳三洋空调有限公司 589366
84 闽东电机（集团）股份有限公司 586690
85 中国济南洗衣机厂 585485
86 广州万宝压缩机有限公司 584643
87 杭州松下家用电器有限公司 584061
88 蚬华电器工业集团公司 572620
89 江苏宝胜集团公司 569890
90 湖北红旗电缆工程集团 569352
91 上海九龙集团有限公司 562371
92 广东鹰牌集团公司 553177
93 日本电产大连有限公司 548264
94 许继电气股份有限公司 546101
95 营口营冷（集团）有限责任公司 544222
96 广东容声电器股份有限公司 544168
97 浙江星星电器工业公司 542950
98 上海上菱天安电冰箱有限公司 541882
99 常州宝马集团公司 526328
100 哈尔滨电缆厂 520098

日用电器制造业（一）

销售收入（千元）

企业	销售收入	企业	销售收入
1 海尔集团	6162680	42 珠海经济特区飞利浦家庭电器有限公司	361455
2 春兰（集团）公司	5743804	43 江西省景德镇市华意电器总公司	359256
3 广东科龙电器股份有限公司	3847557	44 广州华凌空调设备有限公司	359169
4 珠海格力电器股份有限公司	2841224	45 沈阳华润压缩机有限公司	357066
5 河南新飞电器集团	2498473	46 浙江星星电器工业公司	353752
6 广东美的集团股份有限公司	2073100	47 万宝冷机集团有限公司	345443
7 合肥美菱股份有限公司	1885794	48 天津新宝天洋家电有限公司	342131
8 广东华宝空调器厂	1718947	49 加西贝拉压缩机有限公司	333882
9 上海夏普电器有限公司	1509592	50 沈阳三洋空调有限公司	328986
10 合肥荣事达（集团）有限公司	1345015	51 上海双鹿电器股份有限公司	326650
11 上海上菱电器股份有限公司	1338277	52 山东发达集团公司	325000
12 无锡市小天鹅股份有限公司	1297532	53 山西省海棠电器集团股份有限公司	295361
13 长岭（集团）股份有限公司	1233020	54 江苏捷康集团	269317
14 江门市金羚集团有限公司	1204956	55 顺德市桂洲第一风扇厂	261146
15 青岛澳柯玛电器公司	1196130	56 中山市家用电器厂	257092
16 松下万宝（广州）空调器有限公司	1185893	57 广东康宝电器有限公司	256358
17 上海日立家用电器有限公司	1127687	58 杭州老板实业集团有限公司	251066
18 杭州松下家用电器有限公司	966944	59 吉林吉诺尔股份有限公司	248285
19 厦门灿坤实业股份有限公司	922765	60 浙江精诚集团	234650
20 上海日立电器有限公司	866503	61 上海灿坤实业有限公司	224325
21 中国扬子集团有限公司	856356	62 长沙中意集团股份有限公司	223618
22 吴县防爆电机厂	820500	63 安徽美菱注塑中心	220790
23 上海汽车空调器厂	814687	64 菊花电器集团公司（无锡）	215651
24 中国济南洗衣机厂	760597	65 广东省新会电机厂	215521
25 上海水仙电器股份有限公司	756839	66 上海松下微波炉有限公司	215076
26 中国雪柜实业有限公司	662141	67 玉环县冰箱压缩机厂	205557
27 江苏长城电器集团股份有限公司	629138	68 黄石市东贝冷机集团有限公司	202498
28 杭州西泠制冷电器有限公司	562225	69 杭州乘风电器公司	198806
29 杭州东宝电器集团公司	543968	70 营口营冷（集团）有限责任公司	196272
30 杭州市家用电器工业公司	529364	71 深圳奥维尔电器有限公司	184614
31 顺德格兰仕电器厂有限公司	510123	72 广东鹰牌集团公司	175196
32 中山市威力洗衣机有限公司	494648	73 荆沙市电工仪表（集团）公司	171802
33 江苏时花电器集团公司	468460	74 成都彩虹电器集团股份有限公司	171126
34 蚬华电器工业集团公司	450987	75 安阳市空调器厂	171000
35 广东容声电器股份有限公司	402469	76 江苏大海集团股份有限公司	170276
36 山东省金龙企业集团公司	400050	77 武汉荷花电器工业公司	168519
37 江苏阪神有限责任公司	399550	78 江苏省风神空调集团股份有限公司	167803
38 万宝电器工业公司	388308	79 江门市家用电器工业公司	165276
39 宁波三星集团股份有限公司	385307	80 上海赛博电器有限公司	163704
40 顺德爱德电饭锅制造厂有限公司	381995	81 北京亚都科技股份有限公司	161185
41 杭州华日集团公司	371578	82 杭州一洲电器有限公司	154997

83 杭州金鱼电器集团公司	153797
84 苏州春花吸尘器总厂	151630
85 广东省吉荣空调设备公司	148931
86 中山市港口风扇总厂	145477
87 广东二轻制冷机公司	141671
88 广州万宝电热器具有限公司	139194
89 上海家用空调器总厂	133829
90 新会市金华风扇厂	131412
91 南昌家电有限公司	131008
92 上海上菱天安电冰箱有限公司	130568
93 上海舒乐电器厂	129093
94 上海电熨斗总厂	128631
95 浙江双菱电器集团有限公司	127587
96 成都宏声电子实业总公司	127176
97 重庆三峡电器厂	125702
98 松下万宝（广州）电熨斗有限公司	122935
99 河南省冷柜厂	120112
100 姜堰市空调配件厂	119969

日用电器制造业（二）

利税总额（千元）

1 春兰（集团）公司	1139404
2 广东科龙电器股份有限公司	574337
3 海尔集团	474950
4 河南新飞电器集团	377664
5 无锡市小天鹅股份有限公司	289358
6 珠海格力电器股份有限公司	282927
7 合肥美菱股份有限公司	254003
8 上海汽车空调器厂	237567
9 青岛澳柯玛电器公司	199541
10 广东美的集团股份有限公司	195940
11 上海日立电器有限公司	177252
12 合肥荣事达（集团）有限公司	173694
13 上海夏普电器有限公司	138427
14 杭州松下家用电器有限公司	136486
15 江门市金羚集团有限公司	130501
16 中国济南洗衣机厂	116183
17 长岭（集团）股份有限公司	104464
18 上海日立家用电器有限公司	86475
19 中国雪柜实业有限公司	86296
20 顺德格兰仕电器厂有限公司	84337
21 加西贝拉压缩机有限公司	79732
22 万宝冷机集团有限公司	72822
23 沈阳华润压缩机有限公司	70310
24 玉环县冰箱压缩机厂	69661
25 厦门灿坤实业股份有限公司	52689
26 上海上菱电器股份有限公司	51708
27 江苏阪神有限责任公司	51195
28 广东华宝空调器厂	50862
29 珠海经济特区飞利浦家庭电器有限公司	50309
30 中国扬子集团有限公司	49460
31 江西省景德镇市华意电器总公司	45541
32 北京亚都科技股份有限公司	44611
33 上海水仙电器股份有限公司	40335
34 安徽美菱注塑中心	38326
35 顺德爱德电饭锅制造厂有限公司	37122
36 杭州华日集团公司	37083
37 杭州老板实业集团有限公司	34792
38 浙江星星电器工业公司	34202
39 广东省吉荣空调设备公司	33177
40 成都彩虹电器集团股份有限公司	32463
41 山东发达集团公司	29610
42 山西省海棠电器集团股份有限公司	28547
43 吉林吉诺尔股份有限公司	28113
44 山东省金龙企业集团公司	27680
45 深圳奥维尔电器有限公司	27611
46 宁波富达电器股份有限公司	26603
47 江苏时花电器集团公司	25270
48 蚬华电器工业集团公司	23741
49 杭州金鱼电器集团公司	22823
50 安阳市空调器厂	21540
51 苏州春花吸尘器总厂	21428
52 河南省冷柜厂	21212
53 淄博多星电器总厂	20966
54 天津新宝天洋家电有限公司	20457
55 广东容声电器股份有限公司	19034
56 江苏捷康集团	18800
57 中山市威力洗衣机有限公司	17302
58 吴县防爆电机厂	17060
59 成都宏声电子实业总公司	16239
60 营口营冷（集团）有限责任公司	16056
61 杭州西泠制冷电器有限公司	15563
62 荆沙市电工仪表（集团）公司	15150
63 杭州东宝电器集团公司	14464
64 菊花电器集团公司（无锡）	14118

65 中山市家用电器厂	13801
66 江苏省风神空调集团股份有限公司	13360
67 番禺市电机总厂	13250
68 黄石市东贝冷机集团有限公司	12672
69 重庆三峡电器厂	12278
70 江苏大海集团股份有限公司	12141
71 江苏海狮机械集团	11740
72 江苏希达空调净化设备总公司	11651
73 新乡市科隆电器股份有限公司	11442
74 宁波三星集团股份有限公司	10419
75 浙江吉佳机电设备有限公司	10206
76 江门市东宁洗衣机厂有限公司	9937
77 广东省新会电机厂	9582
78 姜堰市空调配件厂	9090
79 南昌家电有限公司	8933
80 山东早春集团股份有限公司	8685
81 杭州一洲电器有限公司	8529
82 顺德市顺华轻工实业公司	8214
83 南海飞行家用电器企业集团公司	7884
84 玉立电器集团公司	7829
85 杭州市家用电器工业公司	7657
86 江阴市申龙特殊金属管有限公司	7606
87 广东康宝电器有限公司	7399
88 三河市洁神集团公司	7143
89 浙江精诚集团	7020
90 广州嘉利电器有限公司	6944
91 百灵电器（上海）有限公司	6521
92 杭州乘风电器公司	6377
93 杭州洁翔实业股份有限公司	6294
94 沈阳三洋空调有限公司	6157
95 黑龙江无线电一厂	5774
96 武汉荷花电器工业公司	5638
97 广东爱电电器有限公司	5582
98 江门市家用电器工业公司	5576
99 诸暨市福利微型特种电机厂	5388
100 黑龙江省龙江电器集团有限公司	5249

日用电器制造业（三）

	资产总计（千元）
1 海尔集团	4631210
2 广东科龙电器股份有限公司	3866219
3 春兰（集团）公司	3590300
4 合肥美菱股份有限公司	3161713
5 广东美的集团股份有限公司	2781260
6 上海上菱电器股份有限公司	2520485
7 合肥荣事达（集团）有限公司	2153391
8 珠海格力电器股份有限公司	2010873
9 中国扬子集团有限公司	1958278
10 松下万宝（广州）空调器有限公司	1917053
11 广东华宝空调器厂	1832512
12 长岭（集团）股份有限公司	1750087
13 广东半球实业集团公司	1652750
14 河南新飞电器集团	1514438
15 北京京海集团公司	1477495
16 青岛澳柯玛电器公司	1466698
17 上海日立电器有限公司	1443993
18 上海夏普电器有限公司	1400857
19 无锡市小天鹅股份有限公司	1301426
20 江门市金羚集团有限公司	1255264
21 江西省景德镇市华意电器总公司	1234534
22 万宝电器工业公司	1186784
23 上海水仙电器股份有限公司	1174814
24 长沙中意集团股份有限公司	1075990
25 万宝冷机集团有限公司	1067541
26 中国雪柜实业有限公司	1013659
27 上海日立家用电器有限公司	997974
28 厦门灿坤实业股份有限公司	989468
29 上海双鹿电器股份有限公司	958250
30 乐金电子（天津）电器有限公司	823082
31 荆沙市电工仪表（集团）公司	765079
32 杭州西冷制冷电器有限公司	758432
33 广州华凌空调设备有限公司	711870
34 上菱空调机电器有限公司	683429
35 杭州东宝电器集团公司	678064
36 上海汽车空调器厂	662384
37 吉林吉诺尔股份有限公司	647288
38 营口洗衣机总厂	645909
39 广州三菱电机华凌压缩机有限公司	643663
40 江苏长城电器集团股份有限公司	629809
41 黄石市东贝冷机集团有限公司	626839
42 沈阳华润压缩机有限公司	606141
43 万宝集团洗衣机工业公司	595254
44 沈阳三洋空调有限公司	589366
45 中国济南洗衣机厂	585485
46 广州万宝压缩机有限公司	584643

47 杭州松下家用电器有限公司	584061	74 丹东东齐电器（集团）公司	318776
48 蚬华电器工业集团公司	572620	75 湛江电器工业集团公司	316745
49 广东鹰牌集团公司	553177	76 菊花电器集团公司（无锡）	314374
50 营口营冷（集团）有限责任公司	544222	77 杭州一洲电器有限公司	310360
51 广东容声电器股份有限公司	544168	78 北京恩布拉科雪花压缩机有限公司	307529
52 浙江星星电器工业公司	542950	79 玉环县冰箱压缩机厂	307367
53 上海上菱天安电冰箱有限公司	541882	80 山东发达集团公司	297962
54 广东二轻制冷机公司	502740	81 顺德格兰仕电器厂有限公司	293738
55 加西贝拉压缩机有限公司	497718	82 南昌家电有限公司	291146
56 杭州华日集团公司	483803	83 特灵——江南空调有限公司	290300
57 富士通将军（上海）有限公司	477171	84 江门市东宁洗衣机厂有限公司	283014
58 安徽美菱注塑中心	443339	85 武汉海尔电器股份有限公司	279035
59 上海惠而浦水仙有限公司	441039	86 江苏阪神有限责任公司	278350
60 中山市威力洗衣机有限公司	422713	87 江苏时花电器集团公司	274850
61 杭州金鱼电器集团公司	416190	88 顺德华南空调制冷实业有限公司	273074
62 北京亚都科技股份有限公司	405083	89 上海松下微波炉有限公司	269386
63 上海家用空调器总厂	396884	90 上海新江机器厂	265110
64 顺德爱德电饭锅制造厂有限公司	384361	91 荆沙市银河有限公司	257834
65 杭州市家用电器工业公司	377820	92 上海灿坤实业有限公司	256513
66 长春君子兰工业集团公司	371146	93 苏州冷柜厂	251290
67 沈阳华丽空调股份有限公司	357570	94 南海飞行家用电器企业集团公司	249238
68 广东省台山市三宁空调器有限公司	355414	95 上海赛博电器有限公司	245579
69 山东省金龙企业集团公司	352410	96 江苏大海集团股份有限公司	240856
70 广东康宝电器有限公司	350598	97 杭州乘风电器公司	239313
71 北京威克特电器集团	344147	98 宁波三星集团股份有限公司	239195
72 天津新宝天洋家电有限公司	338572	99 百灵电器（上海）有限公司	238289
73 河南省冷柜厂	333467	100 石家庄哈特电器机械有限公司	236236

电子及通信设备制造业（一）

销售收入（千元）

企业	销售收入（千元）
1 摩托罗拉（中国）电子有限公司	11934840
2 四川长虹电子集团公司	10642171
3 康佳集团股份有限公司	4882197
4 上海贝尔电话设备制造有限公司	4560676
5 杭州通信有限责任公司	3984095
6 彩虹彩色显像管总厂	3966221
7 熊猫电子集团公司	3778308
8 北京松下彩色显像管有限公司	2945068
9 浙江青鸿国际电子集团有限公司	2295037
10 上海广电股份有限公司	2277807
11 上海永新彩色显像管有限公司	2229833
12 康柏电脑技术（中国）有限公司	2202936
13 青岛海信电器公司	2008293
14 天津三美电机有限公司	1978389
15 深圳市华为技术有限公司	1952280
16 华强三洋电子有限公司	1922009
17 广东彩色显像管有限公司	1879289
18 冠捷电子（福建）有限公司	1822876
19 佳能大连办公设备有限公司	1794606
20 上海索广电子有限公司	1764781
21 北京国际交换系统有限公司	1714655
22 深圳三洋华强激光电子有限公司	1672955
23 惠州王牌视听电子有限公司	1662315
24 信华精机有限公司	1647613
25 三洋电机（蛇口）有限公司	1562874
26 深圳开发科技股份有限公司	1550698
27 厦门华侨电子企业有限公司	1505385
28 深圳赛格日立彩色显示器件有限公司	1487501
29 天津通广三星电子有限公司	1481536
30 中山市嘉华电子工业有限公司	1463827
31 珠海天草电子有限公司	1422197
32 哈尔滨市双太电子有限公司	1407910
33 联想集团公司	1391949
34 中外合资华飞彩色显示系统有限公司	1368505
35 天津三星电机有限公司	1198093
36 河南安阳彩色显像管玻壳有限公司	1009543
37 深圳创华合作有限公司	998776
38 深圳国威电子有限公司	948840
39 福建实达电脑集团股份有限公司	906255
40 北京四通集团公司	838138
41 上海朗迅科技	836239
42 西湖电子实业有限公司	818901
43 福建日立电视机有限公司	794293
44 上海西门子移动通信有限公司	771386
45 康惠（惠州）电子实业有限公司	768109
46 丹东东宝电器（集团）总公司	763003
47 石家庄宝石电子集团公司	725048
48 中国华录松下录像机有限公司	724556
49 长白计算机集团公司	691645
50 北京牡丹电子集团公司	636981
51TCL 通讯设备股份有限公司	634549
52 国营华东电子管厂	628603
53 天津三星电子有限公司	625955
54 国营燎原无线电厂	606311
55 天津日电电子通信工业有限公司	583921
56 凯歌电子电器公司江门股份有限公司	572162
57 中国长城计算机深圳公司	554825
58 斯大精密大连有限公司	554167
59 依利安达（广州）电子有限公司	533255
60 至卓飞高（中国）有限公司	521104
61 珠海经济特区东大集团股份有限公司	519485
623M 中国有限公司	500315
63 杭州电视机二厂	486004
64 珠海松下马达有限公司	483782
65 东莞市生益敷铜板股份有限公司	471207
66 珠海市江海电子股份有限公司	469577
67 浙江兰花电子集团公司	468759
68 北京松下电子部品有限公司	464935
69 厦门台和电子有限公司	461217
70 威海北洋电气集团股份有限公司	457653
71 武汉市 NEC 中原移动通信有限公司	438130
72 上海震旦办公设备有限公司	438000
73 上海 JVC 电器有限公司	422751
74 丹东菊花电器集团	421059
75 广东风华高新科技集团有限公司	402690
76 上海贝岭微电子制造有限公司	401420
77 北京六所华胜高技术股份有限公司	392739
78 东阳市磁性企业集团公司	388966
79 上海德加拉电器有限公司	383247
80 北京市松下通信设备有限公司	381106
81 江苏燕舞电器集团公司	368830
82 潍坊华光电子（集团）股份有限公司	364060

83 赣新电视有限公司	361109	92 厦门 TDK 有限公司	326919
84 牡丹江市康佳实业有限公司	346594	93 上海真空电子器件股份有限公司	320918
85 徐州天宝电子实业集团	346351	94 国营北京有线电总厂	311197
86 国营黄河机器制造厂	341848	95 厦新电子有限公司	310638
87 中国华晶电子集团公司	341088	96 邮电部北京通信设备厂	306056
88 邮电部南京通信设备厂	338848	97 中欧电子工业有限公司	292160
89 红光实业股份有限公司	338720	98 大连阿尔派电子有限公司	289107
90 芙蓉电子实业总公司	331880	99 上海电子元件公司	287834
91 邮电部天津设备厂	327486	100 柏惠电子有限公司	287206

电子及通信设备制造业（二）

利税总额（千元）

1 摩托罗拉（中国）电子有限公司	3560410	33 惠州王牌视听电子有限公司	72090
2 四川长虹电子集团公司	2535815	34 北京爱立信通信系统有限公司	71264
3 上海贝尔电话设备制造有限公司	951728	35 邮电部南京通信设备厂	68237
4 北京松下彩色显像管有限公司	692888	36 南京电子网板有限公司	67852
5 广东彩色显像管有限公司	622579	37 上海飞乐股份有限公司	59252
6 彩虹彩色显像管总厂	618646	38 东阳市磁性企业集团公司	57331
7 康佳集团股份有限公司	508179	39 武汉市 NEC 中原移动通信有限公司	57261
8 上海永新彩色显像管有限公司	447284	40 上海西门子移动通信有限公司	55880
9 深圳市华为技术有限公司	420290	41 上海邮电通信设备股份有限公司	55243
10 北京国际交换系统有限公司	415031	42 康惠（惠州）电子实业有限公司	55220
11 杭州通信有限责任公司	396217	43 依利安达（广州）电子有限公司	55180
12 深圳开发科技股份有限公司	320924	44 佳能大连办公设备有限公司	54773
13 中外合资华飞彩色显示系统有限公司	270773	45 东莞市生益敷铜板股份有限公司	54729
14 熊猫电子集团公司	233942	46 厦门台和电子有限公司	54400
15 石家庄宝石电子集团公司	231069	47 大连大显股份有限公司	53922
16 河南安阳彩色显像管玻壳有限公司	223602	48 天津爱普生有限公司	50264
17 深圳赛格日立彩色显示器件有限公司	215328	49 国营北京有线电总厂	47971
18 青岛海信电器公司	204888	50 上海爱梯恩梯光纤有限公司	46310
19 康柏电脑技术（中国）有限公司	175535	51 信华精机有限公司	45334
20 上海贝岭微电子制造有限公司	154350	52 上海神明电机有限公司	45054
21 上海朗迅科技	141683	53 深圳市赛格达声股份有限公司	44953
22TCL 通讯设备股份有限公司	136860	54 冠捷电子（福建）有限公司	43542
23 厦门华侨电子企业有限公司	136058	55 咸阳偏转线圈股份有限公司	43388
24 凯歌电子电器公司江门股份有限公司	115424	56 浙江青鸿国际电子集团有限公司	42075
25 联想集团公司	106778	57 广州爱立信通信有限公司	41419
26 福建实达电脑集团股份有限公司	106477	58 三德兴（中国）集团有限公司	40789
27 广东风华高新科技集团有限公司	86202	59 深圳华发电子股份有限公司	40438
28 北京市松下通信设备有限公司	85724	60 威海北洋电气集团股份有限公司	40121
29 天津日电电子通信工业有限公司	83935	61 哈尔滨市双太电子有限公司	39481
30 东莞生益电子有限公司	79239	62 汕头超声印制板公司	38758
313M 中国有限公司	75340	63 天津津京玻壳股份有限公司	38025
32 红光实业股份有限公司	74070	64 北京东方电子集团股份有限公司	37852

65 江苏晶石集团公司	37815	83 邮电部广州通信设备厂	28755
66 潮州三环（集团）股份有限公司	37810	84 国营华伟电子设备厂	28625
67 上海盛昌天华电子有限公司	37286	85 上海赢赛拉磁性器材有限公司	27937
68 上海金陵股份有限公司	36596	86 南阳金冠电气股份有限公司	27633
69 中美电话电报通信设备有限公司	34426	87 北京四通集团公司	27237
70 深圳京华电子股份有限公司	33174	88 潍坊华光电子（集团）股份有限公司	26697
71 邮电 3M 有限公司	33145	89 温州西山特种陶瓷工业企业集团公司	25990
72 南方通信（惠州）实业有限公司	32347	90 上海广电股份有限公司	25653
73 邮电部天津设备厂	31969	91 福建日立电视机有限公司	25282
74 牡丹江市康佳实业有限公司	31880	92 徐州天宝电子实业集团	25241
75 湛江佳信电子实业有限公司	30504	93 绵阳湖山电子股份有限公司	24329
76 上海新芝电子有限公司	30476	94 大连太平洋多层线路板有限公司	24298
77 厦门 TDK 有限公司	29986	95 中国长城计算机深圳公司	24022
78 厦新电子有限公司	29968	96 天津三美电机有限公司	23945
79 西湖电子实业有限公司	29804	97 上海阿尔卑斯电子有限公司	23846
80 中外合资南京富士通计算机设备有限公司	29406	98 王氏电路（惠州）有限公司	23288
81 广东邮电设备联合制造一厂	29255	99 厦门市法拉发展总公司	23083
82 至卓飞高（中国）有限公司	29167	100 国营燎原无线电厂	22410

电子及通信设备制造业（三）

资产总计（千元）

1 四川长虹电子集团公司	11974870	24 国营黄河机器制造厂	1616868
2 摩托罗拉（中国）电子有限公司	8098623	25 佳能大连办公设备有限公司	1614298
3 上海贝尔电话设备制造有限公司	7697855	26 北京牡丹电子集团公司	1596095
4 上海广电股份有限公司	5099841	27 深圳市华为技术有限公司	1569790
5 熊猫电子集团公司	4991230	28 天津日电电子通信工业有限公司	1563950
6 石家庄宝石电子集团公司	4762911	29 中国华晶电子集团公司	1542992
7 彩虹彩色显像管总厂	4157017	30 深圳开发科技股份有限公司	1479368
8 康佳集团股份有限公司	3811790	31 上海朗迅科技	1417196
9 杭州通信有限责任公司	3445388	32 天津通广三星电子有限公司	1355955
10 河南安阳彩色显像管玻壳有限公司	3187599	33 厦门华侨电子企业有限公司	1315046
11 广东彩色显像管有限公司	3077099	34 深圳赛格日立彩色显示器件有限公司	1157480
12 上海真空电子器件股份有限公司	3029028	35 中山市嘉华电子工业有限公司	1127276
13 北京松下彩色显像管有限公司	2928395	36 广东风华高新科技集团有限公司	1126223
14 青岛海信电器公司	2559873	37 威海北洋电气集团股份有限公司	1106700
15 北京国际交换系统有限公司	2477972	38 大连华录集团公司	1104630
16 北京四通集团公司	2426041	39 哈尔滨市双太电子有限公司	1090895
17 上海旭电子玻璃有限公司	2184036	40 上海先进半导体制造有限公司	1025293
18 佛山市彩色显像管公司	2142088	41 上海电子元件公司	1019346
19 上海永新彩色显像管有限公司	2110948	42 冠捷电子（福建）有限公司	1006850
20 珠海经济特区东大集团股份有限公司	1949420	43 国营锦江电机厂	1000015
21 中外合资华飞彩色显示系统有限公司	1947801	44 西湖电子实业有限公司	997748
22 中国华录松下录像机有限公司	1818597	45 长白计算机集团公司	991669
23 红光实业股份有限公司	1685110	46 天津津京玻壳股份有限公司	939050

47 国营长风机器厂 927019
48 国营北京有线电总厂 920763
49 福建实达电脑集团股份有限公司 896110
50 凯歌电子电器公司江门股份有限公司 868130
51 华强三洋电子有限公司 833306
52 国营燎原无线电厂 825886
53 天津三星电机有限公司 823258
54 天津三美电机有限公司 806208
55 沈阳百花电器集团公司 805022
56 湖南曙光电子集团公司 798588
57 中国长城计算机深圳公司 781072
58 联想集团公司 775391
59 三洋电机（蛇口）有限公司 773644
60 国营华东电子管厂 759062
61 上海飞乐股份有限公司 759049
62 浙江青鸿国际电子集团有限公司 742890
63 上海德加拉电器有限公司 742756
64 邮电部重庆通信设备厂 731046
65 天津通信广播公司 720071
66 上海邮电通信设备股份有限公司 693320
67 国营新联机械厂 688824
68TCL 通讯设备股份有限公司 669420
69 惠州王牌视听电子有限公司 664158
70 福建日立电视机有限公司 644199
71 江苏燕舞电器集团公司 633940
72 潍坊华光电子（集团）股份有限公司 611897
73 深圳市赛格达声股份有限公司 611196
74 康柏电脑技术（中国）有限公司 607292
753M 中国有限公司 604825
76 天津三星电子有限公司 597994
77 上海西门子移动通信有限公司 597172
78 厦新电子有限公司 590546
79 邮电部洛阳电话设备厂（537 厂） 589984
80 如意电气总公司 584518
81 上海新芝电子有限公司 580217
82 国营南京有线电厂 579402
83 重庆无线电三厂 577710
84 天津松下电子部品有限公司 577458
85 成都无线电一厂 575256
86 深圳国威电子有限公司 571473
87 北京东方电子集团股份有限公司 570289
88 丹东东宝电器（集团）总公司 565999
89 沈阳东宇实业有限公司 564732
90 上海贝岭微电子制造有限公司 559008
91 广州无线电集团有限公司 558700
92 吉林市半导体厂 557601
93 徐州天宝电子实业集团 552833
94 北京广播器材厂（七六一厂） 545769
95 丹东菊花电器集团 533304
96 深圳华发电子股份有限公司 531930
97 东莞市生益敷铜板股份有限公司 523589
98 斯大精密大连有限公司 511727
99 上海金陵股份有限公司 510480
100 深圳兰光电子工业总公司 502651

仪器仪表及文化、办公用机械制造业（一）

销售收入（千元）

企业	销售收入
1 佳能珠海有限公司	2504885
2 上海自动化仪表股份有限公司	665594
3 中国惠普有限公司	651169
4 华立集团公司	587939
5 上海施乐复印机有限公司	496614
6 重庆川仪股份有限公司	453300
7 江苏神鹰集团公司	269570
8 烟台北极星钟表集团公司	260420
9 天津三星光电子有限公司	257549
10 广东世联实业集团公司	249870
11 浙江伟业集团公司	239491
12 西安仪表厂（集团）	222530
13 云南光学仪器厂	211520
14 上海精密科学仪器公司	208514
15 上海中贝办公机械总公司（实体）	207121
16 西安石油勘探仪器总厂	198830
17 湖南华南光电仪器厂	186890
18 江西光学仪器总厂	185409
19 武汉仪器仪表自动化工业集团公司	168547
20 西安西北光电仪器厂	167220
21 成都前锋电子股份有限公司	160480
22 上海合金厂	153867
23 国营华北光学仪器厂	150154
24 上海．福克斯波罗有限公司	145784
25 上海仪表（集团）公司	140572
26 横河西仪有限公司	136359
27 广州至法实业有限公司	135835
28 芜湖仪表厂	131548
29 安徽省天长市仪表厂	128879
30 济南金钟电子衡器股份有限公司	128542
31 广州复印机厂	124830
32 北京长空工业有限公司	123202
33 襄樊东风汽车仪表有限责任公司	120766
34 珠海格力中瑞表业有限公司	119347
35 青岛电度表厂	118663
36 上海美能达光学仪器有限公司	118502
37 舜宇股份有限公司	118420
38 上海钻石手表厂	116892
39 威海东华工业集团公司	116160
40 哈尔滨电表仪器厂	111568
41 国营萧山市磁钢厂	110243
42 海鹰企业集团有限责任公司	109000
43 常州托利多电子衡器有限公司	108891
44 上海量具刃具厂	104361
45 上海罗斯蒙特有限公司	103020
46 泰兴市玻璃厂	102691
47 杭州西子（集团）公司	102030
48 河南平原光学电子仪器厂	101750
49 黄山金马仪表有限责任公司	100682
50 上海手表厂	97784
51 济南试验机制造总公司（集团）	97685
52 上海海达计时电子公司	95361
53 重庆光电仪器总公司	92050
54 天津市复印设备公司	90503
55 苏州仪表元件厂	90139
56 宁波水表厂	89741
57 九江仪表厂	89389
58 上海大和衡器有限公司	88046
59 鞍山热工仪表集团	87440
60 国营汉光机械厂	87387
61 国营二六二厂	86329
62 浙江汽车仪表厂	82482
63 上海德科电子仪表有限公司	80970
64 南京江南光电（集团）股份有限公司	78639
65 江苏曙光光学电子仪器厂	78391
66 天津手表厂	77934
67 吴忠仪表厂	75904
68 禹城市家用电器总厂	75651
69 浙江绍兴怡东仪表有限公司	75492
70 大连仪表集团有限公司	75483
71 江苏湖光光电仪器厂	72302
72 柳州市仪表总厂	72280
73 无锡威达电工仪表有限公司	72095
74 大连精工电子有限公司	70642
75 大连手表工业公司	70317
76 河南省金雀电气（集团）有限公司	70248
77 东莞冠亚企业有限公司	68758
78 上海钟厂	68043
79 深圳华仪试验与测量仪表公司	68031
80 丹东热工仪表厂	66611
81 上海电度表厂	65874
82 重庆华渝电气仪表总厂	64504

83 邮电部武汉通信仪表厂	61703	92 温州海米特集团公司	57247
84 广东仪表有限公司	61487	93 哈尔滨电影机械厂	56729
85 滕州市鲁南衡达集团公司	60765	94 天津市华狮汽车仪表有限公司	56013
86 常熟市江南仪表总厂	60430	95 上海航海仪器总厂	54664
87 南京旭光仪器厂	60232	96 上海光华·爱尔美特仪器有限公司	54242
88 北京光学仪器厂	60093	97 无锡市电子计算机厂	53988
89 无锡华光电子工业有限公司	59725	98 上海电表厂	53625
90 柯尼卡（大连）有限公司	59444	99 重庆检测仪表厂	52126
91 南京电影机械厂	58260	100 中国人民解放军第二六零一工厂	51576

仪器仪表及文化、办公用机械制造业（二）

利税总额（千元）

1 中国惠普有限公司	156189	33 阳谷县高庙王乡科仪厂	11121
2 佳能珠海有限公司	130201	34 浙江汽车仪表厂	11063
3 上海自动化仪表股份有限公司	100520	35 国营萧山市磁钢厂	10616
4 上海施乐复印机有限公司	84244	36 广东仪表有限公司	10155
5 华立集团公司	56495	37 禹城市家用电器总厂	9981
6 重庆川仪股份有限公司	54570	38 广东世联实业集团公司	9654
7 珠海格力中瑞表业有限公司	48565	39 苏州第一光学仪器厂	9002
8 成都前锋电子股份有限公司	46715	40 上海量具刃具厂	8993
9 西安仪表厂（集团）	38066	41 丹东热工仪表厂	8803
10 上海精密科学仪器公司	37159	42 海鹰企业集团有限责任公司	8741
11 江苏神鹰集团公司	33250	43 大连精工电子有限公司	8406
12 北京长空工业有限公司	30643	44 横河西仪有限公司	8309
13 舜宇股份有限公司	28565	45 泰兴市玻璃厂	8245
14 浙江伟业集团公司	26951	46 上海大和衡器有限公司	8214
15 鞍山热工仪表集团	25960	47 天津三星光电子有限公司	8188
16 国营华北光学仪器厂	23231	48 国营二六二厂	7865
17 承德热河克罗尼仪表有限公司	22704	49 南京江南光电（集团）股份有限公司	7815
18 常州托利多电子衡器有限公司	22640	50 上海合金厂	7426
19 汕头市超声仪器研究所	20356	51 温州海米特集团公司	7426
20 济南金钟电子衡器股份有限公司	19831	52 上海光华仪表厂	7297
21 上海．福克斯波罗有限公司	18328	53 上海罗斯蒙特有限公司	7103
22 上海光华·爱尔美特仪器有限公司	16901	54 邮电部武汉通信仪表厂	7081
23 安徽省天长市仪表厂	16758	55 常熟市江南仪表总厂	7030
24 江西光学仪器总厂	15399	56 四川清平机械厂	7022
25 襄樊东风汽车仪表有限责任公司	15382	57 滕州市鲁南衡达集团公司	6902
26 上海仪表（集团）公司	14401	58 佛山市分析仪器厂	6802
27 吴忠仪表厂	13059	59 上海海达计时电子公司	6747
28 上海申贝办公机械总公司（实体）	12710	60 中国人民解放军第二六零一工厂	6501
29 浙江绍兴怡东仪表有限公司	12278	61 宁波定时器总厂	6277
30 黄山金马仪表有限责任公司	11855	62 无锡华光电子工业有限公司	6257
31 湖南华南光电仪器厂	11602	63 上海钟表元件厂	6255
32 北京光学仪器厂	11348	64 上海钻石手表厂	6241

65 无锡威达电工仪表有限公司	6024	83 吉林东光精密机械总厂	4271
66 大连仪表集团有限公司	5957	84 广州复印机厂	4173
67 天津手表厂	5727	85 亲和测定大连有限公司	4153
68 宁波水表厂	5695	86 芜湖仪表厂	4135
69 山东省泰山衡器股份有限公司	5691	87 河南省金雀电气（集团）有限公司	3867
70 广州金通仪器实业股份有限公司	5250	88 无锡市电子计算机厂	3857
71 江门雄霸立体光学器材有限公司	5236	89 上海秒表厂	3851
72 襄樊市仪表元件厂	5231	90 无锡工达股份有限公司	3786
73 杭州威士集团公司	5230	91 杭州工业自动化仪表总厂	3641
74 青岛电度表厂	5220	92 上海横河电机有限公司	3488
75 北京仪器厂	5188	93 中国核工业总公司北京核仪器厂	3450
76 济南试验机制造总公司（集团）	5144	94 上海航海仪器总厂	3360
77 重庆光电仪器总公司	5073	95 三门峡中原量仪股份有限公司	3293
78 哈尔滨电表仪器厂	5031	96 安徽省合肥仪表总厂	3217
79 上海电度表厂	5014	97 南京电影机械厂	3157
80 重庆仪表厂	5001	98 云南光学仪器厂	3090
81 重庆检测仪表厂	4560	99 广州光学仪器厂	3087
82 天津费加罗电子有限公司	4342	100 深圳华仪试验与测量仪表公司	3023

仪器仪表及文化、办公用机械制造业（三）

资产总计（千元）

1 上海自动化仪表股份有限公司	1688337	24 南京旭光仪器厂	308931
2 佳能珠海有限公司	1561326	25 桂林威达仪器仪表办公设备集团公司	308432
3 西安石油勘探仪器总厂	1133470	26 河南平原光学电子仪器厂	303407
4 重庆川仪股份有限公司	1061795	27 北京长空工业有限公司	299276
5 华立集团公司	1009600	28 国营华北光学仪器厂	298012
6 烟台北极星钟表集团公司	775824	29 甘肃光学仪器工业公司	292560
7 中国惠普有限公司	691881	30 大连仪表集团有限公司	278476
8 西安西北光电仪器厂	654150	31 海鹰企业集团有限责任公司	268706
9 武汉仪器仪表自动化工业集团公司	649313	32 中国嘉陵集团四川西南光学仪器厂	266640
10 西安仪表厂（集团）	589874	33 江苏神鹰集团公司	265920
11 云南光学仪器厂	449770	34 东莞冠亚企业有限公司	262017
12 上海施乐复印机有限公司	432775	35 上海钻石手表厂	259360
13 哈尔滨电表仪器厂	389371	36 国营汉光机械厂	257578
14 吉林东光精密机械总厂	381190	37 辽宁手表厂	251635
15 江西光学仪器总厂	370434	38 西安亚西光电仪器厂	249629
16 成都前锋电子股份有限公司	349690	39 上海德科电子仪表有限公司	248701
17 芜湖仪表厂	343759	40 广东世联实业集团公司	241694
18 重庆五洲实业公司	340957	41 天津手表厂	238729
19 上海海鸥照相机厂	334489	42 天津市复印设备公司	235143
20 重庆华渝电气仪表总厂	332067	43 江苏曙光光学电子仪器厂	225347
21 上海精密科学仪器公司	321763	44 上海仪表（集团）公司	223600
22 上海量具刃具厂	314935	45 吉林省光明仪器厂	220742
23 上海手表厂	310422	46 超声电子（集团）公司	218780

47 上海海达计时电子公司	217757
48 湖南华南光电仪器厂	214450
49 国营湖北华中精密仪器厂	212580
50 重庆钟表工业公司	209990
51 重庆明佳光电仪器厂	202110
52 广州钟厂	199087
53 上海申贝办公机械总公司（实体）	194477
54 襄樊东风汽车仪表有限责任公司	187205
55 北京手表厂	182217
56 南京江南光电（集团）股份有限公司	181097
57 浙江伟业集团公司	180912
58 九江仪表厂	180088
59 苏州仪表元件厂	179499
60 泰兴市玻璃厂	179066
61 杭州西子（集团）公司	178740
62 广东仪表有限公司	174779
63 威海东华工业集团公司	172170
64 上海合金厂	172122
65 汕头市超声仪器研究所	171274
66 贵阳仪器仪表工业公司永跃仪表厂	169371
67 西安蝴蝶手表厂	164283
68 国营萧山市磁钢厂	164270
69 鞍山热工仪表集团	163980
70 山东光电仪器厂	162886
71 哈尔滨电影机械厂	162880
72 大连手表工业公司	162835
73 上海航海仪器总厂	162639
74 北京分析仪器厂	160735
75 吴忠仪表厂	159706
76 大连精工电子有限公司	159353
77 天津三星光电子有限公司	159101
78 广州至法实业有限公司	157906
79 济南金钟电子衡器股份有限公司	157118
80 天津市华狮汽车仪表有限公司	157057
81 国营二六二厂	155723
82 河南川光电子光学仪器厂	152720
83 舜宇股份有限公司	151211
84 天津市自动化仪表厂	150087
85 江苏湖光光电仪器厂	149842
86 上海手表二厂	145290
87 湖南仪器仪表总厂	145130
88 佛山市分析仪器厂	144042
89 上海．福克斯波罗有限公司	143699
90 柯达电子（上海）有限公司	142781
91 上海钟厂	140167
92 南京电影机械厂	139416
93 北京量具刃具厂	139052
94 天津市自动化仪表工业公司	138664
95 中国人民解放军第六九一六工厂	133379
96 横河西仪有限公司	131645
97 黄山金马仪表有限责任公司	131138
98 北京市照相机总厂	129715
99 抚顺煤矿安全仪器厂	128890
100 常州托利多电子衡器有限公司	128315

其他制造业（一）

销售收入（千元）

1 浙江老凤祥首饰厂 659077
2 青岛飞龙工艺品 600790
3 上海老凤祥有限公司 .564191
4 即墨市发制品集团公司 388116
5 南京金箔（集团）公司 314918
6 佛山市工艺总厂有限公司 300758
7 沈阳市化肥总厂 250645
8 北京博士伦眼睛护理产品有限公司 209822
9 桂林金元珠宝企业集团公司 172936
10 文登市云龙绣品集团公司 170104
11 浙江维美纺织公司 160710
12 威海市山花地毯集团公司 160060
13 佛陶集团原料加工厂 155762
14 山东省莱州工艺品（集团）公司 151130
15 河南省镇平县地毯集团工业公司 150656
16 南通冠达股份有限公司 150180
17 上海庄艺钻石厂有限公司 150081
18 上海汽车地毯总厂 144544
19 绍兴市金银饰品厂 134993
20 来明工业（厦门）有限公司 130169
21 苏州绣品总厂 130026
22 浙江萧山花边总厂 121977
23 大庆地毯有限公司 121241
24 浙江华鑫集团公司 120174
25 新会市地毯厂 117328
26 厦门首饰厂 114933
27 梅河口市电化铝厂 113287
28 广东名瑞（集团）股份有限公司 111548
29 汕头航空工艺厂 105600
30 南京宝庆首饰总公司 104833
31 湖北金兰首饰集团有限公司 103600
32 杭州市工艺美术公司 102066
33 威海地毯一厂 100081
34 沈阳市萃华金银制品实业公司 99258
35 安徽省爱利德纺织工艺制品有限公司 99248
36 天津市武清县环宇地毯实业公司 98900
37 江苏登月集团 96913
38 西宁民族金银首饰实业总公司 96516
39 山东国华实业集团总公司 92680
40 浙江伟星实业有限公司 89020
41 佛山市绣品总厂有限公司 86860
42 香河县首饰厂 85495
43 工贸合营常州箱包拉链公司 82836
44 龙口市绣花厂 80000
45 广东南藤（集团）公司 79671
46 山东省寿光市抽纱总厂 79108
47 四川银河地毯股份有限公司 77898
48 甘肃无纺织地毯厂 77773
49 浦江县花边总厂 71451
50 文登市艺利达抽纱制衣集团公司 70500
51 山东省菏泽市振兴经贸集团 70000
52 芜湖市工艺美术厂 67894
53 唐山市富豪集团公司 67660
54 陆丰市东兴实业集团公司 66350
55 广东佛陶集团石湾美术陶瓷厂 63709
56 苏州刺绣厂（集团） 63230
57 浙江郁金香轻纺集团有限公司 61267
58 山东昌邑工艺品集团有限公司 58933
59 五莲县地毯厂 57803
60 苏艺窗帘绣品厂 56088
61 山东省武城县地毯厂 54525
62 上海野尻眼镜有限公司 53894
63 余江县果喜实业集团有限公司 53350
64 潍坊弘洋（集团）股份有限公司 53090
65 迁安市地毯总厂 50556
66 赤峰长城地毯总厂 50482
67 广东华煌艺品制造公司 50200
68 厦门福安伞业有限公司 49189
69 五莲县工艺美术公司 48314
70 中国抽纱品进出口公司上海抽纱三厂 47048
71 文登市绣花厂 47008
72 湖北三峡柑桔罐关股份有限公司 46952
73 青岛首饰公司 46089
74 山西省宏艺首饰总厂 43665
75 全日美实业（上海）有限公司 42033
76 惠民县地毯厂 41710
77 青岛工艺美术集团公司 40112
78 潍坊工艺美术集团实业总公司 38715
79 石狮市大信雨具有限公司 38268
80 青州市抽纱股份有限公司 37970
81 山东乳山工艺品集团股份有限公司 37500
82 黑龙江省蓝艺地毯集团有限公司 37464

83 杭州织绣工艺品工业公司	37415
84 威海银洁锈品有限公司	36360
85 陆丰市粤碣玩具实业公司	34680
86 番禺市华艺人造植物有限公司	33796
87 大连爱丽丝纽扣有限公司	33579
88 陕西合亚达胶粘制品有限公司	32911
89 佛山市塑料五厂	31745
90 海化福利塑编厂	31413
91 温州鸿升集团有限公司	31374
92 长春市地毯厂	30785
93 北京市福斯特汽车装饰件厂	30382
94 揭阳市藤艺集团公司	29686
95 长虹绣品厂	29509
96 河南省泌阳县丝毯厂	29430
97 江苏中联地毯集团公司	29240
98 重庆长江工艺厂	28130
99 青岛地毯五厂	28101
100 泰兴市泰申联合制鬃厂	28067

其他制造业（二）

	利税总额（千元）
1 北京博士伦眼睛护理产品有限公司	83445
2 浙江老凤祥首饰厂	80301
3 上海老凤祥有限公司	37899
4 上海汽车地毯总厂	36234
5 即墨市发制品集团公司	34994
6 青岛飞龙工艺品	24216
7 威海市山花地毯集团公司	23110
8 文登市云龙绣品集团公司	23109
9 浙江伟星实业有限公司	21670
10 南京金箔（集团）公司	21312
11 佛陶集团原料加工厂	20868
12 余江县果喜实业集团有限公司	20167
13 广东名瑞（集团）股份有限公司	19918
14 来明工业（厦门）有限公司	14925
15 河南省镇平县地毯集团工业公司	13816
16 石家庄市光明实业总公司	13500
17 天津市武清县环宇地毯实业公司	12910
18 上海天马电脑绣花厂	12667
19 河南省泌阳县丝毯厂	11615
20 文登市艺利达抽纱制衣集团公司	10798
21 威海地毯一厂	10188
22 香河县首饰厂	10036
23 南通冠达股份有限公司	10026
24 南京宝庆首饰总公司	9463
25 安徽省爱利德纺织工艺制品有限公司	8092
26 山东省菏泽市振兴经贸集团	8060
27 惠民县地毯厂	8015
28 四川银河地毯股份有限公司	7792
29 浙江维美纺织公司	7760
30 唐山市富豪集团公司	7394
31 佛山市绣品总厂有限公司	7000
32 沈阳市萃华金银制品实业公司	6923
33 西宁民族金银首饰实业总公司	6894
34 苏艺窗帘绣品厂	6775
35 山东省寿光市抽纱总厂	6762
36 海化福利塑编厂	6625
37 上海长江企业发展公司	6568
38 山东国华实业集团总公司	6358
39 迁安市地毯总厂	6205
40 佛山市工艺总厂有限公司	6144
41 浙江萧山花边总厂	5986
42 广东华煌艺品制造公司	5862
43 文登市绣花厂	5856
44 山东省莱州工艺品（集团）公司	5764
45 浙江华鑫集团公司	5573
46 山东省武城县地毯厂	5527
47 五莲县地毯厂	5270
48 浦江县花边总厂	4945
49 长虹绣品厂	4784
50 潍坊弘洋（集团）股份有限公司	4690
51 陆丰市粤碣玩具实业公司	4589
52 工贸合营日照抽纱品总厂	4588
53 黑龙江省蓝艺地毯集团有限公司	4532
54 青岛工艺美术集团公司	4247
55 梅河口市电化铝厂	4219
56 合浦县廉州镇炮竹厂	4176
57 北京市福斯特汽车装饰件厂	4164
58 山西省宏艺首饰总厂	4077
59 威海银洁锈品有限公司	3946
60 汕头航空工艺厂	3934
61 温州鸿升集团有限公司	3926
62 山东昌邑工艺品集团有限公司	3923
63 江苏登月集团	3915
64 青州市抽纱股份有限公司	3836

65 全日美实业（上海）有限公司	3809
66 中国抽纱品进出口公司上海抽纱三厂	3658
67 龙口市绣花厂	3644
68 绍兴市金银饰品厂	3460
69 上海野尻眼镜有限公司	3401
70 工贸合营常州箱包拉链公司	3235
71 山东乳山工艺品集团股份有限公司	3230
72 杭州织绣工艺品工业公司	3037
73 北京金漆镶嵌厂	2883
74 新会市地毯厂	2834
75 北京市礼花厂	2782
76 陆丰市东兴实业集团公司	2685
77 北京市珐琅厂	2629
78 厦门首饰厂	2589
79 威海市中洋实业总公司	2529
80 浦江超界集团有限公司	2503
81 枣庄市绣品厂	2481
82 烟台工艺品厂	2440
83 烟台地毯工业总公司	2437
84 苏州刺绣厂（集团）	2400
85 广东南藤（集团）公司	2352
86 苏州绣品总厂	2292
87 潍坊工艺美术集团实业总公司	2220
88 湖北三峡柑桔罐关股份有限公司	2204
89 重庆长江工艺厂	2190
90 湛江经济技术开发区东方剑麻制品厂	2118
91 海阳市绣花厂	2019
92 山东华鸽绣花集团总公司	1978
93 武汉长江光电有限公司	1945
94 招远市网扣绣花厂	1944
95 江苏中联地毯集团公司	1920
96 寿光市工艺品总厂	1891
97 杭州市工艺美术公司	1889
98 荣成石岛刺绣集团总公司	1858
99 浙江郁金香轻纺集团有限公司	1799
100 泰兴市泰中联合制鬃厂	1763

其他制造业（三）

	资产总计（千元）
1 上海老凤祥有限公司	554394
2 沈阳市化肥总厂	364809
3 北京博士伦眼睛护理产品有限公司	345226
4 浙江维美纺织公司	321450
5 广东佛陶集团石湾美术陶瓷厂	280809
6 威海市山花地毯集团公司	275780
7 浙江老凤祥首饰厂	257510
8 佛陶集团原料加工厂	239020
9 桂林金元珠宝企业集团公司	219985
10 浙江萧山花边总厂	219553
11 青岛飞龙工艺品	200145
12 烟台宝轴实业总公司	179534
13 即墨市发制品集团公司	178672
14 来明工业（厦门）有限公司	174198
15 佛山市工艺总厂有限公司	168728
16 广东名瑞（集团）股份有限公司	168512
17 新会市地毯厂	168175
18 上海汽车地毯总厂	167270
19 余江县果喜实业集团有限公司	164260
20 北海市烟花炮竹工业公司	163539
21 武汉长江光电有限公司	161258
22 河南省镇平县地毯集团工业公司	159395
23 文登市云龙绣品集团公司	158828
24 甘肃无纺织地毯厂	156158
25 浙江伟星实业有限公司	153589
26 大庆地毯有限公司	150741
27 山东国华实业集团总公司	149249
28 南京金箔（集团）公司	146845
29 佛山市绣品总厂有限公司	136045
30 赤峰长城地毯总厂	131939
31 长春市地毯厂	131056
32 青岛工艺美术集团公司	130470
33 苏艺窗帘绣品厂	118572
34 山东省菏泽市振兴经贸集团	117820
35 浙江华鑫集团公司	109484
36 中国新型建筑材料公司泰兴壁纸厂	109066
37 济宁化纤厂	107987
38 河北省邢台市化纤地毯厂	106793
39 威海地毯一厂	103439
40 上海野尻眼镜有限公司	103408
41 佛山市塑料五厂	103332
42 广东南藤（集团）公司	100664
43 济南美术总厂	97313
44 山东省莱州工艺品（集团）公司	96051
45 四川银河地毯股份有限公司	95080
46 苏州绣品总厂	92416

47 杭州市工艺美术公司 92237
48 哈尔滨畜牧产品工业公司 91725
49 潍坊弘洋（集团）股份有限公司 91660
50 文登市艺利达抽纱制衣集团公司 90256
51 绍兴市金银饰品厂 88740
52 山东省即墨市地毯集团公司 88697
53 南通冠达股份有限公司 88668
54 湛江经济技术开发区东方剑麻制品厂 87886
55 湖北三峡柑桔罐关股份有限公司 87740
56 江苏登月集团 87724
57 江苏中联地毯集团公司 87520
58 山东省寿光市抽纱总厂 85230
59 苏州刺绣厂（集团） 82250
60 全日美实业（上海）有限公司 80074
61 青州市抽纱股份有限公司 76397
62 烟台地毯工业总公司 74892
63 浙江绍兴花边总厂 74696
64 浙江美术地毯厂 74692
65 保定毛织地毯厂 74090
66 上海庄艺钻石厂有限公司 73290
67 荣成石岛刺绣集团总公司 72075
68 梅河口市电化铝厂 70712
69 湖北金兰首饰集团有限公司 70394
70 威海兆龙实业总公司 69813
71 威海市地毯二厂 69455
72 南京宝庆首饰总公司 67621
73 大连工艺美术集团公司 66572
74 山东乳山工艺品集团股份有限公司 66450
75 海阳市绣花厂 66308
76 枣庄市绣品厂 63900
77 上海长江企业发展公司 62407
78 东阳木雕总厂 62128
79 菏泽市地毯总厂 61056
80 唐山市富豪集团公司 60010
81 上海地毯总厂 60003
82 陕西合亚达胶粘制品有限公司 59554
83 迁安市地毯总厂 59527
84 浙江省台州市中达实业有限公司 58869
85 浙江郁金香轻纺集团有限公司 58679
86 番禺市华艺人造植物有限公司 57899
87 山东华鸽绣花集团总公司 57853
88 北京市绢花厂 57513
89 大连爱丽丝纽扣有限公司 57318
90 湖北省荆门市无纺地毯厂 57057
91 惠民县地毯厂 57053
92 北京市福斯特汽车装饰件厂 57024
93 上海绣品厂 56874
94 北京市地毯二厂 56788
95 招远市网扣绣花厂 55549
96 湖北长江地毯股份有限公司 55300
97 山东昌邑工艺品集团有限公司 55143
98 淄博市博山美术琉璃厂 55120
99 威海市中洋实业总公司 54970
100 厦门首饰厂 53802

电力、蒸汽、热水的生产和供应业（一）

销售收入（千元）

1 中国东北电力集团公司	28545000	42 沈阳沈海热电有限公司	677819
2 广东省电力集团公司	25831000	43 中国南方电力联营公司	644000
3 山东省电力公司	19528000	44 黄石市发电股份有限公司	596469
4 中国华北电力集团公司	18751000	45 深圳南山热电股份有限公司	557855
5 江苏省电力公司	16791000	46 登封市电厂集团公司	543666
6 上海市电力公司	12586000	47 东莞市电化实业集团公司	518045
7 浙江省电力公司	11842000	48 广州发电厂	515037
8 华能国际电力开发公司	10764000	49 吉林龙华热电股份有限公司	504770
9 河南省电力公司	10327000	50 海口火电股份有限公司	434141
10 湖北省电力公司	9088000	51 柳州电厂	370439
11 河北省电力公司	8534000	52 中国华中电力集团公司（直属）	352000
12 四川省电力公司	8438000	53 福建漳平发电有限公司	342645
13 山西省电力公司	8193000	54 佛山市沙口发电厂有限公司	336303
14 安徽省电力公司	7694000	55 崇明电力公司	303743
15 湖南省电力公司	7515000	56 广州经济技术开发区瑞明电力股份有限公司	283865
16 广东核电合营有限公司	6123342	57 盐城市热电公司	277410
17 中国西北电力集团公司	5979000	58 广州恒运热电有限公司	269357
18 福建省电力公司	5950000	59 广西来宾电厂	266069
19 华能国际电力股份有限公司	5865000	60 广东省新会双水发电厂有限公司	255179
20 甘肃省电力公司	4901000	61 广西大化水力发电总厂	252258
21 内蒙古电力总公司	4537000	62 万安县水力发电厂	243470
22 云南省电力公司	4092000	63 江西景德镇发电有限责任公司	237086
23 华能集团公司	4076000	64 唐山市新区热电厂	220837
24 江西省电力公司	3836000	65 濮阳市热电厂	218131
25 贵州省电力公司	3455000	66 沁阳市铝电集团公司	215349
26 广西壮族自治区电力局	3005000	67 长春北华热电有限责任公司	206780
27 中国华东电力集团公司（直属）	2550000	68 广州广盛电力有限公司	204114
28 沙角发电总厂 A 厂	2332180	69 舟山市电力公司	194956
29 宁夏回族自治区电力公司	1965000	70 杭州协联热电有限公司	186745
30 深圳妈湾电力有限公司	1549116	71 广州东方电力有限公司	178650
31 广州珠江电力有限公司	1319132	72 哈尔滨市北方热电厂	176116
32 新疆维吾尔族自治区电力公司	1303000	73 禹州市第一火力发电厂	166555
33 江苏利港电力有限公司	1173826	74 新疆巴州电力工业局	151413
34 青海省电力公司	1056000	75 广东省新会市电力开发公司	150180
35 湖北清江水电开发有限责任公司	1034431	76 洛阳市新安电厂	148476
36 南通市天生港发电有限公司	982690	77 林州市电力（集团）股份有限公司	144811
37 葛洲坝水力发电厂	966891	78 深圳金岗电力有限公司	143056
38 水利部丹江口水利枢纽管理局	914648	79 张店热电厂	142003
39 山西漳泽电力股份有限公司	855130	80 周口地区电厂	141888
40 韶关发电 D 厂有限公司	694622	81 广东德庆电力集团有限公司	138759
41 秦山核电公司	693811	82 佛山城西发电厂有限公司	134845

83 海南省大广坝水电厂	134216	92 南海市电化企业集团公司	121903
84 龙岩恒发电业有限公司	133248	93 珠海华电股份有限公司	121587
85 巩义市第二电厂	131819	94 海南南山电力股份公司	119409
86 佳木斯市东方热电厂	131437	95 国营五四一电厂	118333
87 深圳福田燃机电力有限公司	130274	96 大兴安岭电业局	115003
88 周口地区项城市热电厂	129574	97 全顺（顺德）电力厂有限公司	114206
89 黄河水委会三门峡水利枢纽管理局	127315	98 茌平县热电厂	107138
90 韶关韶电实业开发总公司	124809	99 河南省济源电厂	103184
91 天津市三源电力实业公司	124368	100 辉县市电厂	100522

电力、蒸汽、热水的生产和供应业（二）

利税总额（千元）

1 河北省电力公司	2854000	33 水利部丹江口水利枢纽管理局	213963
2 广东省电力集团公司	2854000	34 山西漳泽电力股份有限公司	197765
3 华能国际电力开发公司	1808000	35 万安县水力发电厂	141370
4 广东核电合营有限公司	1419216	36 秦山核电公司	140671
5 中国东北电力集团公司	1108000	37 深圳南山热电股份有限公司	126612
6 华能集团公司	1075000	38 吉林龙华热电股份有限公司	121900
7 江苏省电力公司	955000	39 内蒙古电力总公司	120000
8 上海市电力公司	731000	40 江西省电力公司	116000
9 华能国际电力股份有限公司	718000	41 登封市电厂集团公司	109693
10 山东省电力公司	681000	42 广州经济技术开发区瑞明电力股份有限公司	108641
11 葛洲坝水力发电厂	651650	43 南通市天生港发电有限公司	105672
12 河南省电力公司	612000	44 甘肃省电力公司	91000
13 中国华北电力集团公司	591000	45 中国西北电力集团公司	90000
14 沙角发电总厂 A 厂	585667	46 龙岩恒发电业有限公司	89126
15 中国华东电力集团公司（直属）	528000	47 广州发电厂	84209
16 湖南省电力公司	521000	48 黄石市发电股份有限公司	83204
17 湖北清江水电开发有限责任公司	507078	49 长春北华热电有限责任公司	78884
18 云南省电力公司	447000	50 佛山城西发电厂有限公司	71827
19 福建省电力公司	431000	51 东莞市电化实业集团公司	71805
20 浙江省电力公司	418000	52 广州恒运热电有限公司	69281
21 广州珠江电力有限公司	416220	53 海南南山电力股份公司	67847
22 江苏利港电力有限公司	416045	54 福建漳平发电有限公司	67038
23 深圳妈湾电力有限公司	388238	55 唐山市新区热电厂	55696
24 湖北省电力公司	353000	56 贵州省电力公司	50000
25 韶关发电 D 厂有限公司	350748	57 洛阳市新安电厂	48248
26 广西壮族自治区电力局	301000	58 广州广盛电力有限公司	46765
27 沈阳沈海热电有限公司	270480	59 沁阳市铝电集团公司	39544
28 四川省电力公司	269000	60 柳州电厂	39218
29 安徽省电力公司	255000	61 宁夏回族自治区电力公司	37000
30 中国华中电力集团公司（直属）	242000	62 广西来宾电厂	36767
31 广西大化水力发电总厂	241203	63 杭州协联热电有限公司	34304
32 山西省电力公司	237000	64 崇明电力公司	33277

65 张店热电厂	30223	83 广州东方电力有限公司	14865
66 盐城市热电公司	28970	84 国营五四一电厂	13540
67 天津市三源电力实业公司	27802	85 新疆维吾尔族自治区电力公司	11300
68 濮阳市热电厂	27550	86 江西景德镇发电有限责任公司	11020
69 河南省济源电厂	25872	87 辉县市电厂	10504
70 黄河水委会三门峡水利枢纽管理局	23569	88 韶关韶电实业开发总公司	9312
71 深圳金岗电力有限公司	23275	89 广东德庆电力集团有限公司	8265
72 茌平县热电厂	22894	90 青海省电力公司	8000
73 海南省大广坝水电厂	22851	91 中国南方电力联营公司	7000
74 舟山市电力公司	21236	92 大兴安岭电业局	6241
75 禹州市第一火力发电厂	20636	93 南海市电化企业集团公司	6083
76 周口地区电厂	19713	94 全顺（顺德）电力厂有限公司	2802
77 周口地区项城市热电厂	18894	95 新疆巴州电力工业局	2384
78 哈尔滨市北方热电厂	18502	96 佳木斯市东方热电厂	912
79 林州市电力（集团）股份有限公司	17806	97 广东省新会双水发电厂有限公司	-21884
80 巩义市第二电厂	17615	98 海口火电股份有限公司	-41961
81 深圳福田燃机电力有限公司	17585	99 珠海华电股份有限公司	-53037
82 佛山市沙口发电厂有限公司	15895	100 广东省新会市电力开发公司	-73100

电力、蒸汽、热水的生产和供应业（三）

资产总计（千元）

1 中国东北电力集团公司	55300000	24 江西省电力公司	11416000
2 中国华北电力集团公司	54826000	25 甘肃省电力公司	10197000
3 华能国际电力开发公司	53409000	26 贵州省电力公司	8145000
4 广东省电力集团公司	50096000	27 青海省电力公司	7097000
5 华能国际电力股份有限公司	37716000	28 中国南方电力联营公司	6641000
6 广东核电合营有限公司	33472409	29 中国华东电力集团公司（直属）	6626000
7 上海市电力公司	29249000	30 葛洲坝水力发电厂	6488505
8 江苏省电力公司	29014000	31 中国华中电力集团公司（直属）	6275000
9 山东省电力公司	27421000	32 湖北清江水电开发有限责任公司	5468332
10 四川省电力公司	23137000	33 江苏利港电力有限公司	5411864
11 华能集团公司	21636000	34 深圳妈湾电力有限公司	5284050
12 浙江省电力公司	21045000	35 新疆维吾尔族自治区电力公司	4407000
13 河南省电力公司	20113000	36 宁夏回族自治区电力公司	3711000
14 山西省电力公司	17882000	37 广州东方电力有限公司	3695135
15 福建省电力公司	16234000	38 水利部丹江口水利枢纽管理局	3053514
16 内蒙古电力总公司	14499000	39 广州珠江电力有限公司	2953864
17 中国西北电力集团公司	14098000	40 秦山核电公司	2889239
18 湖南省电力公司	14089000	41 沙角发电总厂 A 厂	2815358
19 河北省电力公司	13604000	42 佛山市沙口发电厂有限公司	2641616
20 湖北省电力公司	13185000	43 南通市天生港发电有限公司	1874800
21 云南省电力公司	12633000	44 登封市电厂集团公司	1480337
22 安徽省电力公司	12524000	45 深圳南山热电股份有限公司	1377021
23 广西壮族自治区电力局	11463000	46 沈阳沈海热电有限公司	1366161

47 韶关发电D厂有限公司	1352873
48 万安县水力发电厂	1332460
49 广州发电厂	1315208
50 山西漳泽电力股份有限公司	1304143
51 海口火电股份有限公司	1291463
52 柳州电厂	1216661
53 海南省大广坝水电厂	1181833
54 黄河水委会三门峡水利枢纽管理局	1170842
55 广西大化水力发电总厂	1115012
56 东莞市电化实业集团公司	992117
57 盐城市热电公司	984900
58 珠海华电股份有限公司	974927
59 黄石市发电股份有限公司	845743
60 广州恒运热电有限公司	712150
61 新疆巴州电力工业局	700859
62 广东省新会双水发电厂有限公司	690312
63 巩义市第二电厂	669870
64 广州广盛电力有限公司	637244
65 广东省新会市电力开发公司	632760
66 福建漳平发电有限公司	601267
67 崇明电力公司	598962
68 江西景德镇发电有限责任公司	594948
69 濮阳市热电厂	578180
70 吉林龙华热电股份有限公司	566955
71 海南南山电力股份公司	556332
72 洛阳市新安电厂	539326
73 龙岩恒发电业有限公司	506081
74 杭州协联热电有限公司	487884
75 广西来宾电厂	481700
76 沁阳市铝电集团公司	480306
77 大兴安岭电业局	429061
78 佛山城西发电厂有限公司	422541
79 广州经济技术开发区瑞明电力股份有限公司	417954
80 林州市电力（集团）股份有限公司	401008
81 全顺（顺德）电力厂有限公司	398983
82 周口地区电厂	373292
83 舟山市电力公司	344348
84 张店热电厂	333714
85 国营五四一电厂	332794
86 唐山市新区热电厂	317072
87 周口地区项城市热电厂	316443
88 禹州市第一火力发电厂	303221
89 河南省济源电厂	288070
90 茌平县热电厂	234785
91 南海市电化企业集团公司	221826
92 深圳福田燃机电力有限公司	199470
93 长春北华热电有限责任公司	190866
94 广东德庆电力集团有限公司	187510
95 深圳金岗电力有限公司	173576
96 辉县市电厂	161590
97 哈尔滨市北方热电厂	112172
98 天津市三源电力实业公司	104700
99 佳木斯市东方热电厂	83170
100 韶关韶电实业开发总公司	51379

煤气生产和供应业（一）

销售收入（千元）

1 上海市煤气公司	1610881
2 沈阳市煤气总公司	389079
3 重庆燃气有限责任公司	370282
4 天津市第二煤气厂	311089
5 长春市煤气公司	307117
6 昆明煤气总公司	290400
7 广州市煤气公司	254346
8 北京市煤气公司	248430
9 大连煤气公司	212573
10 成都市煤气公司	190462
11 天津市天然气公司	162384
12 宁波市煤气总公司	158417
13 北京市液化石油气公司	118487
14 鞍山市煤气总公司	108230
15 自贡市天然气公司	107251
16 天津市煤气总公司	100128
17 德阳市天然气总公司	100090
18 南京市煤气总公司	95719
19 南京市液化石油气公司	86830
20 河南省安阳市天然气公司	83520
21 北京市天然气公司	83160
22 绵阳燃气集团公司	79928
23 天津市液化气总公司	77800
24 常州市煤气总公司	76945
25 辽宁省抚顺市煤气总公司	76320
26 呼和浩特市煤气化总公司	72906
27 海南海燕油气实业有限公司	68914
28 锦州市煤气总公司	67022
29 合肥市煤气总公司	59480
30 杭州煤气公司	57950
31 石家庄市液化气总公司	56268
32 郑州市天然气公司	54860
33 丹东市煤气势力总公司	54365
34 大同市煤气公司	53460
35 武汉煤气集团公司	51470
36 唐山市煤气总公司	49736
37 赤峰煤气热力经营总公司	49494
38 蚌埠市液化气公司	43833
39 海口管道燃气股份有限公司	40560
40 乌鲁木齐市煤气公司	35314
41 长春市天然气化学工业公司	33963
42 本溪市煤气总公司	32269
43 西安市煤气公司	29634
44 无锡市煤气公司	29594
45 青岛市管道燃气公司	29120
46 齐齐哈尔市天然气公司	26669
47 四平市天然气开发公司	22177
48 平顶山市煤气公司	22064
49 盘锦市液化气公司	21120
50 辽阳市煤气公司	21060
51 潍坊市煤气总公司	20605
52 烟台市管道煤气公司	19738
53 沧州市液化石油气总公司	19279
54 盘锦天然气公司	18727
55 湛江煤气企业集团公司	17408
56 马鞍山市煤气公司	16565
57 广东省三水市氮肥厂	15258
58 泰安市煤气公司	14808
59 沈阳市气源开发总公司	12803
60 朝阳市煤气公司	11515
61 阜新市煤气公司	11399
62 铜陵市燃气总公司	11394
63 天津市第一煤气厂	10139
64 铁岭市煤气公司	9709
65 枣庄市煤气公司	8533
66 赣州市煤气公司	8385
67 陕西省宝鸡市煤气公司	5729
68 茂名市燃料发展股份有限公司	5447
69 吉林省通化市煤气公司	2531
70 秦皇岛市液化石油气公司	2371

煤气生产和供应业（二）

利税总额（千元）

1 北京市煤气公司	32060
2 郑州市天然气公司	28817
3 德阳市天然气总公司	21976
4 赤峰煤气热力经营总公司	16229
5 成都市煤气公司	13393
6 重庆燃气有限责任公司	11882

7 海口管道燃气股份有限公司	9545	39 北京市液化石油气公司	-591
8 宁波市煤气总公司	7865	40 辽阳市煤气公司	-641
9 唐山市煤气总公司	7335	41 本溪市煤气总公司	-670
10 绵阳燃气集团公司	6375	42 潍坊市煤气总公司	-866
11 北京市天然气公司	5787	43 呼和浩特市煤气化总公司	-968
12 长春市天然气化学工业公司	5361	44 常州市煤气总公司	-1214
13 杭州煤气公司	3940	45 沧州市液化石油气总公司	-1223
14 辽宁省抚顺市煤气总公司	3913	46 广东省三水市氮肥厂	-1385
15 河南省安阳市天然气公司	3572	47 泰安市煤气公司	-1609
16 铜陵市燃气总公司	3236	48 四平市天然气开发公司	-1647
17 马鞍山市煤气公司	3050	49 昆明煤气总公司	-1873
18 石家庄市液化气总公司	2801	50 吉林省通化市煤气公司	-1876
19 赣州市煤气公司	2706	51 鞍山市煤气总公司	-2190
20 大连煤气公司	2569	52 南京市液化石油气公司	-2290
21 乌鲁木齐市煤气公司	2455	53 枣庄市煤气公司	-2667
22 齐齐哈尔市天然气公司	1962	54 阜新市煤气公司	-3793
23 沈阳市气源开发总公司	1932	55 丹东市煤气势力总公司	-4323
24 自贡市天然气公司	1782	56 合肥市煤气总公司	-6256
25 武汉煤气集团公司	1623	57 蚌埠市液化气公司	-6964
26 朝阳市煤气公司	1158	58 无锡市煤气公司	-7915
27 海南海燕油气实业有限公司	1142	59 锦州市煤气总公司	-8109
28 西安市煤气公司	958	60 茂名市燃料发展股份有限公司	-8584
29 盘锦市液化气公司	879	61 天津市液化气总公司	-13148
30 湛江煤气企业集团公司	747	62 青岛市管道燃气公司	-13250
31 陕西省宝鸡市煤气公司	747	63 天津市第一煤气厂	-15231
32 盘锦天然气公司	536	64 南京市煤气总公司	-21106
33 平顶山市煤气公司	112	65 天津市天然气公司	-29897
34 烟台市管道煤气公司	0	66 沈阳市煤气总公司	-34696
35 秦皇岛市液化石油气公司	0	67 长春市煤气公司	-48548
36 大同市煤气公司	-92	68 天津市第二煤气厂	-63976
37 铁岭市煤气公司	-165	69 广州市煤气公司	-101236
38 天津市煤气总公司	-520	70 上海市煤气公司	-108099

煤气生产和供应业（三）

资产总计（千元）

1 上海市煤气公司	8117326	10 重庆燃气有限责任公司	690929
2 北京市煤气公司	1662964	11 北京市液化石油气公司	554982
3 广州市煤气公司	1606110	12 常州市煤气总公司	516650
4 长春市煤气公司	1333864	13 烟台市管道煤气公司	459298
5 沈阳市煤气总公司	1039137	14 大连煤气公司	439793
6 成都市煤气公司	960962	15 南京市煤气总公司	419406
7 北京市天然气公司	945825	16 天津市天然气公司	400060
8 昆明煤气总公司	734145	17 鞍山市煤气总公司	374470
9 天津市第二煤气厂	706231	18 呼和浩特市煤气化总公司	353612

19 天津市煤气总公司	349328
20 茂名市燃料发展股份有限公司	334505
21 海口管道燃气股份有限公司	333247
22 赤峰煤气热力经营总公司	328660
23 杭州煤气公司	313890
24 青岛市管道燃气公司	284118
25 大同市煤气公司	274803
26 郑州市天然气公司	261037
27 宁波市煤气总公司	239831
28 绵阳燃气集团公司	209482
29 武汉煤气集团公司	199706
30 唐山市煤气总公司	189213
31 丹东市煤气势力总公司	187247
32 合肥市煤气总公司	183254
33 天津市第一煤气厂	166965
34 石家庄市液化气总公司	159282
35 天津市液化气总公司	157941
36 平顶山市煤气公司	156137
37 锦州市煤气总公司	154140
38 辽宁省抚顺市煤气总公司	148324
39 乌鲁木齐市煤气公司	146158
40 德阳市天然气总公司	143327
41 自贡市天然气公司	141468
42 齐齐哈尔市天然气公司	140900
43 南京市液化石油气公司	140640
44 四平市天然气开发公司	139947
45 河南省安阳市天然气公司	135963
46 无锡市煤气公司	126731
47 西安市煤气公司	123043
48 本溪市煤气总公司	122831
49 阜新市煤气公司	122294
50 泰安市煤气公司	121787
51 长春市天然气化学工业公司	118633
52 枣庄市煤气公司	117165
53 辽阳市煤气公司	112009
54 蚌埠市液化气公司	99815
55 湛江煤气企业集团公司	93173
56 铜陵市燃气总公司	84786
57 沈阳市气源开发总公司	77108
58 马鞍山市煤气公司	69714
59 盘锦天然气公司	69400
60 陕西省宝鸡市煤气公司	63778
61 赣州市煤气公司	63079
62 朝阳市煤气公司	57911
63 潍坊市煤气总公司	52229
64 广东省三水市氮肥厂	51720
65 铁岭市煤气公司	42046
66 沧州市液化石油气总公司	37643
67 吉林省通化市煤气公司	33430
68 海南海燕油气实业有限公司	32471
69 盘锦市液化气公司	20315
70 秦皇岛市液化石油气公司	17798

自来水生产和供应业（一）

销售收入（千元）

排名	企业名称	销售收入
1	广东省供水工程管理总局	1965157
2	广州市自来水公司	775378
3	上海市自来水公司	728044
4	沈阳市自来水总公司	373187
5	深圳市自来水公司	356976
6	北京市自来水公司	349504
7	武汉市自来水公司	345858
8	天津市自来水集团有限公司	283538
9	大连市自来水公司	280338
10	哈尔滨市自来水公司	209197
11	长春市自来水公司	200371
12	青岛市自来水公司	183771
13	南京市自来水总公司	183642
14	杭州自来水总公司	181021
15	郑州市自来水总公司	159869
16	抚顺市自来水公司	156429
17	重庆市自来水公司	145549
18	佛山市供水总公司	145519
19	珠海市供水总公司	138191
20	长沙市自来水公司	126241
21	太原市自来水公司	125299
22	济南市自来水公司	123553
23	东莞市自来水股份有限公司	122978
24	成都市自来水公司	120817
25	昆明市自来水总公司	118725
26	无锡市自来水公司	117756
27	西安市自来水公司	116849
28	兰州市自来水总公司	114131
29	鞍山市自来水总公司	113720
30	福州市自来水总公司	110792
31	广东省江门市自来水公司	104884
32	株洲市自来水公司	102906
33	洛阳市自来水公司	96722
34	宜昌民福集团公司	92065
35	宁波市自来水总公司	91004
36	湛东市自来水公司	89249
37	南宁市自来水公司	87397
38	汕头市自来水总公司	87218
39	中山市自来水公司	85300
40	大同市自来水公司	80389
41	苏州自来水公司	80323
42	石家庄市供水总公司	79460
43	上海凌桥自来水股份有限公司	79210
44	安徽省合肥市自来水总公司	78816
45	深圳市宝安自来水有限公司	76263
46	吉林市自来水公司	74492
47	锦州市自来水总公司	73357
48	阜新市自来水总公司	71909
49	南昌市自来水公司	71416
50	番禺市自来水公司	70260
51	厦门市自来水公司	68545
52	海口市自来水公司	68433
53	秦皇岛市自来水总公司	67622
54	番禺市石基自来水集团公司	66728
55	唐山市自来水公司	66210
56	本溪市自来水总公司	66208
57	南海市自来水公司	66171
58	烟台市自来水公司	61155
59	柳州市自来水公司	59860
60	常州市自来水公司	59502
61	包头市自来水公司	58477
62	衡阳市自来水总公司	57376
63	徐州自来水公司	55886
64	牡丹江市自来水公司	53270
65	供水总公司	50655
66	茂名市自来水公司	50601
67	营口市自来水总公司	49759
68	呼和浩特市自来水公司	47501
69	上海市闵行自来水厂	47394
70	丹东市自来水总公司	46105
71	齐齐哈尔市自来水公司	45627
72	保定市自来水公司	45523
73	浦东新区自来水总公司	45337
74	乌鲁木齐市自来水公司	45050
75	开封市自来水公司	43704
76	新乡市自来水公司	43520
77	邯郸市自来水公司	43410
78	潍坊市自来水总公司	42376
79	南通市自来水公司	41773
80	贵阳市供水总公司	40774
81	安阳市供水总公司	40322
82	温州市自来水公司	39545

83 惠州市自来水总公司	38922	92 阳泉市自来水公司	34454
84 淄博市淄川区供水集团总公司	37559	93 芜湖市供水总公司	34323
85 蚌埠市自来水公司	36944	94 淮南市自来水公司	33559
86 镇江市自来水公司	36793	95 荆沙市沙市自来水公司	33244
87 扬州自来水公司	36626	96 韶关市自来水公司	32690
88 平顶山市自来水公司	36007	97 威海市自来水公司	32603
89 福建省三明市自来水公司	35517	98 萧山市自来水公司	32050
90 江阴市自来水公司	34808	99 焦作市自来水公司	31416
91 上海市嘉定区自来水公司	34646	100 岳阳市自来水公司	30197

自来水生产和供应业（二）

利税总额（千元）

1 广东省供水工程管理总局	1514165	33 齐齐哈尔市自来水公司	10370
2 武汉市自来水公司	98206	34 洛阳市自来水公司	10075
3 深圳市自来水公司	87877	35 赣州市自来水公司	9998
4 广州市自来水公司	61510	36 牡丹江市自来水公司	9436
5 东莞市自来水股份有限公司	45598	37 绵阳自来水总公司	9244
6 太原市自来水公司	44271	38 番禺市自来水公司	9208
7 北京市自来水公司	39331	39 大同市自来水公司	8479
8 长沙市自来水公司	35811	40 萧山市自来水公司	8251
9 上海凌桥自来水股份有限公司	34564	41 番禺市石基自来水集团公司	7962
10 珠海市供水总公司	30167	42 西安市自来水公司	7104
11 福州市自来水总公司	29836	43 江阴市自来水公司	6208
12 昆明市自来水总公司	28433	44 茂名市自来水公司	6073
13 沈阳市自来水总公司	25771	45 海口市自来水公司	5730
14 深圳市宝安自来水有限公司	24639	46 唐山市自来水公司	5519
15 保定市自来水公司	20394	47 安徽省合肥市自来水总公司	5344
16 汕头市自来水总公司	20010	48 石家庄市供水总公司	5270
17 株洲市自来水公司	17910	49 朝阳市自来水公司	5241
18 呼和浩特市自来水公司	15419	50 青岛市自来水公司	4863
19 兰州市自来水总公司	14520	51 本溪市自来水总公司	4841
20 杭州自来水总公司	13710	52 锦州市自来水总公司	4782
21 佛山市供水总公司	13502	53 包头市自来水公司	4642
22 秦皇岛市自来水总公司	12995	54 乌鲁木齐市自来水公司	4618
23 南海市自来水公司	12994	55 潮州市自来水公司	4602
24 成都市自来水公司	12492	56 济南市自来水公司	4599
25 抚顺市自来水公司	12417	57 惠州市自来水总公司	4562
26 南宁市自来水公司	12212	58 泰安市自来水公司	4545
27 宁波市自来水总公司	12087	59 上海市闵行自来水厂	4499
28 大连市自来水公司	11853	60 威海市自来水公司	4332
29 韶关市自来水公司	11368	61 石狮市供水股份有限公司	4327
30 衡阳市自来水总公司	11029	62 潍坊市自来水总公司	4306
31 无锡市自来水公司	10926	63 烟台市自来水公司	4285
32 广东省江门市自来水公司	10778	64 柳州市自来水公司	4199

65 阜新市自来水总公司	4142	83 辽阳市自来水公司	2869
66 盐城市自来水公司	4080	84 湘潭市自来水公司	2835
67 扬州自来水公司	4052	85 攀枝花市自来水总公司	2791
68 常州市自来水公司	4036	86 安阳市供水总公司	2769
69 焦作市自来水公司	4031	87 德州市自来水公司	2736
70 浦东新区自来水总公司	3813	88 温州市自来水公司	2697
71 济宁供水集团总公司	3796	89 信阳市自来水公司	2655
72 嘉兴市自来水公司	3783	90 鹤壁市自来水公司	2642
73 南通市自来水公司	3588	91 镇江市自来水公司	2527
74 银川市自来水总公司	3541	92 福建省三明市自来水公司	2526
75 湖州市自来水公司	3410	93 芜湖市供水总公司	2490
76 阳泉市自来水公司	3396	94 临汾市自来水公司	2467
77 荆沙市沙市自来水公司	3350	95 马鞍山市自来水公司	2463
78 邯郸市自来水公司	3339	96 九江市自来水公司	2390
79 淮阴市自来水公司	3215	97 滕州市自来水公司	2350
80 河北省邢台市供水总公司	3192	98 郴州自来水公司	2339
81 金华市自来水公司	3145	99 梧州市自来水公司	2303
82 开封市自来水公司	2888	100 瓦房店市自来水公司	2258

自来水生产和供应业（三）

资产总计（千元）

1 北京市自来水公司	4406944	24 郑州市自来水总公司	547296
2 上海市自来水公司	4278991	25 东莞市自来水股份有限公司	540610
3 广州市自来水公司	2537249	26 安徽省合肥市自来水总公司	532140
4 广东省供水工程管理总局	2466864	27 鞍山市自来水总公司	471340
5 沈阳市自来水总公司	1855551	28 昆明市自来水总公司	458075
6 天津市自来水集团有限公司	1748004	29 常州市自来水公司	457402
7 深圳市自来水公司	1446338	30 宜昌民福集团公司	452644
8 大连市自来水公司	1216594	31 福州市自来水总公司	438548
9 武汉市自来水公司	1207562	32 济南市自来水公司	433052
10 杭州自来水总公司	1157890	33 南昌市自来水公司	431455
11 成都市自来水公司	1117784	34 上海凌桥自来水股份有限公司	414587
12 珠海市供水总公司	1041686	35 石家庄市供水总公司	408717
13 南京市自来水总公司	842215	36 佛山市供水总公司	403501
14 厦门市自来水公司	819662	37 南宁市自来水公司	399086
15 哈尔滨市自来水公司	783684	38 重庆市自来水公司	397297
16 青岛市自来水公司	776262	39 徐州自来水公司	391224
17 兰州市自来水总公司	681274	40 抚顺市自来水公司	386516
18 苏州自来水公司	616835	41 扬州自来水公司	372178
19 长春市自来水公司	601811	42 阜新市自来水总公司	359587
20 宁波市自来水总公司	600618	43 广东省江门市自来水公司	353373
21 长沙市自来水公司	590719	44 吉林市自来水公司	352970
22 汕头市自来水总公司	577180	45 太原市自来水公司	351701
23 西安市自来水公司	569080	46 深圳市宝安自来水有限公司	343109

47 供水总公司	339571
48 无锡市自来水公司	336518
49 番禺市自来水公司	334461
50 乌鲁木齐市自来水公司	329307
51 中山市自来水公司	325105
52 柳州市自来水公司	314392
53 营口市自来水总公司	305717
54 海口市自来水公司	287353
55 南海市自来水公司	286796
56 青岛经济技术开发区自来水总公司	280768
57 秦皇岛市自来水总公司	279993
58 湛东市自来水公司	277481
59 唐山市自来水公司	276450
60 镇江市自来水公司	275449
61 洛阳市自来水公司	269625
62 烟台市自来水公司	269169
63 本溪市自来水总公司	266240
64 锦州市自来水总公司	249167
65 潍坊市自来水总公司	248478
66 株洲市自来水公司	246574
67 上海市闵行自来水厂	243191
68 温州市自来水公司	239129
69 衡阳市自来水总公司	226778
70 绵阳自来水总公司	220476
71 惠州市自来水总公司	213889
72 贵阳市供水总公司	198797
73 大同市自来水公司	193985
74 遵义市自来水公司	191181
75 邯郸市自来水公司	189802
76 上海市嘉定区自来水公司	183488
77 南通市自来水公司	182891
78 茂名市自来水公司	177709
79 丹东市自来水总公司	176208
80 绍兴市自来水公司	174808
81 四川省自贡市自来水公司	173816
82 萧山市自来水公司	171103
83 连云港市自来水公司	169967
84 新乡市自来水公司	167357
85 韶关市自来水公司	164080
86 江阴市自来水公司	160356
87 昆山市自来水公司	153185
88 岳阳市自来水公司	151921
89 包头市自来水公司	149062
90 桂林市自来水公司	148096
91 阳泉市自来水公司	147216
92 蚌埠市自来水公司	142589
93 荆沙市沙市自来水公司	140661
94 郴州自来水公司	139848
95 福建省三明市自来水公司	133485
96 浦东新区自来水总公司	131258
97 黄石市自来水公司	131012
98 淄博市自来水公司	129794
99 铜陵市自来水公司	126440
100 呼和浩特市自来水公司	124275

建筑业（一）

总产值（千元）

序号	企业名称	总产值（千元）
01	铁道部第十二工程局	1866701
02	铁道部第三工程局	1829440
03	中国葛洲坝水利水电工程集团公司	1776412
04	江苏省南通市第三建筑安装工程公司	1765696
05	铁道部第十六工程局	1726460
06	铁道部第十一工程局	1603780
07	铁道部第十七工程局	1598270
08	上海宝钢冶金建设公司	1525730
09	铁道部第十九工程局	1496750
10	中建三局一公司	1489812
11	中国第十三冶金建设公司	1420110
12	上海第四建筑工程公司	1363660
13	铁道部第十三工程局	1350550
14	中国第一冶金建设公司	1312723
15	中国水利水电第八工程局	1289663
16	江苏省建筑安装工程公司	1281599
17	象山二建集团股份有限公司	1261800
18	中国建筑二局第三建筑工程公司	1250851
19	上海市第七建筑工程公司	1237740
20	上海市第一建筑工程公司	1208520
21	中建八局三公司	1207302
22	北京韩村河建筑集团总公司	1200000
23	中国建筑第一工程局第四建筑公司	1171578
24	上海市第二建筑工程公司	1151580
25	山东电力建设第一工程公司	1150000
26	江苏省南通市第七建筑安装工程公司	1149518
27	中国建筑第二工程局第二建筑工程公司	1146482
28	广东省公路工程总公司	1145972
29	上海第五建筑工程公司	1127990
30	上海市第三建筑发展总公司	1122500
31	中国第五冶金建设公司	1118300
32	中国二十冶金建设公司	1115189
33	上海隧道工程股份有限公司	1100380
34	宁波市建筑安装总公司	1073127
35	南通市第二建筑安装工程公司	1035338
36	上虞市农垦建筑工程公司	1018012
37	浙江宏润集团股份有限公司	1015650
38	绍兴县第三建筑工程公司	1003880
39	中国建筑第三工程局第二建筑安装工程公司	1001000
40	通州市建筑安装工程总公司	972933
41	上海市第八建筑工程公司	965410
42	南昌铁路局工程总公司	950330
43	南京二建股份有限公司	929076
44	北京市第一建筑工程公司	907585
45	北京市第五建筑工程公司	903445
46	中国建筑三局第三建筑安装工程公司	900770
47	南通苏中建筑安装工程公司	897862
48	浙江省第三建筑工程公司	880138
49	北京市第六建筑工程公司	840805
50	大庆石油管理局油田建设公司	836030
51	中国第十九冶金建设公司	834926
52	南京三建（集团）公司	830180
53	铁道部第二十工程局	826180
54	江苏省电力建设公司	819790
55	浙江省诸暨市建筑安装工程公司	815700
56	中国化学工程第三建筑公司	813678
57	浙江省第四建工程公司	806268
58	浙江中天建设工程集团有限公司	801002
59	黑龙江省公路桥梁建设总公司	767982
60	海门市建筑安装工程公司	756045
61	中国有色第十五冶金建设公司	755673
62	交通部第二公路工程局	755184
63	吉化集团公司建设公司	750610
64	南京市第六建筑安装工程公司	749430
65	中国水利水电第四工程局	745087
66	上海市工业设备安装公司	742390
67	北京房山区建筑企业集团总公司	738850
68	北京中铁建筑工程公司	736740
69	河北省第四建筑工程公司	729832
70	金坛市建筑安装工程公司	725347
71	中国有色金属工业第十四冶金建设公司	712423
72	东阳市第三建筑工程公司	710890
73	吉林省公路工程局	694980
74	奉贤建筑总公司	694360
75	东阳市第二建筑工程公司	688987
76	海门市设备安装工程公司	688235
77	北京市第五城市建设工程公司	680904
78	胜利石油管理局基建处	675543
79	北京市第一城市建设工程公司	673462
80	中国建筑第八工程局第一建筑公司	670908
81	广西区公路桥梁总公司	665860
82	东阳市第四建筑工程公司	663200

83 中国水利水电部第十四工程局	658563	92 北京市怀柔县建筑企业集团总公司	636350
84 北京市第三建筑工程公司	653044	93 中建第一工程局第五建筑公司	622979
85 浙江省第一建筑工程公司	651409	94 中国建筑第八工程局第二建筑公司	622370
86 上海市基础工程公司	647070	95 绍兴县第二建筑工程公司	618010
87 中国十七冶金建设公司	641140	96 山东省电力建设第二工程公司	615100
88 北京房山建工企业集团总公司	639155	97 浙江省诸暨市第二建筑工程公司	608600
89 北京市朝阳田华建筑集团公司	638320	98 兖州矿务局施工处	604688
90 湖南省公路桥梁建设总公司	637653	99 北京市第二建筑工程公司	600488
91 浙江省路桥工程处	637081	100 北京城建集团二公司	599155

建筑业（二）

总资产（千元）

01 中国葛洲坝水利水电工程集团公司	3914567	33 兖州矿务局施工处	1231908
02 铁道部第三工程局	3234110	34 上海煤气第一管线工程公司	1197870
03 江苏省建筑安装工程公司	2841809	35 番禺市桥梁开发建设位置公司	1169291
04 铁道部第十二工程局	2132169	36 首钢第一建设公司	1153233
05 江苏省建筑安装工程公司深圳一公司	2005058	37 深圳市市政工程总公司	1147803
06 铁道部第十七工程局	1938710	38 南海市建筑工程公司	1147555
07 上海宝钢冶金建设公司	1927140	39 宁波市建筑安装总公司	1141193
08 中国第一冶金建设公司	1914624	40 中国建筑第一工程局第四建筑公司	1132109
09 铁道部第十六工程局	1893550	41 鞍山钢铁集团公司建设公司	1127391
10 铁道部第十一工程局	1546844	42 广西区公路桥梁总公司	1106033
11 铁道部第十三工程局	1518198	43 中国水利水电第八工程局	1105919
12 武汉建工（集团）有限公司	1512089	44 广州市第一建筑工程公司	1101141
13 中国第十三冶金建设公司	1490810	45 中国第十九冶金建设公司	1096131
14 广东省公路工程总公司	1484763	46 江苏省电力建设公司	1087410
15 贵州省桥梁工程公司	1473815	47 顺德诚业建筑公司	1070772
16 张家港市兴港建筑工程总公司	1473177	48 大庆石油管理局油田建设公司	1043081
17 广东省第六建筑工程公司	1471878	49 交通部第二公路工程局	1042380
18 铁道部第十九工程局	1428254	50 广东省第七建筑工程公司	1037797
19 江苏省南通市第三建筑安装工程公司	1412269	51 中国第三冶金建设公司	1032682
20 北京市第五建筑工程公司	1388531	52 江都市建筑安装工程公司	1025570
21 北京市第三建筑工程公司	1356782	53 吉化集团公司建设公司	994392
22 江苏省泰兴市第一建筑安装工程公司	1339960	54 北京市第一房屋修建工程公司	985284
23 北京市第六建筑工程公司	1307296	55 中建八局三公司	977361
24 佛山市第一建筑集团公司	1288700	56 中国水利水电第四工程局	964597
25 中国第五冶金建设公司	1285900	57 上海市第三建筑发展总公司	947060
26 中国二十冶金建设公司	1277320	58 上海市第一建筑工程公司	942380
27 中山市第一建筑工程公司	1266078	59 上海市基础工程公司	916250
28 南通市第二建筑安装工程公司	1265901	60 上海市工业设备安装公司	912490
29 上海住总（集团）总公司	1257480	61 汕头市达濠区市政工程总公司	904959
30 北京市第一建筑工程公司	1251147	62 南昌市第一建筑工程公司	903131
31 广州市市政工程总公司	1238669	63 南通苏中建筑安装工程公司	891302
32 广州市建筑置业公司	1232834	64 广州市住宅建设发展公司	889772

65 山东电力建设第一工程公司	884445	83 上海隧道工程股份有限公司	805190
66 中国十七冶金建设公司	883360	84 汕头市达濠区建筑总公司	802552
67 汕头市建安（集团）公司	870036	85 中国化学工程第九建设公司	800844
68 中国核工业华兴建设公司	850844	86 吉林市第一建筑工程公司	799486
69 番禺市建筑安装工程公司	850377	87 中国水利水电第三工程局	793847
70 广东火电工程总公司	848567	88 佛山市房屋建筑工程总公司	793292
71 河北省交通厅公路工程局	846537	89 福建省工业设备安装公司	789795
72 铁道部第二十工程局	840000	90 北京中铁建筑工程公司	783179
73 江苏省南通市第七建筑安装工程公司	836735	91 广东省电力工业局第一工程局	782500
74 上海市第二建筑工程公司	831070	92 广州市第三建筑工程公司	781994
75 中国水利水电第九工程局	826638	93 中国水利水电部第十四工程局	779622
76 南海市第二建筑工程总公司	823995	94 广西建工集团第五建筑工程有限责任公司	771467
77 江苏省交通工程总公司	815486	95 山东省电力建设第二工程公司	770040
78 黑龙江省公路桥梁建设总公司	814682	96 广东省水利水电第二工程局	769446
79 海门市设备安装工程公司	812748	97 南京二建股份有限公司	767267
80 奉贤建筑总公司	812270	98 深圳市金众股份有限公司	763224
81 新疆昆仑路港工程公司	808416	99 中煤第三建设公司	750872
82 广州市第四建筑工程公司	806650	100 东北电业管理局第一工程公司	750300

建筑业（三）

利税总额（千元）

01 中国葛洲坝水利水电工程集团公司	104177	24 江苏省电力建设公司	54470
02 中国第二十冶建设公司	89230	25 上海市第二建筑工程公司	54050
03 山东电力建设第一工程公司	81943	26 东阳市第三建筑工程公司	51236
04 深圳市金众股份有限公司	80449	27 铁道部第十七工程局	50875
05 深圳市市政工程总公司	78430	28 中国第一冶金建设公司	50616
06 上海宝钢冶金建设公司	78130	29 上海市第七建筑工程公司	49420
07 浙江宏润集团股份有限公司	77567	30 南通市新华建筑工程公司	49356
08 北京韩村河建筑集团总公司	74390	31 浙江省路桥工程处	49114
09 惠州市公路建设总公司	73886	32 铁道部第十二工程局	48239
10 广东省公路工程总公司	73544	33 中国建筑第一工程局第四建筑公司	48046
11 江苏省建筑安装工程公司	68851	34 铁道部第十九工程局	47246
12 中建三局一公司	67313	35 东阳市第四建筑工程公司	47170
13 绍兴县第三建筑工程公司	66737	36 吉化集团公司建设公司	46751
14 象山二建集团股份有限公司	65192	37 铁道部第十三工程局	46251
15 南通市第二建筑安装工程公司	64692	38 上海华盛建设发展总公司	46040
16 杭州电力发展总公司	62555	39 中国建筑第三工程局第二建筑安装工程公司	45510
17 江苏省建筑安装工程公司深圳一公司	61417	40 上海市第三建筑发展总公司	44870
18 胜利石油管理局基建处	60244	41 南京二建股份有限公司	44168
19 中国第五冶金建设公司	59120	42 铁道部第三工程局	44000
20 上海隧道工程股份有限公司	57640	43 深圳市特皓股份有限公司	43720
21 上海市第一建筑工程公司	56230	44 中国建筑第二工程局第二建筑工程公司	42914
22 上海第四建筑工程公司	55330	45 通州市建筑安装工程总公司	42845
23 铁道部第十六工程局	55149	46 上海东亚建筑实业有限公司	42760

47 中国第十三冶金建设公司	42612	74 中国石化第十建设公司	33190
48 中国建筑二局第三建筑工程公司	41606	75 上虞市装饰实业公司	32933
49 北京房山区建筑企业集团总公司	41531	76 铁道部第十一工程局	32822
50 中建八局三公司	39950	77 上虞市第五建筑工程公司	32787
51 宁波市建筑安装总公司	39684	78 浙江省火电建设公司	32330
52 浙江中天建设工程集团有限公司	39536	79 北京市第五建筑工程公司	32250
53 浙江腾达市政工程集团股份有限公司	39231	80 北京市第六建筑工程公司	32147
54 江苏省南通市第三建筑安装工程公司	38699	81 成都铁路局昆明工程总公司	32022
55 深圳市第三建筑工程公司	38395	82 中国水利水电第八工程局	31799
56 奉贤建筑总公司	38380	83 北京市第一建筑工程公司	31633
57 胜利石油管理局油建三公司	38282	84 深圳宝安区建筑工程公司	31140
58 南海市第二建筑工程总公司	38056	85 中国化学工程第三建筑公司	31134
59 中国建筑第一工程局第二建筑公司	37642	86 绍兴县第二建筑工程公司	31032
60 莱州市建发集团总公司	37360	87 北京市第一城市建设工程公司	30722
61 上海第五建筑工程公司	36950	88 北京市第四城市建设工程公司	30636
62 三河市六建公司	36280	89 北京市第五城市建设工程公司	30285
63 深圳市建业建筑工程公司	35482	90 中国华西企业公司	30120
64 大连市金州区第一建筑工程公司	35460	91 广东省电力工业局第一工程局	29940
65 武汉建工（集团）有限公司	35241	92 绍兴县第六建筑工程公司	29893
66 通州市纱场建筑安装工程公司	35075	93 上虞市农垦建筑工程公司	29605
67 北京房山建工企业集团总公司	35040	94 河北省第四建筑工程公司	29290
68 北京市第三建筑工程公司	34751	95 广州市建筑置业公司	29225
69 北京城建集团二公司	34116	96 海门市建筑安装工程公司	29094
70 中国建筑三局第三建筑安装工程公司	33697	97 浙江省第四建工程公司	28859
71 上海市第八建筑工程公司	33620	98 济南四建（集团）有限责任公司	28530
72 深圳市建筑工程公司	33440	99 山东省临沂市建筑安装工程总公司	28270
73 南昌市第一建筑工程公司	33338	100 福建省第五建筑工程公司	28120

建筑业（四）

产值利润率（%）

01 北京兴广厦建筑工程公司	67.2	15 深圳市龙岗区建筑工程公司	24.1
02 鞍山市供电工程总公司	64.1	16 沈阳矿山机器厂设备安装公司	23.8
03 山东省临沂市华丰建筑安装工程公司	53.2	17 黑龙江省新建建筑工程公司	22.2
04 深圳海外装饰工程公司	46.9	18 赤峰市平庄建筑工程（集团）有限公司	22.0
05 武汉建工（集团）有限公司	45.9	19 杭州电力发展总公司	20.5
06 泸州市电力工程总公司	44.7	20 四平市一建集团股份有限公司	20.1
07 南海市建筑基础工程公司	43.1	21 三亚市建筑工程总公司	20.0
08 山西省运城地区水利工程建设总队	34.2	22 大庆市路桥工程建设有限责任公司	19.7
09 深圳市金众股份有限公司	28.4	23 邗江县汉河建筑安装工程公司	19.6
10 三河市六建公司	27.7	24 深圳市市政工程总公司	19.4
11 上海宝港建筑工程有限公司	27.6	25 新疆汇通股份有限公司	18.6
12 山西省第四建筑工程公司	26.2	26 大连电力建设总公司	18.3
13 深圳宝安区建筑工程公司	25.0	27 北京建工集团总公司	18.3
14 鞍山钢铁集团公司计控技术工程公司	24.7	28 北京华洋建设开发有限公司	17.9

29 北京市通县水利工程总队 17.0
30 辽河油田建设工程二公司 16.6
31 中国化学工程第七建设公司新疆公司 16.6
32 通什市第二建筑工程公司 16.2
33 深圳市建业建筑工程公司 15.4
34 南通市新华建筑工程公司 15.4
35 湖南省张家界市道路桥梁开发建设总公司 15.3
36 北京建谊建筑装饰有限公司 15.2
37 番禺市公路建设工程公司 15.0
38 山西省第五建筑工程公司 14.9
39 上海华盛建设发展总公司 14.6
40 肇庆市政建设公司 14.3
41 山东省空调工程公司威海公司 14.2
42 深圳市第三建筑工程公司 13.5
43 中原油田防腐总公司 13.1
44 乐亭县建筑工程公司 13.1
45 沈阳市第三住宅建筑公司 13.0
46 湖北五环建设集团公司 12.7
47 上海振阳建设集团公司 12.6
48 广东省公路工程施工总公司化州分公司 12.5
49 江苏河海工程集团公司 12.4
50 浙江省水利疏浚工程处 12.3
51 衡阳县第二建筑工程公司 12.3
52 江苏省建筑安装工程公司深圳一公司 12.3
53 深圳市特皓股份有限公司 12.2
54 广东省云浮市城市建筑工程公司 12.1
55 深圳市罗湖建筑安装工程公司 12.1
56 宁乡县花明建筑公司 11.7
57 东营市华隆企业集团 11.2
58 江苏合发集团有限责任公司 10.8
59 深圳市建设土石方机械工程公司 10.6
60 上海市长宁区市政工程公司 10.5
61 大连金华建筑安装工程总公司 9.8
62 成都铁路局一工程公司 9.6
63 白银市白银区第二建筑工程公司 9.5
64 包头钢铁公司修建部 9.3
65 大连市旅顺经济开发区建筑安装工程总公司 9.2
66 大连华南第二建筑工程公司 9.2
67 大连市金州区第一建筑工程公司 9.0
68 通州市纱场建筑安装工程公司 9.0
69 莱州市建发集团总公司 8.9
70 金华县交通工程公司 8.9
71 德阳市建设发展股份有限公司 8.9
72 靖远县第三建筑公司 8.8
73 深圳市第四建筑工程公司 8.7
74 深圳潮阳建筑工程公司 8.6
75 盐城市交通工程处（集团） 8.6
76 温岭市田洋建筑工程公司 8.5
77 南昌市第一建筑工程公司 8.5
78 上海三钢工程建设公司 8.5
79 本溪市建筑安装有限责任公司 8.5
80 广州市第四建筑工程公司 8.5
81 广东省第二建筑工程公司 8.4
82 辽宁省工业安装工程公司第四分公司 8.4
83 鞍山市第八建筑工程公司 8.4
84 北京市天兴燃气工程公司 8.4
85 辽河油田筑路工程公司 8.4
86 上海浦东新区建设总公司北蔡市政公司 8.4
87 沈阳精大稀机电设备安装公司 8.3
88 靖远县第二建筑公司 8.3
89 廉江市建筑安装公司 8.2
90 江门市蓬江区建筑集团有限公司 8.2
91 阳东县建筑安装工程公司 8.2
92 白城市第一建筑工程总公司 8.1
93 北京市城市建设装饰工程有限责任公司 8.1
94 北京宋庄建筑集团 8.0
95 长春星宇集团股份有限公司 8.0
96 南通市路桥工程总公司 8.0
97 江门市第一建筑工程公司 8.0
98 化州市第五建筑工程公司 8.0
99 高密市华鲁建筑公司 7.9
100 郑州市市政工程公司 7.7

建筑业（五）

资产利润率（%）

01 三亚市建筑工程总公司 53.2
02 靖远县第三建筑公司 51.2
03 深圳宝安区建筑工程公司 51.1
04 通州市纱场建筑安装工程公司 49.1
05 阳东县建筑安装工程公司 44.2
06 上海宝港建筑工程有限公司 39.2
07 山西省运城地区水利工程建设总队 36.8
08 三河市六建公司 36.2
09 衡阳县第二建筑工程公司 26.2
10 大庆市让胡路区东方建筑安装工程公司 25.6

11 包头钢铁公司修建部	24.3
12 河北省唐县第一建筑公司	24.0
13 浙江腾达市政工程集团股份有限公司	23.4
14 温岭市建筑市政工程公司	23.3
15 深圳市龙岗区建筑工程公司	22.8
16 山东省肥城市设备工程安装公司	22.2
17 大庆石油管理局第二采油厂安装工程公司	22.1
18 大庆石油管理局第七采油工程安装公司	21.9
19 保定城乡建筑安装公司	21.8
20 丰润县建筑安装工程有限公司	21.7
21 南充第九建筑公司广安分公司	20.9
22 汤阴县城乡建设工程公司	20.8
23 东阳市第四建筑工程公司	20.8
24 莱州市建发集团总公司	19.6
25 北京市康城隧道工程公司	19.5
26 北京建谊建筑装饰有限公司	19.3
27 河南矿业建筑安装工程公司	19.0
28 湖北五环建设集团公司	18.9
29 大庆石油管理局供水工程公司	18.4
30 滕州市第三建筑安装工程公司	18.3
31 山东省招远市北关建筑工程公司	17.7
32 上虞市装饰实业公司	17.4
33 成都铁路局一工程公司	17.4
34 中国化学工程第七建设公司新疆公司	17.3
35 武汉电信工程公司	17.3
36 大庆石油管理局第二采油厂基建工程二公司	17.1
37 宁乡县花明建筑公司	17.0
38 靖远县第二建筑公司	16.8
39 白银市白银区第二建筑工程公司	16.5
40 南海市建筑基础工程公司	16.4
41 东阳市华厦建筑工程公司	16.2
42 清苑县建筑公司	16.2
43 乐亭县建筑工程公司	16.0
44 赤峰市平庄建筑工程（集团）有限公司	16.0
45 湖州市通讯建筑工程安装公司	15.9
46 深圳市龙岗区建筑工程公司	15.7
47 温岭市田洋建筑工程公司	15.6
48 象山二建集团股份有限公司	15.6
49 四川省岳池送变电工程公司	15.4
50 深圳市罗湖建筑安装工程公司	15.2
51 绍兴县第三建筑工程公司	15.1
52 淄博新城建工集团有限公司	14.7
53 广州市黄埔区第二建筑工程公司	14.3
54 浏阳市永安建筑工程公司	14.1
55 大连市金州区第一建筑工程公司	14.1
56 鞍山钢铁集团公司计控技术工程公司	14.0
57 浠水县建筑安装工程总公司	14.0
58 扶风县第一建筑工程公司	14.0
59 泸州市电力工程总公司	13.8
60 广州市白云区江高建筑工程公司	13.7
61 河北省唐县宏达建筑工程公司	13.3
62 鞍山市第九建筑公司	13.3
63 浙江中富建筑集团公司	12.7
64 新疆尉犁县第二建筑公司	12.6
65 广安县建筑工程总公司	12.5
66 诸暨市第八建筑工程公司	12.5
67 南昌铁路局工程总公司	12.5
68 广东省公路工程施工总公司化州分公司	12.4
69 中国建筑三局深圳第二建筑安装工程公司	12.3
70 泰安市省庄建筑安装工程总公司	12.2
71 盐城市第二建筑工程公司	12.1
72 上海浦东新区建设总公司北蔡市政公司	12.1
73 湖南省张家界市道路桥梁开发建设总公司	12.0
74 淄博唐山建工实业股份有限总公司	11.9
75 东营市华隆企业集团	11.7
76 大连金华建筑安装工程总公司	11.7
77 沈阳市第三住宅建筑公司	11.6
78 杭州时代建筑装璜工程公司	11.6
79 湖南省前辉建筑装饰工程总公司	11.5
80 深圳市第三建筑工程公司	11.5
81 长沙县螺丝塘建筑工程总公司	11.3
82 唐山市西郊建筑公司	11.3
83 大连庄河市建筑安装工程公司	11.2
84 河南省林州市建筑工程公司	11.2
85 深圳海外装饰工程公司	11.0
86 莱芜市第一建筑安装工程公司	10.9
87 长沙市西城建筑安装工程公司	10.8
88 长沙莲花建筑工程公司	10.7
89 黑龙江省新建建筑工程公司	10.7
90 河南省林州市建筑集团总公司	10.7
91 上虞丰惠建筑工程公司	10.5
92 曹县建筑工程公司	10.4
93 澧县第三建筑工程公司	10.4
94 温岭市第四建筑工程公司	10.3
95 高碑店市建筑企业集团公司	10.3
96 大庆市路桥工程建设有限责任公司	10.2
97 四川省华蓥市星星实业建筑公司	10.2
98 杭州电力发展总公司	10.1
99 淄博市临淄区高阳乡建筑工程公司	10.0
100 温岭市第六建筑工程公司	10.0

铁路运输业（一）

营业里程（公里）

01 北京铁路分局	1817.2	29 杭州铁路分局	921.3
02 通辽铁路分局	1651.1	30 加格达奇铁路分局	908.6
03 石家庄铁路分局	1499.4	31 通化铁路分局	907.1
04 锦州铁路分局	1495.0	32 成都铁路分局	847.8
05 西安铁路分局	1490.7	33 南宁铁路分局	839.1
06 贵阳铁路分局	1411.6	34 青岛铁路分局	832.1
07 济南铁路分局	1373.7	35 齐齐哈尔铁路分局	830.1
08 天津铁路分局	1321.2	36 南京铁路分局	829.2
09 长沙铁路总公司	1287.6	37 太原铁路分局	810.6
10 哈尔滨铁路分局	1251.2	38 银川铁路分局	792.6
11 牡丹江铁路分局	1216.8	39 临汾铁路分局	784.7
12 郑州铁路分局	1162.3	40 安康铁路分局	763.2
13 蚌埠铁路分局	1149.7	41 西昌铁路分局	761.7
14 柳州铁路分局	1110.7	42 海拉尔铁路分局	752.3
15 西宁铁路分局	1100.1	43 沈阳铁路分局	736.5
16 福州铁路分局	1097.2	44 伊图里河铁路分局	717.6
17 大同铁路分局	1078.2	45 开远铁路分局	660.1
18 武汉铁路分局	1077.7	46 徐州铁路分局	587.6
19 佳木斯铁路分局	1059.1	47 丹东铁路分局	578.8
20 武威铁路分局	1038.1	48 乌鲁木齐铁路分局	565.1
21 重庆铁路分局	1016.5	49 大连铁路分局	554.5
22 白城铁路分局	1009.4	50 哈密铁路分局	537.6
23 昆明铁路分局	991.2	51 长春铁路分局	495.4
24 怀化铁路总公司	981.3	52 图们铁路分局	453.3
25 洛阳铁路分局	948.7	53 上海铁路分局	404.5
26 襄樊铁路分局	933.5	54 羊城铁路总公司	382.5
27 吉林铁路分局	929.8	55 海南铁路总公司	219.0
28 兰州铁路分局	923.0	56 广深铁路股份公司	152.9

铁路运输业（二）

换算周转量（百万吨公里）

01 天津铁路分局	86182	11 蚌埠铁路分局	49960
02 郑州铁路分局	75465	12 西安铁路分局	44242
03 长沙铁路总公司	74009	13 哈尔滨铁路分局	37366
04 石家庄铁路分局	72492	14 贵阳铁路分局	35803
05 武汉铁路分局	66791	15 徐州铁路分局	35305
06 北京铁路分局	62692	16 沈阳铁路分局	34955
07 锦州铁路分局	56191	17 南京铁路分局	33149
08 洛阳铁路分局	56000	18 通辽铁路分局	32608
09 济南铁路分局	50908	19 羊城铁路总公司	29913
10 大同铁路分局	50075	20 柳州铁路分局	29600

21 长春铁路分局	29575	39 南宁铁路分局	12889
22 杭州铁路分局	26283	40 昆明铁路分局	12826
23 武威铁路分局	25663	41 佳木斯铁路分局	12503
24 青岛铁路分局	25483	42 白城铁路分局	12236
25 怀化铁路总公司	25198	43 银川铁路分局	11582
26 襄樊铁路分局	24494	44 乌鲁木齐铁路分局	11524
27 福州铁路分局	22508	45 临汾铁路分局	11338
28 牡丹江铁路分局	22398	46 吉林铁路分局	8586
29 上海铁路分局	22175	47 海拉尔铁路分局	8476
30 重庆铁路分局	21255	48 通化铁路分局	6996
31 安康铁路分局	19414	49 丹东铁路分局	5644
32 成都铁路分局	19181	50 加格达奇铁路分局	4202
33 兰州铁路分局	19174	51 广深铁路股份公司	4165
34 太原铁路分局	19146	52 西宁铁路分局	4116
35 齐齐哈尔铁路分局	17597	53 图们铁路分局	2290
36 西昌铁路分局	16680	54 伊图里河铁路分局	1843
37 哈密铁路分局	15340	55 开远铁路分局	1455
38 大连铁路分局	15043	56 海南铁路总公司	176

铁路运输业（三）

运输收入（万元）

01 大同铁路分局	496845	24 南宁铁路分局	135656
02 北京铁路分局	385797	25 昆明铁路分局	126040
03 羊城铁路总公司	296932	26 贵阳铁路分局	120074
04 郑州铁路分局	287205	27 徐州铁路分局	118284
05 上海铁路分局	284207	28 佳木斯铁路分局	116333
06 天津铁路分局	246993	29 洛阳铁路分局	116057
07 乌鲁木齐铁路分局	231074	30 蚌埠铁路分局	112029
08 石家庄铁路分局	230136	31 锦州铁路分局	107222
09 武汉铁路分局	219631	32 临汾铁路分局	106721
10 沈阳铁路分局	203470	33 齐齐哈尔铁路分局	104106
11 长沙铁路总公司	201051	34 兰州铁路分局	98307
12 成都铁路分局	180253	35 大连铁路分局	96552
13 广深铁路股份公司	179929	36 柳州铁路分局	85393
14 西安铁路分局	179381	37 西昌铁路分局	75525
15 青岛铁路分局	178050	38 长春铁路分局	74187
16 太原铁路分局	177521	39 襄樊铁路分局	71891
17 杭州铁路分局	165651	40 通化铁路分局	59633
18 南京铁路分局	160221	41 吉林铁路分局	58899
19 重庆铁路分局	158436	42 银川铁路分局	54717
20 牡丹江铁路分局	157729	43 怀化铁路总公司	53138
21 福州铁路分局	154826	44 丹东铁路分局	52482
22 济南铁路分局	140188	45 海拉尔铁路分局	48913
23 哈尔滨铁路分局	139037	46 加格达奇铁路分局	41373

47 武威铁路分局	40215	52 安康铁路分局	31294
48 通辽铁路分局	38672	53 伊图里河铁路分局	29472
49 西宁铁路分局	37477	54 哈密铁路分局	21751
50 白城铁路分局	36383	55 开远铁路分局	14603
51 图们铁路分局	34883	56 海南铁路总公司	3167

铁路运输业（四）

运输全员劳动生产率（万换算吨公里/人）

01 洛阳铁路分局	185.4	29 哈尔滨铁路分局	71.3
02 蚌埠铁路分局	142.9	30 银川铁路分局	71.0
03 天津铁路分局	139.3	31 沈阳铁路分局	69.8
04 大同铁路分局	138.3	32 上海铁路分局	69.6
05 长春铁路分局	129.6	33 西安铁路分局	69.1
06 石家庄铁路分局	125.9	34 白城铁路分局	68.9
07 长沙铁路总公司	125.4	35 成都铁路分局	65.4
08 徐州铁路分局	124.2	36 大连铁路分局	65.2
09 济南铁路分局	123.4	37 乌鲁木齐铁路分局	64.2
10 锦州铁路分局	118.8	38 牡丹江铁路分局	63.0
11 通辽铁路分局	116.6	39 重庆铁路分局	60.4
12 怀化铁路总公司	116.2	40 兰州铁路分局	58.5
13 武威铁路分局	112.8	41 太原铁路分局	53.6
14 武汉铁路分局	108.5	42 南宁铁路分局	52.9
15 安康铁路分局	105.9	43 临汾铁路分局	51.3
16 哈密铁路分局	105.9	44 齐齐哈尔铁路分局	48.7
17 杭州铁路分局	101.6	45 昆明铁路分局	45.6
18 郑州铁路分局	99.2	46 海拉尔铁路分局	44.8
19 羊城铁路总公司	97.7	47 佳木斯铁路分局	43.1
20 贵阳铁路分局	96.6	48 吉林铁路分局	33.8
21 南京铁路分局	91.9	49 加格达奇铁路分局	30.5
22 柳州铁路分局	91.6	50 丹东铁路分局	30.0
23 襄樊铁路分局	86.0	51 通化铁路分局	28.7
24 青岛铁路分局	85.2	52 西宁铁路分局	22.4
25 北京铁路分局	84.0	53 图们铁路分局	22.1
26 西昌铁路分局	79.0	54 伊图里河铁路分局	21.1
27 福州铁路分局	78.5	55 开远铁路分局	11.3
28 广深铁路股份公司	76.2	56 海南铁路总公司	8.0

国营林场（一）

社会总产值（千元）

名称	社会总产值（千元）	名称	社会总产值（千元）
01 广东国营雷州林业局	284070	42 辽宁大连市金州区林场	21814
02 江苏常熟市虞山林场	186633	43 广西融水县贝江河林场	21671
03 广西高峰林场	116680	44 广西凤山凤旁林场	21659
04 吉林省上营森林经营局	95500	45 广西雅长林场	21540
05 吉林省长白森林经营局	86902	46 广西武鸣县朝燕林场	21402
06 内蒙古额右旗自兴林场	83000	47 湖北太子山林场管理局	21280
07 广东国营西江林业局	81970	48 山东淄博市原山林场	20237
08 江西上饶波阳莲花山林场	81420	49 广东国营阳江林场	19960
09 湖南零陵金洞林场	71348	50 湖南双牌打鼓坪林场	19423
10 内蒙古免渡河林业局	69345	51 浙江景宁畲族自治县林场	19300
11 四川省洪雅县林场	66100	52 广东国营仁化林场	19290
12 吉林省安图森林经营局	62090	53 江西赣州全南小叶岽林场	18990
13 广西七坡林场	55580	54 湖北崇阳县桂花林场	18900
14 吉林省辉南森林经营局	53892	55 广西宜山庆远林场	18760
15 江西上饶弋阳山县岭林场	49630	56 辽宁省湾甸子实验林场	18510
16 广西区派阳山林场	48080	57 江西吉安地区武功山林场	17858
17 南京市老山林场	45001	58 广西邕宁县南州林场	17840
18 内蒙古柴河林业局	44451	59 湖南江华林业采育场	17339
19 内蒙古兴安盟五岔沟林业局	43990	60 辽宁清原县城郊林场	17334
20 内蒙古乌奴耳林业局	42691	61 江苏江宁县东善桥林场	17190
21 广西东门林场	39770	62 广西藤县共青林场	16825
22 广西三门江林场	35590	63 广东国营英德林场	16793
23 广西热带林业实验中心	35351	64 广西贺县黄洞林场	16367
24 广西武宣县六峰山林场	34606	65 广西来宾县铁帽山林场	16326
25 江西景德镇枫树山林场	34030	66 辽宁本溪县草河城林场	16000
26 广西钦廉林场	33530	67 广西昭平县大脑山林场	15274
27 江西赣州龙南九连山林场	31219	68 黑龙江省小北湖母树林林场	14972
28 广西区黄冕林场	30616	69 江苏句容市林场	14946
29 浙江省开化县林场	28887	70 湖南双牌五星岭林场	14600
30 河北塞罕坝机械林场	28660	71 广东国营曲江林场	14463
31 安徽沙河集林业总场	27985	72 辽宁新民县机械林场	14358
32 广西大桂山林场	27769	73 广东国营刘张家山林场	14190
33 广西区天峨县林朵林场	27511	74 福建华安金山林场	14120
34 广州市流溪河林场	26120	75 江西赣州信丰金盆山林场	13668
35 湖南攸县黄丰桥林场	25000	76 江苏丹徒县长山林场	13660
36 广西桂平金田林场	24878	77 江西吉安吉水芦溪岭林场	13241
37 浙江建德县建德林场	23966	78 辽宁清原县大孤家林场	13210
38 广西南丹县山口林场	22960	79 辽宁清原县甘井子林场	13180
39 宁夏青铜峡市树新林场	22458	80 吉林林学院实验林场	13140
40 湖北钟祥县大口林场	22351	81 浙江省宁波市林场	13130
41 广西上思县平广林场	22110	82 广东国营连山林场	13104

83 黑龙江黑龙宫林场	13081
84 广东省国营铁龙林场	13080
85 广西博白林场	13080
86 广东国营龙眼洞林场	13066
87 广西玉林地区大容山林场	13055
88 黑龙江苇河林场	13035
89 湖北蒲圻市官塘驿林场	12860
90 广西罗城县青明山林场	12610
91 辽宁本溪县连山关林场	12550
92 广东国营银盏林场	12468
93 江西吉安遂川五指峰林场	12320
94 黑龙江省帽儿山林场	12250
95 黑龙江省一面坡林场	12226
96 福建省尤溪经营林场	12200
97 江西吉安永丰官山岭林场	12180
98 云南红河州国营芷村林场	12019
99 贵州省三都县拉揽林场	12004
100 湖北京山县虎爪山林场	11433

国营林场（二）

工业总产值（千元）

01 广东国营雷州林业局	199000
02 江苏常熟市虞山林场	135140
03 广西高峰林场	111874
04 内蒙古额右旗白兴林场	82100
05 吉林长白森林经营局	75140
06 吉林上营森林经营局	72540
07 四川洪雅县林场	57650
08 内蒙古免渡河林业局	56428
09 广东国营西江林业局	55960
10 吉林安图森林经营局	53700
11 吉林辉南森林经营局	49193
12 湖南零陵金洞林场	48998
13 广西七坡林场	36060
14 南京市老山林场	35559
15 广西武宣县六峰山林场	32686
16 广西东门林场	32050
17 广西三门江林场	30730
18 江西赣州龙南九连山林场	30529
19 内蒙古乌奴耳林业局	30399
20 广西派阳山林场	30310
21 内蒙古柴河林业局	29584
22 江西景德镇枫树山林场	27783
23 广西天峨县林朵林场	25820
24 广西热带林业实验中心	25721
25 浙江省开化县林场	25271
26 江西上饶弋阳山县岭林场	25130
27 广西黄冕林场	24997
28 内蒙古兴安盟五岔沟林业局	23350
29 安徽沙河集林业总场	22791
30 广西桂平金田林场	22415
31 广西融水县贝江河林场	19839
32 广西钦廉林场	19060
33 江西赣州全南小叶岽林场	18447
34 广西南丹县山口林场	18290
35 浙江省建德县建德林场	18218
36 湖南攸县黄丰桥林场	18200
37 广西雅长林场	17890
38 广东国营仁化林场	17720
39 广西大桂山林场	17046
40 广西上思县平广林场	16830
41 广西邕宁县南州林场	16500
42 湖南江华林业采育场	16108
43 浙江省景宁畲族自治县林场	15490
44 广西凤山凤旁林场	15364
45 辽宁清原县城郊林场	15242
46 辽宁本溪县草河城林场	14400
47 江苏句容市林场	14346
48 广西昭平县大脑山林场	14310
49 江西吉安地区武功山林场	14293
50 广东国营阳江林场	14190
51 广东国营曲江林场	13413
52 广东国营英德林场	13343
53 广东国营刘张家山林场	13050
54 福建华安金山林场	12950
55 黑龙江省小北湖母树林林场	12897
56 广西来宾县铁帽山林场	12892
57 江苏丹徒县长山林场	12807
58 吉林林学院实验林场	12720
59 湖南双牌打鼓坪林场	12600
60 广东国营铁龙林场	12320
61 广西宜山庆远林场	12310
62 广西贺县黄洞林场	12270
63 江西赣州信丰金盆山林场	12247
64 广西罗城县青明山林场	11910

65 辽宁湾甸子实验林场 11710
66 广西红河州国营芷村林场 11329
67 湖北钟祥县大口林场 11290
68 吉林省汪清县林业局金矿林场 11125
69 山东淄博市原山林场 10891
70 云南云龙县五宝山林场 10830
71 江西吉安吉水芦溪岭林场 10690
72 湖北崇阳县桂花林场 10550
73 江西吉安遂川五指峰林场 10508
74 福建尤溪经营林场 10420
75 浙江宁波市林场 10420
76 广西武鸣县朝燕林场 10349
77 贵州三都县拉揽林场 10080
78 江苏江宁县东善桥林场 9800
79 吉林敦化市新开岭林场 9660
80 辽宁清原县甘井子林场 9640
81 福建华安西陂林场 9608
82 广西昭平县富罗林场 9350
83 四川省平武县龙门林场 9070
84 浙江东阳市林场 9036
85 吉林柳河县凉水河子林场 8917
86 陕西省镇坪县国营林场管理局 8900
87 福建国营漳平五一林场 8713
88 广西博白林场 8671
89 广东国营连山林场 8617
90 江西吉安永新七溪岭林场 8610
91 广东国营乐昌林场 8582
92 河北塞罕坝机械林场 8575
93 湖南双牌五星岭林场 8528
94 江西吉安安福北华山林场 8409
95 广西玉林地区大容山林场 8384
96 吉林长白县母树林林场 8367
97 福建国营洋口林场 8364
98 江西吉安新干黎山林场 8349
99 福建大田桃源林场 8332
100 广东国营小龙林场 8310

国营林场（三）

产品销售收入（千元）

01 江苏常熟市虞山林场 207834
02 广东国营雷州林业局 188478
03 广西高峰林场 105934
04 吉林长白森林经营局 64840
05 广东国营西江林业局 64622
06 南京市老山林场 44688
07 吉林上营森林经营局 44680
08 广西六万林场 43114
09 吉林安图森林经营局 42090
10 吉林辉南森林经营局 41859
11 内蒙古免渡河林业局 34860
12 广西七坡林场 33874
13 内蒙古柴河林业局 33360
14 广西黄冕林场 32912
15 四川洪雅县林场 31900
16 广西武宣县六峰山林场 30211
17 江西赣州龙南九连山林场 28090
18 广西东门林场 27570
19 湖南零陵金洞林场 26962
20 广西派阳山林场 26833
21 湖南江永高泽源林场 26372
22 广西雅长林场 25360
23 江西景德镇枫树山林场 24809
24 内蒙古乌奴耳林业局 24690
25 广西钦廉林场 24280
26 内蒙古兴安盟五岔沟林业局 23190
27 广西大桂山林场 22737
28 广西热带林业实验中心 21590
29 广西融水县贝江河林场 20191
30 广西天峨县林朵林场 20022
31 江西上饶波阳莲花山林场 20000
32 浙江开化县林场 19262
33 广西三门江林场 19146
34 江西赣州全南小叶岽林场 18447
35 宁夏六盘山国营林场 17538
36 湖南江华林业采育场 16148
37 江西上饶弋阳山县岭林场 16134
38 安徽沙河集林业总场 16010
39 广西桂平金田林场 15610
40 广东国营阳江林场 14800
41 广东国营仁化林场 14570
42 广东国营英德林场 14410
43 河北塞罕坝机械林场 14285
44 辽宁清原县甘井子林场 14245
45 广西邕宁县南州林场 14011
46 湖北崇阳县桂花林场 14000

47 内蒙古巴林林业局	13971
48 浙江建德县建德林场	13302
49 辽宁湾甸子实验林场	13250
50 广东国营刘张家山林场	13050
51 湖北太子山林场管理局	12970
52 陕西户县涝峪林场	12921
53 江西吉安地区武功山林场	12920
54 黑龙江省小北湖母树林林场	12897
55 广西南丹县山口林场	12891
56 广西昭平县大脑山林场	12657
57 广西凤山凤旁林场	12463
58 广东国营曲江林场	12271
59 吉林林学院实验林场	12000
60 江西吉安遂川五指峰林场	11971
61 辽宁清原县大孤家林场	11250
62 福建华安金山林场	11135
63 广西玉林地区大容山林场	11101
64 浙江萧山市林场	11013
65 广西上思县平广林场	10772
66 浙江东阳市林场	10611
67 吉林长白县冷沟子林场	10500
68 广西武鸣县朝燕林场	10349
69 福建省尤溪经营林场	10330
70 广东国营乐昌林场	10207
71 山东淄博市原山林场	10185
72 吉林浑江市大阳岔国营林场	10180
73 湖南攸县黄丰桥林场	10004
74 广西来宾县铁帽山林场	10003
75 辽宁大连市金州区林场	10000
76 辽宁清原县城郊林场	9932
77 云南红河州国营芷村林场	9852
78 江苏江宁县东善桥林场	9800
79 广东国营龙眼洞林场	9635
80 江西吉水芦溪岭林场	9509
81 广西贺县黄洞林场	9470
82 广西博白林场	9384
83 江西吉安新干黎山林场	9345
84 广西昭平县富罗林场	9340
85 四川平武县龙门林场	9070
86 辽宁新民县机械林场	9020
87 湖南东安大庙口林场	9000
88 江西赣州地区信丰金盆山林场	8997
89 广西鹿寨县林场	8937
90 广东国营铁龙林场	8815
91 江苏六合县平山林场	8788
92 黑龙江省老街基林场	8741
93 广西藤县共青林场	8732
94 江西吉安遂川云岭林场	8668
95 广东国营河排林场	8600
96 贵州三都县拉揽林场	8536
97 福建国营洋口林场	8500
98 广西罗城县青明山林场	8446
99 吉林长白县母树林林场	8401
100 江西吉安宁冈县林场	8367

国营林场（四）

利税总额（千元）

01 广西高峰林场	19017
02 江苏常熟市虞山林场	10699
03 吉林长白森林经营局	10279
04 江苏江宁县东善桥林场	9200
05 吉林上营森林经营局	8510
06 四川省洪雅县林场	8500
07 甘肃天水市党川林场	7889
08 广西南丹县山口林场	6322
09 广西雅长林场	6230
10 江西吉安县九龙林场	6208
11 湖南江永高泽源林场	6000
12 吉林安图森林经营局	5752
13 广东国营雷州林业局	5479
14 吉林辉南森林经营局	5388
15 广西热带林业实验中心	4988
16 湖南古丈高望界林场	4840
17 广西天峨县林朵林场	4775
18 广西三门江林场	3940
19 内蒙古额尔古纳右旗自兴林场	3850
20 广西凤山凤旁林场	3708
21 广西七坡林场	3338
22 广西横县镇龙林场	3049
23 广西融水县贝江河林场	2969
24 南京市老山林场	2879
25 吉林蛟河市青背林场	2839
26 广西上思县平广林场	2820
27 广西博白林场	2816
28 江西景德镇枫树山林场	2802

29 内蒙古柴河林业局 2801
30 浙江开化县林场 2778
31 江西赣州龙南九连山林场 2767
32 辽宁清原县城郊林场 2740
33 福建大田桃源林场 2639
34 吉林浑江市大阳岔国营林场 2525
35 内蒙古免渡河林业局 2491
36 贵州黎平县花坡林场 2409
37 黑龙江玉河林场 2400
38 内蒙古乌奴耳林业局 2366
39 云南云龙县五宝山林场 2352
40 湖南江华林业采育场 2331
41 吉林敦化市新立林场 2326
42 黑龙江小黑河林场 2321
43 湖南零陵金洞林场 2296
44 吉林敦化市新开岭林场 2250
45 河北塞罕坝机械林场 2237
46 吉林舒兰市青松林场 2200
47 黑龙江方正县宝兴林场 2200
48 吉林敦化市王牛沟国营林场 2187
49 福建华安金山林场 2158
50 广西林校教学实验林场 2115
51 四川合江县国营福宝林场 2113
52 黑龙江小北湖母树林林场 2053
53 黑龙江黑龙宫林场 2042
54 江西吉安安福北华山林场 2018
55 吉林林学院实验林场 2000
56 吉林敦化市新兴国营林场 2000
57 广东国营龙眼洞林场 1995
58 广西桂平金田林场 1970
59 黑龙江一面坡林场 1963
60 内蒙古兴安盟五岔沟林业局 1960
61 广西黄冕林场 1921
62 广东国营北岭山林场 1903
63 吉林长白县母树林林场 1887
64 吉林长白县冷沟子林场 1878
65 广西兴安县摩天岭林场 1850
66 吉林柳河县凉水河子林场 1800
67 福建平和天马林场 1800
68 黑龙江省帽儿山林场 1789
69 吉林敦化市小牡丹国营林场 1780
70 广西罗城县青明山林场 1763
71 湖南黔阳雪峰山林场 1737
72 陕西户县涝峪林场 1685
73 吉林国营桦甸市苏密沟林场 1650
74 湖南攸县黄丰桥林场 1648
75 广东国营曲江林场 1623
76 福建华安西陂林场 1602
77 辽宁新民县机械林场 1557
78 山西管涔经营局大石洞林场 1502
79 福建国营漳平五一林场 1498
80 黑龙江省小九林场 1498
81 黑龙江省苇河林场 1474
82 吉林抚松县林业局兴隆林场 1466
83 江西吉安峡江玉笥山林场 1458
84 湖北京山县虎爪山林场 1441
85 江西赣州龙南安基山林场 1437
86 广西藤县共青林场 1436
87 福建南安五台山林场 1420
88 安徽沙河集林业总场 1410
89 黑龙江省新青山林场 1391
90 福建顺昌埔上林场 1380
91 陕西陇县国营关山林场 1380
92 陕西楼观台实验林场 1380
93 黑龙江老街基林场 1377
94 湖南酃县青石冈林场 1351
95 辽宁西丰县冰砬子林场 1350
96 吉林汪清县天桥岭林场 1341
97 广东国营大坑山林场 1319
98 陕西省桥北林业局张家湾林场 1309
99 广西武鸣县朝燕林场 1300
100 江西吉安遂川五指峰林场 1294

国营林场（五）

固定资产原值（千元）

01 广东国营雷州林业局 108440
02 广东国营西江林业局 105126
03 江苏常熟市虞山林场 82969
04 内蒙古免渡河林业局 73741
05 吉林长白森林经营局 69642
06 内蒙古柴河林业局 66634
07 四川洪雅县林场 62370
08 吉林辉南森林经营局 61889
09 吉林上营森林经营局 55470
10 广西高峰林场 52970

11 内蒙古乌奴耳林业局	47875
12 江西鹰潭贵溪上清林场	45932
13 湖南江永高泽源林场	41507
14 南京市老山林场	39602
15 安徽休宁县西田林场	32600
16 广西六万林场	32110
17 吉林安图森林经营局	31546
18 广西七坡林场	30604
19 广西钦廉林场	29390
20 广东国营阳江林场	27700
21 广西东门林场	26750
22 广西三门江林场	25740
23 内蒙古巴林林业局	25049
24 广西邕宁县南州林场	23926
25 浙江开化县林场	23499
26 广东国营樟木头林场	23146
27 江西赣州龙南九连山林场	22357
28 广州市流溪河林场	21614
29 广西桂平金田林场	21194
30 广西天峨县林朵林场	21000
31 广西南宁树木园	20950
32 广西武鸣县朝燕林场	20000
33 广西热带林业实验中心	19975
34 广西派阳山林场	18710
35 湖南零陵金洞林场	18360
36 广东国营连山林场	18119
37 广西黄冕林场	17481
38 四川省都江堰市林场	17360
39 江西赣州全南小叶岽林场	17300
40 内蒙古兴安盟五岔沟林业局	17220
41 江西景德镇枫树山林场	17053
42 浙江萧山市林场	16874
43 山东淄博市原山林场	16604
44 四川什邡县国营林场	16394
45 江西吉安遂川五指峰林场	16267
46 吉林敦化市秋梨沟国营林场	16227
47 湖北太子山林场管理局	16167
48 湖南东安大庙口林场	15995
49 广东国营新岗林场	15740
50 江西吉安地区武功山林场	14947
51 广西玉林地区大容山林场	14820
52 江西上饶弋阳山县岭林场	14654
53 广西雅长林场	14590
54 广东国营仁化林场	14580
55 四川省合江县国营福宝林场	14368
56 湖南江华林业采育场	14288
57 吉林林学院实验林场	14243
58 广东国营韩江林场	14227
59 江西赣州全南茅山林场	14205
60 广东国营银盏林场	14196
61 广西贺县黄洞林场	13757
62 浙江建德县建德林场	13434
63 广东惠州市国营油田林场	13180
64 湖南武冈县武冈林场	12059
65 辽宁省湾甸子实验林场	12000
66 河南国营新县林场	12000
67 安徽沙河集林业总场	11930
68 广东国营乐昌林场	11907
69 河北塞罕坝机械林场	11580
70 湖南攸县黄丰桥林场	11365
71 广东惠州市国营罗浮山林场	11073
72 内蒙古兴安盟白狼林业局	10982
73 广东惠州市国营象头山林场	10880
74 广西融水县贝江河林场	10700
75 江西吉安新干黎山林场	10394
76 广西南丹县山口林场	10130
77 黑龙江省一面坡林场	9857
78 广西来宾县铁帽山林场	9744
79 吉林浑江市大阳岔国营林场	9710
80 广西融安县西山林场	9627
81 辽宁大连市金州区林场	9549
82 广西上思县平广林场	9494
83 湖南蓝山县荆竹林场	9480
84 江苏江宁县东善桥林场	9459
85 广西武宣县六峰山林场	9370
86 湖北崇阳县桂花林场	9294
87 广西大桂山林场	9202
88 广东国营大沙林场	9000
89 四川平武县龙门林场	8490
90 吉林敦化市新开岭林场	8350
91 辽宁抚顺县温道林场	8150
92 广西罗城县青明山林场	8009
93 广东惠州市国营水东坡林场	7940
94 山东烟台市昆仑山林场	7900
95 辽宁清原县城郊林场	7607
96 广西三江县牛浪波林场	7591
97 广东国营飞马林场	7573
98 四川省甘孜县嘎拉林场	7570
99 黑龙江省小北湖母树林林场	7517
100 广东惠州市国营梁化林场	7475

对外经济贸易业

	进出口总额（万美元）
01 中国化工进出口总公司	852977
02 中国粮油食品进出口总公司	342961
03 中国技术进出口总公司	342264
04 中国石化国际事业公司	334466
05 中国五金矿产进出口总公司	262458
06 东方国际（集团）有限公司	260845
07 中国机械进出口总公司	232562
08 中国纺织品进出口总公司	225087
09 中国电子进出口总公司	190657
10 中国有色金属进出口总公司	188243
11 中国钢铁工贸集团总公司	172634
12 中国航空器材公司	171286
13 宝钢集团国际经济贸易总公司	169910
14 中国国际石油化工联合公司	161590
15 中国船舶工业贸易公司	154211
16 中国工艺品进出口总公司	149525
17 中国北方工业公司	144611
18 中国航空技术进出口总公司	138978
19 中国烟草进出口总公司	135343
20 中国联合石油公司	121712
21 中国煤炭工业进出口总公司	113877
22 中国土产畜产进出口总公司	112393
23 中国丝绸进出口总公司	112103
24 中国机械设备进出口总公司	103731
25 中化辽宁进出口公司	103111
26 中国仪器进出口总公司	102978
27 中国包装进出口总公司	100647
28 中国出口商品基地建设总公司	97595
29 中国海洋石油总公司	82374
30 中国长城工业总公司	70377
31 中国华润总公司	65051
32 广东省机械进出口集团公司	64238
33 中国化工建设总公司	62974
34 东方国际集团上海市丝绸进出口有限公司	61667
35 大连中国联合石油国际贸易公司	58246
36 中化河北进出口公司	57312
37 东方国际集团上海市服装进出口有限公司	56660
38 东方国际集团上海市对外贸易有限公司	55658
39 镇海炼油化工股份有限公司	52891
40 中国远洋运输（集团）总公司	52449
41 中国海外贸易总公司	46411
42 中国国际信托投资公司	45972
43 中国保利科技有限公司	45954
44 上海机械进出口（集团）公司	43524
45 上海兰生股份有限公司	43513
46 云南省烟草进出口公司	43369
47 中国轻工业品进出口总公司	43291
48 张家港市对外贸易公司	43279
49 江苏省海外企业集团有限公司	42188
50 仪征化纤股份有限公司	41912
51 鞍钢集团国际经济贸易公司	38940
52 浙江省丝绸进出口公司	36612
53 中国邮电器材总公司	36078
54 广东省纺织品进出口（集团）公司	35876
55 东方国际集团上海市纺织品进出口有限公司	34815
56 中国华源集团有限公司	34282
57 广东省轻工业品进出口（集团）公司	34106
58 中国汽车进出口总公司	34074
59 中国首钢国际贸易工程公司	34036
60 山西省煤炭进出口集团公司	33927
61 中国（福建）对外贸易中心集团	33692
62 中国南光进出口总公司	33328
63 中设江苏机械设备进出口（集团）公司	33268
64 上海市食品进出口公司	32588
65 上海市畜产进出口公司	32395
66 浙江省粮油食品进出口股份有限公司	32382
67 江苏省服装进出口集团股份有限公司	32326
68 山东省纺织品进出口公司	32117
69 厦门特贸有限公司	31892
70 上海市五金矿产进出口公司	31537
71 辽宁省服装进出口公司	30796
72 中国电子进出口北京公司	30599
73 浙江省对外贸易公司	29597
74 中国深圳对外贸易（集团）公司	29367
75 上海市化工进出口公司	29323
76 中国化工供销总公司	29155
77 江苏省纺织品进出口集团股份有限公司	28452
78 东方国际集团上海市针织品进出口有限公司	28352
79 浙江省技术进出口有限责任公司	28163
80 中国第一汽车集团进出口公司	28148
81 中化山东进出口公司	27804
82 江苏省丝绸进出口集团股份有限公司	27448

83 厦门国贸集团股份有限公司	27040
84 重庆对外贸易进出口公司	27018
85 浙江省土产畜产进出口公司	26501
86 上海市工艺品进出口公司	26410
87 葫芦岛锌厂	26218
88 中国冶金进出口马钢公司	26029
89 珠海振戎公司	25587
90 安徽省技术进出口股份有限公司	25170
91 广东省化工进出口集团公司	24856
92 无锡市对外贸易公司	24698
93 厦门建发集团有限公司	24607
94 福建省九州集团股份有限公司	24377
95 广州纺织品进出口公司	24341
96 上海轻工国际（集团）有限公司	24197
97 中国北方工业广州公司	24125
98 山东省对外贸易集团有限公司	23851
99 上海市土产进出口公司	23295
100 威海市进出口公司	23097
101 天津服装进出口公司	22875
102 福建省粮油食品进出口集团公司	22817
103 中国抽纱上海进出口公司	22522
104 河北省纺织品进出口（集团）公司	22493
105 浙江省纺织品进出口公司	22277
106 浙江中大集团股份有限公司	22264
107 江苏省轻工业品进出口集团股份有限公司	21546
108 中国石化国际事业茂名公司	21535
109 吴江市对外贸易公司	21434
110 南京市纺织品进出口股份有限公司	21423
111 山东省服装进出口公司	21273
112 辽宁华曦集团公司	21263
113 广州工艺品番禺进出口公司	21207
114 深圳奥康德石油贸易集团公司	20821
115 葆祥国际服装中心	20558
116 河南省粮油食品进出口公司	20437
117 江苏省机械进出口集团股份有限公司	20310
118 新疆对外经济贸易公司	20196
119 上海新联纺进出口有限公司	20181
120 中国石化大连国际贸易公司	20076
121 中国医药保健品进出口总公司	20042

对外劳务承包合作业（一）

新签合同额（万美元）

01 中国建筑工程总公司	157101
02 中国土木工程公司	71915
03 中国港湾建设总公司	38644
04 北京市建筑工程公司	32959
05 四川东方电力设备联合公司	26633
06 中国国际技术智力合作公司	25980
07 中国水利电力对外公司	21721
08 中国上海对外经济技术合作公司	20130
09 中国公路桥梁建设总公司	19426
10 中国海外工程总公司	18794
11 北京城建集团总公司	18771
12 中国水产联合总公司	17736
13 中国武夷实业总公司	15657
14 中国辽宁国际经济技术合作公司	15260
15 中国有色金属建设集团公司	14921
16 中国成套设备进出口（集团）公司	14697
17 中国广东国际合作（集团）公司	13179
18 中国江苏国际经济技术合作公司	12830
19 中国福建国际经济技术合作公司	10650
20 中国大连合作（集团）股份有限公司	10403
21 中远对外劳务合作公司	10316
22 湖南省公路桥梁建设公司	9920
23 中国铁道建筑总公司	9079
24 中国冶金建设总公司	8800
25 中国山东国际经济技术合作公司	8377
26 上海建工（集团）总公司	7862
27 中国天津国际经济技术合作公司	7566
28 中国交远国际经济技术合作公司	7414
29 中国建材工业对外经济技术合作公司	6956
30 中国华西工程设计建设总公司	6948
31 中国吉林国际经济技术合作公司	6491
32 中国化学工程公司	6278
33 上海市对外服务公司	6134
34 中国万宝工程公司	6065
35 东北电力集团进出口公司	6059
36 中国厦门国际经济技术合作公司	6055
37 台州国际经济技术合作公司	6000
38 天津水泥工业设计研究院	5921
39 中国化工建设总公司	5804
40 中国沈阳国际经济技术合作公司	5490
41 重庆对外建设总公司	5444
42 北京住宅开发建设集团总公司	5433

43 中国浙江国际经济技术合作公司 5405
44 山东省建筑工程总公司 5220
45 黑龙江东方集团国际经济技术合作公司 4290
46 北京市外国企业服务总公司 4251
47 中国武汉国际经济技术合作公司 4020
48 中国北京国际经济技术合作公司 3922
49 中国华西企业公司 3848
50 浙江省建筑工程总公司 3741

对外劳务承包合作业（二）

完成营业额（万美元）

01 中国建筑工程总公司 158666
02 中国港湾建设总公司 32768
03 北京市建筑工程公司 26399
04 中国公路桥梁建设总公司 17594
05 中国国际技术智力合作公司 17014
06 中国水产联合总公司 16831
07 中国土木工程公司 16083
08 中国机械设备进出口总公司 16063
09 中国上海对外经济技术合作公司 12064
10 中国通信建设总公司 11923
11 中国福建国际经济技术合作公司 11649
12 中国江苏国际经济技术合作公司 10542
13 中远对外劳务合作公司 10316
14 中国武夷实业总公司 10294
15 中国石油工程建设公司 9873
16 中国大连合作（集团）股份有限公司 9617
17 中国万宝工程公司 9574
18 中国海外工程总公司 9251
19 中国铁道建筑总公司 9106
20 中国辽宁国际经济技术合作公司 9045
21 中国华西企业公司 8885
22 中国中原对外工程公司 8135
23 中国天津国际经济技术合作公司 7787
24 中国广东国际合作（集团）公司 7741
25 广东对外劳务经济合作公司 7364
26 云南公路桥梁工程总公司 6499
27 四川东方电力设备联合公司 6464
28 中国厦门国际经济技术合作公司 6046
29 中国水力电力对外公司 6017
30 中国吉林国际经济技术合作公司 5859
31 中国成套设备进出口集团总公司 5252
32 中国广西国际经济技术合作公司 5112
33 中国铁路工程公司 4946
34 上海市对外服务公司 4737
35 中国四川国际合作股份有限公司 4615
36 北京市外国企业服务总公司 4251
37 中国沈阳国际经济技术合作公司 4202
38 宁波天地集团股份有限公司 4015
39 中国浙江国际经济技术合作公司 3766
40 江苏建达工程建设股份有限公司 3515
41 中国化学工程公司 3393
42 北京市政工程总公司 3327
43 珠海国际经济技术合作公司 3300
44 北京住宅开发建设集团总公司 3298
45 浙江省建筑工程总公司 3218
46 福建省对外劳务合作公司 3049
47 中国建材工业对外经济技术合作公司 3032
48 中国北京国际经济技术合作公司 2895
49 中国江西国际经济技术合作公司 2811
50 中国化工建设总公司 2770

集市贸易业（工业品市场）

成交额（亿元）

市场	成交额	市场	成交额
01 绍兴中国轻纺城	169.0	42 诸暨大唐商业城	18.2
02 海城西柳服装交易市场	135.0	43 慈溪胜山服装布角料市场	17.5
03 中国东方丝绸市场	120.5	44 株州市服装大世界	17.3
04 石家庄市新华集贸中心	116.3	45 郑州银基商贸城	17.3
05 中国日用品商城	107.6	46 中国家具城	17.0
06 沈阳五爱小商品批发市场	102.1	47 天津市红桥区大胡同小商品批发市场	16.9
07 慈溪周巷副食品批发市场	93.0	48 中国小食品城	16.9
08 石家庄市南三条小商品批发市场	81.5	49 成都市金牛火车北站市场	16.0
09 武汉市汉正街小商品市场	80.0	50 邵东工业品市场	15.8
10 临川市五皇殿集贸市场	67.0	51 唐山市小山工业品批发市场	15.6
11 浙江织里商城	65.6	52 广州市白马商贸大厦	15.5
12 浙江路桥小商品批发市场	62.7	53 滕州副食品批发市场	15.4
13 河南关林商贸城	53.8	54 浙江永嘉县桥头钮扣市场	15.1
14 浙江桐乡濮院羊毛衫市场	53.2	55 东莞市虎门富民个体商场	15.0
15 浙江瑞安商城	51.2	56 常德市桥南工业品市场	15.0
16 杭州四季青服装市场	48.1	57 浙江新声综合市场	15.0
17 临沂市隆达市场	48.0	58 嘉兴南方丝绸市场	14.9
18 江苏妙桥中国羊毛衫商城	45.0	59 合肥市城隍庙小商品市场	14.4
19 淄川服装城	44.6	60 即墨副食品批发市场	14.0
20 即墨服装批发市场	41.3	61 浙江海宁许村被面装饰布市场	13.6
21 石家庄市青年街市场	36.0	62 上海市卷烟交易市场	13.4
22 杭州汽车东站小商品市场	35.1	63 北京京温服装市场	13.3
23 浙江环北小商品市场	34.0	64 保定白沟箱包市场	12.9
24 山东周村纺织大世界	32.2	65 浙江苍南县卷烟交易市场	12.5
25 郑州纺织大世界	30.0	66 江南丝绸市场	12.5
26 南昌市洪城大市场	30.0	67 温州灯具大市场	12.3
27 温州市商贸城	28.1	68 郑州苑陵商场	12.1
28 湖州丝绸城	28.1	69 杭州轻纺市场	12.0
29 揭阳市流沙服装专业市场	28.0	70 南京金桥市场	12.0
30 杭州丝绸城	28.0	71 开封市大相国寺市场	12.0
31 揭阳市流沙布料专业市场	26.0	72 成都市冻青树市场	11.8
32 嘉兴洪合羊毛衫市场	25.0	73 济南西市场小商品市场	11.5
33 佛山市西樵纺织品市场	25.0	74 河北玉田县鸦鸿桥小工业品批发市场	11.4
34 江苏叠石桥绣品市场	25.0	75 江苏湖塘纺织品批发市场	11.2
35 慈溪工业品批发市场	24.6	76 浙江金华市工商城	11.0
36 济南洛口服装市场	23.5	77 云南省螺蛳湾日用商品批发市场	11.0
37 浙江台州市卷烟交易市场	23.4	78 菏泽康庄服装批发市场	10.9
38 中国鞋城	22.4	79 浙江苍南县副食品批发市场	10.7
39 中国佟二堡皮夹克市场	21.0	80 太仓市沙溪轻纺市场	10.6
40 浙江海宁皮革服装城	20.6	81 杭州外滩羊毛衫市场	10.5
41 常熟市招商市场	20.5	82 无锡招商城	10.5

83 聊城铁塔商场	10.5
84 泽国卷烟市场	10.3
85 浙江嵊州市浙东领带城	10.2
86 芜湖长街小商品批发中心	10.1
87 郑州鞋城	10.1
88 西安市轻工业品批发市场	10.0
89 广州市太平洋电子交易市场	10.0
90 广州市太平洋电子交易市场	10.0
91 浙江长兴浙北轻纺市场	9.8
92 青岛抚顺路蔬菜副食品市场	9.8
93 郑州华中食品城	9.7
94 江苏江阴纺织市场	9.6
95 浙江桐乡乌镇综合市场	9.1
96 揭阳市榕城进贤门市场	9.0
97 浙江长兴金陵商城	8.8
98 绍兴市卷烟交易市场	8.7
99 辽宁大石桥卷烟市场	8.6
100 石家庄市辛集皮革商业城	8.2
101 石家庄市晋州布匹市场	8.1
102 郑州市穰东工业品市场	8.0
103 四川大足县龙水五金市场	8.0
104 广州市日用工业品交易市场	8.0
105 江苏江都商贸城	8.0
106 哈尔滨市北环商城	8.0
107 南充市西门市场	7.7
108 兴城东辛庄服装市场	7.1
109 襄樊市新华市场	7.1
110 哈尔滨市南十六综合市场	7.0
111 江苏海州白虎山小商品批发市场	7.0
112 太原服装城	7.0
113 沈阳东北呢料市场	6.8
114 南昌市万寿宫商城	6.8
115 沈阳小商品大世界	6.7
116 济南中恒商城	6.6
117 潍坊小商品城	6.5
118 南宁市和平商场	6.4
119 郑州黄河食品城	6.3
120 东北日用杂品市场	6.3
121 长春市黑水路轻工产品批发市场	6.2
122 上海市曲阳家交电市场	6.0
123 黑龙江省双城市周家市场	6.0
124 江苏苏浙皖轻纺产品交易中心	6.0
125 无锡招商城针织品市场	5.7
126 广州市海印电器总汇二场	5.5
127 长春市华正批发市场	5.5
128 杭州副食品交易市场	5.4
129 浙江九龙轻纺市场	5.4
130 沈阳北行市场大楼	5.4
131 保定白沟小商品市场	5.4
132 山东家具城	5.3
133 济南新世界商城	5.3
134 浙江瑞安市场桥羊毛衫市场	5.3
135 郴州市北湖工业品市场	5.3
136 河北邯郸冀南工业品市场	5.2
137 浙江苍南县纺织工艺品批发市场	5.1
138 江苏江通市场	5.1
139 蚌埠二马路工业品综合市场	5.1
140 广西玉林市工业品服装市场	5.1
141 哈尔滨市服装城	5.0
142 青州市副食品批发市场	5.0
143 侯马新港服装城	5.0
144 哈尔滨市奋斗路地下一条街	5.0

集市贸易业（农副产品市场）

	成交额（亿元）
01 保定安国东方药城	38.8
02 江阴食品城	38.2
03 北京大钟寺市场	31.0
04 北京华垦岳各庄农副产品批发市场	28.2
05 山东寿光蔬菜批发市场	28.0
06 保定蠡县留史皮毛市场	27.5
07 无锡广益商城副食品批发市场	26.0
08 阜阳蒙城中药材专业市场	25.0
09 广州市黄沙水产交易市场	22.1
10 石家庄市桥西蔬菜批发市场	18.2
11 北京新发地农副产品批发市场	18.0
12 山东粮食批发市场	17.3
13 天津市南开区红旗农贸批发市场	17.3
14 福州市台江集贸市场	17.0
15 福州市粮食批发市场	16.0
16 重庆市观音桥市场	16.0
17 浙江东南副食品批发市场	15.2
18 南京白云亭农副产品批发市场	15.0
19 辉县市百泉药都	14.0
20 慈溪观城水产品批发市场	13.8

21 广州市天平水果批发市场 13.3
22 成都市新都粮食市场 13.2
23 青岛城阳蔬菜批发市场 12.6
24 无锡市食品商城 12.5
25 唐山荷花坑农副产品批发市场 12.3
26 哈尔滨市南极小食品批发市场 12.0
27 保定工农路蔬菜批发市场 11.9
28 江苏凌塘农副产品批发市场 10.9
29 盐城招商场 10.7
30 沈阳南站农副产品批发市场 10.3
31 济南堤口路果品批发市场 10.0
32 山东日照岚安东卫海货城 10.0
33 即墨农副产品专业市场 9.6
34 浙江丽水粮油副食品批发市场 9.6
35 即墨七级生猪批发市场 9.3
36 宁津县张大庄粮食市场 9.3
37 上海市曹安市场 9.2
38 松门水产品批发市场 9.2
39 邢台永年南大堡蔬菜批发市场 9.1
40 广州市清平农副产品市场 8.8
41 合肥市坝上街农副产品批发市场 8.3
42 大连长兴市场 8.2
43 沈阳九路市场 8.2
44 浙江庆元香菇市场 8.1
45 浙江龙翔桥农副产品市场 8.0
46 山东苍山鲁南蔬菜批发市场 8.0
47 昆山市中华羊毛交易市场 7.9
48 天津市津南区何庄子蔬菜批发市场 7.4
49 重庆市杨家坪市场 7.2
50 深圳市东门市场 7.0
51 山东诸城市龙城市场 7.0
52 上虞市农副产品批发市场 7.0
53 成都市彭州蔬菜批发市场 7.0
54 诸暨市珍珠市场 6.9
55 张家港市第一集贸市场 6.5
56 沈阳北行农贸市场 6.5
57 北京太阳宫市场 6.3
58 杭州农副产品批发市场 6.2
59 山东昌乐尧沟瓜菜批发市场 6.0
60 哈尔滨市透笼农贸市场 5.9
61 合肥市鼓楼市场 5.8
62 河南陈砦农副产品批发市场 5.6
63 浙江长兴农副产品批发市场 5.6
64 长春市果品批发交易市场 5.5
65 北京玉泉路粮油批发市场 5.4
66 上海市三官禽蛋市场 5.4
67 宁波农副产品批发交易市场 5.4
68 浙江嵊州市江滨农贸市场 5.3
69 北京水锥子市场 5.3
70 大连金州区光明市场 5.2
71 泉州市鲤城区中菜市场 5.2
72 靖江市渔婆农贸市场 5.1
73 江苏省苏浙皖农副产品交易中心 5.1
74 郴州市罗家井综合集贸市场 5.1
75 昆山市玉山农贸市场 5.1
76 祁东县中心市场 5.0
77 佛山市蔬果批发市场 5.0
78 浙江上虞水产品批发市场 5.0
79 重庆市南坪市场 5.0
80 北京北太平庄大厅 4.8
81 石家庄市新乐花生米批发市场 4.8
82 石家庄无极皮革皮毛市场 4.8
83 浙江义乌市绣湖蔬菜市场 4.6
84 无锡市三里桥粮油市场 4.6
85 江苏省苏浙皖边界市场烟草调剂中心 4.5
86 辽宁沟帮子综合市场 4.5
87 萧山西门农贸市场 4.4
88 诸暨市东湖农贸市场 4.4
89 沈阳肉类产品批发市场 4.3
90 福州市西营里市场 4.2
91 无锡市崇安寺农副产品市场 4.2
92 福州市三桥水产品批发市场 4.2
93 沈阳水产品批发市场 4.2
94 沧州运东副食品批发市场 4.1
95 浙江湖州集贸大厦农贸市场 4.1
96 太原市河西农副产品批发市场 4.0
97 南京市水产品中心批发市场 4.0
98 江苏赣榆沙河粮油批发市场 4.0
99 成都市宏济路农副产品市场 4.0
100 嘉兴市农产品市场 4.0
101 九江市浔阳楼市场 3.8
102 莱阳第一农贸市场 3.8
103 浙江省优质农产品批发市场 3.8
104 浙江宁海县农副产品批发市场 3.8
105 浙江瑞安县望江菜市场 3.8
106 江苏省隔湖水产品批发市场 3.8
107 济南七里堡蔬菜批发市场 3.7
108 绍兴市大云桥市场 3.7
109 江苏省吕泗水产品市场 3.6
110 郑铁西站果品市场 3.6

111 成都市府河桥综合市场	3.6	131 岳阳市五里牌市场	3.2
112 秦皇岛海阳蔬菜批发市场	3.5	132 蚌埠太平糖杂炒货市场	3.2
113 阜阳南照粮食批发市场	3.5	133 大连新盛广场	3.1
114 大庆市农贸批发市场	3.5	134 辽宁阜新花园市场	3.1
115 浙江鹿城区水产批发市场	3.4	135 晋江市华洲水产品市场	3.1
116 浙江太平路菜市场	3.4	136 浙江临海市中山菜场	3.1
117 济南槐荫市场	3.3	137 蚌埠国强路消费品批发市场	3.0
118 四川隆昌县板栗湾市场	3.3	138 薛城北城综合批发市场	3.0
119 乐陵市杨安镇调料市场	3.3	139 贵阳市花香村农副产品批发市场	3.0
120 浙江义乌市农贸城	3.3	140 富阳第二农贸市场	3.0
121 海阳海政路市场	3.3	141 石狮市福祥水产贸易中心	3.0
122 杭州笕桥蔬菜交易市场	3.3	142 保定定州西城蔬菜批发市场	3.0
123 山东莱西市东庄头市场	3.3	143 岳阳市花板桥批发市场	3.0
124 沈阳大西农贸市场	3.3	144 浙江象山县汪家河菜场	3.0
125 厦门西堤水果批发市场	3.3	145 宁波高塘农贸市场	3.0
126 浙江苍南县中药材滋补品交易市场	3.2	146 武汉市武昌区大东门市场	3.0
127 天津市河西区一号路农贸市场	3.2	147 珠海市前山市场	3.0
128 鄄城舜城中药材批发市场	3.2	148 浙江丽水府前菜市场	3.0
129 泰安郊区良庄北宋蔬菜批发市场	3.2	149 深圳市布吉综合市场	3.0
130 浙江黄岩青年路菜市场	3.2	150 孝感市南大农副产品批发市场	3.0

集市贸易业（综合市场）

成交额（亿元）

01 中国小商品城	183.2	22 浙江乔司贸易市场	10.2
02 临沂批发城	140.3	23 沈阳东行市场	10.2
03 深圳市布吉批发市场	69.0	24 湖州东街综合市场	9.8
04 萧山商业城	67.6	25 西安市文艺南路市场	9.3
05 成都市荷花池市场	40.0	26 宁波望湖市场	9.0
06 宁波轻纺城	34.9	27 江苏瑞平桥市场	9.0
07 重庆市朝天门综合市场	31.3	28 辽宁辽中县茨榆坨市场	8.7
08 诸暨市小商品市场	30.0	29 江苏志浩综合市场	8.5
09 浙江嘉善商城	25.7	30 即墨兰村集贸市场	8.5
10 长春市光复路市场	25.7	31 烟台龙口胶东商城	8.3
11 山东烟台开发区彩云城	20.9	32 运城禹都批发市场	8.0
12 济南段店集贸中心	17.8	33 静海县静海商城	8.0
13 浙江龙游交易城	16.8	34 延吉市西市场	7.3
14 宁波路林商场	16.7	35 北京通州八里桥交易市场	7.0
15 芜湖吉和商城	15.5	36 山东平度市贸易城	6.8
16 浙江新昌羊毛衫兔毛市场	13.0	37 衢州商城	6.4
17 宣州市九州市场	13.0	38 凭祥交易场	6.0
18 成都市荷花池加工贸易区	12.9	39 南宁交易场	5.8
19 西安市康复路市场	12.0	40 北海市南珠市场	5.6
20 白山市长白山山货市场	11.4	41 天津市东丽区张贵庄市场	5.5
21 天津市河西区体北批发市场	11.0	42 瓦房店集贸大厦	5.4

43 金华市五里牌楼市场	5.3
44 北京宏桥市场	5.3
45 营口东升市场	5.2
46 北京东大桥市场	5.1
47 山西侯马新田商业城	5.0
48 大同市云龙市场	5.0
49 天津市河西区镇江道市场	5.0
50 天津市东丽区民权门批发市场	5.0
51 深圳市西乡市场	5.0
52 昆山市综合批发市场	4.9
53 绍兴市大江桥市场	4.9
54 安丘时装城	4.8
55 杭州卖鱼桥综合市场	4.4
56 重庆市学田湾市场	4.4
57 郑州纬四路农贸市场	4.3
58 桐庐综合市场	4.2
59 蓟县城关集市	4.2
60 河北承德裕华路市场	4.1
61 佛山市山紫市场	4.0
62 佛山市综合批发市场	4.0
63 广东汕头市澄城中心市场	4.0
64 贵阳市西路百货批发市场	4.0
65 珠海市朝阳市场	4.0
66 珠海市拱北市场	4.0
67 佛山市南海综合批发市场	4.0
68 宝鸡市建国路市场	3.9
69 即墨城关集贸市场	3.9
70 江苏永兴商城	3.8
71 广西黎塘消费品市场	3.6
72 浙江省富春江商业城	3.6
73 天门市南湖市场	3.6
74 浙江江山市小商品市场	3.6
75 长春市桂林路市场	3.6
76 石家庄市辛集河北一集市场	3.5
77 宝坻县城关集市	3.5
78 河北唐山商贸城	3.5
79 双峰县永丰市场	3.4
80 浙江新安江市场	3.4
81 江苏花园路市场	3.3
82 蚌埠太平糖杂炒货市场	3.2
83 株州市钟鼓楼岭农贸市场	3.2
84 北京和平里综合集贸市场	3.2
85 江苏东洲市场	3.2
86 冷水江市冷江市场	3.2
87 浙江平湖市乍浦商城	3.1
88 辽阳园林路综合市场	3.1
89 三水市西南市场	3.0
90 辽阳刘二堡综合市场	3.0
91 湖南攸县皇图岭集贸市场	3.0
92 福建三明市三明综合市场	3.0
93 汕尾市海丰县海城北门市场	3.0
94 广元市蜀门市场	3.0
95 惠州市龙丰综合市场	2.9
96 山东胶南商城	2.2
97 青岛李沧区滨河路市场	1.9
98 山东平度市南村贸易中心	1.9
99 济南黄河商场	1.7
100 青岛李沧区永定路市场	1.6
101 济南济洛路综合贸易市场	1.3
102 平度市张戈店镇市场	1.1
103 青岛城阳尚马商品交易市场	1.1
104 青岛城阳柳亭商品交易市场	1.0
105 莱西市水集集贸市场	1.0

旅游业

营业收入（万元）

名称	营业收入（万元）
01 北京丽都假日饭店	70418.60
02 杭州大厦	65247.56
03 广州花园酒店	58448.00
04 广州中国大酒店	56752.00
05 北京中国大饭店	50848.73
06 广州白天鹅宾馆	47835.10
07 北京燕莎中心凯宾斯基饭店	46887.20
08 南京金陵饭店	45599.72
09 上海静安希尔顿酒店	40312.85
10 北京王府饭店	39387.00
11 上海花园饭店	39364.00
12 北京长城饭店	39017.45
13 北京京广中心	38980.00
14 广州广东国际大酒店	37275.33
15 上海波特曼香格里拉酒店	33672.15
16 北京昆仑饭店	31426.00
17 北京香格里拉饭店	30372.00
18 广州东方宾馆	29728.00
19 上海华亭宾馆	29120.80
20 北京长富宫中心	28864.00
21 上海威斯汀太平洋大饭店	28436.00
22 北京友谊宾馆	28113.23
23 上海扬子江大酒店	25888.00
24 深圳阳光酒店	25569.37
25 北京亮马河大厦	25006.80
26 北京港澳中心	23431.13
27 北京新世纪饭店	23063.76
28 南京中山大厦	22583.32
29 深圳香格里拉大酒店	22545.00
30 北京饭店	22303.30
31 上海新锦江人酒店	21897.00
32 上海锦沧文华大酒店	21777.61
33 北京建国饭店	19477.78
34 北京西苑饭店	19292.28
35 上海国际贵都大酒店	18964.67
36 北京希尔顿酒店	18873.87
37 北京京伦饭店	18688.00
38 珠海度假村	18408.00
39 上海银星宾馆	18405.65
40 大连富丽华大酒店	18211.90
41 广州机场宾馆	17885.82
42 深圳湾大酒店	17459.83
43 上海锦江饭店	17270.75
44 青岛海天大酒店	17049.95
45 上海海仑宾馆	16950.24
46 成都锦江宾馆	16630.76
47 上海银河宾馆	16536.27
48 北京五洲大酒店	16263.35
49 广州白云宾馆	16021.17
50 天津凯悦饭店	16014.00
51 北京国际饭店	15874.60
52 昆明金龙饭店	15173.70
53 广东骏豪酒店	14565.00
54 天津喜来登大酒店	14549.26
55 广州华厦大酒店	14415.72
56 深圳新都酒店	14342.51
57 上海和平饭店	13998.78
58 北京钓鱼台国宾馆	13941.62
59 北京国贸饭店	13676.16
60 石家庄国际大厦	13640.00
61 上海虹桥宾馆	13603.38
62 杭州香格里拉饭店	13549.86
63 珠海国际金融大厦（银都）	13437.79
64 北京凯莱大酒店	13334.00
65 北京贵宾楼饭店	13087.25
66 北京渔阳饭店	13045.96
67 北京萨斯皇家饭店	12827.00
68 深圳富苑酒店	12802.86
69 深圳晶都酒店	12651.00
70 佛山宾馆	12638.69
71 汕头金海湾大酒店	12621.90
72 长沙华天大酒店	12534.94
73 北京保利大厦	12368.50
74 上海远洋宾馆	12316.00
75 广州文化假日酒店	12197.50
76 广州流花宾馆	12054.99
77 北京天伦王朝饭店	12035.86
78 上海建国宾馆	12012.26
79 上海日航龙柏饭店	11710.70
80 广州国际金融大厦	11615.68
81 上海国际机场宾馆	11451.05
82 重庆宾馆	11447.00

83 大连九州饭店	11421.00
84 南京中心大酒店	11161.48
85 南京玄武饭店	10927.10
86 苏州竹辉饭店	10918.63
87 广州三寓宾馆	10852.66
88 昆明饭店	10821.35
89 无锡大饭店	10742.13
90 福州西湖大酒店	10629.68
91 海口寰岛大酒店	10607.72
92 深圳南海酒店	10539.51
93 佛山仙泉酒店	10436.12
94 北京国际艺苑皇冠假日饭店	10355.40
95 广州华泰宾馆	10300.88
96 厦门海景皇冠大酒店	10285.09
97 北京亚洲大酒店	10197.24
98 上海兰生大酒店	10187.66
99 广州番禺宾馆	10117.00
100 浙江萧山宾馆	10094.48

1996～1997年度中国工业行业状元榜

煤炭开采业
兖州矿业（集团）总公司（销售、利税）
山西省大同矿务局（资产）

煤炭洗选业
峰峰矿务局（销售、利税、资产）

天然原油开采业
大庆石油管理局（销售、利税、资产）

天然气开采业
四川石油管理局（销售、利税、资产）

铁矿采选业
马鞍山马钢总公司（销售、利税、资产）

其他黑色金属矿采选业
湘潭锰矿（销售、资产）
云南建水锰矿（利税）

重有色金属矿采选业
江西省铜业公司德兴市铜矿（销售、资产）
永平铜矿（利税）

贵金属矿采选业
蓬莱市黄金集团总公司（销售）
乳山市金矿（利税）
河南文峪金矿（资产）

稀有稀土金属矿采选业
金堆城钼业公司（销售、利税、资产）

土砂石开采业
镇江船山集团有限责任公司（销售、利税、资产）

化学矿采选业
云浮硫铁矿企业集团公司（销售、利税）
贵州开磷（集团）有限责任公司（资产）

采盐业
江苏省盐业公司（销售、资产）
河北省唐山南堡盐场（利税）

其他非金属矿采选业
海城市牌楼滑石矿（销售、资产）
沈阳市北方实业总公司（利税）

木材采运业
大兴安岭新林林业局（销售、资产）
宁安市东京城林业局（利税）

粮食及饲料加工业
丹徒县龙山鳗业联合公司（销售、利税、资产）

植物油加工业
南海油脂工业（赤湾）有限公司（销售、利税、资产）

制糖业
南海电力实业集团公司（销售、资产）
江门甘蔗化工厂（集团）股份有限公司（利税）

屠宰及肉类蛋类加工业
诸城市对外贸易集团公司（销售）
华懋双汇实业公司（利税）
洛阳市春都集团股份有限公司（资产）

水产品加工业
广东金曼集团股份有限公司（销售、利税、资产）

其他食品加工业
烟台龙大企业集团（销售、资产）
上海小龙人食品总厂（利税）

糕点、糖果制造业
天津顶益国际食品有限公司（销售、利税、资产）

乳制品制造业
双城雀巢有限公司（销售、资产）
上海乳品二厂（利税）

罐头食品制造业
海南省地方国营海口罐头厂（销售、利税、资产）

发酵制品业
河南省莲花味精企业集团（销售、利税、资产）

调味品制造业
菏泽市沙土酿造厂（销售、资产）
佛山市海天调味食品有限公司（利税）

其他食品制造业
江苏维维集团（销售）
仙妮雷德（广州）有限公司（利税）
杭州娃哈哈集团公司（资产）

酒精及饮料酒制造业
四川省宜宾五粮液酒厂（销售、利税）
青岛啤酒股份有限公司（资产）

软饮料制造业
广东健力宝饮料厂（销售）
上海中美饮料食品有限公司（利税、资产）

其他饮料制造业
广东省太阳神集团公司（销售、利税、资产）

烟叶复烤业
山东沂水烟叶复烤厂（销售）
许昌烤烟厂（资产）

卷烟制造业
玉溪红塔烟草（集团）有限责任公司（销售、利税、资产）

其他烟草加工业
广东梅州卷烟厂（销售、资产）

棉纺织业
金轮集团公司（销售、利税、资产）
毛纺织业
江苏阳光集团公司（销售、利税）
广东美雅集团股份有限公司（资产）
麻纺织业
浙江虞乐工贸集团公司（销售、利税）
哈尔滨亚麻纺织厂（资产）
丝绢纺织业
吴江盛泽印染总厂（销售）
吴江工艺织造厂（利税）
苏州丝绸集团有限责任公司（资产）
针织品业
上海针织九厂（销售、利税、资产）
其他纺织业
江苏通裕纺织集团公司（销售）
上海望春花集团股份有限公司（利税）
湛江市经济开发区国际金融大厦（集团）（资产）
服装制造业
江苏华西集团公司（销售、利税、资产）
制鞋业
山东声乐鞋业集团公司（销售、资产）
惠州市通行鞋业有限公司（利税）
其他纤维制品制造业
上虞市中丰化纤有限公司（销售）
正章纺织制品厂（利税）
国营南京装具厂（资产）
制革业
南海皮厂有限公司（销售）
海宁市卡森皮革集团有限责任公司（利税）
河南鞋城皮革制品有限公司（资产）
皮革制品制造业
江苏森达集团公司（销售）
石狮市福林鞋业有限公司（利税、资产）
毛皮鞣制及制品业
中国人民解放军第三五一二工厂（销售、利税、资产）
羽毛（绒）加工及制品业
浙江天然集团股份有限公司（销售、利税）
江西共青羽绒厂（资产）
锯材、木片加工业
杭州木材总厂（销售、利税）
天津美式家具有限公司（资产）
人造板制造业
深圳光大木材工业有限公司（销售、资产）
天津福津木业有限公司（利税）
木制品业
广东省宜华企业（集团）有限公司（销售、利税、资产）
竹、藤、棕、草制品业
海阳市工艺品集团公司（销售、利税）
南海市东风藤木集团公司（资产）
木制家具制造业
光明家具集团股份有限公司（销售、利税）
大连华丰家具有限公司（资产）
竹、藤家具制造业
广州市南方家具有限公司（销售、利税、资产）
金属家具制造业
浙江亚厦装饰集团有限公司（销售、利税）
广州金品家具有限公司（资产）
塑料家具制造业
顺德市桂洲家用电器厂（销售、利税、资产）
其他家具制造业
广州市欧亚床垫家具有限公司（销售、利税、资产）
纸浆制造业
广西贺纸有限责任公司（资产）
造纸业
广州造纸有限公司（销售）
寿光造纸集团股份有限公司（利税）
宁波中华纸业有限公司（资产）
纸制品业
广州宝洁纸品有限公司（销售、利税）
佛山市华新复合材料有限公司（资产）
印刷业
西安印钞厂（销售、利税）
大连盛道集团有限公司（资产）
记录媒介的复制
佛山市南方电子音像公司（销售、利税）
深圳深飞激光光学系统有限公司（资产）
文化用品制造业
宁波华茂集团股份有限公司（销售、利税）
上海英雄股份有限公司（资产）
体育用品制造业
浙江生力集团公司（销售、利税、资产）
乐器及其他文娱用品制造业
天津雅马哈电子乐器有限公司（销售）
广州市珠江钢琴集团有限公司（利税、资产）
玩具制造业
镇泰广州有限公司（销售）
江苏好孩子集团公司（利税）

中山国际玩具有限公司（资产）

游艺器材制造业

上海华菖旅游工艺用品有限公司（销售、利税、资产）

其他类文教体育用品制造业

上海电影技术厂（销售、利税、资产）

人造原油生产业

太原煤炭气化总公司（销售、利税、资产）

原油加工业

中国石化北京燕山石油化工公司（销售、利税）

中国石化抚顺石油化工公司（资产）

石油制品业

中国石化长城高级润滑油公司（销售、利税、资产）

炼焦业

石家庄焦化厂（销售、资产）

平顶山炼焦化学工业（集团）有限公司（利税）

基本化学原料制造业

大化集团有限责任公司（销售、资产）

山东海洋化工集团总公司（利税）

化学肥料制造业

衢化集团公司（销售、利税、资产）

化学农药制造业

沙隆达集团公司（销售、利税、资产）

有机化学产品制造业

吉化集团公司（销售、资产）

中国石化扬子石油化工公司（利税）

合成材料制造业

辽阳石油化纤公司（销售、资产）

上海氯碱化工股份有限公司（利税）

专用化学产品制造业

湖北康民生化实业公司（销售、利税）

厦门福达感光材料有限公司（资产）

日用化学产品制造业

广州宝洁有限公司（销售、利税、资产）

化学药品原药制造业

华北制药集团有限责任公司（销售、利税、资产）

化学药品制剂制造业

西安杨森制药有限公司（销售）

中美天津史克制药有限公司（利税）

广州白云山企业集团公司（资产）

中药材及中成药加工业

中国北京同仁堂集团公司（销售）

深圳南方制药厂（利税、资产）

动物药品制造业

上海同仁药业有限公司（销售）

济兴医化集团有限责任公司（利税）

生物制品业

武汉红桃K集团股份公司（销售、利税）

卫生部上海生物制品研究所（资产）

纤维素纤维制造业

潍坊化学纤维厂（销售、资产）

南通醋酸纤维有限公司（利税）

合成纤维制造业

上海石油化工股份有限公司（销售、利税、资产）

轮胎制造业

上海轮胎橡胎（集团）股份有限公司（销售、利税、资产）

力车胎制造业

厦门正新橡胶工业有限公司（销售、利税、资产）

橡胶板、管、带制造业

青岛第六橡胶厂（销售）

兖州市华西胶带厂（利税）

中南橡胶集团（资产）

橡胶零件制品业

宁国县中鼎股份有限公司（销售、利税、资产）

再生橡胶制造业

南通市回力橡胶实业总公司（利税）

橡胶靴鞋制造业

广州番禺大兴制鞋实业有限公司（销售）

中国人民解放军第三五三七工厂（利税）

贵州胶鞋厂（资产）

日用橡胶制品业

海口市橡胶五厂（利税）

沈阳乳胶厂（资产）

其他橡胶制品业

沈阳长桥胶带有限公司（销售、利税、资产）

塑料薄膜制造业

太平洋塑胶（福建）有限公司（销售）

浙江大东南塑胶集团公司（利税）

北京雪花电器集团公司（资产）

塑料板、管、棒材制造业

江苏江阴模塑集团总公司（销售）

汕头市塑胶装饰材料制造厂（利税）

首都航天机械公司（资产）

塑料丝、绳及编织品制造业

安徽天大企业集团公司（销售、利税）

澄海市南洋工业城实业总公司（资产）

泡沫塑料及人造革、合成革制造业

烟台万华合成革集团有限公司（销售、利税、资产）

塑料包装箱及容器制造业

珠海中富实业股份有限公司（销售、利税、资产）

塑料鞋制造业

萍乡市塑料七厂（利税）

青岛塑料总厂（资产）

日用塑料杂品制造业

上海紫江彩印包装有限公司（销售、利税、资产）

塑料零件制造业

宁波华翔集团公司（销售、利税、资产）

其他塑料制品业

上海化工厂有限公司（销售）

华德塑料制品有限公司（利税）

大连经济技术开发区金源实业总公司（资产）

水泥制造业

北京建筑材料集团有限责任公司（销售、资产）

河北省冀东水泥厂（利税）

水泥制品和石棉水泥制品业

湖北鄂州晶牌建材集团公司（销售、利税、资产）

砖瓦、石灰和轻质建筑材料制造业

河北省保定石油化工厂（销售、利税）

豪盛（福建）股份有限公司（资产）

玻璃及玻璃制品业

深圳中康玻璃有限公司（销售）

上海耀华皮尔金顿玻璃有限公司（利税）

中国耀华玻璃集团公司（资产）

陶瓷制品业

邯郸陶瓷集团总公司（销售

佛山市石湾建国陶瓷厂（利税）

唐山胜利陶瓷集团有限责任公司（资产）

耐火材料制品业

海城市铧镁实业公司（销售）

海城市西洋耐火材料公司（利税）

洛阳耐火材料厂（资产）

石墨及碳素制品业

吉林炭素总厂（销售、利税、资产）

矿物纤维及其制品业

浙江东方集团公司（销售）

中国洛阳浮法玻璃集团公司（利税、资产）

其他类非金属矿物制品业

白鸽（集团）股份有限公司（销售、利税、资产）

炼铁业

北台钢铁总厂（销售）

上海梅山（集团）有限公司（利税、资产）

炼钢业

鞍山钢铁集团公司（销售、利税、资产）

钢压延加工业

宝山钢铁（集团）公司（销售、利税、资产）

铁合金冶炼业

上海申佳铁合金有限公司（销售、利税）

吉林铁合金厂（资产）

重有色金属冶炼业

葫芦岛锌厂（销售）

金川有色金属公司（利税、资产）

轻有色金属冶炼业

贵州铝厂（销售、利税）

山西铝厂（资产）

贵金属冶炼业

河南中原黄金冶炼厂（销售、资产）

招远市黄金冶炼集团公司（利税）

稀有稀土金属冶炼业

上海跃龙有色金属有限公司（销售、资产）

厦门钨品厂（利税）

有色金属合金业

株洲硬质合金厂（销售、利税、资产）

有色金属压延加工业

东北轻合金加工厂（销售）

厦门厦顺铝箔有限公司（利税）

西南铝加工厂（资产）

金属结构制造业

深圳市方大实业股份有限公司（销售、利税、资产）

铸铁管制造业

大连企荣铸铁管有限公司（销售、资产）

工具制造业

鄂州市鄂丰集团公司（销售、利税）

成都成量集团公司（资产）

集装箱和金属包装物品制造业

中国国际海运集装箱（集团）股份有限公司（销售、利税、资产）

金属丝绳及其制品业

江苏钢绳集团公司（销售、利税、资产）

建筑用金属制品业

中国天元散热器集团（销售、利税）

山东淄博华盛集团有限公司（资产）

金属表面处理及热处理业

中山中粤马口铁工业有限公司（销售、利税）

广东南方镀锌板有限公司（资产）

日用金属制品业

武汉龙威实业（集团）公司（销售、利税）

广东省石油气用具发展有限公司（资产）

其他金属制品业

猴王集团公司（销售、资产）
上海造币厂（利税）
锅炉及原动机制造业
常柴股份有限公司（销售、利税）
广西玉柴机器股份有限公司（资产）
金属加工机械制造业
沈阳机床股份有限公司（销售、利税、资产）
通用设备制造业
上海三菱电梯有限公司（销售、利税）
徐州工程机械集团有限公司（资产）
轴承、阀门制造业
瓦房店轴承集团有限责任公司（销售、利税、资产）
其他通用零部件制造业
天津汽车齿轮有限公司（销售、资产）
中国弹簧厂（利税）
铸锻件制造业
上海汽车有色铸造总厂（销售、利税、资产）
其他普通机械制造业
无锡中策减震器有限公司（利税）
广重企业集团公司（资产）
冶金、矿山、机电工业专用设备制造业
中国第一重型机械集团公司（销售、资产）
中国第二重型机械集团公司（利税）
石化及其他工业专用设备制造业
中国石化上海金山实业公司（销售、资产）
北人印刷机械股份有限公司（利税）
轻纺工业专用设备制造业
经纬纺织机械股份有限公司（销售、利税）
上海二纺机股份有限公司（资产）
农、林、牧、渔、水利业机械制造业
中国一拖集团有限公司（销售、利税、资产）
医疗器械制造业
江苏宏宝集团公司（销售、资产）
上海强生有限公司（利税）
其他专用设备制造业
厦门工程机械股份有限公司（销售、利税）
鞍山第一工程机械股份有限公司（资产）
专用机械设备修理业
安徽六安手扶拖拉机厂（销售、利税）
铁路运输设备制造业
长春客车厂（销售、利税）
四方机车车辆厂（资产）
汽车制造业
上海大众汽车有限公司（销售、利税）
中国第一汽车集团公司（资产）
摩托车制造业
中国轻骑摩托车集团总公司（销售、资产）
上海——易初摩托车有限公司（利税）
自行车制造业
凤凰股份有限公司（销售、利税）
深圳中华自行车（集团）股份有限公司（资产）
船舶制造业
沪东造船厂（销售）
广州广船国际股份有限公司（利税）
国营大连造船新厂（资产）
航空航天器制造业
金城集团有限公司（销售、利税）
西安飞机工业（集团）有限责任公司（资产）
交通运输设备修理业
戚墅堰机车车辆厂（销售）
广州飞机维修工程有限公司（利税）
广州文冲船厂（资产）
电机制造业
万宝至马达大连有限公司（销售）
东方电机厂（资产）
输配电及控制设备制造业
西安电力机械制造公司（销售、资产）
天津梅兰日兰有限公司（利税）
电工器材制造业
湖南电线电缆集团公司（销售）
长飞光纤光缆有限公司（利税）
沈阳电缆厂（资产）
日用电器制造业
海尔集团（销售、资产）
春兰（集团）公司（利税）
照明器具制造业
上海嘉宝实业股份有限公司（销售、资产）
佛山电器照明股份有限公司（利税）
通信设备制造业
摩托罗拉（中国）电子有限公司（销售、利税、资产）
雷达制造业
国营黄河机器制造厂（销售、资产）
广播电视设备制造业
如意电器总公司（资产）
电子计算机制造业
浙江青鸿国际电子集团有限公司（销售）
深圳开发科技股份有限公司（利税）
北京四通集团公司（资产）

电子器件制造业

彩虹彩色显像管总厂（销售）

北京松下彩色显像管有限公司（利税）

石家庄宝石电子集团公司（资产）

电子元件制造业

天津三美电机有限公司（销售）

广东风华高新科技集团有限公司（利税、资产）

日用电子器具制造业

四川长虹电子集团公司（销售、利税、资产）

电子设备及通信设备修理业

上海朗迅科技（销售、利税、资产）

其他电子设备制造业

北京市松下通讯设备有限公司（销售、利税）

通用仪器仪表制造业

上海自动化仪表股份有限公司（销售、利税、资产）

专用仪器仪表制造业

西安石油勘探仪器总厂（销售、资产）

北京长空工业有限公司（利税）

电子测量仪器制造业

中国惠普有限公司（销售、利税、资产）

计量器具制造业

济南金钟电子衡器股份有限公司（销售）

常州托利多电子衡器有限公司（利税）

上海量具刃具厂（资产）

文化、办公用机械制造业

佳能珠海有限公司（销售、利税、资产）

钟表制造业

烟台北极星钟表集团公司（销售、资产）

珠海格力中瑞表业有限公司（利税）

其他仪器仪表制造业

上海光华．爱尔美特仪器有限公司（销售、利税）

工艺美术品制造业

浙江老凤祥首饰厂（销售、利税）

上海老凤祥有限公司（资产）

日用杂品制造业

北京博士伦眼睛护理产品有限公司（销售、利税、资产）

其他生产、生活用品制造业

沈阳市化肥总厂（销售、资产）

浙江伟星实业有限公司（利税）

煤气生产业

沈阳市煤气总公司（销售）

赣州市煤气公司（利税）

广州市煤气公司（资产）

煤气供应业

上海市煤气公司（销售、资产）

北京市煤气公司（利税）

自来水生产业

上海市自来水公司（销售）

武汉市自来水公司（利税）

北京市自来水公司（资产）

自来水供应业

广东省供水工程管理总局（销售、利税）

广州市自来水公司（资产）

1996～1997年度中国最大500家外商投资企业

销售额（万元）

序号	企业名称	销售额（万元）
1	上海大众汽车有限公司	2430674
2	摩托罗拉（中国）电子有限公司	1630000
3	广东核电合营有限公司	612334
4	康佳集团股份有限公司	602531
5	北京吉普汽车有限公司	536448
6	上海贝尔电话设备制造有限公司	456068
7	广东科龙电器股份有限公司	450164
8	广州宝洁有限公司	399580
9	庆铃汽车股份有限公司	392455
10	上海三菱电梯有限公司	370943
11	中国国际海运集装箱（集团）股份有限公司	347799
12	广东容声冰箱有限公司	318103
13	南京金城机械有限公司	307909
14	上海嘉士德-华海集团有限公司	301726
15	南海油脂工业（赤湾）有限公司	298106
16	一汽——大众汽车有限公司	294906
17	北京·松下彩色显象管有限公司	294506
18	希捷国际科技（无锡）有限公司	281145
19	上海大江（集团）股份有限公司	252512
20	佳能珠海有限公司	250488
21	广州钢铁股份有限公司	249887
22	河南新飞电器有限公司	249847
23	北海粮油工业（天津）有限公司	243065
24	上海——易初摩托车有限公司	239200
25	翔鹭涤纶纺纤（厦门）有限公司	234289
26	东莞福安纺织印染有限公司	231817
27	中国天津奥的斯电梯有限公司	229353
28	五羊——本田摩托（广州）有限公司	229206
29	爱普生技术（深圳）有限公司	226594
30	浙江青鸿国际电脑有限公司	226477
31	广东健力宝集团有限公司	223271
32	上海永新彩色显像管有限公司	222983
33	天津顶益国际食品有限公司	222751
34	深圳南油（集团）有限公司	220867
35	韶关钢铁有限公司	217607
36	福建大丰投资集团有限公司	216722
37	福建永恩投资（集团）有限公司	209396
38	上海中美饮料食品有限公司	202049
39	苏州飞利浦消费电子有限公司	199322
40	天津三美电机有限公司	197838
41	江苏春兰制冷设备股份有限公司	196893
42	友利电电子（深圳）有限公司	195818
43	华懋双汇实业（集团）有限公司	195321
44	理光（深圳）工业发展有限公司	195022
45	华强三洋电子有限公司	189665
46	广东彩色显像管有限公司	187928
47	冠捷电子（福建）有限公司	183354
48	深圳妈湾电力有限公司	181453
49	佳能大连办公设备有限公司	179460
50	上海索广电子有限公司	178734
51	深圳三九药业有限公司	176397
52	顺德美的冷气机制造有限公司	175278
53	平朔安太堡露天煤矿	172989
54	顺德华宝电业有限公司	171894
55	中山嘉华电子集团有限公司	171863
56	北京国际交换系统有限公司	171465
57	海南琼港轻骑摩托车开发有限公司	168304
58	深圳三洋华强激光电子有限公司	167295
59	惠州王牌视听电子股份有限公司	166231
60	信华精机有限公司	164365
61	中国国际贸易中心有限公司	162829
62	深圳开发科技股份有限公司	161938
63	湛江东兴石油企业有限公司	159593
64	洛阳春都实业有限公司	159401
65	厦门华侨电子企业有限公司	158912
66	夏普办公设备（常熟）有限公司	158518
67	福建恒安集团有限公司	157000
68	三洋电机（蛇口）有限公司	156360
69	吉林德大有限公司	155096
70	北方易初摩托车有限公司	154672
71	哈尔滨哈飞汽车制造有限公司	153326
72	徐州维维食品饮料有限公司	152654
73	江铃汽车有限公司	152159
74	上海夏普电器有限公司	150959
75	深圳赛格日立彩色显示器件有限公司	148800
76	天津通广三星电子有限公司	148153
77	中国迅达电梯有限公司	147244
78	佛斯弟摩托车集团有限公司	147089
79	惠州三星电子有限公司	145000
80	上海白猫有限公司	144861
81	西安杨森制药有限公司	143472
82	珠海天草电子有限公司	142219

85 天津华利汽车有限公司	140039
86 北京爱立信移动通信有限公司	139819
87 银川中策（长城）橡胶有限公司	139456
88 华飞彩色显示系统有限公司	136850
89 上海日立家用电器有限公司	134562
90 合肥荣事达（集团）有限公司	134502
91 青岛三美电机有限公司	128698
92 珠海市华丰食品工业（集团）股份有限公司	126372
93 上海汽轮机有限公司	126179
94 张家港润忠钢铁有限公司	123971
95 葫芦岛东方铜业有限公司	121318
96 广西玉柴机器股份有限公司	120932
97 中美天津史克制药有限公司	120533
98 和德（集团）有限公司	120025
99 天津三星电机有限公司	119809
100 北京诺基亚移动通信有限公司	119331
101 沈阳金杯客车制造有限公司	119091
102 本溪北龙炼铁有限公司	118993
103 金利来（中国）服饰皮具有限公司	118640
104 松下　万宝（广州）空调器有限公司	118589
105 江苏利港电力有限公司	117382
106 杭州中策橡胶（股份）有限公司	113601
107 上海利华有限公司	112867
108 正大集团（天津）油脂有限公司	112006
109 福建清禄集团有限公司	111871
110 哈尔滨东安微型汽车发动机有限公司	111201
111 海南椰风食品工业有限公司	109714
112 营口渤海油脂有限公司	109488
113 本溪北龙钢铁（集团）有限公司	108826
114 仙妮蕾德（广州）有限公司	108356
115 天津本田摩托有限公司	107161
116 雅达电子有限公司	107138
117 北京轻型汽车有限公司	107028
118 上海易初通用机器有限公司	105369
119 北京燕莎友谊商城有限公司	105000
120 深圳中华自行车（集团）股份有限公司	102718
121 河南安阳彩色显像管玻壳有限公司	100954
122 秦皇岛首钢板材有限公司	100560
123 上海日立电器有限公司	100462
124 珠海三美电机有限公司	100200
125 赛特集团有限公司	99646
126 深圳创华合作有限公司	99357
127 广州造纸有限公司	97720
128 杭州松下家用电器有限公司	96694
129 南通顺达集装箱有限公司	96122
130 东风金狮轮胎有限公司	95876
131 苏州罗技电子有限公司	94371
132 深圳国威电子有限公司	94099
133 厦门中鹭植物油有限公司	93208
134 江阴兴澄钢铁有限公司	92502
135 中国雪柜实业有限公司	92449
136 海南航空股份有限公司	91462
137 广州宝洁纸品有限公司	91460
138 北京飞机维修工程有限公司	90819
139 新会中集集装箱有限公司	90453
140 佛山普立华照相机有限公司	89018
141 大连西太平洋石油化工有限公司	89008
142 安利（中国）有限公司	89000
143 伟创力电脑（蛇口）有限公司	88986
144 黄河铝业有限公司	88339
145 深圳中康玻璃有限公司	87750
146 长春长铃发动机有限公司	87581
147 杭州娃哈哈食品有限公司	87193
148 顺德惠而浦蚬华微波制品有限公司	86941
149 上海益昌薄板有限公司	86902
150 康惠（惠州）电子实业有限公司	86103
151 潮州金南食品有限公司	85857
152 中国——阿拉伯化肥有限公司	85538
153 厦门正新橡胶工业有限公司	85331
154 神龙汽车有限公司	85294
155 上海朗讯科技通信设备有限公司	83624
156 日本电产（大连）有限公司	82581
157 上海联合利华牙膏有限公司	82557
158 信华（中国）机械有限公司	82320
159 杭州西湖电子实业有限公司	81890
160 重庆建设 - 雅马哈摩托车有限公司	81707
161 中美上海施贵宝制药有限公司	81500
162 万宝至马达大连有限公司	80771
163 南通天生港发电有限公司	79834
164 南通醋酸纤维有限公司	79785
165 南太电子（深圳）有限公司	79765
166 郑州日产汽车有限公司	79616
167 福建日立电视机有限公司	79429
168 株洲南方摩托车制造有限公司	79227
169 北京首钢宝生带钢有限公司	78608
170 上海合众——开利空调设备有限公司	78529
171 江阴博丰钢铁有限公司	77901
172 首钢日电电子有限公司	77813
173 太平洋塑胶（福建）有限公司	76795
174 富士康（昆山）电脑接插件有限公司	76606

175 深圳光大木材工业有限公司 76327
176 广东正大康地有限公司 76316
177 张家港保税区东海粮油工业有限公司 75931
178 天津雅马哈电子乐器有限公司 75774
179 浙江美可达摩托车有限公司 75641
180 南京爱立信通信有限公司 75516
181 正大康地（蛇口）有限公司 75454
182 中山中粤马口铁工业有限公司 75264
183 三水健力宝富特容器有限公司 74564
184 高明市高丰纺织染联合企业有限公司 74251
185 明达塑胶（福建）有限公司 74138
186 上海延锋汽车饰件有限公司 73928
187 丹东阿尔派电子有限公司 73759
188 三菱重工金羚空调器有限公司 73639
189 番禺创信鞋业有限公司 73580
190 东芝大连有限公司 72978
191 松下·万宝（广州）压缩机有限公司 72706
192 中国南玻集团股份有限公司 72510
193 中国华录松下录像机有限公司 72456
194 丽珠医药集团股份有限公司 72112
195 正大康地（深圳）有限公司 71858
196 广州顶益国际食品有限公司 71699
197 永新——沈阳化工有限公司 70966
198 青岛 AT&T 通讯设备服务有限公司 70886
199 丽都饭店有限公司 70089
200 武汉可口可乐饮料有限公司 69700
201 肇庆蓝带啤酒卢堡有限公司 69490
202 韶关发电厂有限公司 69462
203 张家港永新钢铁有限公司 68890
204 上海百事可乐饮料有限公司 68661
205 上海申佳铁合金有限公司 68497
206 天津天美汽车配件有限公司 68000
207 无锡联合钢铁有限公司 67183
208 广州进道集装箱有限公司 67132
209 广东现代集装箱制造有限公司 66538
210 河南新中益电力有限公司 66121
211 上海联吉合纤有限公司 65275
212 上海集装箱码头有限公司 64231
213 南京中萃食品有限公司 64158
214 上海振华港口机械有限公司 63656
215 上海太平国际货柜有限公司 63631
216 广州海丰鞋业有限公司 63068
217 正大岳阳有限公司 62816
218 上海花王有限公司 62807
219 天津三星电子有限公司 62595
220 厦门进雄企业有限公司 62417
221 茉织华实业（集团）有限公司 62057
222 广东高路华电视机有限公司 61677
223 可比雅工业发展（深圳）有限公司 61548
224 上海庄臣有限公司 61447
225 湖南旺旺食品有限公司 61252
226 聊城嘉明实业有限公司 61218
227 深圳忆声电子有限公司 60761
228 山东孔府宴酒业有限公司 60580
229 安徽佳安轮胎有限公司 60256
230 天津宝洁有限公司 60227
231TCL 通讯设备股份有限公司 60134
232 长飞光纤光缆有限公司 60000
233 乐金电子（惠州）有限公司 59232
234 上海耀华皮尔金顿玻璃股份有限公司 58953
235 广州雅芳有限公司 58744
236 辽宁大成农牧实业有限公司 58469
237 上海锦海捷亚国际货运有限公司 58450
238 天津日电电子通信工业有限公司 58392
239 汕头经济特区经纬纺织有限公司 58367
240 双城雀巢有限公司 58332
241 开封正大有限公司 58092
242 北京市华远房地产股份有限公司 58005
243 上海华新电线电缆有限公司 58005
244 南通正大有限公司 57999
245 北京贵友大厦有限公司 57822
246 番禺潭洲振裕织造染印有限公司 57552
247 天津福津木业有限公司 57538
248 东莞德永佳纺织制衣有限公司 57429
249 上海福海（木业）企业有限公司 57155
250 沈阳华润雪花啤酒有限公司 56874
251 珠海市前山裕新织染厂 56873
252 广东万家乐燃气具有限公司 56403
253 天津汉高洗涤剂有限公司 56400
254 扬州通运集装箱有限公司 56394
255 杭州西泠制冷电器有限公司 56222
256 汕头海洋第一聚苯树脂有限公司 55743
257 常熟通润机电有限公司 55452
258 斯大精密（大连）有限公司 55416
259 青岛正大有限公司 55347
260 上海新格有色金属有限公司 55329
261 广州番禺糖果有限公司 55285
262 广州花园酒店 55157
263 宁波雅戈尔制衣实业有限公司 54940
264 青岛世原鞋业有限公司 54844

265 天津可口可乐饮料有限公司	54718	310 江阴苏龙发电有限公司	46681
266 天津正大饲料科技有限公司	54600	311 桂林南方橡胶国际有限公司	46496
267 北京燕莎中心有限公司	54205	312 北京·松下电子部品有限公司	46493
268 杭州大厦有限公司	54183	313 宝吉工艺品（深圳）有限公司	46470
269 哈尔滨阿斯宝化纤有限公司	53890	314 厦门台和电子有限公司	46141
270 珠海经济特区美星制鞋有限公司	53190	315 河南莲花味之素有限公司	46079
271 上海制皂有限公司	52989	316 北京可口可乐饮料有限公司	46063
272 欧姆龙（大连）有限公司	52648	317 上海通惠——开利空调设备有限公司	46024
273 上海麦克林电子有限公司	52361	318 常州东方鑫源铜业有限公司	46011
274 厦门松下音响有限公司	52300	319 广西黑五类食品有限公司	45900
275 西门子（中国）有限公司	52277	320 深圳王利电机有限公司	45795
276 珠海经济特区东大集团股份有限公司	51948	321 江苏富士通通信技术有限公司	45670
277 湖南金湘铜业有限公司	51925	322 上海海欣股份有限公司	45655
278 武汉 NEC 中原移动通信有限公司	51261	323 箭牌口香糖有限公司	45568
279 石家庄棉二锦宏纺织有限公司	51209	324 重庆奥妮化妆品有限公司	45495
280 顺德格兰仕电器有限公司	51049	325 深圳日宝来福磁性健康用品有限公司	45393
281 南海皮厂有限公司	51045	326 深圳天虹商场有限公司	45000
282 苏州迅达电梯有限公司	50879	327 上海建设路桥机械设备有限公司	45000
283 重庆长安铃木汽车有限公司	50741	328 荣成国泰轮胎有限公司	45000
284 东莞龙昌玩具有限公司	50730	329 大连华能——小野田水泥有限公司	44825
285 珠海松下马达有限公司	50674	330 惠丰电子（惠州）有限公司	44820
286 建泰橡胶（深圳）有限公司	50252	331 广州生力啤酒有限公司	44717
287 上海施乐复印机有限公司	49661	332 依利安达（广州）电子有限公司	44568
288 世界塑胶餐垫（宝安）有限公司	49423	333 珠江摩托车工业有限公司	44275
289 张家港江南国际集装箱有限公司	49389	334 开平中晖复合纤维母粒有限公司	44242
290 广州高露洁有限公司	49088	335 上海派克电气有限公司	44171
291 吉联吉林石油化学有限公司	49048	336 廊坊华美粮油食品有限公司	44137
292 青岛交河塑料有限公司	48941	337 牧田（中国）有限公司	44110
293 防城港新海油脂工业有限公司	48904	338 宁波东海油脂有限公司	43396
294 南宁正大畜牧有限公司	48834	339 江苏双良特灵溴化锂制冷机有限公司	43299
295 舟山兴业有限公司	48719	340 崇利制钢有限公司	43224
296 东莞胜美达（太平）电机有限公司	48566	3413M 中国有限公司	43056
297 北京大发正大有限公司	48511	342 广夏（银川）实业股份有限公司	42951
298 深圳金威啤酒有限公司	48421	343 镇泰（广州）有限公司	42919
299 白天鹅宾馆	47835	344 广州市珠江水泥厂	42844
300 广州浪奇宝洁有限公司	47720	345 深圳市南山热电股份有限公司	42806
301 张家港普坤毛纺织染有限公司	47411	346 威海威东航运有限公司	42474
302 武进大众钢铁有限公司	47336	347 中讯电子（昆山）有限公司	42404
303 本溪北龙烧结有限公司	47151	348 苏州金猫水泥有限公司	42364
304 杭州中萃食品有限公司	46947	349 番禺世门手袋有限公司	42319
305 广州荣诚鞋业有限公司	46926	350 上海 JVC 电器有限公司	42275
306 上海远东集装箱有限公司	46903	351 东莞雀巢有限公司	42253
307 金铃电器有限公司	46856	352 无锡长新纺织有限公司	42238
308 通用电气嘉宝照明有限公司	46838	353 莆田金匙啤酒有限公司	42234
309 兰州黄河啤酒有限公司	46812	354 四川嘉里粮油工业有限公司	42036

355 广东南方镀锌板有限公司 41979
356 上海德加拉电器有限公司 41979
357 莱州大东服装有限公司 41915
358 广东太阳神集团有限公司 41881
359 粤海（番禺）石油化工储运开发有限公司 41873
360 上海日立电动工具有限公司 41739
361 杭州蓝孔雀化学纤维（股份）有限公司 41639
362 南京东方化工有限公司 41579
363 上海纳铁传动轴有限公司 41553
364 中国江海木业有限公司 41010
365 麦科特集团（惠州）光学机电有限公司 41000
366 上海小系车灯有限公司 40996
367 华东联合制罐有限公司 40875
368 广州美特容器有限公司 40833
369 黄龙食品工业有限公司 40826
370 珠海经济开发区红塔仁恒纸业有限公司 40799
371 杭州旺旺食品有限公司 40798
372 上海民乐啤酒饮料有限公司 40723
373 静安希尔顿饭店 40312
374 上海贝岭微电子制造有限公司 40142
375 珠海永嘉光学工业有限公司 40009
376 州百事可乐饮料有限公司 39828
377 好孩子儿童用品有限公司 39789
378 河北康欣制药有限公司 39635
379 宜兴乐祺纺织印染有限公司 39517
380 北洋集装箱有限公司 39496
381 文登通信电缆有限公司 39465
382 北京京广中心有限公司 39461
383 花园饭店 39364
384 肇庆蓝带啤酒高利有限公司 39351
385 恩平广联泰纺织企业有限公司 39327
386 北京正大饲料有限公司 39277
873 北京市长城饭店公司 39217
388 顺德爱德电饭锅制造厂有限公司 39034
389 上海虹桥友谊商城有限公司 38998
390 禧玛诺（昆山）自行车零件有限公司 38981
391 山西三佳煤化有限公司 38977
392 武进前杨钢铁有限公司 38977
393 黑龙江正大实业有限公司 38941
394 四会金宝利橡胶鞋厂 38928
395 上海三荣电器有限公司 38799
396 丹东饭山显示器有限公司 38644
397 广州亚美聚酯有限公司 38421
398 百威（武汉）国际啤酒有限公司 38414
399 华新利乐（佛山）包装有限公司 38413
400 广州欣昌鞋业有限公司 38381
401 广州陆仕水产企业有限公司 38276
402 利华（宁波）羊毛工业股份有限公司 38258
403 北京广东健力宝饮料有限公司 38165
404 北京松下通信设备有限公司 38110
405 王府饭店有限公司 38035
406 深圳中冠纺织印染股份有限公司 38034
407 健力宝北海有限公司 38002
408 厦门华美卷烟有限公司 37982
409 正大康地——汕头有限公司 37928
410 济南卢堡啤酒有限公司 37797
411 利民（番禺南沙）电器发展有限公司 37742
412 大连日清制油有限公司 37623
413 双喜轮胎工业股份有限公司 37598
414 大连中集集装箱制造有限公司 37561
415 东芝复印机（深圳）有限公司 37540
416 唐山银丰钢铁有限公司 37496
417 四会国宝皮革工业有限公司 37442
418 南通东星皮革有限公司 37432
419 深圳威诚电器有限公司 37375
420 星辉电子制造（番禺）有限公司 37239
421 宝源（新会）光学有限公司 37201
422 顺德市顺安达集装箱制造有限公司 37191
423 广州麦芽有限公司 37143
424 吉林林宝铁合金有限公司 37130
425 诸城兴贸玉米开发有限公司 37115
426 信佳电子（深圳）有限公司 37042
427 吉林正大有限公司 36937
428 马华隆（潮阳）纺织有限公司 36897
429 雅宝皮塑五金（深圳）有限公司 36802
430 广州市广荣鞋业有限公司 36747
431 宁波一捷制衣有限公司 36741
432 捷德纺织（深圳）有限公司 36627
433 无锡庆丰纺织有限公司 36485
434 捷安特（中国）有限公司 36400
435 上海旁氏有限公司 36380
436 北京麦当劳食品有限公司 36324
437 烟台鹏晖铜业有限公司 36213
438 珠海经济特区飞利浦家庭电器有限公司 36146
439 赣新电视有限公司 36111
440 深圳山田电器有限公司 36098
441 青岛现代集装箱有限公司 36062
442 正大青春宝药业有限公司 36000
443 广州华凌空调设备有限公司 35917
444 江苏三友集团 35910

445 上海瑞侃电缆附件有限公司 35882
446 北京恒通食品有限公司 35855
447 上海星特浩企业有限公司 35845
448 大连进道集装箱有限公司 35779
449 沈阳华润三洋压缩机有限公司 35706
450 广西崇左东亚糖业有限公司 35641
451 联合饼干（中国）有限公司 35600
452 珠海醋酸纤维有限公司 35447
453 加西贝拉压缩机有限公司 35440
454 保利得电脑五金（深圳）有限公司 35388
455 海南饮料食品有限公司 35366
456 索尼精密部件（惠州）有限公司 35340
457 金龙开达电器有限公司 35294
458 主力电器制品（深圳）有限公司 35099
459 中山市隆成日用制品有限公司 35052
460 陕西伟捷制衣印染有限公司 34989
461 海南嘉泰摩托车有限公司 34928
462 河南东裕路电器工业有限公司 34860
463 南通华洋液化气港口有限公司 34663
464 牡丹江康佳实业有限公司 34659
465 开平依利安达电子有限公司 34656
466 东莞田氏化工厂有限公司 34578
467 福建马尾联合水产饲料有限公司 34558
468 珠海市仲幸电子有限公司 34468
469 番禺祈福新村房地产有限公司 34327
470 福建漳平发电有限公司 34264
471 天津新宝天洋家电有限公司 34213
472 南昌洪城大厦实业有限公司 34166
473 上海国际油漆有限公司 34079
474 顺德松下精工有限公司 34051
475 奇胜电器（惠州）工业有限公司 33944
476 山东尽美食品有限公司 33923
477 江西华丽美莎纺织品有限公司 33900
478 南通远洋船务工程有限公司 33754
479 天津梅兰日兰有限公司 33685
480 中山国际玩具有限公司 33676
481 上海商城 - 波特曼香格里拉酒店 33672
482 上海实业交通电器有限公司 33622
483 天津长城（集团）有限公司 33534
484 深圳世界之窗有限公司 33457
485 广东浮法玻璃有限公司 33383
486 北京熊猫宝洁洗涤用品有限公司 33358
487 厦门宏泰发展有限公司 33345
488 广西驮卢东亚糖业有限公司 33206
489 浙江小龙纺织服装有限公司 33191
490 海虹老人牌涂料（深圳）有限公司 33183
491 哈尔滨啤酒有限公司 33159
492 中山隆顺日用制品有限公司 32933
493 广东澳联玻璃有限公司 32903
494 沈阳三洋空调有限公司 32898
495 包头鹿金羊绒制品有限公司 32887
496 江苏春兰动力制造有限公司 32849
497 广州番禺兴泰鞋业有限公司 32840
498 大连可口可乐饮料有限公司 32784
499 广州万邦鞋业有限公司 32764
500 天津富士达摩托车有限公司 32706

按1996年销售收入统计中国前1000家大中型工业企业

单位：千元

序号	企业名称	销售收入
1	大庆石油管理局	43737970
2	中国东北电力集团公司	28545000
3	广东省电力集团公司	25831000
4	上海大众汽车有限公司	24306742
5	宝山钢铁（集团）公司	23662404
6	胜利石油管理局	21952710
7	中国第一汽车集团公司	21711133
8	鞍山钢铁集团公司	19742640
9	山东省电力公司	19528000
10	玉溪红塔烟草（集团）有限责任公司	18944702
11	中国华北电力集团公司	18751000
12	首钢总公司	17109916
13	江苏省电力公司	16791000
14	中国石化北京燕山石油化工公司	16244299
15	武汉钢铁集团公司	15500610
16	中国石油化工总公司齐鲁石油化工公司	14692365
17	中国石化抚顺石油化工公司	14169629
18	辽河石油勘探局	13298430
19	新疆维吾尔自治区石油管理局	13199860
20	上海市电力公司	12586000
21	摩托罗拉（中国）电子有限公司	11934840
22	中国石化金陵石油化工公司	11877064
23	浙江省电力公司	11842000
24	上海石油化工股份有限公司	11599793
25	中国石化大庆石油化工总厂	11272414
26	华能国际电力开发公司	10764000
27	四川长虹电子集团公司	10642171
28	吉化集团公司	10543396
29	河南省电力公司	10327000
30	东风汽车公司	10010546
31	中国石化上海高桥石油化工公司	9308300
32	宁波市镇海炼油化工股份有限公司	9233531
33	湖北省电力公司	9088000
34	中国石化茂名石油化工公司	8889233
35	攀枝花钢铁（集团）公司	8839776
36	河北省电力公司	8534000
37	包头钢铁公司	8477542
38	四川省电力公司	8438000
39	中国石化扬子石油化工公司	8433451
40	中国巴陵石油化工公司	8277372
41	山西省电力公司	8193000
42	安徽省电力公司	7694000
43	湖南省电力公司	7515000
44	本溪钢铁（集团）有限责任公司	7484148
45	中国石化天津石油化工公司	7217152
46	太原钢铁（集团）公司	7003358
47	马鞍山钢铁股份有限公司	6795336
48	中国石化大连石油化工公司	6718889
49	中国石化兰州炼油化工总厂	6412434
50	仪征化纤股份有限公司	6340460
51	华北石油管理局	6320400
52	中国石化广州石油化工总厂	6173952
53	海尔集团	6162680
54	中国海洋石油南海东部公司	6129454
55	广东核电合营有限公司	6123342
56	大港油田集团有限责任公司	6001790
57	中国西北电力集团公司	5979000
58	福建省电力公司	5950000
59	华能国际电力股份有限公司	5865000
60	春兰（集团）公司	5743804
61	昆明卷烟厂	5638834
62	北京吉普汽车有限公司	5504141
63	中原石油勘探局	5500820
64	上海第一钢铁（集团）有限公司	5441231
65	上海浦东钢铁（集团）有限公司	5403886
66	中国石化锦西炼油化工总厂	5058750
67	中国石化安庆石油化工总厂	5052083
68	天津市微型汽车厂	5043738
69	上海烟草（集团）公司	4983020
70	兖州矿业（集团）总公司	4974900
71	辽阳石油化纤公司	4951270
72	甘肃省电力公司	4901000
73	康佳集团股份有限公司	4882197
74	四川石油管理局	4815330
75	济南钢铁集团总公司	4725590
76	上海五钢（集团）有限公司	4715844
77	跃进汽车集团公司	4712273
78	山西省大同矿务局	4680130
79	长沙卷烟厂	4620365
80	上海贝尔电话设备制造有限公司	4560676
81	内蒙古电力总公司	4537000
82	唐山钢铁集团有限责任公司	4527510

83 北京化学工业集团有限责任公司 4518899
84 邯郸钢铁集团有限责任公司 4405564
85 中国一拖集团有限公司 4267344
86 中国石化乌鲁木齐石油化工总厂 4239402
87 中国石化洛阳石油化工总厂 4236504
88 锦州炼油厂 4184158
89 云南省电力公司 4092000
90 华能集团公司 4076000
91 中国石化武汉石油化工厂 4032787
92 河南省安阳钢铁集团有限责任公司 4001456
93 广州宝洁有限公司 3995887
94 杭州通信有限责任公司 3984095
95 彩虹彩色显像管总厂 3966221
96 中国石化荆门石油化工总厂 3898584
97 庆铃汽车（集团）有限公司 3858350
98 广东科龙电器股份有限公司 3847557
99 江西省电力公司 3836000
100 熊猫电子集团公司 3778308
101 金城集团有限公司 3766710
102 上海三菱电梯有限公司 3709436
103 吉林省油田管理局 3678210
104 长庆石油勘探局 3640920
105 平顶山煤业（集团）有限责任公司 3535270
106 上海轮胎橡胶（集团）股份有限公司 3520052
107 重庆钢铁（集团）有限责任公司 3518737
108 中国嘉陵工业股份有限公司（集团） 3478080
109 中国国际海运集装箱（集团）股份有限公司 3477990
110 贵州省电力公司 3455000
111 福建炼油厂（福建炼化有限公司） 3401875
112 中国石化九江石油化工总厂 3391347
113 中国石油化工总公司济南炼油厂 3348006
114 昆明钢铁总公司 3318403
115 葫芦岛锌厂 3252230
116 建设工业（集团）有限责任公司 3167917
117 新疆塔里木石油勘探开发指挥部 3167380
118 江苏沙钢集团有限公司 3163312
119 淮北矿务局 3070710
120 中国石油化工总公司兰州化学工业公司 3034292
121 南海油脂工业（赤湾）有限公司 3015947
122 广西壮族自治区电力局 3005000
123 中国轻骑摩托车集团总公司 2987275
124 莱芜钢铁总厂 2969553
125 开滦矿务局 2951900
126 一汽——大众汽车有限公司 2949065
127 北京松下彩色显像管有限公司 2945068
128 北台钢铁总厂 2939397
129 中国石化石家庄炼油厂 2922535
130 白银有色金属公司 2909102
131 通化钢铁集团有限责任公司 2850153
132 珠海格力电器股份有限公司 2841224
133 贵溪冶炼厂 2729063
134 淮南矿务局 2718150
135 常德卷烟厂 2711260
136 长安汽车有限责任公司 2703550
137 江汉石油管理局 2697390
138 河南石油勘探局 2670620
139 华北制药集团有限责任公司 2650237
140 徐州矿务局 2606600
141 一汽金杯汽车股份有限公司 2598030
142 新余钢铁有限责任公司 2567112
143 中国海洋石油南海西部公司 2551159
144 中国华东电力集团公司（直属） 2550000
145 常柴股份有限公司 2535431
146 佳能珠海有限公司 2504885
147 南京钢铁厂 2504479
148 广州钢铁股份有限公司 2498876
149 河南新飞电器集团 2498473
150 玉门石油管理局 2497970
151 上海梅山（集团）有限公司 2486140
152 新汶矿务局 2480380
153 诸城市对外贸易集团公司 2458111
154 贵阳卷烟厂 2453169
155 无锡市摩托车厂 2420293
156 上海——易初摩托车有限公司 2417779
157 北京汽车摩托车联合制造公司 2413081
158 四川省宜宾五粮液酒厂 2361080
159 西安电力机械制造公司 2352666
160 沙角发电总厂 A 厂 2332180
161 江苏阳光集团公司 2328686
162 杭州钢铁集团公司 2325800
163 西山矿务局 2315270
164 吐哈石油勘探指挥部 2307070
165 浙江青鸿国际电子集团有限公司 2295037
166 天津奥的斯电梯有限公司 2293536
167 五羊——本田摩托（广州）有限公司 2292056
168 广东省开平涤纶企业集团股份有限公司 2291850
169 上海汇众汽车制造公司 2289561
170 上海广电股份有限公司 2277807
171 涟钢股份有限公司 2260922
172 金川有色金属公司 2258252

173 柳州市微型汽车厂	2255933
174 北海粮油工业（天津）有限公司	2255863
175 曲靖卷烟厂	2245401
176 上海氯碱化工股份有限公司	2242000
177 广东健力宝饮料厂	2232705
178 上海永新彩色显像管有限公司	2229833
179 天津顶益国际食品有限公司	2221675
180 铜陵有色金属公司	2220906
181 上海太平洋化工（集团）有限公司	2212055
182 康柏电脑技术（中国）有限公司	2202936
183 江苏维维集团	2191223
184 中国南方航空动力机械公司	2176406
185 广东省韶钢集团公司	2176077
186 云南楚雄卷烟厂	2175288
187 中国石化林源炼油厂	2158865
188 河南省莲花味精企业集团	2140623
189 酒泉钢铁公司	2132122
190 沪东造船厂	2125954
191 哈尔滨飞机制造公司	2104817
192 江南造船厂	2087726
193 广东美的集团股份有限公司	2073100
194 广州广船国际股份有限公司	2061349
195 宣化钢铁公司	2053672
196 济南卷烟厂	2052420
197 成都无缝钢管厂	2050168
198 阳泉市矿务局	2034400
199 抚顺特殊钢有限公司	2033158
200 蚌埠卷烟厂	2023627
201 上海中美饮料食品有限公司	2020490
202 北京建筑材料集团有限责任公司	2019260
203 徐州工程机械集团有限公司	2009770
204 青岛海信电器公司	2008293
205 天津天铁冶金集团有限公司	2002140
206 洛阳市春都集团股份有限公司	1992761
207 颐中烟草（集团）有限公司	1988787
208 天津三美电机有限公司	1978389
209 广东省供水工程管理总局	1965157
210 宁夏回族自治区电力公司	1965000
211 中国石化哈尔滨炼油厂	1958966
212 丹徒县龙山鳗业联合公司	1958290
213 金轮集团公司	1954275
214 云南冶炼厂	1953630
215 漯河市华懋双汇实业（集团）有限公司	1953216
216 深圳市华为技术有限公司	1952280
217 武汉卷烟厂	1935956
218 华强三洋电子有限公司	1922009
219 株洲冶炼厂	1915972
220 峰峰矿务局	1899840
221 江苏华西集团公司	1894710
222 合肥美菱股份有限公司	1885794
223 广东彩色显像管有限公司	1879289
224 天津天钢集团有限公司	1865970
225 大化集团有限责任公司	1833969
226 抚顺矿务局	1825540
227 冠捷电子（福建）有限公司	1822876
228 广东美雅集团股份有限公司	1821862
229 天津钢管公司	1810505
230 贵州铝厂	1800259
231 佳能大连办公设备有限公司	1794606
232 长城特殊钢集团有限责任公司	1780509
233 衢化集团公司	1773712
234 上海索广电子有限公司	1764781
235 广州卷烟二厂	1751515
236 中国长城铝业公司	1744985
237 山东铝业公司	1744584
238 冶钢集团有限公司	1741549
239 上海电器股份有限公司	1736250
240 景德镇市昌河飞机工业公司	1734785
241 平朔煤炭工业公司	1729898
242 湘潭钢铁公司	1726877
243 广东华宝空调器厂	1718947
244 北京国际交换系统有限公司	1714655
245 河南省新郑卷烟厂	1704823
246 江铃五十铃汽车有限公司	1693059
247 海南省新大州摩托车股份有限公司	1683043
248 柳州钢铁（集团）公司	1681537
249 深圳三洋华强激光电子有限公司	1672955
250 芜湖市卷烟厂	1671923
251 惠州王牌视听电子有限公司	1662315
252 承德钢铁集团有限公司	1649187
253 信华精机有限公司	1647613
254 昭通卷烟厂	1639925
255 枣庄矿务局	1638140
256 成都市双流高频（集团）公司	1611536
257 上海市煤气公司	1610881
258 瓦房店轴承集团有限责任公司	1610204
259 东兴石油企业有限公司	1598822
260 西安飞机工业（集团）有限责任公司	1596971
261 长春客车厂	1595730
262 中国北京同仁堂集团公司	1589564

263 铁法矿务局 1584060
264 中国石化沧州炼油厂 1581120
265 鄂城钢铁厂 1570407
266 青海石油管理局 1563379
267 三洋电机（蛇口）有限公司 1562874
268 国营大连造船新厂 1559323
269 深圳开发科技股份有限公司 1550698
270 上海汽车齿轮总厂 1549489
271 深圳妈湾电力有限公司 1549116
272 洛阳北方易初摩托车有限公司 1546723
273 凤凰股份有限公司 1546023
274 中国石化前郭炼油厂 1516735
275 江西省铜业公司德兴市铜矿 1516564
276 上海二钢有限公司 1515894
277 上海夏普电器有限公司 1509592
278 鹤岗矿务局 1508950
279 济南汽车制造总厂 1508828
280 大连冰山集团有限公司 1505770
281 厦门华侨电子企业有限公司 1505385
282 南京农用车制造厂 1503900
283 青岛啤酒股份有限公司 1503596
284 上海药材（集团）公司 1500616
285 内蒙古第一机械制造厂 1497740
286 郑州卷烟厂 1492546
287 深圳赛格日立彩色显示器件有限公司 1487501
288 上海化学纤维（集团）有限公司 1484523
289 河南省中原工贸公司 1483740
290 天津通广三星电子有限公司 1481536
291 福建省三明钢铁厂 1476337
292 中国迅达电梯有限公司 1472448
293 中山市嘉华电子工业有限公司 1463827
294 东风实业开发公司 1453103
295 绵阳印染厂 1448442
296 西安杨森制药有限公司 1434723
297 抚顺铝厂 1424595
298 七台河矿务局 1422930
299 珠海天草电子有限公司 1422197
300 深圳南方制药厂 1416525
301 太原化学工业集团公司 1408861
302 哈尔滨市双太电子有限公司 1407910
303 山东成山橡胶集团股份有限公司 1405898
304 天津华利汽车有限公司 1400397
305 盘锦乙烯工业公司 1398357
306 联想集团公司 1391949
307 沈阳冶炼厂 1388781
308 阜新矿务局 1387030
309 山东巨力集团股份有限公司 1384800
310 盘锦辽河化工集团有限责任公司 1384654
311 合肥钢铁公司 1376281
312 山东新华医药集团公司 1372103
313 中外合资华飞彩色显示系统有限公司 1368505
314 青岛第二橡胶厂 1358379
315 红河卷烟厂 1356924
316 沈阳飞机工业（集团）有限公司 1348782
317 合肥荣事达（集团）有限公司 1345015
318 青岛石油化工厂 1342455
319 湖南电线电缆集团公司 1339072
320 上海上菱电器股份有限公司 1338277
321 北满特殊钢股份有限公司 1328248
322 青海铝厂 1324127
323 山东海洋化工集团总公司 1322211
324 广州珠江电力有限公司 1319132
325 牡丹江桦林集团有限责任公司 1315052
326 吴江盛泽印染总厂（中国鹰翔集团公司） 1313941
327 潞安矿务局 1311970
328 武汉龙威实业（集团）公司 1309661
329 新疆维吾尔族自治区电力公司 1303000
330 四方机车车辆厂 1301030
331 无锡市小天鹅股份有限公司 1297532
332 肥城矿务局 1291920
333 辽阳石油化纤公司鞍山炼油厂 1285990
334 云南锡业公司 1284000
335 国营大连造船厂 1282932
336 华北石油管理局呼和浩特炼油厂 1273407
337 山西铝厂 1272887
338 青岛钢铁集团公司 1265704
339 大冶有色金属公司 1262665
340 晋城矿务局 1262420
341 鸡西矿务局 1252020
342 铁道部大连机车车辆工厂 1245730
343 上海白猫有限公司 1238194
344 万向集团公司 1236824
345 山东轮胎厂 1233669
346 长岭（集团）股份有限公司 1233020
347 齐齐哈尔车辆厂 1230210
348 杭州卷烟厂 1227193
349 石家庄钢铁厂 1226611
350 南京化学工业（集团）公司 1226078
351 上海华生化工公司 1224376
352 渤海化工（集团）股份有限公司天津化工厂 1217340

353 中国神马帘子布（集团）公司	1210712
354 哈尔滨东安发动机制造公司	1210377
355 广东金曼集团股份有限公司	1207086
356 江门市金羚集团有限公司	1204956
357 西宁钢厂	1204818
358 大理卷烟厂	1199990
359 天津三星电机有限公司	1198093
360 青岛澳柯玛电器公司	1196130
361 银川中策长城橡胶有限公司	1194088
362 成都卷烟厂	1192580
363 上海针织九厂	1191993
364 松下万宝（广州）空调器有限公司	1185893
365 江苏锡钢集团公司（无锡钢厂）	1185101
366 湖北鄂州晶牌建材集团公司	1180209
367 中美天津史克制药有限公司	1179523
368 广州白云山企业集团公司	1175441
369 江苏利港电力有限公司	1173826
370 张家口卷烟厂	1168998
371 上海十钢有限公司	1167235
372 中国第一汽车集团青岛汽车厂	1164929
373 青铜峡铝厂	1163461
374 平果县铝业公司	1157986
375 山东丛林集团公司	1157700
376 零陵卷烟厂	1154933
377 天津市内燃机厂	1151943
378 义马矿务局	1149750
379 苏州丝绸集团有限责任公司	1149238
380 广西玉柴机器股份有限公司	1148800
381 江苏石油勘探局	1138890
382 海南省地方国营海口罐头厂	1137337
383 杭州中策橡胶有限公司	1136010
384 水城钢铁（集团）公司	1135457
385 上海利华有限公司	1128672
386 上海日立家用电器有限公司	1127687
387 河北省邢台矿务局	1126452
388 正大集团（天津）油脂有限公司	1120069
389 沙隆达集团公司	1118553
390 杭州娃哈哈集团公司	1114502
391 山东省高唐县时风机械集团总公司	1111298
392 中国济南化纤总公司	1104378
393 河北省石家庄拖拉机厂	1103084
394 中国石化四川维尼纶厂	1095975
395 广州卷烟一厂	1094897
396 贵州省毕节卷烟厂	1094674
397 上海汇丽集团公司	1094053
398 山东华日集团总公司	1091548
399 徐州卷烟厂	1088120
400 锦西化工总厂	1078796
401 四川省成都全兴酒厂	1075027
402 大屯煤电公司	1074610
403 武进柴油机厂	1074560
404 双鸭山矿务局	1072030
405 天津本田摩托有限公司	1071605
406 北京轻型汽车有限公司	1070284
407 上海汽轮机有限公司	1068254
408 中国新兴铸管联合公司	1066389
409 浙江东方集团公司	1065447
410 广东新会美达锦纶集团公司	1059820
411 青海省电力公司	1056000
412 宝鸡卷烟厂	1053848
413 上海申达股份有限公司	1052563
414 上海柴油机股份有限公司	1049678
415 龙岩卷烟厂	1045130
416 凌源钢铁公司	1041113
417 衡阳钢管厂	1041107
418 河南轮胎厂	1040742
419 湖北清江水电开发有限责任公司	1034431
420 成都飞机工业公司	1028336
421 河北省邢台钢铁公司	1023285
422 浙江钱江摩托集团有限公司	1013072
423 江苏行星机械集团公司	1011514
424 河南安阳彩色显像管玻壳有限公司	1009543
425 大连钢厂	1009370
426 江苏锡兴集团公司	1007176
427 上海拖拉机内燃机公司	1001520
428 江苏钢绳集团公司	1000480
429 深圳创华合作有限公司	998776
430 珠海三美电机有限公司	993768
431 攀钢集团钢城企业公司	988941
432 鄂尔多斯羊绒制品股份有限公司	985313
433 海南椰风食品工业有限公司	982790
434 南通市天生港发电有限公司	982690
435 广州造纸有限公司	977201
436 锡山市雪浪初轧厂	976633
437 渤海化工（集团）股份有限公司天津碱厂	974829
438 皖北矿务局	973352
439 成都钢铁厂	972488
440 包头铝厂	972196
441 郴州卷烟厂	971139
442 沈阳电缆厂	970034

443 杭州松下家用电器有限公司	966944
444 葛洲坝水力发电厂	966891
445 上海电缆厂	966449
446 泸州老窖股份有限公司	964353
447 川化集团有限责任公司	959106
448 东风金狮轮胎有限公司	958761
449 上海锅炉厂	956062
450 江苏苏钢集团有限公司	954354
451 一汽集团无锡柴油机厂	952552
452 长治钢铁（集团）有限公司	950684
453 汾西矿务局	950370
454 山东秦池酒厂	950279
455 深圳国威电子有限公司	948840
456 哈尔滨轻型车厂	948630
457 亳州市古井酒厂	948248
458 哈尔滨制药厂	941980
459 华北石油管理局二连石油勘探开发公司	935025
460 兰州钢铁集团公司	933587
461 仙妮蕾德（广州）有限公司	933353
462 黑龙江龙涤集团有限公司	932417
463 厦门中鹭植物油有限公司	932081
464 华芳实业总公司	929530
465 焦作矿务局	928080
466 江苏华纺（集团）公司	924963
467 厦门灿坤实业股份有限公司	922765
468 山东潍坊拖拉机厂	917599
469 郑州煤炭工业（集团）有限责任公司	916210
470 水利部丹江口水利枢纽管理局	914648
471 什邡卷烟厂	911313
472 东北制药总厂	909913
473 贵州轮胎股份有限公司	906800
474 福建实达电脑集团股份有限公司	906255
475 辽宁轮胎厂	906174
476 鹤壁矿务局	903950
477 中国第一重型机械集团公司	902114
478 上海易初通用机器有限公司	900596
479 许昌卷烟厂	895372
480 大连西太平洋石油化工有限公司	890085
481 安利（中国）日用品有限公司	890046
482 泸天化（集团）有限责任公司	890001
483 红豆集团公司	889409
484 黄河铝业有限公司	883391
485 文登市通信电缆集团公司	881770
486 深圳中康玻璃有限公司	877506
487 潍坊化学纤维厂	874082
488 江苏省扬州客车制造总厂	872378
489 上海益昌薄板有限公司	869029
490 上海日立电器有限公司	866503
491 襄樊卷烟厂	864329
492 上海市面粉公司	862870
493 东方锅炉厂	862579
494 宁波华茂集团股份有限公司	861446
495 中国扬子集团有限公司	856356
496 中国——阿拉伯化肥有限公司	855390
497 山西漳泽电力股份有限公司	855130
498 太原煤炭气化总公司	853188
499 滇黔桂石油勘探局	852160
500 四川汽车制造厂	851832
501 江门市大长江摩托车有限公司	850683
502 厦门正新橡胶工业有限公司	850057
503 淮阴卷烟厂	848305
504 唐山机车车辆厂	846226
505 宁波卷烟厂	844223
506 渤海化工（集团）股份有限公司天津大沽化工厂	842861
507 武汉葛化集团有限公司	842158
508 东风汽车工业联营公司郑州轻型汽车制造厂	839655
509 北京四通集团公司	838138
510 上海朗迅科技	836239
511 资阳内燃机车厂	835660
512 南昌钢铁有限责任公司	834704
513 山东省兰陵企业集团总公司	833379
514 南昌飞机制造公司	830181
515 马鞍山马钢总公司	830026
516 上海联合利华牙膏有限公司	825567
517 丹东化学纤维工业（集团）总公司	824177
518 戚墅堰机车车辆厂	823330
519 遵义卷烟厂	822314
520 潍坊柴油机有限责任公司	822290
521 吴县防爆电机厂	820500
522 铜陵化学工业集团公司	819675
523 西湖电子实业有限公司	818901
524 宁夏炼油厂	817670
525 上海汽车空调器厂	814687
526 哈尔滨锅炉有限责任公司	814499
527 锡山市前洲三洲钢厂	814306
528 长春摩托车集团有限公司	812671
529 福建省南平造纸厂	812324
530 东北轻合金加工厂	812080
531 中国第二重型机械集团公司	812079
532 南海电力实业集团公司	811889

533 上海斯必克发展总公司	811615
534 庆安集团有限公司	811184
535 江苏宝胜集团公司	809530
536 万宝至马达大连有限公司	807712
537 菱花集团公司	805494
538 北内集团总公司	803705
539 南通醋酸纤维有限公司	797851
540 洛阳轴承（集团）公司	794470
541 福建日立电视机有限公司	794293
542 常州拖拉机厂	791612
543 山东鲁抗医药企业集团公司	785274
544 北京矿务局	784660
545 冶金工业部舞阳钢铁公司	783130
546 安徽种子酒总厂	782172
547 上海合众——开利空调设备有限公司	780364
548 山西省临汾市钢铁公司	779814
549 东风汽车工业联营公司柳州汽车厂	777755
550 广州市自来水公司	775378
551 广西南宁卷烟厂	772973
552 厦门卷烟厂	772375
553 上海西门子移动通信有限公司	771386
554 上海嘉里粮油工业有限公司	771276
555 河北省唐山碱厂	771208
556 南京浦镇车辆厂	771120
557 中国第一汽车集团大连柴油机厂	770420
558 珠海经济特区丽珠医药集团股份有限公司	769667
559 汉中烟草集团有限公司卷烟二厂	768470
560 康惠（惠州）电子实业有限公司	768109
561 重庆特殊钢（集团）公司	765726
562 吴江工艺织造厂	765213
563 吉林纸业股份有限公司	764466
564 广东正大康地有限公司	763731
565 深圳光大木材工业有限公司	763270
566 丹东东宝电器（集团）总公司	763003
567 西南铝加工厂	762769
568 东风杭州汽车公司	762030
569 沈阳变压器有限责任公司	760777
570 中国济南洗衣机厂	760597
571 广州宝洁纸品有限公司	760403
572 天津雅马哈电子乐器有限公司	757744
573 合肥江淮汽车制造厂	757532
574 上海水仙电器股份有限公司	756839
575 株洲电力机车厂	755940
576 江苏双良一特灵溴化锂制冷机有限公司	755620
577 四川沱牌集团有限公司	755225
578 绍兴钢铁总厂	754195
579 中山中粤马口铁工业有限公司	752647
580 日本电产大连有限公司	752323
581 哈尔滨卷烟厂	748509
582 安徽双轮集团高炉酒厂	747692
583 三水健力宝富特容器有限公司	745639
584 高丰纺织染联合企业有限公司	742514
585 东芝大连有限公司	741092
586 深圳中华自行车（集团）股份有限公司	737730
587 上海延锋汽车饰件有限公司	736409
588 国营武昌造船厂	735925
589 吉林化纤集团有限责任公司	733472
590 江苏新苑集团公司	732730
591 柳州卷烟厂	730640
592 上海市自来水公司	728044
593 松下万宝（广州）压缩机有限公司	727055
594 北京燕京啤酒集团公司	725489
595 石家庄宝石电子集团公司	725048
596 中国华录松下录像机有限公司	724556
597 上海冶炼厂	721940
598 东风朝阳柴油机公司	721846
599 新疆纺织工业（集团）公司	721364
600 姚冶集团股份有限公司	720694
601 广州顶益国际食品有限公司	719874
602 正大康地（深圳）有限公司	718504
603 河南新野纺织（集团）股份有限公司	718125
604 上海电机厂	714408
605 宁波雅戈尔（集团）股份有限公司	709109
606 江苏化工农药集团公司	708872
607 江阴市第九毛纺织厂	708179
608 石炭井矿务局	705580
609 永新——沈阳化工股份有限公司	704796
610 聊城运输机械厂	701389
611 浙江小小企业总公司	700102
612 广州珠江轮胎有限公司	699362
613 福建省三明化工总厂	698316
614 河北沧州大化集团有限责任公司	697752
615 长春拖拉机制造厂	696529
616 永鼎集团公司（苏州通信电缆厂）	695646
617 肇庆蓝带啤酒卢堡有限公司	694909
618 韶关发电D厂有限公司	694622
619 淄博矿务局	694260
620 上海船厂	694238
621 山东景芝酒业股份有限公司	694174
622 秦山核电公司	693811

623 天津造船公司 692894
624 自贡鸿鹤化工股份有限公司 691959
625 长白计算机集团公司 691645
626 扬州柴油机厂 691230
627 邹平县位桥棉纺织厂 690415
628 上海家化有限公司 688589
629 上海沪昌特殊钢股份有限公司 688030
630 江苏林海动力机械集团公司 687832
631 北汽福田车辆股份有限公司诸城车辆厂 687226
632 上海申佳铁合金有限公司 684974
633 锡山市江南钢铁公司 684687
634 水口山矿务局 684095
635 太平洋塑胶（福建）有限公司 683888
636 江苏省仪征市汽车制造厂 683637
637 邯邢冶金矿山管理局 683179
638 广州市珠江啤酒集团公司 680480
639 遵义铁合金厂 680150
640 天津天美汽车配件有限公司 680007
641 沈阳沈海热电有限公司 677819
642 曲阜孔府家集团总公司 675991
643 中国石化上海金山实业公司 675189
644 沈阳黎明发动机制造公司 672746
645 上海永久股份有限公司 670048
646 菏泽市沙土酿造厂 669227
647 上海嘉宝实业股份有限公司 666442
648 郑州电缆（集团）股份有限公司 665933
649 上海自动化仪表股份有限公司 665594
650 广东省台山市机械厂 664951
651 德州棉纺织厂 664672
652 南京东风汽车有限公司 663923
653 黑龙江石油化工厂 662364
654 江苏江动集团公司 662280
655 无锡市第一棉纺织厂 662163
656 中国雪柜实业有限公司 662141
657 湖南省株洲化工厂 659783
658 锦西天然气化工总厂 659477
659 浙江老凤祥首饰厂 659077
660 石家庄制药集团公司 657452
661 淮南煤电总公司 656213
662 中国石化宁夏化工厂 655433
663 福建省青山纸业股份有限公司 655206
664 烟台万华合成革集团有限公司 654061
665 东方电机厂 652979
666 宁波金田铜业（集团）公司 652809
667 上海联吉合纤有限公司 652752
668 中国惠普有限公司 651169
669 徐州钢铁总厂 650347
670 湖北双环化工集团公司 649213
671 萍乡钢铁厂 648633
672 哈尔滨电机有限责任公司 647216
673 泗阳县江苏洋河酒厂 644316
674 中国南方电力联营公司 644000
675 山西省杏花村汾酒集团公司 643845
676 桂林南方杭州集团公司 643674
677 江苏沿山实业集团总公司 642836
678 江苏森达集团公司 641590
679 南京中萃食品有限公司 641580
680 浙江化纤联合集团股份有限公司 641447
681 株洲硬质合金厂 641114
682 大同机车厂 640980
683 湖北康民生化实业公司 640620
684 云南春城卷烟厂 640445
685 云南天然气化工厂 640313
686 宁陵县张弓酒厂 638968
687 湖北美尔雅纺织服装实业（集团）公司 638574
688 中轻依兰集团有限公司 637878
689 吉林铁合金厂 637366
690 北京牡丹电子集团公司 636981
691 广东梅山糖业总公司 636638
692 上海太平国际货柜有限公司 636314
693 中国石化湖北化肥厂 636214
694 浙江纳爱斯化工股份有限公司 636175
695 陕西汽车制造总厂 635454
696TCL 通讯设备股份有限公司 634549
697 化学工业部南京化工厂 634511
698 株洲车辆厂 631910
699 广州海丰鞋业有限公司 630685
700 哈尔滨轴承股份有限公司 630392
701 金城造纸（集团）有限责任公司 630051
702 聊城嘉明实业有限公司 629784
703 中条山有色金属公司 629605
704 江苏长城电器集团股份有限公司 629138
705 兰州连城铝厂 629047
706 国营华东电子管厂 628603
707 正大岳阳有限公司 628156
708 上海花王有限公司 628067
709 大杨企业集团 627840
710 北京卷烟厂 627171
711 伊克昭盟煤集团公司 626854
712 南阳卷烟厂 626211

713 江苏华亿机械集团公司 626185
714 天津三星电子有限公司 625955
715 佛斯弟摩托车有限公司 625554
716 萍乡矿务局 625026
717 经纬纺织机械股份有限公司 624671
718 中美上海施贵宝制药有限公司 623480
719 无锡威孚集团有限公司 622576
720 常州金狮自行车工贸集团公司 621294
721 烟台东方电子信息产业股份有限公司 620748
722 平湖茉织华实业有限公司 620573
723 四川剑南春股份有限公司 617646
724 长飞光纤光缆有限公司 617621
725 上海振华港口机械有限公司 617264
726 上海庄臣有限公司 614472
727 龙口矿务局 613780
728 西林钢铁集团公司 613636
729 皖南机动车辆厂 612495
730 哈尔滨汽轮机有限责任公司 611786
731 江苏江阴模塑集团总公司 610700
732 国营靖江葡萄糖厂 609417
733 上海制笔实业总公司 608844
734 广东恒昌股份九江饲料厂 608467
735 国营燎原无线电厂 606311
736 眉山车辆厂 606050
737 广西柳工机械股份有限公司 605979
738 鱼台县孔府宴酒厂 605822
739 贵阳钢厂 605053
740 中国耀华玻璃集团公司 603949
741 洛阳铜加工厂 602940
742 天津宝洁有限公司 602274
743 新疆天山毛纺织股份有限公司 601998
744 冀东石油勘探开发公司 601780
745 山东电缆厂 601067
746 中国得利斯集团公司 601046
747 芜湖恒鑫集团（原冶炼厂） 601015
748 湖北兴化股份有限公司 600922
749 青岛飞龙工艺品 600790
750 重庆卷烟厂 600622
751 上海天原（集团）有限公司天原厂 600593
752 东方烟草（集团）有限公司青州卷烟厂 599098
753 河南省中原化肥厂 597632
754 黄石市发电股份有限公司 596469
755 镍都实业公司 595705
756 天津拖拉机制造有限公司 595080
757 安徽省安庆市纺织厂 594790
758 河北省保定石油化工厂 593976
759 佳木斯纸业集团公司 593238
760 莱动内燃机有限公司 591370
761 合肥叉车总厂 590490
762 上海耀华皮尔金顿玻璃有限公司 589534
763 猴王集团公司 588948
764 华立集团公司 587939
765 广州雅芳有限公司 587441
766 厦门工程机械股份有限公司 586799
767 广州番禺大兴制鞋实业有限公司 586433
768 江苏三毛集团公司 586040
769 驻马店卷烟厂 585989
770 扬州江扬船舶集团公司 584093
771 天津日电电子通信工业有限公司 583921
772 上海百事可乐饮料有限公司 581733
773 浙江大东南塑胶集团公司 581563
774 南通正大有限公司 579998
775 天津福津木业有限公司 575383
776 中国石化长城高级润滑油公司 574800
777 盘江矿务局 574410
778 天津市轧三制钢有限公司 573970
779 冠生园（集团）总公司（核） 572571
780 凯歌电子电器公司江门股份有限公司 572162
781 浙江亚太布厂 572030
782 上海福海（木业）企业有限公司 571549
783 江苏宏宝集团公司 571250
784 石家庄卷烟厂 569499
785 顺义县肉类联合加工厂 568960
786 沈阳华润雪花啤酒有限公司 568741
787 长广煤矿公司 568143
788 山东滨州化工厂 568120
789 霍州矿务局 567490
790 上海涂料有限公司（油漆厂） 566348
791 洛阳钢厂 565967
792 云南铝厂 565801
793 云南会泽铅锌矿 564308
794 上海老凤祥有限公司 564191
795 广东省石油气用具发展有限公司 564035
796 中外合资扬州通运集装箱有限公司 563940
797 国营新乡化学纤维厂 563838
798 延长油矿管理局 563309
799 杭州西泠制冷电器有限公司 562225
800 江苏垂虹集团公司 562088
801 石岘造纸厂 560080
802 上海缝纫机一厂 559556

803 南海毛纺织企业股份有限公司 559242
804 云南云峰化学工业公司 559186
805 广西黑五类食品集团公司 558000
806 深圳南山热电股份有限公司 557855
807 汕头经济特区海洋第一聚苯树脂有限公司 557436
808 欧姆龙大连有限公司 557360
809 涪陵卷烟厂 556890
810 贵州赤天化集团有限责任公司 555685
811 江苏威利达化纤集团公司 555563
812 中国长城计算机深圳公司 554825
813 张家港市沙洲纺织印染公司 554780
814 镇泰广州有限公司 554620
815 常熟市千斤顶厂 554527
816 斯大精密大连有限公司 554167
817 南昌卷烟厂 553536
818 江苏力强集团公司 553360
819 新乡市第一拖拉机厂 553298
820 寿光造纸集团股份有限公司 553047
821 广州番禺糖果有限公司 552853
822 武汉红桃 k 集团股份公司 552327
823 上海港口机械制造厂 552008
824 江苏峰泉电线电缆集团公司 551967
825 中山凯达精细化工实业有限公司 551269
826 攀枝花矿务局 549950
827 西安车辆厂 549830
828 福建省南平铝厂 548374
829 吉林炭素总厂 548319
830 锦州铁合金（集团）股份公司 547533
831 广东三星企业集团股份公司 547495
832 天津可口可乐饮料有限公司 547186
833 飞利浦照明电子上海有限公司 546449
834 潍坊华实纺织品（集团）公司 545774
835 安徽省全椒县柴油机总厂 545596
836 开封正大有限公司 545252
837 天津正大饲料科技有限公司 545169
838 杭州东宝电器集团公司 543968
839 登封市电厂集团公司 543666
840 湖南省湘江氮肥厂 543482
841 中信重型机械公司 542232
842 北京红星酿酒集团公司 541893
843 安阳卷烟厂 541373
844 青岛碱业股份有限公司 540853
845 盐城市纺织厂 540010
846 威远钢铁厂 538510
847 双城雀巢有限公司 537710
848 焦作市万方铝业股份有限公司 537046
849 南京卷烟厂 536396
850 东莞长安镇福安纺织印染有限公司 536100
851 开封机械厂 535361
852 裕泰（惠州）针织实业有限公司 534220
853 依利安达（广州）电子有限公司 533255
854 浙江钱啤集团股份有限公司 533058
855 浙江金威集团公司 532353
856 太原重型机械集团公司 532330
857 中国洛阳浮法玻璃集团公司 532278
858 上海制皂有限公司 529894
859 杭州市家用电器工业公司 529364
860 张店钢铁厂 529189
861 石家庄焦化厂 527335
862 丹东汽车制造厂 527172
863 保定钞票纸厂 523369
864 江苏长江电器集团公司 522858
865 上海动力设备有限公司 522344
866 大连市第三粮食储运工业公司 522216
867 沈阳线材厂 521788
868 保定天鹅化纤集团有限公司 521203
869 至卓飞高（中国）有限公司 521104
870 湖北蒲圻纺织总厂 521082
871 深圳卷烟厂 519825
872 上海协通（集团）公司 519560
873 珠海经济特区东大集团股份有限公司 519485
874 沈阳机床股份有限公司 518871
875 平庄矿务局 518790
876 中国核工业部建峰化工总厂 518773
877 东莞市电化实业集团公司 518045
878 保定天威集团有限公司 518022
879 淮南化工总厂 517990
880 上海三维制药有限公司 517292
881 神龙汽车有限公司 517062
882 上海矽钢有限公司 516354
883 广州发电厂 515037
884 成都蓝风实业股份有限公司 514791
885 柳州水泥厂 514721
886 宁波兴业集团公司 514484
887 北京第二棉纺织厂 513024
888 大重集团公司 512995
889 国营石家庄第二棉纺织厂 512091
890 东方汽轮机厂 511649
891 南海皮厂有限公司 510458
892 顺德格兰仕电器厂有限公司 510123

893 中国贵州茅台酒厂 509841
894 佛山市聚酯切片厂有限公司 509390
895 黑牡丹（集团）股份有限公司 507630
896 上海汽车电器总厂 505806
897 宁波海威集团有限公司 505020
898 吉林龙华热电股份有限公司 504770
899 江苏华润集团公司 504266
900 上海钢管股份有限公司 504025
901 金堆城钼业公司 503952
902 河南省南阳棉纺织厂 502693
903 安徽省宁国水泥厂 502211
904 国营常熟制冷设备厂 502140
905 广东冠华饲料实业公司 500908
906 高明市塑料二厂 500651
907 福州二化集团有限公司 500640
908 江苏陵光集团 500528
909 宁波杉杉集团有限公司 500415
9103M 中国有限公司 500315
911 北京重型电机厂 499948
912 贵州钢绳厂 499591
913 河北制药（集团）有限公司 498639
914 四川省达州钢铁总厂 497511
915 苏州迅达电梯有限公司 497270
916 大地集团公司 497089
917 上海施乐复印机有限公司 496614
918 上海华新电线电缆有限公司 495769
919 聊城拖拉机厂 495183
920 白鸽（集团）股份有限公司 495013
921 周口地区周口棉纺织印染厂 495007
922 中山市威力洗衣机有限公司 494648
923 恩平市广联泰纺织企业有限公司 494414
924 中国人民解放军第三五一七工厂 493028
925 佛山东方包装材料有限公司 492346
926 邯郸矿务局 491340
927 广州高露洁有限公司 490878
928 北京市肉类联合加工厂 490339
929 防城港新海油脂工业有限公司 489041
930 营口造纸厂 488409
931 常州连环集团公司 488212
932 浙江铝业股份有限公司 487996
933 舟山兴业有限公司 487187
934 上海造币厂 486773
935 四川省金路股份公司 486382
936 杭州电视机二厂 486004
937 邯郸陶瓷集团总公司 485560
938 春华锦纶纺织有限公司 485498
939 辽源矿务局 485170
940 齐鲁英克莱集团总公司 485027
941 湖北省鄂州枫树纺织集团公司 484948
942 襄樊钢铁股份有限公司 484633
943 深圳顺丰瓦通纸品有限公司 484458
944 合肥卷烟厂 484457
945 深圳啤酒有限公司 484216
946 珠海松下马达有限公司 483782
947 扬州新星动力股份有限公司 483659
948 河南鞋城皮革制品有限公司 482801
949 郑州金牛（集团）股份有限公司 482729
950 沈阳机车车辆厂 482450
951 苏州金猫水泥有限公司 482180
952 湘乡铝厂 481328
953 凉山烟草企业 481309
954 浙江万顺集团有限公司 481188
955 江苏通裕纺织集团公司 480202
956 西安航空发动机公司 479900
957 河北省沧州化工实业集团公司 477989
958 浙江上风集团公司 477250
959 国营石家庄第四棉纺织厂 474900
960 水城矿务局 473160
961 河南黄河实业（集团）公司 473023
962 淄博增塑剂厂 472531
963 华北铝业有限公司 471425
964 东莞市生益敷铜板股份有限公司 471207
965 珠海经济特区中富实业股份有限公司 470185
966 洛阳白马企业集团公司 469975
967 珠海市江海电子股份有限公司 469577
968 杭州中萃食品有限公司 469472
969 广州荣诚鞋业有限公司 469268
970 上海远东集装箱有限公司 469034
971 烟台张裕葡萄酿酒公司 469020
972 浙江兰花电子集团公司 468759
973 江苏时花电器集团公司 468460
974 上海亚太农用化学（集团）公司 467673
975 广州文冲船厂 467138
976 广州市浪奇实业股份有限公司 466587
977 佛山市海天调味食品有限公司 466557
978 铜川矿务局 465230
979 北京松下电子部品有限公司 464935
980 保定金风帆蓄电池有限公司 464813
981 抚顺钢铁公司 463373
982 沂水县青援食品厂 462895

983 山西省南风化工集团股份有限公司	462818	992 常州东方鑫源铜业有限公司	460114
984 无锡锅炉厂	462039	993 顺德市德润纺织实业公司	459744
985 江苏华昌集团公司	462020	994 黑龙江省三江食品公司	459180
986 成都电缆股份有限公司	461811	995 河北省邢台机械轧辊（集团）有限公司	459095
987 兰州黄河啤酒有限公司	461482	996 中科院成都地奥制药公司	458952
988 天一纺织集团有限公司	461297	997 浙江大普化纤集团公司	458797
989 厦门台和电子有限公司	461217	998 深圳王利电机有限公司	458019
990 上海通惠——开利空调设备有限公司	460249	999 威海北洋电气集团股份有限公司	457653
991 湖北襄棉集团总公司	460185	1000 四川卷烟厂	457508

按1996年利税总额统计中国前1000家大中型工业企业

单位：千元

1 大庆石油管理局 19215340
2 玉溪红塔烟草（集团）有限责任公司 16768686
3 宝山钢铁（集团）公司 4935453
4 上海大众汽车有限公司 4453713
5 昆明卷烟厂 4113174
6 中国海洋石油南海东部公司 3730046
7 摩托罗拉（中国）电子有限公司 3560410
8 上海烟草（集团）公司 3177635
9 胜利石油管理局 3167330
10 河北省电力公司 2854000
11 广东省电力集团公司 2854000
12 上海石油化工股份有限公司 2573729
13 长沙卷烟厂 2560952
14 四川长虹电子集团公司 2535815
15 广州宝洁有限公司 2275800
16 鞍山钢铁集团公司 2218030
17 武汉钢铁集团公司 2175310
18 辽河石油勘探局 2084180
19 中国石化北京燕山石油化工公司 1894051
20 华能国际电力开发公司 1808000
21 中国第一汽车集团公司 1789005
22 中国石油化工总公司齐鲁石油化工公司 1765947
23 宁波市镇海炼油化工股份有限公司 1717323
24 曲靖卷烟厂 1702812
25 常德卷烟厂 1541400
26 广东省供水工程管理总局 1514165
27 中国石化抚顺石油化工公司 1465259
28 广东核电合营有限公司 1419216
29 颐中烟草（集团）有限公司 1387203
30 首钢总公司 1364570
31 贵阳卷烟厂 1310564
32 济南卷烟厂 1293382
33 中国石化金陵石油化工公司 1279513
34 中国石化大庆石油化工总厂 1246034
35 中国石化扬子石油化工公司 1242500
36 云南楚雄卷烟厂 1205059
37 春兰（集团）公司 1139404
38 蚌埠卷烟厂 1117459
39 中国东北电力集团公司 1108000
40 吉化集团公司 1095996
41 华能集团公司 1075000
42 昭通卷烟厂 1068248
43 包头钢铁公司 1039875
44 天津市微型汽车厂 1038752
45 邯郸钢铁集团有限责任公司 1026198
46 广州卷烟二厂 1025923
47 本溪钢铁（集团）有限责任公司 1004384
48 新疆维吾尔自治区石油管理局 1002040
49 中国石化上海高桥石油化工公司 988206
50 河南省新郑卷烟厂 978453
51 芜湖市卷烟厂 964734
52 中国石化锦西炼油化工总厂 959030
53 江苏省电力公司 955000
54 中国石油化工总公司济南炼油厂 954367
55 上海贝尔电话设备制造有限公司 951728
56 武汉卷烟厂 944060
57 中国石化洛阳石油化工总厂 928072
58 庆铃汽车（集团）有限公司 919759
59 中国石化大连石油化工公司 907408
60 中国石化茂名石油化工公司 895996
61 红河卷烟厂 841594
62 郑州卷烟厂 812657
63 兖州矿业（集团）总公司 803450
64 中国石化石家庄炼油厂 799679
65 仪征化纤股份有限公司 796340
66 中国石化兰州炼油化工总厂 787492
67 上海三菱电梯有限公司 779521
68 中国石化天津石油化工公司 763035
69 中国巴陵石油化工公司 754764
70 四川省宜宾五粮液酒厂 747043
71 攀枝花钢铁（集团）公司 732164
72 锦州炼油厂 731168
73 上海市电力公司 731000
74 山西省大同矿务局 724750
75 北京吉普汽车有限公司 723612
76 河南省安阳钢铁集团有限责任公司 723045
77 华能国际电力股份有限公司 718000
78 中美天津史克制药有限公司 717859
79 成都卷烟厂 716146
80 北京松下彩色显像管有限公司 692888
81 杭州卷烟厂 692219
82 唐山钢铁集团有限责任公司 685070

83 徐州卷烟厂 682270
84 山东省电力公司 681000
85 辽阳石油化纤公司鞍山炼油厂 664120
86 中国石化安庆石油化工总厂 658027
87 葛洲坝水力发电厂 651650
88 大理卷烟厂 645177
89 金城集团有限公司 629360
90 上海中美饮料食品有限公司 626769
91 广东彩色显像管有限公司 622579
92 天津顶益国际食品有限公司 621532
93 彩虹彩色显像管总厂 618646
94 零陵卷烟厂 618488
95 河南省电力公司 612000
96 马鞍山钢铁股份有限公司 608152
97 张家口卷烟厂 605265
98 中国石化九江石油化工总厂 601317
99 中国海洋石油南海西部公司 598408
100 上海汇众汽车制造公司 593262
101 贵州省毕节卷烟厂 593169
102 中国华北电力集团公司 591000
103 上海轮胎橡胶（集团）股份有限公司 588837
104 沙角发电总厂 A 厂 585667
105 淮阴卷烟厂 581628
106 中国石化荆门石油化工总厂 577699
107 广东科龙电器股份有限公司 574337
108 中国石化乌鲁木齐石油化工总厂 572979
109 大港油田集团有限责任公司 572830
110 上海汽车齿轮总厂 568325
111 华北石油管理局 566960
112 西安杨森制药有限公司 564601
113 广州卷烟一厂 563169
114 泸州老窖股份有限公司 555309
115 龙岩卷烟厂 537480
116 太原钢铁（集团）公司 533332
117 中国华东电力集团公司（直属） 528000
118 湖南省电力公司 521000
119 亳州市古井酒厂 515640
120 宝鸡卷烟厂 514691
121 什邡卷烟厂 512913
122 康佳集团股份有限公司 508179
123 湖北清江水电开发有限责任公司 507078
124 天津奥的斯电梯有限公司 497363
125 昆明钢铁总公司 494597
126 郴州卷烟厂 492023
127 宁波卷烟厂 490675
128 广西南宁卷烟厂 490183
129 新疆塔里木石油勘探开发指挥部 489170
130 中国嘉陵工业股份有限公司（集团） 485830
131 许昌卷烟厂 480869
132 长庆石油勘探局 476980
133 四川石油管理局 476310
134 海尔集团 474950
135 华北制药集团有限责任公司 470560
136 遵义卷烟厂 469842
137 郑州煤炭工业（集团）有限责任公司 467660
138 东方烟草（集团）有限公司青州卷烟厂 466717
139 中国石化广州石油化工总厂 464785
140 金川有色金属公司 464452
141 中国石化林源炼油厂 454433
142 平朔煤炭工业公司 453472
143 仙妮蕾德（广州）有限公司 449711
144 上海永新彩色显像管有限公司 447284
145 云南省电力公司 447000
146 吉林省油田管理局 445290
147 建设工业（集团）有限责任公司 444192
148 平顶山煤业（集团）有限责任公司 436290
149 上海华生化工公司 435147
150 哈尔滨卷烟厂 431233
151 福建省电力公司 431000
152 中国石化哈尔滨炼油厂 424003
153 厦门卷烟厂 420588
154 深圳市华为技术有限公司 420290
155 浙江省电力公司 418000
156 广州珠江电力有限公司 416220
157 江苏利港电力有限公司 416045
158 北京国际交换系统有限公司 415031
159 中国石化武汉石油化工厂 409359
160 杭州通信有限责任公司 396217
161 上海氯碱化工股份有限公司 394666
162 汉中烟草集团有限公司卷烟二厂 389757
163 深圳妈湾电力有限公司 388238
164 东风汽车公司 385269
165 河南新飞电器集团 377664
166 南京卷烟厂 366930
167 辽阳石油化纤公司 360910
168 上海——易初摩托车有限公司 356629
169 柳州卷烟厂 356100
170 湖北省电力公司 353000
171 韶关发电 D 厂有限公司 350748
172 中原石油勘探局 348310

173 南通醋酸纤维有限公司 347554
174 南阳卷烟厂 347247
175 北京化学工业集团有限责任公司 346671
176 青岛啤酒股份有限公司 346102
177 淮北矿务局 345020
178 南昌卷烟厂 344327
179 上海第一钢铁（集团）有限公司 338730
180 福建炼油厂（福建炼化有限公司） 338618
181 西自电梯集团公司 336742
182 开滦矿务局 331570
183 云南春城卷烟厂 326976
184 济南钢铁集团总公司 325434
185 上海利华有限公司 321124
186 深圳开发科技股份有限公司 320924
187 淮南矿务局 317590
188 涪陵卷烟厂 315596
189 四川省全兴酒厂 315087
190 北京卷烟厂 313910
191 江苏维维集团 312680
192 海南省新大州摩托车股份有限公司 311453
193 驻马店卷烟厂 309914
194 中国石化沧州炼油厂 303490
195 广西壮族自治区电力局 301000
196 河南石油勘探局 299200
197 安徽双轮集团高炉酒厂 298713
198 五羊——本田摩托（广州）有限公司 297251
199 广东省开平涤纶企业集团股份有限公司 296623
200 上海合众——开利空调设备有限公司 295929
201 中国轻骑摩托车集团总公司 292244
202 无锡市小天鹅股份有限公司 289358
203 山东海洋化工集团总公司 288386
204 深圳南方制药厂 288047
205 淮南煤电总公司 287628
206 吐哈石油勘探指挥部 285790
207 常柴股份有限公司 285574
208 珠海格力电器股份有限公司 282927
209 重庆钢铁（集团）有限责任公司 281858
210 襄樊卷烟厂 281623
211 中国贵州茅台酒厂 281064
212 深圳卷烟厂 276756
213 石家庄卷烟厂 272411
214 中国石化前郭炼油厂 272137
215 北京燕京啤酒集团公司 271277
216 中外合资华飞彩色显示系统有限公司 270773
217 沈阳沈海热电有限公司 270480
218 安阳卷烟厂 270254
219 安徽种子酒总厂 269608
220 四川省电力公司 269000
221 上海造币厂 266519
222 酒泉钢铁公司 264190
223 山西省杏花村汾酒集团公司 262311
224 浙江钱江摩托集团有限公司 262108
225 重庆卷烟厂 262056
226 广州广船国际股份有限公司 259563
227 银川中策长城橡胶有限公司 259016
228 中国一拖集团有限公司 257915
229 中国神马帘子布（集团）公司 257086
230 青岛石油化工厂 256598
231 安徽省电力公司 255000
232 佛山电器照明股份有限公司 254448
233 合肥美菱股份有限公司 254003
234 莱芜钢铁总厂 251445
235 江苏阳光集团公司 250233
236 南京钢铁厂 249373
237 广东美雅集团股份有限公司 248262
238 呼和浩特市卷烟厂 247292
239 青岛第二橡胶厂 246923
240 景德镇市昌河飞机工业公司 245004
241 凉山烟草企业 244290
242 西山矿务局 242590
243 中国华中电力集团公司（直属） 242000
244 广州番禺糖果有限公司 241214
245 广西大化水力发电总厂 241203
246 新汶矿务局 241070
247 鄂尔多斯羊绒制品股份有限公司 240770
248 四川卷烟厂 240217
249 瓦房店轴承集团有限责任公司 237959
250 徐州矿务局 237944
251 上海汽车空调器厂 237567
252 山西省电力公司 237000
253 河北省冀东水泥厂 236722
254 杭州娃哈哈集团公司 236682
255 中科院成都地奥制药公司 234648
256 广东梅州卷烟厂 234534
257 绵阳卷烟厂 234197
258 熊猫电子集团公司 233942
259 大连冰山集团有限公司 231908
260 四川剑南春股份有限公司 231401
261 石家庄宝石电子集团公司 231069
262 山东成山橡胶集团股份有限公司 231031

263 广东省韶钢集团公司 227802
264 江苏华西集团公司 227733
265 泗阳县江苏洋河酒厂 227311
266 曲阜孔府家集团总公司 226877
267 延吉卷烟厂 226670
268 山东省兰陵企业集团总公司 225160
269 无锡市摩托车厂 224427
270 营口卷烟厂 224228
271 河南安阳彩色显像管玻壳有限公司 223602
272 广东健力宝饮料厂 221886
273 山东秦池酒厂 220161
274 中国石油化工总公司兰州化学工业公司 219133
275 阳泉市矿务局 217960
276 广州钢铁股份有限公司 217265
277 广州市珠江啤酒集团公司 216595
278 阜阳卷烟厂 216233
279 湘西自治州湘泉酒总厂 216006
280 山东轮胎厂 215667
281 深圳赛格日立彩色显示器件有限公司 215328
282 涟钢股份有限公司 214918
283 上海柴油机股份有限公司 214872
284 水利部丹江口水利枢纽管理局 213963
285 金轮集团公司 213882
286 洛阳北方易初摩托车有限公司 213441
287 中国新兴铸管联合公司 212239
288 河南省莲花味精企业集团 211538
289 合肥卷烟厂 210475
290 贵溪冶炼厂 209827
291 寿光造纸集团股份有限公司 208182
292 晋城矿务局 206620
293 衢化集团公司 206559
294 青岛海信电器公司 204888
295 葫芦岛锌厂 204070
296 潞安矿务局 203570
297 漳州片仔癀集团公司 202512
298 长安汽车有限责任公司 202100
299 杭州钢铁集团公司 201580
300 丹徒县龙山鳗业联合公司 201367
301 湖北兴化股份有限公司 201263
302 兰州卷烟厂 200979
303 中国通化东宝实业集团公司 200740
304 中法合营王朝葡萄酿酒有限公司 199913
305 河南轮胎厂 199620
306 青岛澳柯玛电器公司 199541
307 中国石化宁夏化工厂 198105
308 山西漳泽电力股份有限公司 197765
309 万向集团公司 197412
310 牡丹江桦林集团有限责任公司 197367
311 新疆卷烟厂 196805
312 天津本田摩托有限公司 196433
313 东兴石油企业有限公司 196431
314 广东美的集团股份有限公司 195940
315 枣庄矿务局 195830
316 长飞光纤光缆有限公司 195763
317 四川沱牌集团有限公司 195747
318 上海梅山（集团）有限公司 193291
319 上海纳铁福传动轴有限公司 193137
320 马鞍山马钢总公司 192020
321 珠海经济特区丽珠医药集团股份有限公司 191345
322 山东景芝酒业股份有限公司 189954
323 峰峰矿务局 189470
324 贵州铝厂 189257
325 中国长城铝业公司 189129
326 黔江卷烟厂 188760
327 江门市大长江摩托车有限公司 188474
328 宁波华茂集团股份有限公司 187114
329 成都市双流高频（集团）公司 184669
330 广州顶益国际食品有限公司 184564
331 武汉红桃k集团股份公司 183912
332 广东韶关卷烟厂 183485
333 天津钢管公司 180317
334 泸天化（集团）有限责任公司 178275
335 广州宝洁纸品有限公司 177800
336 上海日立电器有限公司 177252
337 漯河市华懋双汇实业（集团）有限公司 176132
338 上海五钢（集团）有限公司 176023
339 康柏电脑技术（中国）有限公司 175535
340 长春摩托车集团有限公司 175006
341 文登市通信电缆集团公司 174650
342 合肥荣事达（集团）有限公司 173694
343 广水卷烟厂 173342
344 贵州省贵定卷烟厂 172312
345 宁夏炼油厂 171232
346 北台钢铁总厂 170278
347 上海耀华皮尔金顿玻璃有限公司 169008
348 汾西矿务局 167990
349 江铃五十铃汽车有限公司 167100
350 山东新华医药集团公司 164139
351 天津卷烟厂 163589
352 上海易初通用机器有限公司 162588

353 广东金曼集团股份有限公司 162325
354 广州造纸有限公司 162279
355 湖北鄂州晶牌建材集团公司 161717
356 沈阳华润雪花啤酒有限公司 161694
357 鱼台县孔府宴酒厂 160681
358 深圳啤酒有限公司 160668
359 云南天然气化工厂 159441
360 天津市内燃机厂 159440
361 重庆奥妮化妆品有限公司 158841
362 上海花王有限公司 158635
363 北京汽车摩托车联合制造公司 158368
364 佛山市华新复合材料有限公司 158280
365 天津华利汽车有限公司 157681
366 辽宁轮胎厂 157278
367 中国惠普有限公司 156189
368 宁陵县张弓酒厂 155637
369 上海通惠——开利空调设备有限公司 155061
370 上海贝岭微电子制造有限公司 154350
371 中国第一汽车集团大连柴油机厂 153775
372 太原卷烟厂 153693
373 会泽卷烟厂 153332
374 肇庆蓝带啤酒卢堡有限公司 152824
375 广州珠江轮胎有限公司 151784
376 北京建筑材料集团有限责任公司 151756
377 铁法矿务局 151540
378 通化钢铁集团有限责任公司 150563
379 宁波杉杉集团有限公司 148571
380 中国迅达电梯有限公司 146985
381 宁波雅戈尔（集团）股份有限公司 146255
382 一汽金杯汽车股份有限公司 146220
383 河北省邢台矿务局 146087
384 柳州两面针股份有限公司 145890
385 沈阳卷烟厂 145721
386 江苏三毛集团公司 145454
387 哈尔滨飞机制造公司 145330
388 滁州卷烟厂 145224
389 佛斯弟摩托车有限公司 144856
390 洛阳市春都集团股份有限公司 144513
391 东风实业开发公司 144483
392 安徽省宁国水泥厂 144374
393 云南冶炼厂 144170
394 山东省高唐县时风机械集团总公司 144165
395 义马矿务局 143280
396 上海旁氏有限公司 143108
397 大化集团有限责任公司 143015
398 华北石油管理局呼和浩特炼油厂 142286
399 长春卷烟厂 142201
400 上海朗迅科技 141683
401 湖北烟草公司枣阳卷烟厂 141617
402 万安县水力发电厂 141370
403 江苏双沟酒厂 140750
404 秦山核电公司 140671
405 东风金狮轮胎有限公司 140482
406 广州雅芳有限公司 140271
407 延长油矿管理局 139756
408 滕州卷烟厂 138712
409 山东鲁抗医药企业集团公司 138598
410 上海夏普电器有限公司 138427
411 上海浦东钢铁（集团）有限公司 137916
412 西安印钞厂 137419
413 承德钢铁集团有限公司 137133
414TCL 通讯设备股份有限公司 136860
415 杭州松下家用电器有限公司 136486
416 厦门华侨电子企业有限公司 136058
417 莆田金匙啤酒有限公司 135384
418 山东黑豹股份有限公司 134438
419 天津梅兰日兰有限公司 134436
420 川化集团有限责任公司 133550
421 武汉东西湖啤酒集团股份有限公司 133541
422 伊克昭盟煤集团公司 133064
423 铜陵有色金属公司 132650
424 中国国际海运集装箱（集团）股份有限公司 131890
425 红安县卷烟厂 131390
426 江门市金羚集团有限公司 130501
427 上海家化有限公司 130221
428 佳能珠海有限公司 130201
429 抚顺矿务局 130140
430 浙江钱啤集团股份有限公司 129361
431 山东省东营市造纸厂 128540
432 吉林化纤集团有限责任公司 127886
433 中国——阿拉伯化肥有限公司 127537
434 三水健力宝富特容器有限公司 126983
435 鹤壁矿务局 126850
436 柳州钢铁（集团）公司 126719
437 深圳南山热电股份有限公司 126612
438 大屯煤电公司 126560
439 青铜峡铝厂 126457
440 上海民乐啤酒饮料有限公司 126352
441 德州恒升化工（集团）有限公司 125720
442 海林卷烟厂 125607

443 沙隆达集团公司 125565
444 山西铝厂 125396
445 上海佳丰食品厂 125331
446 江苏扬子江药业集团公司 124941
447 盘锦辽河化工集团有限责任公司 124668
448 北人印刷机械股份有限公司 124640
449 上海印钞厂 124462
450 广州飞机维修工程有限公司 124212
451 焦作矿务局 124150
452 上海针织九厂 124137
453 武进柴油机厂 124080
454 湛江卷烟厂 123890
455 保定卷烟厂 123882
456 柳州市微型汽车厂 123720
457 百事（中国）有限公司 123165
458 山东坊子酒厂 123000
459 一汽集团无锡柴油机厂 122923
460 上海延锋汽车饰件有限公司 122895
461 吉林龙华热电股份有限公司 121900
462 江苏双良一特灵溴化锂制冷机有限公司 121667
463 保定天鹅化纤集团有限公司 121420
464 河北制药（集团）有限公司 121282
465 天津天铁冶金集团有限公司 121010
466 邹平县位桥棉纺织厂 120259
467 来凤县卷烟厂 120037
468 内蒙古电力总公司 120000
469 珠海华丰食品工业股份有限公司 119908
470 永新——沈阳化工股份有限公司 119025
471 江汉石油管理局 118330
472 北京红星酿酒集团公司 118167
473 阜新矿务局 117360
474 山东丛林集团公司 116890
475 重庆啤酒集团公司 116723
476 广州生力啤酒有限公司 116698
477 乳山市金矿 116640
478 牡丹江石油化工厂 116621
479 绥化卷烟厂 116546
480 深圳中康玻璃有限公司 116495
481 株洲冶炼厂 116401
482 江苏长江电器集团公司 116202
483 中国济南洗衣机厂 116183
484 江西省电力公司 116000
485 渤海化工（集团）股份有限公司天津化工厂 115791
486 沈阳造币厂 115595
487 经纬纺织机械股份有限公司 115581
488 深圳市方大实业股份有限公司 115542
489 渤海化工（集团）股份有限公司天津碱厂 115514
490 凯歌电子电器公司江门股份有限公司 115424
491 天津福津木业有限公司 115131
492 凌源钢铁公司 114395
493 凤凰雪茄烟厂 114180
494 广西壮族自治区钟山卷烟厂 113701
495 徐州工程机械集团有限公司 113510
496 商丘县林河酒厂 113472
497 哈尔滨东安发动机制造公司 113241
498 江西江中制药厂 112993
499 江苏沙钢集团有限公司 112766
500 合肥叉车总厂 112465
501 福建省南平铝厂 112363
502 江门甘蔗化工厂（集团）股份有限公司 112032
503 贵州轮胎股份有限公司 112008
504 上海冰箱压缩机股份有限公司 111928
505 武汉葛化集团有限公司 111743
506 顺德特种变压器厂 111467
507 辉瑞制药有限公司 111088
508 福建省三明钢铁厂 111079
509 湖南省龙山县卷烟厂 111058
510 广东省太阳神集团公司 110540
511 石狮市福林鞋业有限公司 109740
512 登封市电厂集团公司 109693
513 贵州省黔西南州兴义贵州醇酒厂 109596
514 安利（中国）日用品有限公司 109577
515 四川蓝剑集团公司 109290
516 建始烟厂 109131
517 兖州市造纸厂 109058
518 中国南方航空动力机械公司 108869
519 广州经济技术开发区瑞明电力股份有限公司 108641
520 苏州迅达电梯有限公司 108440
521 沈阳变压器有限责任公司 108412
522 白银有色金属公司 108224
523 上海嘉宝实业股份有限公司 107974
524 广西黑五类食品集团公司 107708
525 兰州黄河啤酒有限公司 107641
526 云南维尼纶厂 107560
527 北京矿务局 107220
528 安徽省沙河酒厂 107165
529 鄂城钢铁厂 107067
530 深圳光大木材工业有限公司 106998
531 联想集团公司 106778
532 福建实达电脑集团股份有限公司 106477

533 蓬莱市黄金集团总公司 106371
534 海南卷烟厂 106254
535 南通市天生港发电有限公司 105672
536 广西玉柴机器股份有限公司 105637
537 皖北矿务局 105519
538 广州美晨股份有限公司 104865
539 河北省唐山南堡盐场 104653
540 长岭（集团）股份有限公司 104464
541 河北沧州大化集团有限责任公司 104093
542 北满特殊钢股份有限公司 104089
543 七台河矿务局 103740
544 山东临清市造纸厂 103368
545 浙江中宝实业股份有限公司 103315
546 正大青春宝药业有限公司 103239
547 跃进汽车集团公司 103204
548 四川省金路股份公司 102980
549 穆棱卷烟厂 102926
550 山东铝业公司 102923
551 湖北双环化工集团公司 102585
552 福建雪津啤酒集团公司 102511
553 江苏石油勘探局 102460
554 烟台张裕葡萄酿酒公司 102180
555 杭州中策橡胶有限公司 102082
556 庆安集团有限公司 102008
557 山东泰山酿酒饮料（集团）股份有限公司 102000
558 福建省南平造纸厂 101896
559 福建惠泉啤酒集团公司 101702
560 山东华日集团总公司 101190
561 诸城市对外贸易集团公司 100735
562 肇庆蓝带啤酒高利有限公司 100582
563 上海自动化仪表股份有限公司 100520
564 山东巨力集团股份有限公司 100392
565 厦门工程机械股份有限公司 100200
566 上海福海（木业）企业有限公司 100181
567 河北省保定石油化工厂 100112
568 河南省中原工贸公司 99910
569 中国石化四川维尼纶厂 99702
570 河南省宋河酒厂 99265
571 北京市牛栏山酒厂 99146
572 河北省唐山碱厂 98631
573 华北石油管理局二连石油勘探开发公司 98630
574 北京利乐包装有限公司 98447
575 武汉市自来水公司 98206
576 西安电力机械制造公司 97871
577 冀东石油勘探开发公司 97520
578 金堆城钼业公司 97389
579 广州市珠江钢琴集团有限公司 97381
580 肥城矿务局 97150
581 龙口矿务局 96850
582 河南神火（集团）有限公司 95988
583 汕头市塑胶装饰材料制造厂 95988
584 锦西天然气化工总厂 95896
585 中山凯达精细化工实业有限公司 95713
586 哈尔滨制药厂 95427
587 北京印钞厂 95203
588 四川省什邡光明烟厂 95097
589 保定钞票纸厂 94746
590 上海三联汽车线束有限公司 94681
591 洛阳卷烟厂 94533
592 洛阳北方摩托车厂（5111厂） 93890
593 上海瑞侃电缆附件有限公司 93578
594 上海沪昌特殊钢股份有限公司 93055
595 玉门石油管理局 93050
596 厦门正新橡胶工业有限公司 92665
597 伊克昭盟化工研究设计院碱湖科学试验站 92446
598 滇黔桂石油勘探局 92400
599 永平铜矿 91959
600 上海海欣股份有限公司 91865
601 自贡鸿鹤化工股份有限公司 91307
602 甘肃省电力公司 91000
603 中国洛阳浮法玻璃集团公司 90780
604 南通远洋船务工程有限公司 90334
605 箭牌口香糖有限公司 90316
606 中国西北电力集团公司 90000
607 曲阜三孔啤酒有限公司 89980
608 三峡卷烟厂 89964
609 黑龙江石油化工厂 89831
610 中美上海施贵宝制药有限公司 89390
611 抚顺特殊钢有限公司 89164
612 龙岩恒发电业有限公司 89126
613 上海百事可乐饮料有限公司 88828
614 延安卷烟厂 88008
615 深圳市自来水公司 87877
616 苏州胶囊有限公司 87830
617 浙江泰坦纺织机械总厂 87698
618 山西省南风化工集团股份有限公司 86942
619 卜内门太古漆油（中国）有限公司 86885
620 广州白云山企业集团公司 86815
621 福建水泥股份有限公司 86717
622 深圳伟光镀膜玻璃有限公司 86563

623 上海日立家用电器有限公司 86475
624 西安飞机工业（集团）有限责任公司 86458
625 新邵卷烟厂 86440
626 中国雪柜实业有限公司 86296
627 山东省鲁北企业集团总公司 86265
628 利川市卷烟厂 86231
629 广东风华高新科技集团有限公司 86202
630 锦西化工总厂 85924
631 太极实业集团股份有限公司 85853
632 富川瑶族自治县卷烟厂 85759
633 泰州春兰压缩机厂 85724
634 北京市松下通信设备有限公司 85724
635 广州市珠江水泥厂 84730
636 漯河卷烟厂 84718
637 襄阳汽车轴承股份有限公司 84535
638 浙江纳爱斯化工股份有限公司 84477
639 顺德格兰仕电器厂有限公司 84337
640 上海施乐复印机有限公司 84244
641 广州发电厂 84209
642 天津日电电子通信工业有限公司 83935
643 北京博士伦眼睛护理产品有限公司 83445
644 湖北省幸福（集团）实业股份有限公司 83400
645 黄石市发电股份有限公司 83204
646 佛山市石湾建国陶瓷厂 83027
647 海南嘉泰摩托车有限公司 83008
648 上海庄臣有限公司 82995
649 京源股份有限公司 82779
650 菱花集团公司 82407
651 珠海经济特区红塔仁恒纸制品有限公司 82373
652 吴江工艺织造厂 82107
653 中国北京同仁堂集团公司 81939
654 中江雪茄烟厂 81785
655 古蔺县郎酒厂 81575
656 贵州赤天化集团有限责任公司 81491
657 盘锦乙烯工业公司 81455
658 双鸭山矿务局 81400
659 上海英雄股份有限公司 81331
660 浙江上风集团公司 80817
661 深圳海滨制药有限公司 80586
662 浙江老凤祥首饰厂 80301
663 无锡市太极实业股份有限公司 80090
664 湖北康民生化实业公司 79860
665 华芳实业总公司 79830
666 加西贝拉压缩机有限公司 79732
667 中国绍兴黄酒集团公司 79498
668 中国第二重型机械集团公司 79358
669 东莞生益电子有限公司 79239
670 中条山有色金属公司 79101
671 哈尔滨啤酒厂 79047
672 长春北华热电有限责任公司 78884
673 东方锅炉厂 78881
674 赣南卷烟厂 78776
675 吉林省延边敖东药业集团股份有限公司 78690
676 长春客车厂 78390
677 四川金顶（集团）股份有限公司 78368
678 保定天威集团有限公司 78271
679 浙江大东南塑胶集团公司 77793
680 中国第一重型机械集团公司 77446
681 黑龙江省一面坡啤酒厂 77440
682 天津市天宫葡萄酿酒公司 77114
683 山东电缆厂 77061
684 大连钢厂 77059
685 太原化学工业集团公司 77048
686 吉林纸业股份有限公司 77036
687 昆明水泥股份有限公司 76998
688 许继电气股份有限公司 76992
689 哈尔滨轴承股份有限公司 76892
690 吴江盛泽印染总厂（中国鹰翔集团公司） 76711
691 浙江龙盛集团公司 76680
692 中国耀华玻璃集团公司 76518
693 石炭井矿务局 76145
694 太原煤炭气化总公司 75911
695 上海白猫有限公司 75487
696 珠海经济特区中富实业股份有限公司 75400
6973M 中国有限公司 75340
698 江苏宝胜集团公司 75310
699 湖北金龙泉集团股份有限公司 75283
700 红豆集团公司 75128
701 大连盛道集团有限公司 74730
702 中国第一汽车集团青岛汽车厂 74623
703 桂林漓泉股份有限公司 74586
704 上海小糸车灯有限公司 74576
705 株洲硬质合金厂 74383
706 佛山东方包装材料有限公司 74112
707 开封卷烟厂 74104
708 红光实业股份有限公司 74070
709 珠海特区珠江摩托车工业有限公司 74033
710 沪东造船厂 73889
711 白鸽（集团）股份有限公司 73791
712 新疆兵团四师伊犁酿酒总厂 72879

序号	企业名称	数值
713	上海振华港口机械有限公司	72876
714	江苏森达集团公司	72830
715	万宝冷机集团有限公司	72822
716	上海阳光镀膜玻璃有限公司	72766
717	湖北省鄂州枫树纺织集团公司	72661
718	一汽——大众汽车有限公司	72391
719	成都无缝钢管厂	72272
720	齐齐哈尔车辆厂	72090
721	惠州王牌视听电子有限公司	72090
722	济宁市蔡园生建煤矿	72077
723	抚顺铝厂	72058
724	佛山城西发电厂有限公司	71827
725	东莞市电化实业集团公司	71805
726	天水卷烟厂	71736
727	新安江电工器材厂	71635
728	广东新会美达锦纶集团公司	71566
729	上海强生有限公司	71546
730	山东省曲阜市单家村煤矿	71436
731	邯郸矿务局	71360
732	北京爱立信通信系统有限公司	71264
733	南海电力实业集团公司	71250
734	株洲摩托车厂	70945
735	长治钢铁（集团）有限公司	70818
736	佛山东亚股份有限公司	70696
737	南昌印钞厂	70321
738	沈阳华润压缩机有限公司	70310
739	陕西宝鸡啤酒厂陕西宝鸡酒精厂	70243
740	河南汝州卷烟厂	70230
741	中国石化长城高级润滑油公司	70217
742	成都蓝风实业股份有限公司	70202
743	江苏华纺（集团）公司	70098
744	石家庄钢铁厂	70007
745	青岛崂山啤酒厂	69815
746	江苏江阴模塑集团总公司	69742
747	玉环县冰箱压缩机厂	69661
748	佛山市海天调味食品有限公司	69656
749	湘潭钢铁公司	69421
750	广州恒运热电有限公司	69281
751	猴王集团公司	69245
752	唐山机车车辆厂	69206
753	河南黄河实业（集团）公司	69105
754	云南省小龙潭煤矿	68715
755	成都印钞公司	68671
756	光明家具集团股份有限公司	68560
757	苏州丝绸集团有限责任公司	68515
758	凤凰股份有限公司	68490
759	渤海化工（集团）股份有限公司天津大沽化工厂	68387
760	邮电部南京通信设备厂	68237
761	国营新乡化学纤维厂	68179
762	南京中萃食品有限公司	68170
763	天津宝洁有限公司	67988
764	南京电子网板有限公司	67852
765	海南南山电力股份公司	67847
766	铁道部大连机车车辆工厂	67830
767	扬州柴油机厂	67743
768	江苏虎豹集团公司	67497
769	中国弹簧厂	67494
770	汕头经济特区海洋第一聚苯树脂有限公司	67410
771	中国济南化纤总公司	67338
772	福建漳平发电有限公司	67038
773	保定金风帆蓄电池有限公司	67004
774	北新建材（集团）有限公司	66969
775	杭州中萃食品有限公司	66908
776	上海二钢有限公司	66907
777	陕西省铜川市铝厂	66773
778	上海实业交通电器有限公司	66675
779	阳谷电缆集团公司	66555
780	山东省三河口生建煤矿	66519
781	茂名石化实华股份有限公司	66398
782	上海太平洋化工（集团）有限公司	66324
783	戚墅堰机车车辆厂	66300
784	西北轴承股份有限公司	66297
785	沈阳电缆厂	66047
786	冶钢集团有限公司	66005
787	沈阳高压开关有限责任公司	65932
788	江苏钢绳集团公司	65900
789	上海电机厂	65756
790	上海电缆厂	65739
791	广西歌卢东亚糖业有限公司	65726
792	茌平县造纸总厂	65558
793	山东滨州化工厂	65528
794	江苏苏钢集团有限公司	65370
795	北京广东健力宝饮料有限公司	65333
796	上海电器股份有限公司	65280
797	合肥钢铁公司	65160
798	烟台东方电子信息产业股份有限公司	65145
799	四方机车车辆厂	65040
800	河南仰韶酒总公司	64853
801	天津环球磁卡股份有限公司	64708
802	松藻矿务局	64460

803 安徽省明光酒厂 64333
804 浙江卧龙集团公司 64317
805 内蒙古宁城老窖集团 64125
806 江苏联通集团公司 64051
807 潍坊亚星化工集团总公司 63893
808 江苏林海动力机械集团公司 63725
809 河南金星啤酒集团有限公司 63716
810 内蒙古伊利实业股份有限公司 63689
811 杭州炼油厂 63666
812 金城造纸（集团）有限责任公司 63467
813 河北太行集团公司 63454
814 南海油脂工业（赤湾）有限公司 63154
815 北京燕京啤酒集团公司一分厂 63147
816 上海梅林（集团）有限公司 63057
817 中国江海木业有限公司 62973
818 宁波海天机械有限公司 62898
819 河北省沧州化工实业集团公司 62889
820 杭州电化集团公司 62814
821 上海莱士血制品有限公司 62715
822 泗水县造纸厂 62638
823 丹东化学纤维工业（集团）总公司 62563
824 淮北市口子酒厂 62466
825 江苏泗洪酒厂 62429
826 崇左东亚糖业有限公司 62354
827 厦门厦顺铝箔有限公司 62302
828 沈阳冶炼厂 62287
829 广东维达纸业股份有限公司 62247
830 无锡锅炉厂 62127
831 河北衡水老白干酒厂 61952
832 上海斯必克发展总公司 61863
833 江苏大亚集团公司 61856
834 驻昆解放军化肥厂 61831
835 唐山胜利陶瓷集团有限责任公司 61791
836 上海联合利华牙膏有限公司 61763
837 海宁市卡森皮革集团有限责任公司 61689
838 西宁钢厂 61660
839 山西省临汾市钢铁公司 61629
840 桂林三金药业集团公司 61590
841 广西柳城县凤山糖厂 61515
842 江阴市第九毛纺织厂 61513
843 广州市自来水公司 61510
844 济南啤酒集团总公司 61182
845 绍兴东风酒厂 61158
846 浙江尖峰集团股份有限公司 60903
847 黄龙食品工业有限公司 60900
848 包头铝厂 60840
849 柳州水泥厂 60795
850 永鼎集团公司（苏州通信电缆厂） 60743
851 山东寿光酿酒总厂 60705
852 上海锅炉厂 60580
853 华北铝业有限公司 60569
854 广州麦芽有限公司 60555
855 山东省泰山造纸厂 60461
856 大连棒棰岛啤酒厂 60437
857 江苏好孩子集团公司 60172
858 大杨企业集团 59930
859 黄石市康赛集团股份有限公司 59903
860 江苏化工农药集团公司 59759
861 沈阳机床股份有限公司 59730
862 江苏华润集团公司 59709
863 江西纸业有限责任公司 59529
864 北京轮胎厂 59507
865 鹤岗矿务局 59500
866 微山县七五生建煤矿 59382
867 通化金马药业股份有限公司 59261
868 上海飞乐股份有限公司 59252
869 青海青稞酒厂 59110
870 云南铝厂 59037
871 化学工业部南京化工厂 58870
872 三狮水泥股份有限公司 58791
873 淄博矿务局 58560
874 霍州矿务局 58476
875 福建省耀华玻璃工业股份有限公司 58462
876 浙江阳光集团公司 58409
877 东莞市雀巢有限公司 58325
878 中国第一铅笔股份有限公司 58324
879 云南锡业公司 58250
880 盘江矿务局 58200
881 邯邢冶金矿山管理局 57969
882 四川金沙水泥股份有限公司 57941
883 永登水泥厂 57928
884 株洲电力机车厂 57860
885 上海协通（集团）公司 57424
886 天津可口可乐饮料有限公司 57395
887 东阳市磁性企业集团公司 57331
888 武汉市 NEC 中原移动通信有限公司 57261
889 上海天原（集团）有限公司天原厂 57073
890 武汉龙威实业（集团）公司 57026
891 山东省金曼克电器集团股份有限公司 57020
892 南京农用车制造厂 56968

893 宁国县中鼎股份有限公司	56880
894 东方电机厂	56733
895 杭州中策啤酒（股份）有限公司	56732
896 河南省中原化肥厂	56693
897 河南省赊店酒厂	56595
898 中外合资华东联合制罐有限公司	56533
899 华立集团公司	56495
900 上海第三十五棉纺织厂	56381
901 浙江苏泊尔有限公司	56253
902 上海汽车厂配件分厂	56205
903 莱动内燃机有限公司	56152
904 大冶有色金属公司	56022
905 东明县石油化工厂	56009
906 资阳内燃机车厂	55940
907 上海西门子移动通信有限公司	55880
908 唐山市新区热电厂	55696
909 浙江芳华日化集团公司	55682
910 湖北省重型机器集团有限公司	55585
911 上海制皂有限公司	55554
912 上海乳品二厂	55494
913 佛山市南方电子音像公司	55330
914 上海英格索兰压缩机有限公司	55293
915 上海邮电通信设备股份有限公司	55243
916 康惠（惠州）电子实业有限公司	55220
917 四川省江油水泥厂	55183
918 依利安达（广州）电子有限公司	55180
919 文登市啤酒厂	55130
920 江苏太湖水集团有限公司	54999
921 华新水泥股份有限公司	54985
922 南京化学工业（集团）公司	54964
923 震德塑料机械厂有限公司	54927
924 佳能大连办公设备有限公司	54773
925 浙江亚太布厂	54745
926 无锡威孚集团有限公司	54732
927 东莞市生益敷铜板股份有限公司	54729
928 上海益昌薄板有限公司	54685
929 重庆川仪股份有限公司	54570
930 胜华炼油厂	54543
931 厦门台和电子有限公司	54400
932 宁波华翔集团公司	54378
933 唐山陶瓷集团有限公司	54290
934 上海港口机械制造厂	54289
935 衡阳钢管厂	54278
936 聊城地区鲁西化肥厂	54237
937 湖北仙桃毛毯集团公司	54199
938 上海化学纤维（集团）有限公司	54195
939 大连大显股份有限公司	53922
940 上海华新电线电缆有限公司	53872
941 天津轮胎橡胶工业有限公司	53852
942 鸡西矿务局	53830
943 齐齐哈尔市造纸厂	53809
944 广州市浪奇实业股份有限公司	53789
945 焦作市万方铝业股份有限公司	53780
946 黑龙江省浩良河化肥厂	53750
947 天津努德莱斯巴食品有限公司	53745
948 恒安集团有限公司	53730
949 成都恩威制药有限公司	53530
950 松下万宝（广州）压缩机有限公司	53511
951 攀枝花矿务局	53450
952 上海新晃空调设备有限公司	53154
953 郑州电缆（集团）股份有限公司	53136
954 江苏沿山实业集团总公司	53102
955 广东省顺德市酒厂	52949
956 河南鞋城皮革制品有限公司	52900
957 佛山杜邦鸿基薄膜有限公司	52865
958 石家庄制药集团公司	52853
959 泰山集团股份有限公司	52810
960 上海爱思旅游用品有限公司	52746
961 吉林铝业公司	52709
962 云南内燃机厂	52701
963 厦门灿坤实业股份有限公司	52689
964 常林股份有限公司	52662
965 浙江东方集团公司	52660
966 上海汽轮机有限公司	52613
967 六枝矿务局	52470
968 齐鲁英克莱集团总公司	52368
969 上海乾通汽车附件有限公司	52367
970 贵阳钢厂	52354
971 桂林南方杭州集团公司	52242
972 山东省郯城县化肥厂	52143
973 聊城造纸厂	52065
974 上海福祥陶瓷有限公司	51992
975 文登市制革厂	51883
976 启东盖天力制药股份有限公司	51860
977 重庆牙膏厂	51715
978 上海上菱电器股份有限公司	51708
979 江苏正昌集团公司	51680
980 吉林市制药集团	51620
981 阜南县南洋制革有限公司	51618
982 邯郸陶瓷集团总公司	51570

983 湖北美尔雅纺织服装实业（集团）公司	51564
984 石家庄印钞厂	51380
985 河南省华中医药集团公司	51218
986 松源食品工业公司	51199
987 江苏阪神有限责任公司	51195
988 广州百事可乐饮料有限公司	51175
989 桂林市第三制药厂	51142
990 浙江联丰集团公司	51124
991 广西宁明东亚糖业有限公司	51059
992 鲁南制药股份有限公司	51054
993 戴卡轮毂制造有限公司	51030
994 中国长城葡萄酒有限公司	50994
995 国营山东省郯城纸板厂	50980
996 扶绥县东亚糖业有限公司	50964
997 上海离合器总厂	50931
998 江苏澄星磷化工集团公司	50923
999 宁波天安集团股份有限公司	50872
1000 广东华宝空调器厂	50862

按1996年资产总计统计中国前1000家大中型工业企业

单位：千元

企业	资产总计
1 宝山钢铁（集团）公司	75365574
2 中国东北电力集团公司	55300000
3 中国华北电力集团公司	54826000
4 华能国际电力开发公司	53409000
5 广东省电力集团公司	50096000
6 鞍山钢铁集团公司	49265560
7 大庆石油管理局	44209330
8 武汉钢铁集团公司	41117380
9 华能国际电力股份有限公司	37716000
10 胜利石油管理局	36653000
11 首钢总公司	36473609
12 广东核电合营有限公司	33472409
13 吉化集团公司	32190066
14 新疆维吾尔自治区石油管理局	31301510
15 上海市电力公司	29249000
16 江苏省电力公司	29014000
17 中国第一汽车集团公司	28107792
18 山东省电力公司	27421000
19 四川省电力公司	23137000
20 玉溪红塔烟草（集团）有限责任公司	22249545
21 辽河石油勘探局	22146780
22 东风汽车公司	21718156
23 华能集团公司	21636000
24 中国石化抚顺石油化工公司	21229480
25 浙江省电力公司	21045000
26 包头钢铁公司	20969651
27 本溪钢铁（集团）有限责任公司	20731114
28 河南省电力公司	20113000
29 上海石油化工股份有限公司	18155514
30 山西省电力公司	17882000
31 马鞍山钢铁股份有限公司	17864990
32 中国石化大庆石油化工总厂	17207990
33 中国石油化工总公司齐鲁石油化工公司	16877977
34 太原钢铁（集团）公司	16749742
35 天津钢管公司	16434399
36 福建省电力公司	16234000
37 攀枝花钢铁（集团）公司	15363422
38 中国石化扬子石油化工公司	15112296
39 内蒙古电力总公司	14499000
40 中原石油勘探局	14336130
41 中国西北电力集团公司	14098000
42 湖南省电力公司	14089000
43 新疆塔里木石油勘探开发指挥部	14039490
44 河北省电力公司	13604000
45 仪征化纤股份有限公司	13541860
46 湖北省电力公司	13185000
47 华北石油管理局	12877460
48 云南省电力公司	12633000
49 安徽省电力公司	12524000
50 山西省大同矿务局	12353570
51 中国石化北京燕山石油化工公司	12045599
52 四川长虹电子集团公司	11974870
53 四川石油管理局	11933280
54 上海大众汽车有限公司	11512679
55 广西壮族自治区电力局	11463000
56 长庆石油勘探局	11427670
57 江西省电力公司	11416000
58 马鞍山马钢总公司	11283351
59 大港油田集团有限责任公司	11203030
60 吉林省油田管理局	11145180
61 神龙汽车有限公司	10724206
62 唐山钢铁集团有限责任公司	10655400
63 甘肃省电力公司	10197000
64 中国巴陵石油化工公司	9962266
65 吐哈石油勘探指挥部	9673510
66 一汽——大众汽车有限公司	9648370
67 山西铝厂	9292813
68 宁波市镇海炼油化工股份有限公司	8859749
69 邯郸钢铁集团有限责任公司	8831836
70 中国海洋石油南海西部公司	8720010
71 上海烟草（集团）公司	8429940
72 兖州矿业（集团）总公司	8229910
73 贵州省电力公司	8145000
74 上海市煤气公司	8117326
75 摩托罗拉（中国）电子有限公司	8098623
76 庆铃汽车（集团）有限公司	7750480
77 上海贝尔电话设备制造有限公司	7697855
78 中国石化茂名石油化工公司	7560410
79 开滦矿务局	7503770
80 大连西太平洋石油化工有限公司	7427897
81 中国石化上海高桥石油化工公司	7323928
82 酒泉钢铁公司	7318278

83 中国海洋石油南海东部公司	7134966
84 跃进汽车集团公司	7133349
85 大化集团有限责任公司	7113692
86 青海省电力公司	7097000
87 中国石化金陵石油化工公司	6916341
88 重庆钢铁（集团）有限责任公司	6881932
89 中国石化乌鲁木齐石油化工总厂	6702281
90 淮北矿务局	6701880
91 中国南方电力联营公司	6641000
92 中国华东电力集团公司（直属）	6626000
93 上海浦东钢铁（集团）有限公司	6595137
94 鹤岗矿务局	6593080
95 北京化学工业集团有限责任公司	6546003
96 葛洲坝水力发电厂	6488505
97 辽阳石油化纤公司	6466040
98 莱芜钢铁总厂	6461030
99 西山矿务局	6397520
100 淮南矿务局	6352510
101 中国石化天津石油化工公司	6347673
102 河南省安阳钢铁集团有限责任公司	6322395
103 中国华中电力集团公司（直属）	6275000
104 上海梅山（集团）有限公司	6260251
105 昆明钢铁总公司	6243033
106 长城特殊钢集团有限责任公司	6165908
107 昆明卷烟厂	6138398
108 一汽金杯汽车股份有限公司	6110240
109 平顶山煤业（集团）有限责任公司	6051160
110 济南钢铁集团总公司	6043369
111 华北制药集团有限责任公司	6001070
112 金川有色金属公司	5975023
113 江汉石油管理局	5957180
114 葫芦岛锌厂	5946960
115 长安汽车有限责任公司	5891890
116 济南汽车制造总厂	5837127
117 白银有色金属公司	5697681
118 鸡西矿务局	5585440
119 南海油脂工业（赤湾）有限公司	5572004
120 湖北清江水电开发有限责任公司	5468332
121 江苏利港电力有限公司	5411864
122 南京钢铁厂	5313802
123 上海轮胎橡胶（集团）股份有限公司	5303619
124 青海石油管理局	5288023
125 深圳妈湾电力有限公司	5284050
126 双鸭山矿务局	5266830
127 冶钢集团有限公司	5242741
128 上海第一钢铁（集团）有限公司	5235971
129 长沙卷烟厂	5188138
130 阳泉市矿务局	5151610
131 北台钢铁总厂	5128839
132 上海广电股份有限公司	5099841
133 上海太平洋化工（集团）有限公司	5084917
134 熊猫电子集团公司	4991230
135 建设工业（集团）有限责任公司	4989035
136 宁波中华纸业有限公司	4973555
137 河南石油勘探局	4924860
138 上海五钢（集团）有限公司	4920905
139 北京建筑材料集团有限责任公司	4889369
140 贵州铝厂	4880605
141 中国石油化工总公司兰州化学工业公司	4875943
142 湘潭钢铁公司	4874947
143 上海氯碱化工股份有限公司	4781489
144 石家庄宝石电子集团公司	4762911
145 广东三星企业集团股份公司	4760082
146 铁法矿务局	4690380
147 平果县铝业公司	4656867
148 海尔集团	4631210
149 七台河矿务局	4625840
150 中国石化广州石油化工总厂	4619647
151 中国石化安庆石油化工总厂	4609532
152 江铃五十铃汽车有限公司	4592643
153 成都无缝钢管厂	4558868
154 新余钢铁有限责任公司	4549465
155 通化钢铁集团有限责任公司	4540259
156 中国石化兰州炼油化工总厂	4497773
157 中国一拖集团有限公司	4461202
158 宣化钢铁公司	4414214
159 新疆维吾尔族自治区电力公司	4407000
160 北京市自来水公司	4406944
161 抚顺矿务局	4374790
162 柳州钢铁（集团）公司	4346183
163 西安电力机械制造公司	4282090
164 上海市自来水公司	4278991
165 徐州矿务局	4264838
166 西安飞机工业（集团）有限责任公司	4217978
167 青海铝厂	4178269
168 国营大连造船新厂	4178065
169 广东省开平涤纶企业集团股份有限公司	4175021
170 彩虹彩色显像管总厂	4157017
171 抚顺特殊钢有限公司	4136679
172 中国石化洛阳石油化工总厂	4132215

173 广东省韶钢集团公司 4122949
174 中国长城铝业公司 4114386
175 承德钢铁集团有限公司 4085131
176 中国石化大连石油化工公司 4071778
177 贵阳卷烟厂 4064108
178 平朔煤炭工业公司 4057071
179 水城钢铁（集团）公司 4042468
180 中国嘉陵工业股份有限公司（集团） 3939650
181 福建炼油厂（福建炼化有限公司） 3918116
182 天津天钢集团有限公司 3888050
183 广东科龙电器股份有限公司 3866219
184 杭州钢铁集团公司 3862670
185 峰峰矿务局 3855250
186 江苏沙钢集团有限公司 3847866
187 沪东造船厂 3836854
188 江南造船厂 3829375
189 康佳集团股份有限公司 3811790
190 徐州工程机械集团有限公司 3781542
191 重庆特殊钢（集团）公司 3777951
192 太原化学工业集团公司 3753698
193 中国洛阳浮法玻璃集团公司 3733907
194 涟钢股份有限公司 3724837
195 宁夏回族自治区电力公司 3711000
196 广州东方电力有限公司 3695135
197 西南铝加工厂 3676246
198 潞安矿务局 3667630
199 新汶矿务局 3625430
200 铜陵有色金属公司 3621499
201 春兰（集团）公司 3590300
202 中国轻骑摩托车集团总公司 3588260
203 阜新矿务局 3554300
204 衢化集团公司 3551344
205 江西省铜业公司德兴市铜矿 3549720
206 哈尔滨飞机制造公司 3546233
207 中国济南化纤总公司 3501044
208 枣庄矿务局 3499860
209 杭州通信有限责任公司 3445388
210 广西玉柴机器股份有限公司 3419770
211 天津市微型汽车厂 3418696
212 内蒙古第一机械制造厂 3403300
213 中国南方航空动力机械公司 3336431
214 中国石化锦西炼油化工总厂 3334510
215 淮南煤电总公司 3254887
216 锦州炼油厂 3232555
217 义马矿务局 3223640
218 河南安阳彩色显像管玻壳有限公司 3187599
219 合肥美菱股份有限公司 3161713
220 天津天铁冶金集团有限公司 3142480
221 沈阳机床股份有限公司 3138625
222 华北石油管理局二连石油勘探开发公司 3109812
223 北京吉普汽车有限公司 3103487
224 江苏石油勘探局 3097900
225 广东彩色显像管有限公司 3077099
226 国营大连造船厂 3075971
227 北满特殊钢股份有限公司 3073219
228 瓦房店轴承集团有限责任公司 3067156
229 上海三菱电梯有限公司 3066415
230 青岛啤酒股份有限公司 3063560
231 水利部丹江口水利枢纽管理局 3053514
232 中国国际海运集装箱（集团）股份有限公司 3029060
233 上海真空电子器件股份有限公司 3029028
234 晋城矿务局 3007600
235 广州宝洁有限公司 2992290
236 中国石化四川维尼纶厂 2980424
237 昭通卷烟厂 2971116
238 大连钢厂 2957551
239 曲靖卷烟厂 2956305
240 广州珠江电力有限公司 2953864
241 深圳中华自行车（集团）股份有限公司 2937744
242 北京松下彩色显像管有限公司 2928395
243 秦山核电公司 2889239
244 中国石化上海金山实业公司 2876928
245 金城集团有限公司 2851420
246 广州标致汽车公司（有限） 2834289
247 沙角发电总厂 A 厂 2815358
248 山东海洋化工集团总公司 2805597
249 云南楚雄卷烟厂 2792413
250 广东美的集团股份有限公司 2781260
251 冶金工业部舞阳钢铁公司 2776912
252 天津顶益国际食品有限公司 2776243
253 广州钢铁股份有限公司 2753937
254 西宁钢厂 2745128
255 山东铝业公司 2734158
256 青岛钢铁集团公司 2725816
257 广州广船国际股份有限公司 2724420
258 哈尔滨轴承股份有限公司 2710507
259 沈阳飞机工业（集团）有限公司 2694700
260 东方电机厂 2670297
261 鄂城钢铁厂 2661400
262 盘锦乙烯工业公司 2653459

263 中国神马帘子布（集团）公司 2650298
264 佛山市沙口发电厂有限公司 2641616
265 中国石化武汉石油化工厂 2622808
266 大连冰山集团有限公司 2622739
267 中国石化石家庄炼油厂 2597670
268 北内集团总公司 2582036
269 中国第一重型机械集团公司 2571481
270 河南省莲花味精企业集团 2567493
271 玉门石油管理局 2562980
272 青岛海信电器公司 2559873
273 上海柴油机股份有限公司 2553940
274 广州市自来水公司 2537249
275 中国石油化工总公司济南炼油厂 2521762
276 上海上菱电器股份有限公司 2520485
277 郑州煤炭工业（集团）有限责任公司 2504540
278 中国耀华玻璃集团公司 2503986
279 上海汇众汽车制造公司 2499954
280 沈阳重型机器厂 2495464
281 河北省冀东水泥厂 2478012
282 北京国际交换系统有限公司 2477972
283 广东省供水工程管理总局 2466864
284 石家庄钢铁厂 2442363
285 青岛第二橡胶厂 2428132
286 北京四通集团公司 2426041
287 深圳南方制药厂 2417288
288 焦作矿务局 2405650
289 哈尔滨东安发动机制造公司 2388408
290 大冶有色金属公司 2381980
291 山东淄博化学纤维总厂 2380448
292 株洲冶炼厂 2378765
293 沈阳电缆厂 2369412
294 抚顺钢铁公司 2369073
295 上海电器股份有限公司 2355440
296 天津造纸厂 2352646
297 上海——易初摩托车有限公司 2351878
298 凌源钢铁公司 2338799
299 厦门福达感光材料有限公司 2334627
300 成都飞机工业公司 2333885
301 长治钢铁（集团）有限公司 2310927
302 广东美雅集团股份有限公司 2306127
303 菱花集团公司 2301215
304 河北省邢台矿务局 2299357
305 汾西矿务局 2296660
306 武汉卷烟厂 2289502
307 哈尔滨汽轮机有限责任公司 2279795
308 深圳中康玻璃有限公司 2274390
309 福建省青山纸业股份有限公司 2256574
310 红河卷烟厂 2254138
311 上海巴斯夫染料化工有限公司 2248776
312 常德卷烟厂 2220760
313 牡丹江桦林集团有限责任公司 2219718
314 广州白云山制药股份有限公司 2218721
315 东北制药总厂 2217166
316 上海船厂 2206953
317 常柴股份有限公司 2195830
318 上海旭电子玻璃有限公司 2184036
319 洛阳轴承（集团）公司 2171586
320 安徽省宁国水泥厂 2171109
321 铜川矿务局 2165410
322 河北省唐山碱厂 2162412
323 合肥荣事达（集团）有限公司 2153391
324 佛山市彩色显像管公司 2142088
325 锦西天然气化工总厂 2140124
326 南昌飞机制造公司 2139268
327 石炭井矿务局 2136840
328 福建省三明钢铁厂 2131556
329 山东成山橡胶集团股份有限公司 2130480
330 中国石化荆门石油化工总厂 2126339
331 南京化学工业（集团）公司 2125252
332 中国第二重型机械集团公司 2117627
333 上海永新彩色显像管有限公司 2110948
334 黑龙江龙涤集团有限公司 2110750
335 沈阳矿务局 2109680
336 渤海铝业有限公司 2101455
337 广州市珠江啤酒集团公司 2100326
338 合肥钢铁公司 2089300
339 上海化学纤维（集团）有限公司 2087774
340 北京汽车摩托车联合制造公司 2083370
341 中信重型机械公司 2077687
342 辽源矿务局 2075930
343 衡阳钢管厂 2073525
344 蚌埠卷烟厂 2071621
345 沈阳星光建筑材料集团公司 2069260
346 汕头市公元感光材料工业总公司 2066630
347 佳木斯纸业集团公司 2060891
348 中国长城铝业公司中州铝厂 2052043
349 盘锦辽河化工集团有限责任公司 2046751
350 河北省邢台钢铁公司 2041631
351 中国新兴铸管联合公司 2036709
352 抚顺铝厂 2017886

353 金轮集团公司	2017324
354 沈阳冶炼厂	2017201
355 云南冶炼厂	2016210
356 珠海格力电器股份有限公司	2010873
357 中国石化宁夏化工厂	2006770
358 太原煤炭气化总公司	2002700
359 上海汽轮机有限公司	2000532
360 中国石化九江石油化工总厂	1981604
361 凤凰股份有限公司	1979636
362 四川省宜宾五粮液酒厂	1977664
363 冀东石油勘探开发公司	1977350
364 哈尔滨锅炉有限责任公司	1972295
365 洛阳市春都集团股份有限公司	1968796
366 渤海化工（集团）股份有限公司天津大沽化工厂	1964981
367 中国扬子集团有限公司	1958278
368 珠海经济特区东大集团股份有限公司	1949420
369 中外合资华飞彩色显示系统有限公司	1947801
370 淄博矿务局	1947180
371 中国迅达电梯有限公司	1939213
372 国营八二一厂	1937793
373 景德镇市昌河飞机工业公司	1933830
374 福斯达纸业（烟台）有限公司	1933336
375 哈尔滨电机有限责任公司	1926394
376 皖北矿务局	1922485
377 松下万宝（广州）空调器有限公司	1917053
378 诸城市对外贸易集团公司	1913641
379 沈阳黎明发动机制造公司	1903716
380 大屯煤电公司	1900080
381 霍林河矿务局	1897470
382 东方锅炉厂	1895182
383 上海耀华皮尔金顿玻璃有限公司	1893819
384 南通市天生港发电有限公司	1874800
385 上海汽车齿轮总厂	1874545
386 甘肃省靖远矿务局	1874510
387 上海二纺机股份有限公司	1873606
388 中国核工业部建峰化工总厂	1860159
389 北京矿务局	1859260
390 沈阳市自来水总公司	1855551
391 大理卷烟厂	1848046
392 龙口矿务局	1844370
393 广东金曼集团股份有限公司	1844297
394 洛阳铜加工厂	1843111
395 霍州矿务局	1834527
396 广东华宝空调器厂	1832512
397 中国华录松下录像机有限公司	1818597
398 沈阳变压器有限责任公司	1812257
399 中国北京同仁堂集团公司	1799385
400 吉林铁合金厂	1797053
401 东风实业开发公司	1795254
402 柳州市微型汽车厂	1793822
403 潍坊化学纤维厂	1793421
404 颐中烟草（集团）有限公司	1793211
405 东风金狮轮胎有限公司	1788568
406 浙江化纤联合集团股份有限公司	1783154
407 广州卷烟二厂	1780294
408 云南锡业公司	1777470
409 滇黔桂石油勘探局	1776310
410 贵溪冶炼厂	1767692
411 锦西化工总厂	1764949
412 渤海化工（集团）股份有限公司天津化工厂	1764035
413 广州造纸有限公司	1763392
414 四方机车车辆厂	1760530
415 平庄矿务局	1757890
416 吉林纸业股份有限公司	1753174
417 松下万宝（广州）压缩机有限公司	1750422
418 长岭（集团）股份有限公司	1750087
419 天津市自来水集团有限公司	1748004
420 广州白云山企业集团公司	1745479
421 牡丹江制药厂	1741339
422 天津造船公司	1737343
423 江苏锡钢集团公司（无锡钢厂）	1736261
424 西安航空发动机公司	1728500
425 杭州卷烟厂	1727934
426 北京轻型汽车有限公司	1720840
427 中国石化林源炼油厂	1704006
428 山西省杏花村汾酒集团公司	1702530
429 五羊——本田摩托（广州）有限公司	1701015
430 上海自动化仪表股份有限公司	1688337
431 太原重型机械集团公司	1686747
432 济南卷烟厂	1685983
433 红光实业股份有限公司	1685110
434 北京市煤气公司	1662964
435 山东新华医药集团公司	1660795
436 广东半球实业集团公司	1652750
437 南海电力实业集团公司	1643631
438 东北轻合金加工厂	1635680
439 江苏省盐业公司	1628822
440 盘江矿务局	1626250
441 江苏苏钢集团有限公司	1625055
442 泸天化（集团）有限责任公司	1622721

443	海南省新大州摩托车股份有限公司	1619853
444	鹤壁矿务局	1619290
445	国营黄河机器制造厂	1616868
446	鄂尔多斯羊绒制品股份有限公司	1615720
447	佳能大连办公设备有限公司	1614298
448	铜陵化学工业集团公司	1609523
449	广州市煤气公司	1606110
450	天津本田摩托有限公司	1604576
451	辽宁轮胎厂	1598581
452	北京牡丹电子集团公司	1596095
453	金堆城钼业公司	1589765
454	天津奥的斯电梯有限公司	1583866
455	上海申美饮料食品有限公司	1582222
456	延长油矿管理局	1579032
457	丹东化学纤维工业（集团）总公司	1574569
458	深圳市华为技术有限公司	1569790
459	攀枝花矿务局	1569650
460	杭州娃哈哈集团公司	1569234
461	万向集团公司	1565702
462	天津日电电子通信工业有限公司	1563950
463	海南钢铁公司	1561955
464	佳能珠海有限公司	1561326
465	南昌钢铁有限责任公司	1560902
466	成都卷烟厂	1558670
467	长春客车厂	1558660
468	上海嘉宝实业股份有限公司	1557567
469	吉林省白山市通化矿务局	1549500
470	中国华晶电子集团公司	1542992
471	苏州丝绸集团有限责任公司	1541386
472	山西省临汾市钢铁公司	1537347
473	庆安集团有限公司	1531013
474	成都发动机公司	1530533
475	渤海化工（集团）股份有限公司天津碱厂	1526743
476	江苏阳光集团公司	1525503
477	河南省新郑卷烟厂	1525353
478	保定天鹅化纤集团有限公司	1525188
479	东方汽轮机厂	1523732
480	芜湖市卷烟厂	1519574
481	水城矿务局	1516020
482	河南新飞电器集团	1514438
483	中国贵州茅台酒厂	1511778
484	云南云峰化学工业公司	1511137
485	广东健力宝饮料厂	1509175
486	北京重型电机厂	1497750
487	华北石油管理局呼和浩特炼油厂	1494662
488	潍坊柴油机有限责任公司	1494334
489	萍乡矿务局	1489262
490	唐山胜利陶瓷集团有限责任公司	1484712
491	登封市电厂集团公司	1480337
492	深圳开发科技股份有限公司	1479368
493	北京京海集团公司	1477495
494	云南春城卷烟厂	1471598
495	中条山有色金属公司	1470177
496	青岛澳柯玛电器公司	1466698
497	国营武昌造船厂	1454947
498	大连华能——小野田水泥有限公司	1454802
499	广州文冲船厂	1448817
500	深圳市自来水公司	1446338
501	西林钢铁集团公司	1445875
502	上海日立电器有限公司	1443993
503	广东梅山糖业总公司	1442229
504	张家口卷烟厂	1441902
505	鞍山第一工程机械股份有限公司	1436360
506	沙隆达集团公司	1433996
507	中国纺织机械股份有限公司	1430345
508	吉林炭素总厂	1427484
509	陕西汽车制造总厂	1425940
510	兰州钢铁集团公司	1424947
511	贵阳钢厂	1423544
512	包头铝厂	1422113
513	广东新会涤纶厂股份有限公司	1419655
514	上海朗迅科技	1417196
515	邯郸矿务局	1406310
516	新疆纺织工业（集团）公司	1404581
517	亳州市古井酒厂	1403118
518	湖南电线电缆集团公司	1401017
519	上海夏普电器有限公司	1400857
520	珠海经济特区丽珠医药集团股份有限公司	1398569
521	武汉葛化集团有限公司	1396349
522	唐山陶瓷集团有限公司	1395470
523	丹徒县龙山鳗业联合公司	1393419
524	上海益昌薄板有限公司	1391570
525	上海汇丽集团公司	1389536
526	北京玻璃集团公司	1388009
527	佛山电器照明股份有限公司	1385120
528	浙江小小企业总公司	1384713
529	营口造纸厂	1383101
530	甘肃银光化学工业公司	1382474
531	龙岩卷烟厂	1380000
532	国营牡丹江纺织厂	1379810

533 上海振华港口机械有限公司 1379305
534 深圳南山热电股份有限公司 1377021
535 广东南方制碱有限公司 1368201
536 洛阳北方易初摩托车有限公司 1366969
537 沈阳沈海热电有限公司 1366161
538 广州市华南橡胶轮胎有限公司 1364078
539 扎赉诺尔矿务局 1358770
540 肥城矿务局 1358530
541 上海电机厂 1358152
542 猴王集团公司 1356585
543 天津通广三星电子有限公司 1355955
544 辽宁渤海造船厂 1353448
545 韶关发电D厂有限公司 1352873
546 上海药材（集团）公司 1341220
547 首都航天机械公司 1336886
548 山东轮胎厂 1336691
549 长春市煤气公司 1333864
550 万安县水力发电厂 1332460
551 东风朝阳柴油机公司 1324922
552 大连机床集团有限公司 1323276
553 成都电缆股份有限公司 1316575
554 广州发电厂 1315208
555 厦门华侨电子企业有限公司 1315046
556 上海工业缝纫机股份有限公司 1314749
557 云南天然气化工厂 1312126
558 成都钢铁厂 1308272
559 山西漳泽电力股份有限公司 1304143
560 宁夏石嘴山矿务局 1303960
561 海南汽车制造厂 1303851
562 中国石化哈尔滨炼油厂 1301932
563 无锡市小天鹅股份有限公司 1301426
564 中美天津史克制药有限公司 1291484
565 海口火电股份有限公司 1291463
566 大重集团公司 1288663
567 贵州省毕节卷烟厂 1284690
568 郑州卷烟厂 1278553
569 辽宁庆阳化学工业公司 1278540
570 苏州金猫水泥有限公司 1277270
571 萍乡钢铁厂 1276968
572 南方通用电气集团公司 1276631
573 国营靖江葡萄糖厂 1275624
574 长春摩托车集团有限公司 1270976
575 上海港口机械制造厂 1269162
576 青铜峡铝厂 1268831
577 中轻依兰集团有限公司 1268115
578 柳州水泥厂 1266439
579 厦门正新橡胶工业有限公司 1260444
580 沈阳有色金属加工厂 1259702
581 邯郸陶瓷集团总公司 1255280
582 江门市金羚集团有限公司 1255264
583 河南省中原化肥厂 1255046
584 广州卷烟一厂 1253276
585 河北省邢台机械轧辊（集团）有限公司 1253019
586 铁道部大连机车车辆工厂 1250820
587 河北省秦皇岛腈纶厂 1248291
588 遵义铁合金厂 1243878
589 舒兰矿务局 1239060
590 上海汽轮机厂 1237503
591 山东鲁抗医药企业集团公司 1236343
592 江西省景德镇市华意电器总公司 1234534
593 大连起重机器厂 1231293
594 九江化学纤维厂 1228297
595 云南省小龙潭煤矿 1228229
596 浙江钱江摩托集团有限公司 1222814
597 上海二钢有限公司 1221784
598 内蒙古乌达矿务局 1220750
599 海南金轮实业股份有限公司 1220673
600 柳州电厂 1216661
601 大连市自来水公司 1216594
602 川化集团有限责任公司 1209740
603 东风杭州汽车公司 1208402
604 武汉市自来水公司 1207562
605 齐齐哈尔车辆厂 1205640
606 福建省南平造纸厂 1205587
607 吴江盛泽印染总厂（中国鹰翔集团公司） 1203864
608 天津市内燃机厂 1203526
609 涟邵矿务局 1197080
610 四川长江工程机械集团有限公司 1195166
611 白鸽（集团）股份有限公司 1195138
612 哈尔滨亚麻纺织厂 1193932
613 天津长芦海晶集团有限公司 1192666
614 万宝电器工业公司 1186784
615 杭州中策橡胶有限公司 1186454
616 四川汽车制造厂 1186375
617 上海永久股份有限公司 1184994
618 西安杨森制药有限公司 1182806
619 烟台万华合成革集团有限公司 1182250
620 海南省大广坝水电厂 1181833
621 江苏省宜兴陶瓷公司 1181801
622 上海水仙电器股份有限公司 1174814

623 杨家杖子矿务局	1173915
624 石狮市福林鞋业有限公司	1171301
625 黄河水委会三门峡水利枢纽管理局	1170842
626 株洲电力机车厂	1166010
627 上海冰箱压缩机股份有限公司	1165530
628 南京长江水泥（集团）公司	1164218
629 山东省鲁北企业集团总公司	1163546
630 沈阳矿山机械（集团）有限责任公司	1160551
631 松藻矿务局	1160280
632 宝鸡石油钢管厂	1159100
633 杭州自来水总公司	1157890
634 深圳赛格日立彩色显示器件有限公司	1157480
635 丰城矿务局	1157104
636 河北沧州大化集团有限责任公司	1156948
637 江苏锡兴集团公司	1154782
638 广东新会美达锦纶集团公司	1146833
639 经纬纺织机械股份有限公司	1145529
640 唐山机车车辆厂	1139945
641 上海高桥石化丙烯酸厂	1138037
642 武汉锅炉厂	1137720
643 西安石油勘探仪器总厂	1133470
644 长春双阳水泥（集团）有限公司	1132959
645 陕西钢厂	1128732
646 北京燕京啤酒集团公司	1127983
647 中山市嘉华电子工业有限公司	1127276
648 长春拖拉机制造厂	1126891
649 广东风华高新科技集团有限公司	1126223
650 安利（中国）日用品有限公司	1124015
651 成都市自来水公司	1117784
652 广西柳工机械股份有限公司	1116950
653 韩城矿务局	1116330
654 东风汽车工业联营公司柳州汽车厂	1116117
655 广西大化水力发电总厂	1115012
656 陕西第九棉纺织厂	1114445
657 合肥叉车总厂	1113266
658 江苏华西集团公司	1113219
659 兰州石油化工机器总厂	1107780
660 威海北洋电气集团股份有限公司	1106700
661 东风汽车工业联营公司郑州轻型汽车制造厂	1106410
662 大连华录集团公司	1104630
663 北京雪花电器集团公司	1104386
664 广州市珠江水泥厂	1101953
665 哈尔滨卷烟厂	1100467
666 银川中策长城橡胶有限公司	1098814
667 中国长江动力公司武汉汽轮发电机厂	1096226
668 锦州铁合金（集团）股份公司	1094560
669 内蒙古自治区海勃湾矿务局	1091280
670 哈尔滨市双太电子有限公司	1090895
671 黄河铝业有限公司	1090366
672 沈阳机车车辆厂	1088510
673 上海冶炼厂	1086615
674 万宝至马达大连有限公司	1086449
675 威望（珠海）磁讯有限公司	1083879
676 北人印刷机械股份有限公司	1081595
677 江门甘蔗化工厂（集团）股份有限公司	1081013
678 鄂温克族自治旗大雁矿务局	1080350
679 上海延锋汽车饰件有限公司	1079223
680 石岘造纸厂	1078670
681 厦门工程机械股份有限公司	1076978
682 上海锅炉厂	1076627
683 长沙中意集团股份有限公司	1075990
684 四川沱牌集团有限公司	1073779
685 天津华利汽车有限公司	1073054
686 峨眉铁合金（集团）股份有限公司	1069638
687 万宝冷机集团有限公司	1067541
688 兰州连城铝厂	1066579
689 泸州老窖股份有限公司	1064200
690 珲春矿务局珲春煤炭工贸企业集团公司	1063730
691 沈阳佳玉粮食食品总公司（第一粮库）	1063515
692 上海新沪钢铁有限公司	1061815
693 重庆川仪股份有限公司	1061795
694 绍兴钢铁总厂	1060444
695 新疆哈密矿务局	1058930
696 华新水泥股份有限公司	1053782
697 江苏维维集团	1049584
698 上海先锋药业公司	1048070
699 吉林化纤集团有限责任公司	1046573
700 湖南省韶峰集团有限公司	1046394
701 珠海市供水总公司	1041686
702 求新造船厂	1041608
703 徐州钢铁总厂	1041132
704 沈阳市煤气总公司	1039137
705 石家庄焦化厂	1039082
706 山东丛林集团公司	1038294
707 宝鸡有色金属加工厂	1038148
708 焦作市万方铝业股份有限公司	1033876
709 宁波卷烟厂	1030606
710 云南篮箭汽车制造厂	1029339
711 上海先进半导体制造有限公司	1025293
712 兰州炭素厂	1021528

713 上海电子元件公司	1019346
714 湖北化纤集团有限公司	1018224
715 云南铝厂	1018193
716 贵州轮胎股份有限公司	1016960
717 江西贵溪化肥厂	1016911
718 中国雪柜实业有限公司	1013659
719 海南省地方国营海口罐头厂	1010255
720 华立集团公司	1009600
721 珠海华丰食品工业股份有限公司	1007918
722 冠捷电子（福建）有限公司	1006850
723 东兴石油企业有限公司	1006230
724 河北省沧州化工实业集团公司	1006093
725 北京汽车工业集团总公司	1005609
726 四川省成都全兴酒厂	1003567
727 江苏新苑集团公司	1002716
728 广东省云浮水泥厂	1002381
729 上海沪昌特殊钢股份有限公司	1001954
730 上海针织九厂	1000648
731 江苏省仪征市汽车制造厂	1000430
732 国营锦江电机厂	1000015
733 中国第一汽车集团青岛汽车厂	999103
734 中国石化前郭炼油厂	998509
735 上海日立家用电器有限公司	997974
736 西湖电子实业有限公司	997748
737 青岛石油化工厂	995339
738 湖南省白沙矿务局	995310
739 济南第二机床厂	994065
740 华南缝制设备集团公司	993965
741 零陵卷烟厂	993707
742 东莞市电化实业集团公司	992117
743 长白计算机集团公司	991669
744 上海钢管股份有限公司	991322
745 厦门灿坤实业股份有限公司	989468
746 大兴安岭新林林业局	989044
747 佛斯弟摩托车有限公司	988915
748 北人集团公司	987440
749 沈阳新光动力机械公司	986326
750 沈阳水泵厂	985751
751 盐城市热电公司	984900
752 四川久大盐业（集团）公司	982120
753 北京亚洲双合盛五星啤酒有限公司	981544
754 大连盛道集团有限公司	981094
755 沈阳高压开关有限责任公司	980014
756 上海吴淞化工总厂	979113
757 广重企业集团公司	977154
758 珠海华电股份有限公司	974927
759 高丰纺织染联合企业有限公司	971841
760 江苏华纺（集团）公司	970758
761 重庆卷烟厂	970020
762 河北太行集团公司	969616
763 山东山推工程机械股份有限公司	967758
764 邯邢冶金矿山管理局	966546
765 杭州制氧机集团公司	966269
766 上海申达股份有限公司	965290
767 南通醋酸纤维有限公司	964545
768 深圳啤酒有限公司	961944
769 中华造船厂	961821
770 徐州卷烟厂	961820
771 成都市煤气公司	960962
772 上海重型机器厂	960915
773 福建省南平铝厂	959714
774 上海双鹿电器股份有限公司	958250
775 浙江铝业股份有限公司	957958
776 辽西渤海建材集团公司	956675
777 黑龙江化工总厂	956624
778 天津市中山钢业有限公司	955720
779 镍都实业公司	955635
780 无锡威孚集团有限公司	954775
781 河南轮胎厂	954340
782 青岛第二棉纺织厂	953632
783 长春轮胎厂	952505
784 恩平市广联泰纺织企业有限公司	951850
785 鲁南水泥厂	947996
786 南京东风汽车有限公司	946446
787 广州市五羊自行车企业集团公司	945860
788 北京市天然气公司	945825
789 淄博华辰集团总公司	945148
790 戚墅堰机车车辆厂	940890
791 天津津京玻壳股份有限公司	939050
792 南京晨光集团有限责任公司	938483
793 上海拖拉机内燃机公司	938327
794 陕西飞机制造公司	938284
795 中国第一汽车集团大连柴油机厂	937617
796 宜昌八一钢铁集团有限责任公司	937568
797 重庆渝港钛白粉股份有限公司	937217
798 广西贺纸有限责任公司	932946
799 河北田野汽车集团有限公司	932730
800 唐山联欧豪门啤酒有限公司	930950
801 河南省中原工贸公司	930019
802 郴州卷烟厂	928301

803 上海联吉合纤有限公司	927631
804 成都印钞公司	927077
805 国营长风机器厂	927019
806 贵州开磷（集团）有限责任公司	922690
807 石家庄制药集团公司	921286
808 济南第一机床厂	920906
809 国营北京有线电总厂	920763
810 沈阳华润雪花啤酒有限公司	919846
811 武汉东西湖啤酒集团股份有限公司	915344
812 大连浮法玻璃有限公司	915106
813 福建省顺昌水泥厂	914555
814 新疆天山毛纺织股份有限公司	914322
815 上海华生化工公司	913580
816 华新水泥集团公司	912452
817 贵州赤天化集团有限责任公司	912352
818 上海中佳铁合金有限公司	912020
819 德州棉纺织厂	911793
820 吴江工艺织造厂	909874
821 湖北中天集团	908874
822 陕西省耀县水泥厂	907794
823 广东省石油气用具发展有限公司	907177
824 新疆维吾尔自治区水泥厂	904258
825 汉江钢铁厂	903754
826 乌鲁木齐矿务局	903010
827 吉林市钢厂	902908
828 天津丰田汽车发动机有限公司	900741
829 漯河市华懋双汇实业（集团）有限公司	899413
830 西北第五棉纺织厂	899027
831 福建实达电脑集团股份有限公司	896110
832 西安惠安化工厂	893700
833 四川金顶（集团）股份有限公司	893129
834 永新——沈阳化工股份有限公司	892675
835 青岛碱业股份有限公司	887443
836 北海粮油工业（天津）有限公司	886107
837 遵义卷烟厂	885109
838 中山凯达精细化工实业有限公司	884702
839 国营开山化学纤维厂	884070
840 资阳内燃机车厂	883890
841 鸡西市钢铁公司	883189
842 上海汽轮发电机有限公司	880216
843 北京天纬油泵油嘴股份有限公司	879792
844 沈阳鼓风机厂	876242
845 广东南华水泥厂有限公司	876166
846 中国绍兴黄酒集团公司	875093
847 佛山东方包装材料有限公司	874112
848 中国乐凯胶片公司	874079
849 赣州钴钨有限责任公司	873234
850 广东省太阳神集团公司	873156
851 保定天威集团有限公司	869898
852 三水健力宝富特容器有限公司	869622
853 凯歌电子电器公司江门股份有限公司	868130
854 深圳光大木材工业有限公司	867923
855 厦门利恒股份有限公司	867591
856 山西焦化集团有限公司	867392
857 大连金州纺织集团	866256
858 汉中烟草集团有限公司卷烟二厂	865911
859 淮南化工总厂	865810
860 上海金阳腈纶厂	864724
861 上海家化有限公司	864054
862 云浮硫铁矿企业集团公司	863894
863 北京市造纸包装工业公司	863613
864 淮阴市冶金工业公司	863122
865 铁道部山海关桥梁工厂	863020
866 山西纺织印染厂	863004
867 无锡市太极实业股份有限公司	862119
868 鲁中冶金矿山公司	860671
869 通用电器嘉宝照明有限公司	860096
870 哈尔滨制药厂	859316
871 武钢集团汉阳钢厂	859130
872 资兴矿务局	858440
873 山东华日集团总公司	857965
874 武汉龙威实业（集团）公司	856941
875 澄迈县鹏达钢板联合有限公司	856789
876 株洲硬质合金厂	855806
877 中外合资扬州通运集装箱有限公司	855440
878 中国石化沧州炼油厂	854579
879 四川省金路股份公司	854247
880 青岛北海船厂	854132
881 湖北美尔雅纺织服装实业（集团）公司	852204
882 上海斯必克发展总公司	850528
883 武汉重型机床厂	850293
884 郑州电缆（集团）股份有限公司	849536
885 明达玻璃（厦门）有限公司	848946
886 襄樊卷烟厂	848750
887 湖北金龙泉集团股份有限公司	848679
888 福建省三明化工总厂	848417
889 济南大易造纸有限公司	847955
890 威远钢铁厂	847940
891 沈阳北方粮油食品总公司	846350
892 辽阳石油化纤公司鞍山炼油厂	845900

893 黄石市发电股份有限公司	845743
894 福建省永安林业（集团）股份有限公司	845587
895 江苏北方氯碱集团公司	844506
896 水口山矿务局	842843
897 江西纸业有限责任公司	842585
898 四川省三爱工业股份有限公司	842418
899 南京市自来水总公司	842215
900 杭州汽车发动机厂	842115
901 六枝矿务局	841500
902 长广煤矿公司	840703
903 江苏双良一特灵溴化锂制冷机有限公司	840392
904 大兴安岭塔河林业局	839922
905 上海星火制浆造纸厂	839016
906 沈阳线材厂	838147
907 北京轮胎厂	837827
908 天津拖拉机制造有限公司	837272
909 湖北双环化工集团公司	835253
910 聊城地区鲁西化肥厂	835103
911 广西南宁市万力啤酒饮料总公司	833899
912 华强三洋电子有限公司	833306
913 吉林新源玉米开发有限公司	831473
914 上海英雄股份有限公司	831473
915 广东澳联玻璃有限公司	831298
916 峨眉山盐化集团股份有限公司	831286
917 黑龙江省阿城钢铁集团公司	829345
918 齐齐哈尔市化工总厂	829263
919 西南合成制药总厂	828746
920 西北铁合金厂	826922
921 国营燎原无线电厂	825886
922 大同机车厂	823430
923 天津三星电机有限公司	823258
924 乐金电子（天津）电器有限公司	823082
925 湛江纺织企业集团公司	822402
926 国营新乡化学纤维厂	822031
927 厦门市自来水公司	819662
928 厦门卷烟厂	819196
929 北京第一机床厂	818567
930 沈阳轧钢总厂	818127
931 大连万事通电信电缆有限公司	817925
932 贵州胶鞋厂	817815
933 桂林南方杭州集团公司	817691
934 唐山启新建材（集团）有限责任公司	815730
935 许昌卷烟厂	813646
936 上海动力设备有限公司	813316
937 海南海虹企业股份有限公司海南化工纤维厂	812000
938 大兴安岭西林吉林业局	810050
939 芙蓉矿务局	809490
940 山东华众纸业有限公司	809460
941 南桐矿务局	807700
942 天津重型机器厂	807677
943 天津三美电机有限公司	806208
944 江苏金凤化纤集团股份有限公司	805427
945 沈阳百花电器集团公司	805022
946 山西光华玻璃有限公司	804630
947 承德新恒基钢铁水泥有限公司	804489
948 北票矿务局	803780
949 广州永大集团公司	803541
950 窑街矿务局	802070
951 上海三维制药有限公司	801422
952 岳阳造纸厂	800154
953 上海电缆厂	799226
954 湖南曙光电子集团公司	798588
955 焦作市钢铁公司	798351
956 自贡鸿鹤化工股份有限公司	797705
957 金城造纸（集团）有限责任公司	797518
958 扬州柴油机厂	796007
959 江苏行星机械集团公司	795544
960 河北省邢台市长征汽车制造厂	795278
961 太原矿山机器厂	795249
962 驻昆解放军化肥厂	791536
963 丹东造纸厂	791382
964 湖南省株洲化工厂	790851
965 潍坊亚星化工集团总公司	790490
966 北京印钞厂	790210
967 东芝大连有限公司	788346
968 广州氮肥厂	787648
969 湖北省汉阳造纸厂	787073
970 甘肃长城电器工业公司	786837
971 石家庄卷烟厂	786291
972 沈阳中发粮油食品总公司	785412
973 北京制药厂	785088
974 天津卷烟厂	783870
975 哈尔滨市自来水公司	783684
976 广旺矿务局	782850
977 中国长城计算机深圳公司	781072
978 肇庆蓝带啤酒卢堡有限公司	779118
979 海南椰风食品工业有限公司	779110
980 内蒙古阿拉善盟吉兰泰碱厂	778839
981 湖北鄂州晶牌建材集团公司	778601
982 黑龙江石油化工厂	778396

983 江苏钢绳集团公司	778130
984 广州摩托集团公司	777713
985 上海易初通用机器有限公司	776701
986 青岛市自来水公司	776262
987 烟台北极星钟表集团公司	775824
988 安阳卷烟厂	775756
989 长飞光纤光缆有限公司	775652
990 联想集团公司	775391
991 攀钢集团钢城企业公司	775376
992 三洋电机（蛇口）有限公司	773644
993 国营芜湖造船厂	769411
994 飞利浦亚明照明有限公司	769195
995 一汽集团无锡柴油机厂	769030
996 澄合矿务局	768620
997 四川剑南春股份有限公司	767042
998 襄阳汽车轴承股份有限公司	767018
999 天津市水泥厂	766219
1000 荆沙市电工仪表（集团）公司	765079